我的前半生

我的前半生

愛新覺羅·溥儀　著

商務印書館

我的前半生

作　　者：愛新覺羅・溥儀

責任編輯：何阿三

封面設計：張　　毅

出　　版：商務印書館 (香港) 有限公司

　　　　　香港筲箕灣耀興道 3 號東滙廣場 8 樓

　　　　　http://www.commercialpress.com.hk

發　　行：香港聯合書刊物流有限公司

　　　　　香港新界荃灣德士古道 220–248 號荃灣工業中心 16 樓

印　　刷：美雅印刷製本有限公司

　　　　　九龍觀塘榮業街 6 號海濱工業大廈 4 樓 A

版　　次：2024 年 6 月第 1 版第 6 次印刷

　　　　　© 2020 商務印書館 (香港) 有限公司

　　　　　ISBN 978 962 07 4608 6

　　　　　Printed in Hong Kong

目　錄

第一章　我的家世

一、醇賢親王的一生

公元一九〇六年，即清朝光緒三十二年的舊曆正月十四，我出生於北京的醇王府。我的祖父奕譞，是道光皇帝的第七子，初封郡王，後晉親王，死後謚法「賢」，所以後來稱做醇賢親王。我的父親載灃，是祖父的第五子，因為第一和第三、四子早殤，第二子載湉被姨母慈禧太后接進宮裏，當了皇帝（即光緒皇帝），所以祖父死後，由父親襲了王爵。我是第二代醇王的長子。在我三歲那年的舊曆十月二十日，慈禧太后和光緒皇帝病篤，慈禧突然決定立我為嗣皇帝，承繼同治（載淳，是慈禧親生子，載湉的堂兄弟），兼祧光緒。在我入宮後的兩天內，光緒與慈禧相繼去世。十一月初九日，我便登極為皇帝 —— 清朝的第十代，也是最末一代的皇帝，年號宣統。不到三年，辛亥革命爆發，我退了位。

我的記憶是從退位時開始的。但是敍述我的前半生，如果先從我的祖父和我的老家醇王府說起，事情就會更清楚些。

醇王府，在北京曾佔據過三處地方。咸豐十年，十九歲的醇郡王奕譞奉旨與懿貴妃葉赫那拉氏的妹妹成婚，依例先行分府出宮，

他受賜的府邸坐落在宣武門內的太平湖東岸，即現在中央音樂學院所在地。這就是第一座醇王府。後來，載湉做了皇帝，根據雍正朝的成例，「皇帝發祥地」（又稱為「潛龍邸」）須昇為宮殿，或者空閒出來，或者仿雍王府（雍正皇帝即位前住的）昇為雍和宮的辦法，改成廟宇，供奉菩薩。為了騰出這座「潛龍邸」，慈禧太后把什剎後海的一座貝子府[1]賞給了祖父，撥出了十六萬兩銀子重加修繕。這是第二座醇王府，也就是被一些人慣稱為「北府」的那個地方。我做了皇帝之後，我父親做了監國攝政王，這比以前又加了一層搬家的理由，因此隆裕太后（光緒的皇后，慈禧太后和我祖母的姪女）決定給我父親建造一座全新的王府，這第三座府邸地址選定在西苑三海集靈囿紫光閣一帶。正在大興土木之際，武昌起義掀起了革命風暴，於是醇王府的三修府邸、兩度「潛龍」、一朝攝政的家世，就隨着清朝的歷史一起告終了。

　　在清朝最後的最黑暗的年代裏，醇王一家給慈禧太后做了半世紀的忠僕。我的祖父更為她效忠了一生。

　　我祖父為道光皇帝的莊順皇貴妃烏雅氏所出，生於道光二十二年，死於光緒十六年。翻開皇室家譜「玉牒」來看，醇賢親王奕譞在他哥哥咸豐帝在位的十一年間，除了他十歲時因咸豐登極而按例封為醇郡王之外，沒有得到過甚麼「恩典」，可是在咸豐帝死後那半年間，也就是慈禧太后的尊號剛出現的那幾個月間，他忽然接二連三地得到了一大堆頭銜：正黃旗漢軍都統、正黃旗領侍衞內大臣、御前大臣、後扈大臣、管理善撲營事務、署理奉宸苑事務、管理正黃

1　宗室爵位分為親王、郡王、貝勒、貝子、公、將軍各等。貝子府即是貝子的府第。 —— 作者

旗新舊營房事務、管理火槍營事務、管理神機營事務……這一年，他只有二十一歲。一個二十一歲的青年，能出這樣大的風頭，當然是由於妻子的姐姐當上了皇太后。但是事情也並非完全如此。我很小的時候曾聽說過這樣一個故事。有一天王府裏演戲，演到「鍘美案」最後一場，年幼的六叔載洵看見陳士美被包龍圖鍘得鮮血淋漓，嚇得坐地大哭，我祖父立即聲色俱厲地當眾喝道：「太不像話！想我二十一歲時就親手拿過肅順，像你這樣，將來還能擔當起國家大事嗎？」原來，拿肅順這件事才是他飛黃騰達的真正起點。

這事發生在一八六一年。第二次鴉片戰爭以屈辱的和議宣告結束，逃到熱河臥病不起的咸豐皇帝，臨終之前，召集了隨他逃亡的三個御前大臣和五個軍機大臣，立了六歲的兒子載淳為皇太子，並且任命這八位大臣為贊襄政務大臣。第二天，咸豐帝「駕崩」，八位「顧命王大臣」按照遺命，扶載淳就位，定年號為「祺祥」，同時把朝政抓在手裏。

這八位顧命王大臣是怡親王載垣、鄭親王端華、協辦大學士戶部尚書肅順和軍機大臣景壽、穆蔭、匡源、杜翰、焦佑瀛，其中掌握實權的是兩位親王和一位協辦大學士，而肅順更是其中的主宰。肅順在咸豐朝很受器重，據說他善於擢用「人才」，後來替清廷出力鎮壓太平天國革命的漢族大地主曾國藩、左宗棠之流，就是由他推薦提拔的。因為他重用漢人，貴族們對他極其嫉恨。有人說他在太平軍聲勢最盛的時期，連納賄勒索也僅以旗人[2]為對象。又說他為人

2　滿族統治階級對滿族人民實行的統治制度是軍事、行政、生產合一的八旗制度。這個制度是由「牛祿」制（漢譯作「佐領」，是滿族早期的一種生產和軍事合一的組織形式）發展而來的，明萬曆二十九年（1601）努爾哈赤建黃、白、紅、藍四旗，萬曆四十四年（1615）增設鑲黃、鑲白、鑲紅、鑲藍四旗，共為八旗。凡滿族成員都被編入旗，叫做旗人，平時生產，戰時出征。皇太極時又建立了蒙古八旗與漢軍八旗。

兇狠殘暴，專權跋扈，對待異己手腕狠毒，以致結怨內外，種下禍根。其實，肅順遭到殺身之禍，最根本的原因，是他這個集團與當時新形成的一派勢力水火不能相容，換句話說，是他們沒弄清楚在北京正和洋人拉上關係的恭親王，這時已經有了甚麼力量。

恭親王奕訢[3]，在咸豐朝本來不是個得意的人物。咸豐把奕訢丟在北京去辦議和，這件苦差事卻給奕訢造成了機運，奕訢代表清廷和英法聯軍辦了和議，接受了空前喪權辱國的北京條約，頗受到洋人的賞識。這位得到洋人支持的「皇叔」，自然不甘居於肅順這班人之下，再加上素來嫉恨肅順的王公大臣的慫恿，恭親王於是躍躍欲試了。正在這時，忽然有人秘密地從熱河「離宮」帶來了兩位太后的懿旨。

這兩位太后一位是咸豐的皇后鈕祜祿氏，後來尊號叫慈安，又稱東太后，另一位就是慈禧，又稱西太后。西太后原是一個宮女，由於懷孕，昇為貴妃，兒子載淳是咸豐的獨子，後來當了皇帝，母以子貴，她立時成了太后。不知是怎麼安排的，她剛當上太后，便有一個御史奏請兩太后垂簾聽政。這主意遭到肅順等人的狠狠駁斥，說是本朝根本無此前例。這件事對沒有甚麼野心的慈安太后說來，倒無所謂，在慈禧心裏卻結下了深仇。她首先讓慈安太后相信了那些顧命大臣心懷叵測，圖謀不軌，然後又獲得慈安的同意，秘密傳信給恭親王，召他來熱河離宮商議對策。當時肅順等人為了鞏固既得勢力，曾多方設法來防範北京的恭親王和離宮裏的太后。關於太后們如何避過肅順等人的耳目和恭親王取得聯繫的事，有種種不同的傳說。

3　奕訢（1832—1898）是道光的第六子，道光三十年封為恭親王。他因為這次與英法聯軍談判之機緣，得到了帝國主義的信任與支持，順利地實行了政變。此後即開辦近代軍事工業和同文館，進行洋務活動，成為洋務派的首領。但是後來他因有野心，慈禧與他發生了矛盾，而帝國主義也物色到了更好的鷹犬，即把他拋棄，洋務派首領位置便由李鴻章等所代替。

有人說太后的懿旨是由一個廚役秘密帶到北京的，又有人說是慈禧先把心腹太監安德海公開責打一頓，然後下令送他到北京內廷處理，懿旨就這樣叫安德海帶到了北京。總之，懿旨是到了恭親王手裏。恭親王得信後，立即送來奏摺，請求覲見皇帝。肅順等人用「留守責任重大」的「上諭」堵他，沒能堵住。肅順又用叔嫂不通問的禮法，阻他和太后們會見，依然沒有成功。關於恭親王與太后的會見，後來有許多傳說，有的說是恭親王化妝成「薩滿」[4] 進去的，有的說是恭親王直接將了肅順一軍，說既然叔嫂見面不妥。就請你在場監視好了，肅順一時臉上下不來，只好不再阻攔。還有一個說法是恭親王祭拜咸豐靈位時，慈禧太后讓安德海送一碗面賞給恭親王吃，碗底下藏着慈禧寫給奕訢的懿旨。總之，不管哪個傳說可靠，反正恭親王和太后們把一切都商議好了。結果是，太后們回到北京，封奕訢為議政王，八個顧命王大臣全部被捕，兩個親王賜自盡，肅順砍了頭，其餘的充軍的充軍，監禁的監禁。載淳的年號也改為「同治」，意思是兩太后一同治政。從此開始了西太后在同光兩代四十七年垂簾聽政的歷史。我的祖父在這場政變中的功勳，是為慈禧在半壁店捉拿了護送「梓宮」[5] 返京的肅順。我祖父於是獲得了前面所說的那一串頭銜。

此後，同治三年，奕譞又被賜以「加親王銜」的榮譽，同治十一年正式晉封為親王。同治十三年，同治皇帝去世，光緒皇帝即位，他更被加封親王「世襲罔替」，意思是子孫世代承襲王爵，而不必按

4　據說滿族早期有一種原始宗教，叫做「薩滿教」。以天堂為上界，諸神所居，地面為中界，人類所居，地獄為下界，惡魔所居。男巫叫「薩滿」，女巫叫「烏答有」。他們為人治病、驅邪時，口唸咒語，手舞足蹈，作神鬼附身狀。滿族進關後，此教仍然保存，但只限女巫（稱薩滿太太）經常進宮。

5　皇帝的棺材是梓木做的，皇帝生時居住的是宮殿，故死後躺的棺材亦叫做「梓宮」。

例降襲。在光緒朝，恭親王曾幾度失寵，但醇親王受到的恩典卻是有增無已，極盡人世之顯赫。

我在醇王府裏看見過祖父留下的不少親筆寫的格言家訓，有對聯，有條幅，掛在各個兒孫的房中。有一副對聯是：「福祿重重增福祿，恩光輩輩受恩光」。當時我覺得祖父似乎是心滿意足的。但我現在卻另有一種看法，甚至覺得前面說到的那個看戲訓子的舉動，祖父都是另有用意。

如果說二十一歲的醇郡王缺乏閱歷，那麼經歷了同治朝十三年的醇親王，就該有足夠的見識了。特別是關於同治帝后之死，醇親王身為宗室親貴，是比外人知之尤詳，感之尤深的。

在野史和演義裏，同治是因得花柳病不治而死的，據我聽說，同治是死於天花（翁同龢的日記也有記載）。按理說天花並非必死之症，但同治在病中受到了刺激，因此發生「痘內陷」的病變，以致搶救無術而死。據說經過是這樣：有一天同治的皇后去養心殿探病，在同治牀前說起了婆婆又為了甚麼事責罵了她，失聲哭泣。同治勸她忍受着，說將來會有出頭的日子。慈禧本來就不喜歡這個兒媳，對兒子和媳婦早設下了監視的耳目。這天她聽說皇后去探視同治，就親自來到養心殿東暖閣外，偷聽兒子和媳婦的談話。這對小夫妻萬沒料到幾句私房話竟闖下滔天大禍，只見慈禧怒氣沖沖地闖了進來，一把抓住皇后的頭髮，舉手痛打，並且叫內廷準備棍杖伺候。同治嚇得昏厥過去了，慈禧因此沒有對皇后用刑。同治一死，慈禧把責任全部安到皇后的頭上，下令限制皇后的飲食。兩個月後，皇后也就被折磨死了。皇后死後，慈禧的怒氣還不消，又革掉了皇后的父親崇綺的侍郎職位。第二年，有個多事的御史上了一個奏摺，說外邊傳說很多，有說皇后死於悲痛過度，有說死於絕粟，總之，節

烈如此，應當表彰，賜以美諡云云。結果皇后的諡法沒有爭到，這位御史把自己的官也丟了。

在同治死前，慈禧同治母子不和已是一件公開的秘密。我在故宮時就聽到老太監說過，同治給東太后請安，還留下說一會話，在自己親生母親那裏，簡直連一句話也說不出來。同治親政時，慈禧在朝中的親信羽翼早已形成，東太后又一向不大問事；皇帝辦起事來如果不先問問西太后，根本行不通。這就是母子不和的真正原因。慈禧是個權勢欲非常強烈的人，絕不願丟開到手的任何權力。對她說來，所謂三綱五常、祖宗法制只能用來適應自己，決不能讓它束縛自己。為了保持住自己的權威和尊嚴，甚麼至親骨肉、外戚內臣，一律順我者昌，逆我者亡。同治帝后之死，可以說是慈禧面目的進一步暴露。我祖父如果不是看得很清楚，他決不會一聽說叫兒子去當皇帝就嚇得魂不附體。參加了那次御前會議的翁同龢在日記裏寫過，當慈禧宣佈立載湉為嗣的話一出口，我祖父立即「碰頭痛哭，昏迷伏地，掖之不能起⋯⋯」

按照祖制，皇帝無嗣就該從近支晚輩裏選立皇太子。載淳死後，自然要選一個溥字輩的，但是那樣一來，慈禧成了太皇太后，再去垂簾聽政就不成了。因此她不給兒子立嗣，卻把外甥載湉要去做兒子。當時有個叫吳可讀的御史，以「屍諫」為同治爭嗣，也沒能使她改變主意。她只不過許了一個願，說新皇帝得了兒子，就過繼給同治。有一位侍讀學士的後人，也是我家一位世交，給我轉述過那次御前會議情形時說，那天東太后沒在場，只有西太后一人，她對那些跪着的王公大臣們說：「我們姐兒倆已商議好了，挑個年歲大點兒的，我們姐兒倆也不願意。」連唯一能控制她一點的東太后也沒出來表示意見，別人自然明白，無論是「屍諫」還是痛哭昏迷，都是無用的了。

　　從那以後，在我祖父的經歷上，就出現了很有趣的記載。一方面是慈禧屢賜恩榮，一方面是祖父屢次的辭謝。光緒入宮的那年，他把一切官職都辭掉了。「親王世襲罔替」的恩典是力辭不准才接受的。這以後幾年，他的唯一差使是照料皇帝讀書。他幹得兢兢業業，誠惶誠恐，於是慈禧又賞了他「親王雙俸」、「紫禁城內乘坐四人轎」。後來恭親王失寵，革掉了議政王大臣，慈禧太后又命軍機大臣們，今後凡有重大政務要先和醇親王商議，這等於給了他更高的職務。按例，男子結婚便算成年。光緒如果結了婚，太后理應歸政。這是慈禧極不情願的事，於是就在光緒婚前，由奕譞帶頭向太后叩請繼續「訓政」。清朝創建新式海軍，奕譞接受了這個重任，海軍初步建成之後，他須代表太后去檢閱，偏要拉着一位太監同去，因為這位李蓮英大總管是慈禧的心腹人。慈禧賜他夫婦坐杏黃轎，他一次沒敢坐進去。這種誠惶誠恐的心理，不僅表現在他的一切言行之中，連家裏的陳設上也帶着痕跡。他命名自己住的正房為「思謙堂」，命名書齋為「退省齋」。書齋裏條几上擺着「欹器」[6]，刻着「滿招損，謙受益」的銘言。子女的房中，到處掛着格言、家訓，裏面有這樣一段話：「財也大，產也大，後來子孫禍也大，若問此理是若何？子孫錢多膽也大，天樣大事都不怕，不喪身家不肯罷。」其實問題不在錢財，而是怕招災惹禍。最有意思的是，他在光緒二年寫了一個奏摺，控告一個沒有具體對象的被告，說是將來可能有人由於他的身份，

6　欹器亦叫做敧器，荀子《宥生篇》云：「孔子觀於魯桓公之廟，有敧器焉，孔子問於守廟者曰：『此為何器？』守廟者曰：『此蓋為宥坐之器。』（宥與右同，言人君可置於坐右，以為戒，或曰宥與侑同，即勸。）孔子曰：『吾聞宥坐之器者，虛則敧，中則正，滿則覆。』孔子顧謂弟子曰：『注水焉。』弟子挹水而注之，中而正，滿而覆，虛而敧。孔子喟然而歎曰：『吁！惡有滿而不覆者哉！』」

要援引明朝的某些例子，想給他加上甚麼尊崇；如果有這樣的事，就該把倡議人視為小人。他還要求把這奏摺存在宮裏，以便對付未來的那種小人。過了十幾年之後，果然發生了他預料到的事情。光緒十五年，河道總督吳大澂上疏請尊崇皇帝本生父以稱號。慈禧見疏大怒，嚇得吳大澂忙借母喪為由，在家裏呆了三年沒敢出來。

毫無疑問，自從光緒入宮以後，我祖父對於他那位姻姊的性格一定有更多的了解。在光緒年間，她的脾氣更加喜怒無常。有一個太監陪她下棋，說了一句「奴才殺老祖宗的這隻馬」，她立刻大怒道：「我殺你一家子！」就叫人把這太監拉了出去活活打死了。慈禧很愛惜自己的頭髮，給她梳頭的某太監有一次在梳子上找到一根頭髮，不由得心裏發慌，想悄悄把這根頭髮藏起來，不料被慈禧從鏡子裏看到了，這太監因此挨了一頓板子。伺候過慈禧的太監都說過，除了李蓮英之外，誰輪着在慈禧的跟前站班，誰就提心吊膽。慈禧年歲漸老，有了顏面肌抽搐的毛病，她最不願意人家看見。有個太監大概是多瞧了一眼，她立刻問：「你瞧甚麼？」太監沒答上來，就挨了幾十大板。別的太監知道了，站班時老是不敢抬頭，她又火了：「你低頭幹甚麼？」這太監無法回答，於是也挨了幾十大板。還有一回，慈禧問一個太監天氣怎樣，這個鄉音未變的太監說：「今兒個天氣生冷生冷的。」慈禧對這個「生冷生冷」聽着不順耳，也叫人把這太監打了一頓。除了太監，宮女也常挨打。

奴僕挨打以至杖斃，在北京王府裏不算甚麼稀奇事，也許這類事情並不足以刺激醇親王。如果這都不算，那麼光緒七年的關於東太后的暴卒，對醇親王來說，就不能是一件平常事了。據說咸豐去世前就擔心懿貴妃將來母以子貴做了太后，會恃尊跋扈，那時皇后必不是她的對手，因此特意留下一道硃諭，授權皇后，可在必要時

制裁她。生於侯門而毫無社會閱歷的慈安，有一次無意中把這件事
向慈禧洩露出來。慈禧從此下盡功夫向慈安討好，慈安竟被她哄弄
得終於當她的面前燒掉了咸豐的遺詔。過了不久，東太后就暴卒宮
中。有的說是吃了慈禧送去的點心，有的說喝了慈禧給慈安親手做
的甚麼湯。這件事對醇親王說來無疑地是個很大刺激，因為後來的
事實就是如此：他更加謹小慎微，兢兢業業，把取信討好慈禧，看
做是他唯一的本分。他負責建設海軍的時候（李鴻章是會辦大臣）為
了讓太后有個玩的地方，便將很大一部分海軍經費挪出來修建了頤
和園。這座頤和園修建工程最緊張的階段，正值直隸省和京師遭受
特大水災，御史吳兆泰因為怕激起災民鬧事，建議暫時停工，因此
奪官，「交部議處」。而醇親王卻一言不發，鞠躬盡瘁地完成了修建
任務。一八九○年頤和園完工，他也與世長辭了。四年後，他手創
的所謂海軍慘敗於甲午之役。花了幾千萬兩白銀所建造的船隻，除
了頤和園的那個石舫，大概沒有再剩下甚麼了。

二、外祖父榮祿

　　醇賢親王有四位「福晉」[7]，生了七子三女。他去世時，遺下三子
一女，最長的是第五子，即我的父親載灃，那年八歲，承襲了王爵。
我的兩個叔父，五歲的載洵和三歲的載濤，同時晉封為公爵。我家
從此又開始蒙受着新的「恩光福祿」。然而，醇王府這最後十幾年的
恩光福祿，比過去的幾十年摻和着更多的中國人民的苦難與恥辱，

7　即是滿語妻子的意思，也含有貴婦的意義（一說即漢語「夫人」的音譯），清朝制度
　　對親王、郡王世子之妻室均要加封，正室封為「福晉」，側室封為「側福晉」。

也同樣的和慈禧這個名字不能分開。

　　一件大事是慈禧給我父親母親指婚。這次的「恩光」也可以說是戊戌政變和庚子事件的一件產物。首先，這是對於戊戌政變中給她立下大功的忠臣榮祿的恩典。我外祖父榮祿是瓜爾佳氏滿洲正白旗人，咸豐年間做過戶部銀庫員外郎，因為貪污幾乎被肅順殺了頭。不知他用甚麼方法擺脫了這次厄運，又花錢買得候補道員的銜。這種做法就是清末廣泛推行的「捐班」，是與「科舉」同樣合法的出身。同治初年，我祖父建立神機營（使用火器的皇家軍隊），榮祿被派去當差，做過翼長和總兵，經過一番累遷，由大學士文祥推薦授工部侍郎，以後又做過總管內務府大臣，光緒初年，昇到工部尚書。後來因為被告發貪污受賄，革職降級調出北京。甲午戰爭這年，恭親王出辦軍務，榮祿借進京為慈禧太后祝壽的機會，鑽營到恭親王身邊，得到了恭親王的信賴。甲午戰後他推薦袁世凱練新軍時，已經當上了兵部尚書。他這時已遠比從前老練，善於看準關節，特別肯在總管太監李蓮英跟前花銀子，因此漸漸改變了慈禧太后對他的印象。他回到北京的第二年，得到了一件復查慈禧陵寢工程雨損的差使。這個工程先經一個大臣檢查過，報稱修繕費需銀三十萬。據說這位大臣因為工程原由醇親王奕譞生前監工督辦，不便低估原工程的質量，所以損毀情形也報得不太嚴重。但榮祿另是一個做法。他摸準了太后的心理，把損毀程度誇張了一番，修繕費報了一百五十萬兩。結果太后把那位大臣罵了一通，對已死的醇親王的忠心也發生了疑問，而對榮祿卻有了進一步的賞識。

　　榮祿有了李蓮英這個好朋友，加上他的妻子很會討好太后，常被召進宮去陪伴太后聊天，所以他對慈禧的心理越摸越熟。他知道慈禧光緒母子不和的內情，也深知這場不和對自己前途的關係，當

然他更願意在這場內訌中給慈禧出主意。在光緒皇帝發出變法維新的各種上諭時，那些被罷黜和擔心被擠掉位置的人只知哭哭啼啼，而他早已給慈禧安排好計策。當時有人把皇帝太后身邊這兩派勢力稱為帝黨和后黨。榮祿是當權派后黨的頭腦，翁同龢是沒有實權的帝黨的頭腦。維新派之能夠和皇帝接觸上，是由於翁同龢對康有為的推薦，慈禧按照事先安排好的計策，先強逼着光緒叫他的老師翁同龢退休回了家。據說，翁同龢行前榮祿還握着他的手揮淚問他：「您怎麼把皇帝給得罪了？」翁同龢離開北京不多天，榮祿就走馬上任，做了文淵閣大學士兼直隸總督和北洋大臣，位居首輔，統轄近畿三軍。榮祿得到了這個職位後，本想接着用六部九卿聯名上疏的辦法，廢掉光緒，由太后恢復聽政，但因甲午戰敗之後，當權派受到各方指責，有人很怕這一舉動會引起民憤，不敢附議，只得作罷。但是榮祿的願望終於在戊戌政變時乘機達到了。這件事的經過，據說是這樣：先是榮祿定計要在太后和光緒在天津檢閱新軍時實行政變。光緒知道了這個消息，秘密通知維新派設法營救。維新派人士把希望寄託在統轄新軍的直隸按察使袁世凱身上，結果反而斷送了光緒。在舉國以談維新為時髦的時候，袁世凱曾參加過維新人士的團體「強學會」，翁同龢革職返鄉路過天津時，袁世凱還向他表示過同情，並且申述了對皇帝的無限忠誠。因此，維新派對他抱有很大幻想，建議光緒加以籠絡。光緒召見了他，破格昇他為兵部侍郎，專司練兵事務，然後維新派譚嗣同[8]又私下到他的寓所，說出了維新

8　譚嗣同（1865—1893），字復生，號壯飛，湖南瀏陽人，是清末維新運動的思想家之一，憤中日戰爭失敗，在瀏陽創「算學社」，著「仁學」，後又組織「南學會」辦「湘報」，成為維新運動的領袖之一。他被袁世凱出賣後遇害，一同遇害的還有維新派的林旭、楊銳、劉光第、楊深秀、康廣仁等，舊史稱為六君子。

派的計劃：在慈禧和光緒閱兵時，實行兵諫，誅殺榮祿，軟禁慈禧，擁戴光緒。袁世凱聽了，慷慨激昂，一口承擔，說：「殺榮祿像殺一條狗似的那麼容易！」譚嗣同有意試探地說：「你要不幹也行，向西太后那邊告發了，也有榮華富貴。」他立刻瞪了眼：「瞧你把我袁世凱看成了甚麼人！」可是他送走了譚嗣同，當天就奔回天津，向他的上司榮祿作了全盤報告。榮祿得訊，連忙乘火車北上，在豐台下車直奔頤和園，告訴了慈禧。結果，光緒被幽禁，譚嗣同等六位維新派人士被殺，康有為逃到日本，百日維新曇花一現，而我的外祖父，正如梁啟超說的，是「身兼將相，權傾舉朝」。《清史稿》裏也說是「得太后信杖眷顧之隆，一時無比，事無細巨，常待一言決焉」。

　　在庚子那年，慈禧利用義和團殺洋人，又利用洋人殺義和團的一場大災難中，榮祿對慈禧太后的忠誠，有了進一步表現。慈禧在政變後曾散佈過光緒病重消息，以便除掉光緒。這個陰謀不料被人發覺了，後來鬧到洋人出面要給光緒看病，慈禧不敢惹洋人，只好讓洋人看了病。此計不成，她又想出先為同治立嗣再除光緒的辦法。她選的皇儲是端王載漪的兒子溥儁，根據榮祿的主意，到元旦這天，請各國公使來道賀，以示對這件舉動的支持。可是李鴻章的這次外交沒辦成功，公使們拒絕了。這件事情現在人們已經很清楚了，不是公使們對慈禧的為人有甚麼不滿，而是英法美日各國公使不喜歡那些親近帝俄的后黨勢力過分得勢。當然，慈禧太后從上台那天起就沒敢惹過洋人。洋人殺了中國百姓，搶了中國的財寶，這些問題對她還不大，但洋人保護了康有為，又反對廢光緒和立皇儲，直接表示反對她的統治，這是她最忍受不了的。榮祿勸告她，無論如何不能惹惱洋人，事情只能慢慢商量，關於溥儁的名分，不要弄得太明顯。《清史稿》裏有這樣一段記載：「患外人為梗，用榮祿言，改稱

大阿哥。」慈禧聽從了榮祿的意見，可是溥儁的父親載漪因為想讓兒子當上皇帝，夥同一批王公大臣如剛毅、徐桐等人給慈禧出了另一個主意，利用反對洋人的義和團，給洋人壓力，以收兩敗俱傷之效。義和團的問題，這時是清廷最頭痛的問題。在洋人教會的欺凌壓榨之下，各地人民不但受不到朝廷的保護，反而受到洋人和朝廷的聯合鎮壓，因此自發地爆發了武裝鬥爭，各地都辦起了義和團，提出滅洋口號。義和團經過不斷的鬥爭，這時已形成一支強大的武裝力量，朝廷裏幾次派去軍隊鎮壓，都被他們打得丟盔曳甲。對團民是「剿」是「撫」，成了慈禧舉棋不定的問題。載漪和大學士剛毅為首的一批王公大臣主張「撫」，先利用它把干涉廢立的洋人趕出去再說。兵部尚書徐用儀和戶部尚書立山、內閣學士聯元等人堅決反對這種辦法，認為利用團民去反對洋人必定大禍臨門，所以主張「剿」。兩派意見正相持不下，一件未經甄別的緊急情報讓慈禧下了決心。這個情報把洋人在各地的暴行解釋為想逼慈禧歸政於光緒。慈禧大怒，立刻下詔「宣撫」團民，下令進攻東交民巷使館和兵營，發出內帑賞給團民，懸出賞格買洋人的腦袋。為了表示決心，她把主「剿」的徐用儀、立山、聯元等人砍了頭。後來，東交民巷沒有攻下，大沽炮台和天津城卻先後失守，聯軍打向北京來了。慈禧這時又拿出了另一手，暗中向洋人打招呼，在炮火連天中派人到東交民巷去聯絡。北京失陷，她逃到西安，為了進一步表示和洋人作對的原來不是她，她又下令把主「撫」的剛毅、徐桐等一批大臣殺了頭。在這一場翻雲覆雨中，榮祿盡可能不使自己捲入旋渦。他順從地看慈禧的顏色行事，不忤逆慈禧的意思，同時，他也給慈禧準備着「後路」。他承旨調遣軍隊進攻東交民巷外國兵營，卻又不給軍隊發炮彈，而且暗地還給外國兵營送水果，表示慰問。八國聯軍進入北京，慈禧出走，

他授計負責議和的李鴻章和奕劻，在談判中掌握一條原則：只要不追究慈禧的責任，不讓慈禧歸政，一切條件都可答應。就這樣，簽訂了賠款連利息近十億兩、讓外國軍隊駐兵京城的辛丑合約。榮祿辦了這件事，到了西安，「寵禮有加，賞黃馬褂[9]。雙眼花翎[10]紫貂，隨扈還京，加太子太保[11]，轉文華殿大學士」── 除了《清史稿》裏這些記載外，另外值得一說的，就是西太后為榮祿的女兒「指婚」，嫁與醇親王載灃為福晉。

關於我父母親這段姻緣，後來聽到家裏的老人們說起，西太后的用意是很深的。原來政變以後，西太后對醇王府頗為猜疑。據說在我祖父園寢（墓地）上有棵白果樹，長得非常高大，不知是誰在太后面前說，醇王府出了皇帝，是由於醇王墳地上有棵白果樹，「白」和「王」連起來不就是個「皇」字嗎？慈禧聽了，立即叫人到妙高峰把白果樹砍掉了。引起她猜疑的其實不僅是白果樹，更重要的是洋人對於光緒和光緒兄弟的興趣。庚子事件前，她就覺得可怕的洋人有點傾心於光緒，對她卻是不太客氣。庚子後，聯軍統帥瓦德西提出，要皇帝的兄弟做代表，去德國為克林德公使被殺事道歉。父親到德國後，受到了德國皇室的隆重禮遇，這也使慈禧大感不安，加深了她心裏的疑忌：洋人對光緒兄弟的重視，這是比維新派康有為

9　黃馬褂是皇帝騎馬時穿的黃色外衣，「賞穿黃馬褂」是清朝皇帝賞給有功的臣工的特殊「恩典」之一。

10　花翎是清朝皇帝賞給有功的臣工的禮帽上的裝飾品。皇族和高級官員賞孔雀翎，低級官員賞鶡翎（俗稱老鴰翎，因是藍色的又稱藍翎）。皇帝賞臣工戴的花翎又依據官階高低有單眼、雙眼、三眼之別。

11　商代以來歷朝一般都設太師、太傅、太保，少師、少傅、少保作為國君輔弼之官，設太子太師、太子太傅、太子太保、太子少師、太子少傅、太子少保作為輔導太子之官。但後來一般都是大官加銜，以示恩寵，而無實權。明清兩季亦以朝臣兼任，純屬虛銜。

更叫她擔心的一件事。為消除這個隱患，她終於想出了辦法，就是把榮祿和醇王府撮合成為親家。西太后就是這樣一個人，凡是她感到對自己有一絲一毫不安全的地方，她都要仔細加以考慮和果斷處理，她在庚子逃亡之前，還不忘叫人把珍妃推到井裏淹死，又何嘗不是怕留後患而下的毒手？維護自己的統治，才是她考慮一切的根據。就這樣，我父親於光緒二十七年在德國賠了禮回來，在開封迎上回京的鑾駕，奏覆了一番在德國受到的種種「禮遇」，十一月隨駕走到保定，就奉到了「指婚」的懿旨。

三、慈禧太后的決定

　　庚子後，載漪被列為禍首之一，發配新疆充軍，他的兒子也失去了大阿哥的名號。此後七年間沒有公開提起過廢立的事。光緒三十四年十月，西太后在頤和園渡過了她的七十四歲生日，患了痢疾，臥病的第十天，突然做出了立嗣的決定。跟着，光緒和慈禧就在兩天中相繼去世。我父親這幾天的日記有這樣的記載：

　　　十九日。上朝。致慶邸急函一件……

　　　二十日。上疾大漸。上朝。奉旨派載灃恭代批摺，欽此。

　　　慶王到京，午刻同詣〇〇〇儀鸞殿面承召見，欽奉懿旨：醇親王載灃着授為攝政王，欽此。又面承懿旨：醇親王載灃之子溥〇着在宮內教養，並在上書房讀書，欽此。

　　　叩辭至再，未邀俞允，即命攜之入宮。萬分無法，不敢再辭，欽遵於申刻由府攜溥〇入宮。又蒙召見，告知已將溥〇交在〇〇皇后宮中教養，欽此。即謹退出，往謁慶邸。

　　二十一日。癸酉酉刻，小臣載灃跪聞皇上崩於瀛台。亥刻，小臣同慶王、世相、鹿協揆、張相、袁尚書、增大臣崇詣福昌殿。仰蒙皇太后召見。面承懿旨：攝政王載灃之子○○着入承大統為嗣皇帝，欽此。又面承懿旨：前因穆宗毅皇帝未有儲貳，曾於同治十三年十二月初五日降旨，大行皇帝生有皇子即承繼穆宗毅皇帝為嗣。現在大行皇帝龍馭上賓，亦未有儲貳，不得已以攝政王載灃之子○○承繼穆宗毅皇帝為嗣並兼承大行皇帝之祧。欽此。又面承懿旨：現在時勢多艱，嗣皇帝尚在沖齡，正宜專心典學，着攝政王載灃為監國，所有軍國政事，悉秉予之訓示裁度施行，俟嗣皇帝年歲漸長，學業有成，再由嗣皇帝親裁政事，欽此。是日住於西苑軍機處。

　　這段日記，我從西太后宣佈自己的決定的頭一天，即十九日抄起，是因為十九日那句「致慶邸急函」和二十日的「慶王到京」四個字，與立嗣大有關係。這是西太后為了宣佈這個決定所做的必要安排之一。為了說清楚這件事，不得不從遠處說起。

　　慶王就是以辦理賣國外交和賣官鬻爵而出名的奕劻[12]。在西太后時代，能得到太后歡心就等於得到了遠大前程。要想討西太后的歡心，首先必須能隨時摸得着太后的心意，才能做到投其所好。榮祿賄賂太監李蓮英，讓太太陪伴太后遊樂，得到不少最好最快的情報，因此他的奉承和孝敬，總比別人更讓太后稱心滿意。如果說奕劻的

12　奕劻是乾隆第十七子慶僖親王永璘之孫。初襲輔國將軍，咸豐二年封貝子，十年封貝勒，同治十一年加郡王銜，光緒十年總理各國事務衙門，並封慶郡王，二十年封親王。

辦法和他有甚麼不同的話，那就是奕劻在李蓮英那裏花了更多的銀子，而奕劻的女兒即著名的四格格 [13] 也比榮祿太太更機靈。如果西太后無意中露出了她喜歡甚麼樣的坎肩，或者嵌鑲着甚麼飾品的鞋子，那麼不出三天，那個正合心意的坎肩、鞋子之類的玩意就會出現在西太后的面前。奕劻的官運就是從這裏開始的。在西太后的賞識下，奕劻一再加官晉爵，以一個遠支宗室的最低的爵位輔國將軍，逐步進到親王，官職做到總理各國事務衙門。他得到了這個左右逢源的差使，身價就更加不同，無論在太后眼裏和洋人的眼裏，都有了特殊的地位。辛丑議和是他一生中最重要的事件。在這一事件中，他既為西太后盡了力，使她躲開了禍首的名義，也讓八國聯軍在條約上滿了意。當時人們議論起王公們的政治本錢時，說某王公有德國後台，某王公有日本後台……都只不過各有一國後台而已，一說到慶王，都認為他的後誰也不能比，計有八國之多。因此西太后從那以後非常看重他。光緒二十九年，他進入了軍機處，權力超過了其他軍機大臣，年老的禮親王的領銜不過是掛個虛名。後來禮王告退，奕劻正式成了領銜軍機大臣，他兒子載振也當了商部尚書，父子顯赫不可一世。儘管有反對他的王公們暗中搬他，御史們出面參他貪贓枉法，賣官鬻爵，都無濟於事，奈何他不得。有位御史彈劾他「自任軍機，門庭若市，細大不捐，其父子起居飲食車馬衣服異常揮霍，……將私產一百二十萬兩送往東交民巷英商滙豐銀行存儲」，有位御史奏稱有人送他壽禮十萬兩，花一萬二千兩買了一名歌妓送

13　格格是清代皇族女兒的統一稱呼，皇帝的女兒封公主稱固倫格格，親王女兒封郡主稱和碩格格，郡王女兒封縣主稱多羅格格，貝勒女兒封郡君亦稱多羅格格，貝子女兒封縣君稱固山格格，鎮國公、輔國公女兒封鄉君稱格格。格格又有漢族「小姐」之意，故旗人家女兒也叫格格。

給他兒子。結果是一個御史被斥回原衙門，一個御史被奪了官。

　　西太后對奕劻是否就很滿意？根據不少遺老們側面透露的材料，只能這樣說：西太后後來對於奕劻是又擔心又依賴，所以既動不得他，並且還要籠絡他。

　　使西太后擔心的，不是貪污納賄，而是袁世凱和奕劻的特殊關係。單從袁在奕劻身上花錢的情形來看，那關係就很不平常。袁世凱的心腹朋友徐世昌後來說過：慶王府裏無論是生了孩子，死了人，或是過個生日等等，全由直隸總督衙門代為開銷。奕劻正式領軍機處之前不久，有一天慶王府收到袁家送來十萬兩（一說二十萬兩）白銀，來人傳述袁的話說：「王爺就要有不少開銷，請王爺別不賞臉。」過了不久，奕劻昇官的消息發表了，人們大為驚訝袁世凱的未卜先知。

　　戊戌政變後，西太后對袁世凱一方面是十分重視的，幾年功夫把他由直隸按察使提到直隸總督、外務部尚書，恩遇之隆，漢族大臣中過去只有曾、胡、左、李才數得上。另一方面，西太后對這個統率着北洋新軍並且善於投機的漢族大臣，並不放心。當她聽說袁世凱向貪財如命的慶王那裏大量地送銀子時，就警惕起來了。

　　西太后曾經打過主意，要先把奕劻開缺。她和軍機大臣瞿鴻機露出了這個意思，誰知這位進士出身後起的軍機，太沒閱歷，竟把這件事告訴了太太。這位太太有位親戚在一家外文報館做事，於是這個消息便輾轉傳到了外國記者的耳朵裏，北京還沒有別人知道，倫敦報紙上就登出來了。英國駐北京的公使據此去找外務部，訊問有無此事。西太后不但不敢承認，而且派鐵良和鹿傳霖追查，結果，瞿鴻機被革了職。

　　西太后倒奕劻不成，同時因奕劻有聯絡外國人的用途，所以也

就不再動他，但對於袁世凱，她沒有再猶豫。光緒三十三年，內調袁為外務部尚書，參加軍機。明是重用，實際是解除了他的兵權。袁世凱心裏有數，不等招呼，即主動交出了北洋新軍的最高統帥權。

西太后明白，袁對北洋軍的實際控制能力，並非立時就可以解除，袁和奕劻的關係也不能馬上斬斷。正在籌劃着下一個步驟的時候，她自己病倒了，這時又忽然聽到這個驚人消息：袁世凱準備廢掉光緒，推戴奕劻的兒子載振為皇帝。不管奕劻如何會辦外交和會奉承，不管袁世凱過去對她立過多大的功，也不管他們這次動手的目標正是被她痛恨的光緒，這個以袁世凱為主角的陰謀，使她馬上意識到了一種可怕的厄運 —— 既是愛新覺羅皇朝的厄運，也是她個人的厄運。因此她斷然地做出了一項決定。為了實現這個決定，她先把奕劻調開，讓他去東陵查看工程，然後把北洋軍段祺瑞[14]的第六鎮全部調出北京，開往淶水，把陸軍部尚書鐵良統轄的第一鎮調進來接防。等到奕劻回來，這裏一切大事已定：慈禧宣佈了立我為嗣，封我父親為攝政王。但是為了繼續籠絡住這位有八國朋友的慶王，給了他親王世襲罔替的恩榮。

關於袁、慶的陰謀究竟確不確，陰謀的具體內容又是甚麼，我說不清。但是我有一位親戚親自聽鐵良事後說起過西太后的這次安排。鐵良說，為了穩定段祺瑞的第六鎮北洋軍，開拔之先發給了每名士兵二兩銀子，一套新裝和兩雙新鞋。另外，我還聽見一個叫李長安的老太監說起光緒之死的疑案。照他說，光緒在死的前一天還

14　段祺瑞（1864—1936），字芝泉，安徽合肥人，是袁世凱創辦的北洋軍的得力將領。在民國後成為北洋軍閥皖系首領。袁世凱死後，在日本帝國主義支持下數度把持北京政權，是日本帝國主義的忠實走狗。一九三一年「九一八」後又企圖在日本帝國主義支持下組織華北漢奸政權，旋被拋棄，不久被蔣介石軟禁在上海，一直到死。

是好好的，只是因為用了一劑藥就壞了，後來才知道這劑藥是袁世凱使人送來的。按照常例，皇帝得病，每天太醫開的藥方都要分抄給內務府大臣們每人一份，如果是重病還要抄給每位軍機大臣一份。據內務府某大臣的一位後人告訴我，光緒死前不過是一般的感冒，他看過那些藥方，脈案極為平常，加之有人前一天還看到他像好人一樣，站在屋裏說話，所以當人們聽到光緒病重的消息時都很驚異。更奇怪的是，病重消息傳出不過兩個時辰，就聽說已經「晏駕」了。總之光緒是死得很可疑的。如果太監李長安的說法確實的話，那麼更印證了袁、慶確曾有過一個陰謀，而且是相當周密的陰謀。

還有一種傳說，是西太后自知病將不起，她不甘心死在光緒前面，所以下了毒手。這也是可能的。但是我更相信的是她在宣佈我為嗣皇帝的那天，還不認為自己會一病不起。光緒死後兩個小時，她還授命監國攝政王：「所有軍國政事，悉秉承予之訓示裁度施行。」到次日，才說：「現予病勢危篤，恐將不起，嗣後軍國政事均由攝政王裁定，遇有重大事件有必須請皇太后（指光緒的皇后，她的姪女那拉氏）懿旨者，由攝政王隨時面請施行。」她之所以在發現了來自袁世凱那裏的危險之後，或者她在確定了光緒的最後命運之後，從宗室中單單挑選了這樣的一個攝政王和這樣一個嗣皇帝，也正是由於當時她還不認為自己會死得這麼快。在她來說當了太皇太后固然不便再替皇帝聽政，但是在她與小皇帝之間有個聽話的攝政王，一樣可以為所欲為。

當然，她也不會認為自己老活下去。在她看來，她這個決定總算為保全愛新覺羅的寶座而盡了力。她甚至會認為，這個決定之正確，就在於她選定的攝政王是光緒的親兄弟。因為按常情說，只有這樣的人，才不至於上袁世凱的當。

四、攝政王監國

我做皇帝、我父親做攝政王的這三年間，我是在最後一年才認識自己的父親的。那是我剛在毓慶宮讀書不久，他第一次照章來查看功課的時候。有個太監進來稟報說：「王爺來了。」老師立刻緊張起來，趕忙把書桌整理一下，並且把見王爺時該做甚麼，指點了給我，然後告訴我站立等候。過了一會，一個頭戴花翎、嘴上沒鬍鬚的陌生人出現在書房門口，挺直地立在我的面前，這就是我的父親。我按家禮給他請了安，然後一同落座。坐好，我拿起書按老師的指示唸起來：

「孟子見梁惠王，王立於沼上，王立於沼上……」

不知怎的，我心慌得很，再也唸不下去。梁惠王立於沼上是下不來了。幸好我的父親原來比我還慌張，他連忙點頭，聲音含混地說：

「好，好，皇帝好，好好地唸，唸書吧！」說完，又點了一陣頭，然後站起來走了。他在我這裏一共呆了不過兩分鐘。

從這天起，我知道了自己的父親是甚麼樣：不像老師，他沒鬍子，臉上沒皺紋，他腦後的花翎子總是跳動。以後他每隔一個月來一次，每次呆的時間也都不過兩分鐘。我又知道了他說話有點結巴，明白了他的花翎子之所以跳動，是由於他一說話就點頭。他說話很少，除了幾個「好，好，好」以外，別的話也很難聽清楚。

我的弟弟曾聽母親說過，辛亥那年父親辭了攝政王位，從宮裏一回來便對母親說：「從今天起我可以回家抱孩子了！」母親被他那副輕鬆神氣氣得痛哭了一場，後來告誡弟弟：「長大了萬不可學阿瑪（滿族語父親）那樣！」這段故事和父親自書的對聯「有書真富貴，無

事小神仙」，雖都不足以證明甚麼真正的「退隱」之志，但也可以看出他對那三年監國是夠傷腦筋的。那三年可以說是他一生最失敗的三年。

對他說來，最根本的失敗是沒有能除掉袁世凱。有一個傳說，光緒臨終時向攝政王托付過心事，並且留下了「殺袁世凱」四字硃諭。據我所知，這場兄弟會見是沒有的。攝政王要殺袁世凱為兄報仇，雖確有其事，但是被奕劻為首的一班軍機大臣給攔阻住了。詳情無從得知，只知道最讓父親洩氣的是奕劻的一番話：「殺袁世凱不難，不過北洋軍如果造起反來怎麼辦？」結果是隆裕太后聽從了張之洞等人的主意，叫袁世凱回家去養「足疾」，把他放走了。

有位在內務府幹過差使的「遺少」給我說過，當時攝政王為了殺袁世凱，曾想照學一下康熙皇帝殺大臣鰲拜的辦法。康熙的辦法是把鰲拜召來，賜給他一個座位，那座位是一個只有三條好腿的椅子，鰲拜坐在上面不提防給閃了一下，因此構成了「君前失禮」的死罪。和攝政王一起制定這個計劃的是小恭親王溥偉[15]。溥偉有一柄咸豐皇帝賜給他祖父奕訢的白虹刀，他們把它看成太上寶劍一樣的聖物，決定由溥偉帶着這把刀，做殺袁之用。一切計議停當了，結果被張之洞等人攔住了。這件未可置信的故事至少有一點是真的，這就是那時有人極力保護袁世凱，也有人企圖消滅袁世凱，給我父親出謀劃策的也大有人在。袁世凱在戊戌後雖然用大量銀子到處送禮拉攏，但畢竟還有用銀子消除不了的敵對勢力。這些敵對勢力，並不全是

15　溥偉（1880 － 1937），恭親王奕訢之孫，光緒二十四年襲王爵，辛亥革命前為禁煙大臣，辛亥後在德帝國主義庇護下寓居青島，青島被日本佔領後又投靠日本。在此期間與昇允等組織宗社黨，不斷進行復辟活動，「九一八」事變後出任瀋陽四民維持會會長，企圖在日本支持下組織「明光帝國」，但不久即被拋棄，拿了日本人賞的一筆錢老死於旅順。

過去的維新派和帝黨人物，其中有和奕劻爭地位的，有不把所有兵權拿到手誓不甘休的，也有為了其他目的而把希望寄托在倒袁上面的。因此殺袁世凱和保袁世凱的問題，早已不是甚麼維新與守舊、帝黨與后黨之爭，也不是甚麼滿漢顯貴之爭了，而是這一夥親貴顯要和那一夥親貴顯要間的奪權之爭。以當時的親貴內閣來說，就分成慶親王奕劻等人的一夥和公爵載澤等人的一夥。給我父親出謀劃策以及要權力地位的，主要是後面這一夥。

無論是哪一夥，都有一羣宗室覺羅、八旗世家、漢族大臣、南北謀士；這些人之間又都互有分歧，各有打算。比如載字輩的澤公，一心一意想把堂叔慶王的總揆奪過來，而醇王府的兄弟們首先所矚目的，則是袁世凱等漢人的軍權。就是向英國學海軍的兄弟和向德國學陸軍的兄弟，所好也各有不同。攝政王處於各夥人鈎心鬥角之間，一會兒聽這邊的話，一會兒又信另一邊的主意，一會對兩邊全說「好，好」，過一會又全辦不了。弄得各夥人都不滿意他。

其中最難對付的是奕劻和載澤。奕劻在西太后死前是領衛軍機，太后死後改革內閣官制，他又當了內閣總理大臣，這是叫度支部尚書載澤最為忿忿不平的。載澤一有機會就找攝政王，天天向攝政王揭奕劻的短。西太后既搬不倒奕劻，攝政王又怎能搬得倒他？如果攝政王支持了載澤，或者攝政王自己採取了和奕劻相對立的態度，奕劻只要稱老辭職，躲在家裏不出來，攝政王立刻就慌了手腳。所以在澤公和慶王間的爭吵，失敗的總是載澤。醇王府的人經常可以聽見他和攝政王嚷：「老大哥這是為你打算，再不聽我老大哥的，老慶就把大清斷送啦！」攝政王總是半响不出聲，最後說了一句：「好，好，明兒跟老慶再說……」到第二天，還是老樣子：奕劻照他自己的主意去辦事，載澤又算白費一次力氣。

　　載澤的失敗，往往就是載灃的失敗，奕劻的勝利，則意味着洹上垂釣[16]的袁世凱的勝利。攝政王明白這個道理，也未嘗不想加以抵制，可是他毫無辦法。

　　後來武昌起義的風暴襲來了，前去討伐的清軍，在滿族陸軍大臣廕昌的統率下，作戰不利，告急文書紛紛飛來。袁世凱的「軍師」徐世昌看出了時機已至，就運動奕劻、那桐幾個軍機一齊向攝政王保舉袁世凱。這回攝政王自己拿主意了，向「願以身家性命」為袁做擔保的那桐發了脾氣，嚴肅地申斥了一頓。但他忘了那桐既然敢出頭保袁世凱，必然有恃無恐。攝政王發完了威風，那桐便告老辭職，奕劻不上朝應班，前線緊急軍情電報一封接一封送到攝政王面前，攝政王沒了主意，只好趕緊賞那桐「乘坐二人肩輿」，挽請奕劻「體念時艱」，最後乖乖地簽發了諭旨：授袁世凱欽差大臣節制各軍並委袁的親信馮國璋[17]、段祺瑞為兩軍統領。他垂頭喪氣地回到府邸後，另一夥王公們包圍了他，埋怨他先是放虎歸山，這回又引狼入室。他後悔起來，就請這一夥王公們出主意。這夥人說，讓袁世凱出來也還可以，但要限制他的兵權，不能委派他的舊部馮國璋、段祺瑞為前線軍統。經過一番爭論之後，有人認為馮國璋還有交情，可以保留，於是載洵貝勒也要求，用跟他有交情的姜桂題來頂替段祺瑞。王公們給攝政王重新擬了電報，攝政王派人連夜把電報送到慶王府，

16　一九〇九年袁世凱被清廷罷斥後，息影於彰德洹水（安陽河），表面上不談政治，曾經着蓑衣竹笠，作漁翁狀，駕扁舟一葉，垂竿洹水濱，以示志在山水之間，其實仍與舊部往來不斷，尤其是有「軍師」徐世昌經常秘密向他報告國事政局，朝廷動向，並得到他暗中部署，因此，武昌事起，就有了徐世昌等聯名保舉及袁討價還價的故事。

17　馮國璋（1857—1919），字華甫，河北河間人，在清末亦是協助袁世凱創辦北洋軍的得力將領。在辛亥革命後成為北洋軍閥的直系首領之一，是英美帝國主義的走狗。

叫奕劻換發一下。慶王府回答說，慶王正歇覺，公事等明天上朝再說。第二天攝政王上朝，不等他拿出這一個上諭，奕劻就告訴他，頭一個上諭當夜就發出去了。

我父親並非是個完全沒有主意的人。他的主意便是為了維持皇族的統治，首先把兵權抓過來。這是他那次出使德國從德國皇室學到的一條：軍隊一定要放在皇室手裏，皇族子弟要當軍官。他做得更徹底，不但抓到皇室手裏，而且還必須抓在自己家裏。在我即位後不多天，他就派自己的兄弟載濤做專司訓練禁衛軍大臣，建立皇家軍隊。袁世凱開缺後，他代替皇帝為大元帥，統率全國軍隊，派兄弟載洵為籌辦海軍大臣，另一個兄弟載濤管軍諮處（等於參謀總部的機構），後來我這兩位叔叔就成了正式的海軍部大臣和軍諮府大臣。

據說，當時我父親曾跟王公們計議過，無論袁世凱鎮壓革命成功與失敗，最後都要消滅掉他。如果他失敗了，就藉口失敗誅殺之，如果把革命鎮壓下去了，也要找藉口解除他的軍權，然後設法除掉他。總之，軍隊決不留在漢人手裏，尤其不能留在袁世凱手裏。措施的背後還有一套實際掌握全國軍隊的打算。假定這些打算是我父親自己想得出的，不說外界阻力，只說他實現它的才能，也和他的打算太不相稱了。因此，不但跟着袁世凱跑的人不滿意他，就連自己的兄弟也常為他搖頭歎息。

李鴻章的兒子李經邁出使德國赴任之前，到攝政王這裏請示機宜，我七叔載濤陪他進宮，托付他在攝政王面前替他說一件關於禁衛軍的事，大概他怕自己說還沒用，所以要借重一下李經邁的面子。李經邁答應了他，進殿去了。過了不大功夫，在外邊等候着的載濤看見李經邁又出來了，大為奇怪，料想他托付的事必定沒辦，就問

李經邁是怎麼回事。李經邁苦笑着說：「王爺見了我一共就說了三句話：『你哪天來的？』我說了，他接着就問：『你哪天走？』我剛答完，不等說下去，王爺就說：『好好，好好地幹，下去吧！』──連我自己的事情都沒說，怎麼還能說得上你的事？」

我祖母患乳瘡時，請中醫總不見好，父親聽從了叔叔們的意見，請來了一位法國醫生。醫生打算開刀，遭到了醇王全家的反對，只好採取敷藥的辦法。敷藥之前，醫生點上了酒精燈準備給用具消毒，父親嚇壞了，忙問翻譯道：

「這這這幹麼？燒老太太？」

我六叔看他這樣外行，在他身後對翻譯直搖頭咧嘴，不讓翻給洋醫生聽。

醫生留下藥走了。後來醫生發現老太太病情毫無好轉，覺得十分奇怪，就叫把用過的藥膏盒子拿來看看。父親親自把藥盒都拿來了，一看，原來一律原封未動。叔叔們又不禁搖頭歎息一番。

醇王府的大管事張文治是最愛議論「王爺」的。有一回他說，在王府附近有一座小廟，供着一口井，傳說那裏住着一位「仙家」。「銀錠橋案件」[18]敗露後，王爺有一次經過那個小廟，要拜一拜仙家，感謝對他的庇佑。他剛跪下去，忽然從供桌後面跳出個黃鼠狼來。這件事叫巡警知道了，報了上去，於是大臣們就傳說王爺命大，連仙家都受不了他這一拜。張文治說完了故事就揭穿了底細，原來這是王爺叫廟裏人準備好的。

18　銀錠橋在北京地安門附近，是載灃每天上朝必經之地。一九一○年汪精衛、黃復生為刺殺載灃秘密埋藏自製炸彈於橋下，因被軍警識破，計劃未遂。汪、黃被捕後，清廷懾於當時民氣，未敢處以極刑，南北議和時即予釋放。當時把這案件叫做銀錠橋案件。

　　醇王府的人在慈禧死後都喜歡自稱是維新派，我父親也不例外。提起父親的生活瑣事，頗有不少反對迷信和趨向時新風氣的舉動。我還聽人說過，「老佛爺並不是反對維新的，戊戌以後辦的那些事不都是光緒要辦的嗎？醇親王也是位時新人物，老佛爺後來不是也讓他當了軍機嗎？」慈禧的維新和洋務，辦的是甚麼，不必說了。關於父親的維新，我略知一些。他對那些曾被「老臣」們稱為奇技淫巧的東西，倒是不採取排斥的態度。醇王府是清朝第一個備汽車、裝電話的王府，他們的辮子剪得最早，在王公中首先穿上西服的也有他一個。但是他對於西洋事物真正的了解，就以穿西服為例，可見一斑。他穿了許多天西服後，有一次很納悶地問我傑二弟：「為甚麼你們的襯衫那麼合適，我的襯衫總是比外衣長一塊呢？」經傑二弟一檢查，原來他一直是把襯衫放在褲子外面的，已經忍着這股彆扭勁好些日子了。

　　此外，他曾經把給祖母治病的巫婆趕出了大門，曾經把僕役們不敢碰的刺蝟一腳踢到溝裏去，不過踢完之後，臉上卻一陣煞白。他反對敬神唸佛，但是逢年過節燒香上供卻非常認真。他的生日是正月初五，北京的風俗把這天叫做「破五」，他不許人說這兩個字，並在日曆的這一頁上貼上紅條，寫上壽字，把豎筆拉得很長。傑二弟問他這是甚麼意思，他說：「這叫長壽嘛！」

　　為了了解攝政王監國三年的情況，我曾看過父親那個時候的日記。在日記裏沒找到多少材料，卻發現過兩類很有趣的記載。一類是屬於例行事項的，如每逢立夏，必「依例剪平頭」，每逢立秋，則「依例留分髮」；此外還有依例換甚麼衣服，吃甚麼時鮮，等等。另一類，是關於天象觀察的詳細記載和報上登載的這類消息的摘要，有時還有很用心畫下的示意圖。可以看出，一方面是內容十分貧乏

的生活，一方面又有一種對天文的熱烈愛好。如果他生在今天，說不定他可以學成一名天文學家。但可惜的是他生在那樣的社會和那樣的家庭，而且從九歲起便成了皇族中的一位親王。

五、親王之家

我一共有四位祖母，所謂醇賢親王的嫡福晉葉赫那拉氏，並不是我的親祖母。她在我出生前十年就去世了。聽說這位老太太秉性和她姊姊完全不同，可以說是墨守成規，一絲不苟。同治死後，慈禧照常聽戲作樂，她卻不然，有一次這位祖母奉召進宮看戲，坐在戲台前卻閉上雙眼，慈禧問她這是幹甚麼，她連眼也不睜地說：「現在是國喪，我不能看戲！」慈禧給她頂的也無可奈何。她的忌諱很多，家裏人在她面前說話都要特別留神，甚麼「完了」、「死」這類字眼要用「得了」、「喜」等等代替。她一生拜佛，成年放生燒香，夏天不進花園，說是怕踩死螞蟻。她對螞蟻仁慈如此，但是打起奴僕來，卻毫不留情。據說醇王府一位老太監的終身不治的顏面抽搐病，就是由她的一頓藤鞭打成的。

她一共生了五個孩子。第一個女兒活到六歲，第一個兒子還不到兩周歲，這兩個孩子在同治五年冬天相隔不過二十天都死了。第二個兒子就是光緒，四歲離開了她。光緒進宮後，她生下第三個兒子，只活了一天半。第四個男孩載洸出世後，她不知怎樣疼愛是好，穿少了怕凍着，吃多了怕撐着。朱門酒肉多得發臭，朱門子弟常生的毛病則是消化不良。《紅樓夢》裏的賈府「淨餓一天」是很有代表性的養生之道。我祖母就很相信這個養生之道，總不肯給孩子吃飽，據說一隻蝦也要分成三段吃，結果第四個男孩又因營養不夠，不到

五歲就死了。王府裏的老太監牛祥曾說過：「要不然怎麼五爺（載灃）接了王爺呢，就是那位老福晉，疼孩子，反倒把前面幾位小爺給耽誤了。」

我父親載灃雖非她的親生子，但依宗法，要受她的管教。她對我父親和叔父們的飲食上的限制沒有了，精神上的限制仍然沒有放鬆。據那位牛太監說：「五爺六爺在她老人家跟前連笑也要小心，如果笑出聲來，就會聽見老人家吆喝：笑甚麼？沒個規矩！」

醇賢親王的第一側福晉顏扎氏去世很早。二側福晉劉佳氏，即是我的親祖母，她在那拉氏祖母去世後當了家。她雖不像那拉氏祖母那樣古板，卻是時常處於精神不正常的狀態。造成這種病症的原因同樣是與兒孫命運相關。這位祖母也夭折過一個兩歲的女兒。而使她精神最初遭受刺激以致失常的，卻是由於幼子的出嗣。她一共生了三個兒子，即載灃、載洵、載濤。七叔載濤從小在她自己懷裏長大，到十一歲這年，突然接到慈禧太后旨意，讓他過繼給我祖父的堂兄弟奕謨貝子為子。我祖母接到這個「懿旨」，直哭得死去活來。經過這次刺激，她的精神就開始有些不正常了。

奕謨膝下無兒無女，得着一個過繼兒子，自然非常高興，當做生了一個兒子，第三天大做彌月，廣宴親朋。這位貝子平時不大會奉承慈禧，慈禧早已不滿，這次看到他如此高興，更加生氣，決定不給他好氣受。慈禧曾有一句「名言」：「誰叫我一時不痛快，我就叫他一輩子不痛快。」不知道奕謨以前曾受過她甚麼折磨，他在發牢騷時畫了一張畫，畫面只有一隻腳，影射慈禧專門胡攪，攪得家事國事一團糟，並且題了一首發泄牢騷的打油詩：「老生避腳實堪哀，竭力經營避腳台，避腳台高三百尺，高三百尺腳仍來。」不知怎的，被慈禧知道了，慈禧為了泄憤，突然又下一道懿旨，讓已經過繼過去五

年多的七叔，重新過繼給我祖父的八弟鍾郡王奕詥。奕譞夫婦受此打擊，一同病倒。不久，奕譞壽終正寢，慈禧又故意命那個搶走的兒子載濤代表太后去致祭，載濤有了這個身份，在靈前自然不能下跪。接着不到半年，奕譞的老妻也氣得一命嗚呼。

　　在第二次指定七叔過繼的同時，慈禧還指定把六叔載洵過繼出去，給我另一位堂祖叔敏郡王奕志為嗣。正像譞貝子詩中所說的那樣：「避腳台高三百尺，高三百尺腳仍來。」劉佳氏祖母閉門家中坐，忽然又少掉了一個兒子，自然又是一個意外打擊。事隔不久，又來了第三件打擊。我祖母剛給我父親說好一門親事，就接到慈禧給我父親指婚的懿旨。原來我父親早先訂了親，庚子年八國聯軍進北京時，許多旗人因怕洋兵而全家自殺，這門親家也是所謂殉難的一戶。我父親隨慈禧光緒在西安的時候，祖母重新給他訂了一門親，而且放了「大定」，即把一個如意交給了未婚的兒媳。按習俗，送荷包叫放小定，這還有伸縮餘地，到了放大定，姑娘就算是「婆家的人」了。放大定之後，如若男方死亡或出了甚麼問題，在封建禮教下就常有甚麼望門寡或者殉節之類的悲劇出現。慈禧當然不管你雙方本人以及家長是否同意，她做的事，別人豈敢說話。劉佳氏祖母當時是兩頭害怕，怕慈禧怪罪，又怕退「大定」引起女方發生意外，這就等於對太后抗旨，男女兩方都是脫不了責任的。儘管當時有人安慰她，說奉太后旨意去退婚不會有甚麼問題，她還是想不開，精神失常的病患又發作了。

　　過了六年，她的病又大發作了一次，這就是在軍機大臣送來懿旨叫送我進宮的那天。我一生下來，就歸祖母撫養。祖母是非常疼愛我的。聽乳母說過，祖母每夜都要起來一兩次，過來看看我。她來的時候連鞋都不穿，怕木底鞋的響聲驚動了我。這樣看我長到三

歲，突然聽說慈禧把我要到宮裏去，她立即昏厥了過去。從那以後，她的病就更加容易發作，這樣時好時犯地一直到去世。她去世時五十九歲，即我離京到天津那年。

醇親王載灃自八歲喪父，就在醇賢親王的遺訓和這樣兩位老人的管教下，過着傳統的貴族生活。他當了攝政王，享受着俸祿和采邑的供應，上有母親管着家務，下有以世襲散騎郎二品長史[19]為首的一套辦事機構為他理財、酬應，有一大批護衞、太監、僕婦供他役使，還有一羣清客給他出謀劃策以及聊天遊玩。他用不着操心家庭生活，也用不上甚麼生產知識。他和外界接觸不多，除了依例行事的冠蓋交往，談不到甚麼社會閱歷。他的環境和生活就是如此。

我父親有兩位福晉，生了四子七女。我的第二位母親是辛亥以後來的，我的三胞妹和異母生的兩個弟弟和四個妹妹出生在民國時代。這一家人到現在，除了大妹和三弟早故外，父親歿於一九五一年年初，母親早於一九二一年逝世。

母親和父親是完全不同的類型。有人說旗人的姑奶奶往往比姑爺能幹，或許是真的。我記得我的妻子婉容和我的母親瓜爾佳氏就比我和父親懂得的事多，特別是會享受，會買東西。據說旗人姑娘在家裏能主事，能受到兄嫂輩的尊敬，是由於每個姑娘都有機會選到宮裏當上嬪妃（據我想，恐怕也是由於兄弟輩不是遊手好閒就是忙於宦務，管家理財的責任自然落在姊妹們身上，因此姑娘就比較能幹些）。我母親在娘家時很受寵，慈禧也曾說過「這姑娘連我也不怕」的話。母親花起錢來，使祖母和父親非常頭痛，簡直沒辦法。父親

19　二品長史是皇室內務府派給各王府的名義上的最高管家，是世襲的二品官。其實他並不管事，除了王府中有婚喪大事時去一下之外，平日並不去王府。

的收入，不算田莊、親王雙俸和甚麼養廉銀[20] 每年是五萬兩，到民國時代的小朝廷還是每年照付。每次俸銀到手不久，就被母親花個精光。後來父親想了很多辦法，曾經和她在財物上分家，給她規定用錢數目，全不生效。我父親還用過摔傢伙的辦法，比如拿起條几上的瓶瓶罐罐摔在地上，以示憤怒和決心。因為總摔東西未免捨不得，後來專門準備了一些摔不碎的銅壺鉛罐之類的東西（我弟弟見過這些「道具」），不久，這些威風也被母親識破了，結果還是父親再拿出錢來供她花。花得我祖母對着賬房送來的賬條歎氣流淚，我父親只好再叫管事的變賣古玩、田產。

母親也時常拿出自己貴重的陪嫁首飾去悄悄變賣。我後來才知道，她除了生活享受之外，曾避着父親，把錢用在政治活動上，通過榮祿的舊部如民國時代步兵統領衙門的總兵袁得亮之流，去運動奉天的將領。這種活動，是與太妃們合謀進行的。她們為了復辟的夢想，拿出過不少首飾，費了不少銀子。溥傑小時候曾親眼看見過她和太妃的太監鬼鬼祟祟地商議事情，問她是甚麼事，她說：「現在你還小呢，將來長大了，就明白我在做着甚麼了。」她卻不知道，她和太妃們的那些財寶，都給太監和袁得亮中飽了。她對她父親的舊部有着特殊的信賴，對袁世凱也能諒解。辛亥後，醇王府上下大小無不痛罵袁世凱，袁世凱稱帝時，孩子們把報紙上的袁世凱肖像的眼睛都摳掉了，唯獨母親另有見解：「說來說去不怪袁世凱，就怪孫文！」

我的弟弟妹妹們從小並不怕祖母和父親，而獨怕母親。傭僕自然更不用說。有一天，我父親從外面回來，看見窗戶沒有關好，問

---

20 清代制度官吏於常俸之外，朝廷為示要求官吏清廉之意，另給銀錢，叫做養廉銀。

一個太監：「怎麼不關好？」這太監回答說：「奶奶還沒回來呢，不忙關。」父親生了氣，罰他跪在地上。一個女僕說：「要是老爺子，還不把你打成稀爛！」老爺子是指母親而言，她和慈禧一樣，喜歡別人把她當做男人稱呼。

　　我三歲進宮，到了十一歲才認得自己的祖母和母親，那次她們是奉太妃之召進宮的。我見了她們，覺得很生疏，一點不覺得親切。不過我還記得祖母的眼睛總不離開我，而且好像總是閃着淚光。母親給我的印象就完全不同，我見了她的時候生疏之外更加上幾分懼怕。她每次見了我總愛板着臉說些官話：「皇帝要多看些祖宗的聖訓」，「皇帝別貪吃，皇帝的身子是聖體，皇帝要早睡早起⋯⋯」現在回想起來，那硬梆梆的感覺似乎還存在着，低賤出身的祖母和大學士府小姐出身的母親，流露出的人情，竟是如此的不同。

第二章　我的童年

一、登極與退位

　　光緒三十四年舊曆十月二十日的傍晚，醇王府裏發生了一場大混亂。這邊老福晉不等聽完新就位的攝政王帶回來的懿旨，先昏過去了。王府太監和婦差丫頭們灌薑汁的灌薑汁，傳大夫的傳大夫，忙成一團，那邊又傳過來孩子的哭叫和大人們哄勸聲。攝政王手忙腳亂地跑出跑進，一會兒招呼着隨他一起來的軍機大臣和內監，叫人給孩子穿衣服，這時他忘掉了老福晉正昏迷不醒，一會被叫進去看老福晉，又忘掉了軍機大臣還等着送未來的皇帝進宮。這樣鬧騰好大一陣，老福晉蘇醒過來，被扶送到裏面去歇了，這裏未來的皇帝還在「抗旨」，連哭帶打地不讓內監過來抱他。內監苦笑着看軍機大臣怎麼吩咐，軍機大臣則束手無策地等攝政王商量辦法，可是攝政王只會點頭，甚麼辦法也沒有……

　　家裏的老人給我說的這段情形，我早已沒有印象了。老人們說，那一場混亂後來還虧着乳母給結束的。乳母看我哭得可憐，拿出奶來餵我，這才止住了我的哭叫。這個卓越的舉動啟發了束手無策的老爺們。軍機大臣和我父親商量了一下，決定由乳母抱我一起去，

到了中南海，再交內監抱我見慈禧太后。

我和慈禧這次見面，還能夠模糊地記得一點。那是由一次強烈的刺激造成的印象。我記得那時自己忽然處在許多陌生人中間，在我面前有一個陰森森的幃帳，裏面露出一張醜得要命的瘦臉——這就是慈禧。據說我一看見慈禧，立刻嚎啕大哭，渾身哆嗦不住。慈禧叫人拿冰糖葫蘆給我，被我一把摔到地下，連聲哭喊着：「要嬤嬤！要嬤嬤！」弄得慈禧很不痛快，說：「這孩子真彆扭，抱到哪兒玩去吧！」

我入宮後的第三天，慈禧去世，過了半個多月，即舊曆十一月初九，舉行了「登極大典」。這個大典被我哭得大煞風景。

大典是在太和殿舉行的。在大典之前，照章要先在中和殿接受領侍衞內大臣們的叩拜，然後再到太和殿受文武百官朝賀。我被他們折騰了半天，加上那天天氣奇冷，因此當他們把我抬到太和殿，放到又高又大的寶座上的時候，早超過了我的耐性限度。我父親單膝側身跪在寶座下面，雙手扶我，不叫我亂動，我卻掙扎着哭喊：「我不挨這兒！我要回家！我不挨這兒！我要回家！」父親急得滿頭是汗。文武百官的三跪九叩，沒完沒了，我的哭叫也越來越響。我父親只好哄我說：「別哭，別哭，快完了，快完了！」

典禮結束後，文武百官竊竊私議起來了：「怎麼可以說『快完了』呢？」「說要回家可是甚麼意思啊？」……一切的議論，都是垂頭喪氣的，好像都發現了不祥之兆。

後來有些筆記小品裏加枝添葉地說，我是在鐘鼓齊鳴聲中嚇哭了的，又說我父親在焦急之中，拿了一個玩具小老虎哄我，才止住了哭。其實那次大典因為處於「國喪」期，丹陛大樂只設而不奏，所謂玩具云者更無其事。不過說到大臣們都為了那兩句話而惶惑不安，

倒是真事。有的書上還說，不到三年，清朝真的完了，要回家的也
真回了家，可見當時說的句句是讖語，大臣們早是從這兩句話得到
了感應的。

事實上，真正的感應不是來自偶然而無意的兩句話。如果翻看
一下當時歷史的記載，就很容易明白文武百官們的憂心忡忡是從哪
裏來的。只要看看《清鑒綱目》裏關於我登極前一年的大事提要就
夠了：

光緒三十三年，秋七月。廣州欽州革命黨起事，攻陷
陽城，旋被擊敗。

冬十一月。孫文、黃興合攻廣西鎮南關（現改名睦南
關 —— 作者），克之，旋敗退。

諭：禁學生干預政治及開會演說。

三十四年，春正月。廣東緝獲日本輪船，私運軍火，
尋命釋之。

三月。孫文、黃興遣其黨攻雲南河口，克之，旋敗退。

冬十月，安慶炮營隊官熊成基起事，旋敗死。

這本《清鑒綱目》是民國時代編出的，所根據的史料主要是清政
府的檔案。我從那個時期的檔案裏還看到不少「敗死」「敗退」的字
樣。這類字樣越多，也就越說明風暴的加劇。這就是當時那些王公
大臣們的憂患所在。到了宣統朝，事情越加明顯。後來起用了袁世
凱，在一部分人心裏更增加一重憂慮，認為外有革命黨，內有袁世
凱，歷史上所出現過的不吉之兆，都集中到宣統一朝來了。

我糊裏糊塗地做了三年皇帝，又糊裏糊塗地退了位。在最後的

日子裏所發生的事情，給我的印象最深的是：有一天在養心殿的東暖閣裏，隆裕太后坐在靠南窗的炕上，用手絹擦眼，面前地上的紅毡子墊上跪着一個粗胖的老頭子，滿臉淚痕。我坐在太后的右邊，非常納悶，不明白兩個大人為甚麼哭。這時殿裏除了我們三個，別無他人，安靜得很，胖老頭很響地一邊抽縮着鼻子一邊說話，說的甚麼我全不懂。後來我才知道，這個胖老頭就是袁世凱。這是我看見袁世凱唯一的一次，也是袁世凱最後一次見太后。如果別人沒有對我說錯的話，那麼正是在這次，袁世凱向隆裕太后直接提出了退位的問題。從這次召見之後，袁世凱就藉口東華門遇險[1]的事故，再不進宮了。

武昌起義後，各地紛紛響應，滿族統帥根本指揮不動抵抗民軍的北洋各鎮新軍，攝政王再也沒辦法，只有接受奕劻這一夥人的推薦，起用了袁世凱。待價而沽的袁世凱，有徐世昌這位身居內閣協辦大臣的心腹之交供給情報，摸透了北京的行情，對於北京的起用推辭再三，一直到被授以內閣總理大臣和統制全部兵權的欽差大臣，軍政大權全已在握的時候，他才在彰德「遙領聖旨」，下令北洋軍向民軍進攻。奪回了漢陽後，即按兵不動，動身進京，受隆裕太后和攝政王的召見。

這時候的袁世凱和從前的袁世凱不同了，不僅有了軍政大權，還有了比這更為難得的東西，這就是洋人方面對他也發生了興趣，而革命黨方面也有了他的朋友。北洋軍攻下漢陽之後，英國公使朱

1　一九一二年一月十六日袁世凱退朝回家，三個革命黨人伺於東華門大街便宜坊酒樓上，擲彈炸袁未中，炸斃袁的侍衛長袁金標，炸傷護兵數人，事後袁以「久患心跳作燒及左骽腰疼痛等症」為名請假，拒不入朝，讓胡惟德等人代奏。

邇典得到本國政府的指示，告訴他：英國對袁「已經發生了極友好的感情」[2]。袁到北京不久，英國駐武昌的總領事就奉朱邇典之命出面調停民軍和清軍的戰事。袁世凱的革命黨方面的朋友，主要的是謀刺攝政王不遂的汪精衛。汪精衛被捕之後，受到肅親王善耆的很好的招待。我父親在自己的年譜中說這是為了「以安反側之心」，其實並非如此。我有位親戚後來告訴過我，當時有個叫西田耕一的日本人，通過善耆那裏的日本顧問關係告訴善耆，日本人是不同意殺掉汪精衛的。攝政王在幾方面壓力之下，沒有敢對汪精衛下手。武昌事起，汪精衛得到釋放，他立刻抓住機會和善耆之流的親貴交朋友。袁世凱到北京，兩人一拍即合，汪精衛也很快與袁的長公子克定變成了好朋友，從而變成了袁的謀士，同時也變成了袁世凱和民軍方面某些人物中間的橋樑。民軍方面的消息經此源源地傳到袁世凱這邊，立憲派人物也逐漸對他表示好感。袁世凱有了許多新朋友，加上在國內外和朝廷內外的那一夥舊朋友，就成了對各方面情況最清楚而且是左右逢源的人物。袁世凱回到北京後，不到一個月，就通過奕劻在隆裕面前玩了個把戲，把攝政王擠掉，退歸藩邸。接著，以接濟軍用為名擠出了隆裕的內帑，同時逼着親貴們輸財贍軍。親貴感到了切膚的疼痛，皇室的財力陷入了枯竭之境，至此，政、兵、財三權全到了袁的手裏。接著，袁授意駐俄公使陸徵祥聯合各駐外公使致電清室，要求皇帝退位，同時以全體國務員名義密奏太后，說

---

2 一九一一年十一月十五日，英國外相格雷覆駐華公使朱邇典電。其全文是「覆你十二日電。我們對袁世凱已發生了極友好的感情和崇敬。我們願意看到一個足夠有力的政府，可以不偏袒地處理對外關係，維持國內秩序以及革命後在華貿易的有利環境，這樣的政府將要得到我們所能給予的一切外交援助。」（見藍皮書中國第一號，一九一二年四十頁）

是除了實行共和，別無出路。我查到了這個密奏的日期，正是前面提到的與袁會面的那天，即十一月二十八日。由此我明白了太后為甚麼後來還哭個不停。密奏中讓太后最感到恐怖的，莫過於這幾句：「海軍盡叛，天險已無，何能悉以六鎮諸軍，防衛京津？雖效周室之播遷，已無相容之地。」「東西友邦，有從事調停者，以我只政治改革而已，若等久事爭持，則難免無不干涉。而民軍亦必因此對於朝廷，感情益惡。讀法蘭西革命之史，如能早順輿情，何至路易之子孫，靡有孑遺也。……」

　　隆裕太后完全給嚇昏了，連忙召集御前會議，把宗室親貴們叫來拿主意。王公們聽到了密奏的內容和袁世凱的危言，首先感到震動的倒不是法蘭西的故事，而是袁世凱急轉直下的變化。本來在民、清兩軍的議和談判中，袁世凱一直反對實行共和，堅決主張君主立憲。他曾在致梁鼎芬的一封信中，表示了自己對清室的耿耿忠心，說「決不辜負孤兒寡婦（指我和太后）」。在他剛到北京不久，發佈准許百姓自由剪髮辮的上諭的那天，在散朝外出的路上，世續指着自己腦後的辮子笑着問道：「大哥，您對這個打算怎麼辦？」他還肅然回答：「大哥您放心，我還很愛惜它，總要設法保全它！」因此一些對袁世凱表示不信任的人很為高興，說「袁宮保決不會當曹操！」民清雙方的談判，達成了把國體問題交臨時國會表決的原則協議，國會的成員、時間和地點問題，則因清方的堅持而未決。正爭執中，南京成立了臨時政府，選了孫中山為臨時大總統，第二天，袁世凱忽然撤去唐紹儀代表的資格，改由他自己直接和民軍代表用電報交涉。國體問題還遠未解決，忽然出現了袁內閣要求清帝退位問題，自然使皇室大為震駭。

　　原來袁世凱這時有了洋人的支持，在民軍方面的朋友也多到可

以左右民軍行動的程度。那些由原先的立憲黨人變成的革命黨人，已經明白袁世凱是他們的希望；這種希望後來又傳染給某些天真的共和主義者。因此在民軍方面做出了這個決議：只要袁贊成共和，共和很快就可成功；只要袁肯幹，可以請袁做第一任大總統。這正符合了袁的理想，何況退位的攝政王周圍，還有一個始終敵對的勢力，無論他打勝了革命黨還是敗給革命黨，這個勢力都不饒他。他決定接受這個條件，但對清室的處置，還費考慮。這時他忽然聽說孫中山在南京就任了臨時大總統，不免着起急來。他的心腹助手趙秉鈞後來透露：「項城本具雄心，又善利用時機。但雖重兵在握，卻力避曹孟德欺人之名，故一面挾北方勢力與南方接洽，一方面挾南方勢力，以脅制北方。項城初以為南方易與，頗側南方，及南方選舉總統後，恍然南北終是兩家，不願南方勢力增長，如國民大會成立，將終為其挾持，不能擺脫。乃決計專對清室着手，首先脅迫親貴王公，進而脅迫清帝，又進而恫嚇太后，並忖度其心理，誘餌之以優待條件，達到自行頒佈退位，以全權組織臨時政府。」這就是袁世凱突然變化的真相。

變化儘管是變化，如果想從善於流淚的袁世凱臉上，直接看到兇相，是辦不到的。他最後和太后見了那次面，在東華門碰上了一個冒失的革命黨人的炸彈，給了他一個藉口，從此再不進宮，而由他的助手趙秉鈞、胡惟德等人出面對付皇室。他自己不便於扮演的角色就由他們來扮演。

但是變化終歸是變化。那些相信過袁世凱的人，又改變了看法。「誰說袁世凱不是曹操？」

一直堅持這個說法的是恭王溥偉、肅王善耆、公爵載澤等人，還有醇王周圍的年輕的貝勒們。一位貴胄學堂的學生後來說，當時

的民政大臣滿人桂春曾宣稱，為了回答外地對滿人仇殺的行為，他已組織了滿族警察和貴冑學堂的學生，對北京城的漢人實行報復。遠在西安的總督蒙族人昇允，這時帶兵勤王，離了西安，袁世凱去了一封表示贊許的電報，同時命令他停在潼關不得前進。以良弼為首的一些貴族組織了宗社黨[3]，宗社黨將採取恐怖行動的傳說也出現了。總之，一部分滿蒙王公大臣做出了要拚命的姿態。太后召集的第一次御前會議，會上充滿了憤恨之聲。奕劻和溥倫由於表示贊成退位，遭到了猛烈的抨擊。第二天，奕劻沒有敢來，溥倫改變了口風，聲明贊成君主。

這種情勢沒有保持多久。參加會議的毓朗後來和他的後輩說過這個會議，溥偉也有一篇日記做了一些記載，內容都差不多。其中的一次會議是這樣開的——

太后問：「你們看是君主好還是共和好？」

大約有四五個人立刻應聲道：「奴才都主張君主，沒有主共和的道理。」接着別人也表示了這個態度，這次奕劻和溥倫沒參加，沒有相反的意見。有人還說，求太后「聖斷堅持，勿為奕劻之流所惑」。太后歎氣道：

「我何嘗要共和，都是奕劻跟袁世凱說的，革命黨太厲害，咱沒槍炮沒軍餉，打不了這個仗。我說不能找外國人幫忙嗎？他們說去問問。過了兩天說問過了，外國人說攝政王退位他們才幫忙。載灃

3　在辛亥革命期間，滿清皇族的最頑固最反動的集團，以良弼、溥偉、鐵良等為首組成了宗社黨，其目的是挽救清朝的滅亡，反對清帝退位，反對袁世凱，反對議和。後良弼被革命黨人彭家珍炸死，袁世凱又策動馮國璋等發表通電，贊成共和，才被迫同意清帝退位，隆裕亦傳諭，把它解散。宗社黨解體之後，其中一些主要分子並不死心，分別投靠了帝國主義企圖借外力來復辟。

你說是不是這樣說的？」

溥偉憤憤地說：「攝政王不是已退位了嗎？怎麼外國人還不幫忙？這顯然是奕劻欺君罔上！」

那彥圖接口道：「太后今後可別再聽奕劻的啦！」

溥偉和載澤說：「亂黨實不足懼，只要出軍餉，就有忠臣去破賊殺敵。馮國璋說過，發三個月的餉他就能把革命黨打敗。」

「內帑已經給袁世凱全要了去，我真沒有錢了！」太后搖頭歎氣。

溥偉拿出日俄戰爭中日本帝后以首飾珠寶賞軍的故事，勸清太后效法。善耆支持溥偉的意見，說這是個好主意。隆裕說：「勝了固然好，要是敗了，連優待條件不是也落不着了嗎？」

這時優待條件已經由民清雙方代表議出來了。

「優待條件不過是騙人之談，」溥偉說，「就和迎闖王不納糧的話一樣，那是欺民，這是欺君。即使這條件是真的，以朝廷之尊而受臣民優待，豈不貽笑千古，貽笑列邦？」說罷，他就地碰起頭來。

「就是打仗，只有馮國璋一個也不行呀！」太后仍然沒信心。溥偉就請求「太后和皇上賞兵去報國」。善耆也說，有的是忠勇之士。太后轉過頭，問跪在一邊一直不說話的載濤：

「載濤你管陸軍，你知道咱們的兵怎麼樣。」

「奴才練過兵，沒打過仗，不知道。」載濤連忙碰頭回答。

太后不做聲了。停了一晌才說了一句：

「你們先下去吧。」

末了，善耆又向太后囑咐一遍：「一會，袁世凱和國務大臣就覲見了，太后還要慎重降旨。」

「我真怕見他們。」太后搖頭歎氣。

在這次會議上，本來溥偉給太后想出了個應付國務大臣們的辦法，就是把退位問題推到遙遙無期的國會身上。可是國務大臣趙秉鈞帶來了袁世凱早準備好了的話：

「這個事兒叫大夥兒一討論，有沒有優待條件，可就說不准了！」

太后對於王公們主戰的主意不肯考慮了。王公們曾千囑咐萬囑咐不要把這件事和太監說起，可是太后一回宮，早被袁世凱餵飽的總管太監小德張卻先開了口：

「照奴才看，共和也罷，君主也罷，老主子全是一樣。講君主，老主子管的事不過是用用寶。講共和，太后也還是太后。不過這可得答應了那『條件』。要是不應啊，革命黨打到了北京，那就全完啦！」

在御前會議上，發言主戰的越來越少，最後只剩下了四個人。據說我的二十幾歲的六叔是主戰者之一，他主張來個化整為零，將王公封藩，分踞各地進行抵抗。這個主張根本沒人聽。毓朗貝勒也出過主意，但叫人摸不清他到底主張甚麼。他說：

「要戰，即效命疆場，責無旁貸。要和，也要早定大計。」

御前會議每次都無結果而散。這時，袁的北洋軍將領段祺瑞等人突然從前線發來了要求「清帝」退位的電報，接着，良弼被革命黨人炸死了。這樣一來，在御前會議上連毓朗那樣兩可的意見也沒有了。主戰最力的善耆、溥偉看到大勢已去，離了北京，他們想學申包胥哭秦庭，一個跑到德國人佔領的青島，一個到了日本人佔領的旅順。他們被留在那裏沒讓走。外國官員告訴他們，這時到他們國家去是不適宜的。問題很清楚，洋人已決定承認袁世凱的政府了。

宣統三年舊曆十二月二十五日，隆裕太后頒佈了我的退位詔。一部分王公跑進了東交民巷，奕劻父子帶着財寶和姨太太搬進了天津的外國租界。醇王在會議上一直一言不發，頒佈退位詔後，就回

到家裏抱孩子去了。袁世凱一邊根據清皇太后的懿旨，組織了民國臨時共和政府，一邊根據與南方革命黨達成的協議，由大清帝國內閣總理大臣一變而為中華民國的臨時大總統。而我呢，則作為大總統的鄰居，根據清室優待條件[4]開始了小朝廷的生活。

這個清室優待條件如下：

第一款　大清皇帝辭位之後，尊號仍存不廢。中華民國以待各外國君主之禮相待。

第二款　大清皇帝辭位之後，歲用四百萬兩。俟改鑄新幣後，改為四百萬元，此款由中華民國撥用。

第三款　大清皇帝辭位之後，暫居宮禁。日後移居頤和園。侍衛人等，照常留用。

第四款　大清皇帝辭位之後，其宗廟陵寢，永遠奉祀。由中華民國酌設衛兵，妥慎保護。

第五款　德宗崇陵未完工程，如制妥修。其奉安典禮，仍如舊制。所有實用經費，並由中華民國支出。

第六款　以前宮內所用各項執事人員，可照常留用，唯以後不得再招閹人。

第七款　大清皇帝辭位之後，其原有之私產由中華民國特別保護。

第八款　原有之禁衛軍，歸中華民國陸軍部編制，額數俸餉，仍如其舊。

4　與「關於清帝遜位後優待之條件」同時頒佈的還有「關於滿蒙回藏各族待遇之條件」和「關於清皇族待遇之條件」。

二、帝王生活

「優待條件」裏所說的「暫居宮禁」，沒規定具體期限。紫禁城裏除了三大殿劃歸民國之外，其餘地方全屬「宮禁」範圍。我在這塊小天地裏一直住到民國十三年被民國軍驅逐的時候，渡過了人世間最荒謬的少年時代。其所以荒謬，就在於中華號稱為民國，人類進入了二十世紀，而我仍然過着原封未動的帝王生活，呼吸着十九世紀遺下的灰塵。

每當回想起自己的童年，我腦子裏便浮起一層黃色：琉璃瓦頂是黃的，轎子是黃的，椅墊子是黃的，衣服帽子的裏面、腰上繫的帶子、吃飯喝茶的瓷制碗碟、包蓋稀飯鍋子的棉套、裏書的包袱皮、窗簾、馬韁……無一不是黃的。這種獨家佔有的所謂明黃色，從小把唯我獨尊的自我意識埋進了我的心底，給了我與眾不同的「天性」。

我十一歲的那年，根據太妃們的決定，祖母和母親開始進宮「會親」，傑二弟和大妹也跟着進宮來陪我玩幾天。他們第一次來的那天，開頭非常無味。我和祖母坐在炕上，祖母看着我在炕桌上擺骨牌，二弟和大妹規規矩矩地站在地上，一動不動地瞅着，就像衙門裏站班的一樣。後來，我想起個辦法，把弟弟和妹妹帶到我住的養心殿，我就問溥傑：「你們在家裏玩甚麼？」

「溥傑會玩捉迷藏。」小我一歲的二弟恭恭敬敬地說。

「你們也玩捉迷藏呀？那太好玩了！」我很高興。我和太監們玩過，還沒跟比我小的孩子玩過呢。於是我們就在養心殿玩起捉迷藏來。越玩越高興，二弟和大妹也忘掉了拘束。後來我們索性把外面的簾子都放下來，把屋子弄得很暗。比我小兩歲的大妹又樂又害怕，我和二弟就嚇唬她，高興得我們又笑又嚷。捉迷藏玩得累了，我們

就爬到炕上來喘氣，我又叫他們想個新鮮遊戲。溥傑想了一陣，沒說話，光瞅着我傻笑。

「你想甚麼？」他還是便笑。

「說，說！」我着急地催促他，以為他一定想出新鮮的遊戲了，誰知他說：

「我想的，噢，溥傑想的是，皇上一定很不一樣，就像戲台上那樣有老長的鬍子，……」

說着，他抬手做了一個捋鬍子的動作。誰知這個動作給他惹了禍，因為我一眼看見他的袖口裏的衣裏，很像那個熟悉的顏色。我立刻沉下臉來：

「溥傑，這是甚麼顏色，你也能使？」

「這，這這是杏黃的吧？」

「瞎說！這不是明黃嗎？」

「嗻，嗻……」溥傑忙垂手立在一邊。大妹溜到他身後，嚇得快要哭出來了。我還沒完：

「這是明黃！不該你使的！」

「嗻！」

在嗻嗻聲中，我的兄弟又恢復了臣僕的身份。

嗻嗻之聲早已成了絕響。現在想起來，那調兒很使人發笑。但是我從小便習慣了它，如果別人不以這個聲調回答我，反而是不能容忍的。對於跪地磕頭，也是這樣。我從小就看慣了人家給我磕頭，大都是年歲比我大十幾倍的，有清朝遺老，也有我親族中的長輩，有穿清朝袍褂的，也有穿西式大禮服的民國官員。

見怪不怪習以為常的，還有每日的排場。

據說曾有一位青年，讀《紅樓夢》時大為驚奇，他不明白為甚麼

在賈母、王鳳姐這樣人身後和周圍總有那麼一大羣人，即使他們從這間屋走到隔壁那間屋去，也會有一窩蜂似的人跟在後面，好像一條尾巴似的。其實《紅樓夢》裏的尾巴比宮裏的尾巴小多了。《紅樓夢》裏的排場猶如宮裏的排場的縮影，這尾巴也頗相似。我每天到毓慶宮讀書、給太妃請安，或遊御花園，後面都有一條尾巴。我每逢去遊頤和園，不但要有幾十輛汽車組成的尾巴，還要請民國的警察們沿途警戒，一次要花去幾千塊大洋。我到宮中的御花園去玩一次，也要組成這樣的行列：最前面是一名敬事房的太監，他起的作用猶如汽車喇叭，嘴裏不時地發出「吃——吃——」的響聲，警告人們早早回避，在他們後面二三十步遠是兩名總管太監，靠路兩側，鴨行鵝步地行進；再後十步左右即行列的中心（我或太后）。如果是坐轎，兩邊各有一名御前小太監扶着轎杆隨行，以便隨時照料應呼；如果是步行，就由他們攙扶而行。在這後面，還有一名太監舉着一把大羅傘，傘後幾步，是一大羣拿着各樣物件和徒手的太監：有捧馬扎以便隨時休息的，有捧衣服以便隨時換用的，有拿着雨傘旱傘的；在這些御前太監後面是御茶房太監，捧着裝着各樣點心茶食的若干食盒，當然還有熱水壺、茶具等等；更後面是御藥房的太監，挑着擔子，內裝各類常備小藥和急救藥，不可少的是燈心水、菊花水、蘆根水、竹葉水、竹茹水，夏天必有霍香正氣丸、六合定中丸、金衣祛暑丸、香薷丸、萬應錠、痧藥、避瘟散，不分四季都要有消食的三仙飲，等等；在最後面，是帶大小便器的太監。如果沒坐轎，轎子就在最後面跟隨。轎子按季節有暖轎涼轎之分。這個雜七夾八的好幾十人的尾巴，走起來倒也肅靜安詳，井然有序。

　　然而這個尾巴也常被我攪亂。我年歲小的時候，也和一般的孩子一樣，高興起來撒腿便跑。起初他們還亦步亦趨地跟着跑，跑得

丟盔曳甲，喘吁不止。我大些以後，懂得了發號施令，想跑的時候，叫他們站在一邊等着，於是除了御前小太監以外，那些捧盒挑擔的便到一邊靜立，等我跑夠了再重新貼在我後邊。後來我學會了騎自行車，下令把宮門的門檻一律鋸掉，這樣出入無阻地到處騎，尾巴自然更無法跟隨，只好暫時免掉。除此以外，每天凡到太妃處請安和去毓慶宮上學等等日常行動，仍然要有一定的尾巴跟隨。假如那時身後沒有那個尾巴，例會覺得不自然。我從前聽人家講明朝崇禎皇帝的故事，聽到最後，說崇禎身邊只剩下一個太監，我就覺着特別不是滋味。

　　耗費人力物力財力最大的排場，莫過於吃飯。關於皇帝吃飯，另有一套術語，是絕對不准別人說錯的。飯不叫飯而叫「膳」，吃飯叫「進膳」，開飯叫「傳膳」，廚房叫「御膳房」。到了吃飯的時間 —— 並無固定時間，完全由皇帝自己決定 —— 我吩咐一聲「傳膳！」跟前的御前小太監便照樣向守在養心殿的明殿上的殿上太監說一聲「傳膳！」殿上太監又把這話傳給鵠立在養心門外的太監，他再傳給候在西長街的御膳房太監……這樣一直傳進了御膳房裏面。不等回聲消失，一個猶如過嫁妝的行列已經走出了御膳房。這是由幾十名穿戴齊整的太監們組成的隊伍，抬着大小七張膳桌，捧着幾十個繪有金龍的朱漆盒，浩浩蕩蕩地直奔養心殿而來。進到明殿裏，由套上白袖頭的小太監接過，在東暖閣擺好。平日菜餚兩桌，冬天另設一桌火鍋，此外有各種點心、米膳、粥品三桌，鹹菜一小桌。食具是繪着龍紋和寫着「萬壽無疆」字樣的明黃色的瓷器，冬天則是銀器，下托以盛有熱水的瓷罐。每個菜碟或菜碗都有一個銀牌，這是為了戒備下毒而設的，並且為了同樣原因，菜送來之前都要經過一個太監嘗過，叫做「嘗膳」。在這些嘗過的東西擺好之後，我入座之前，一

個小太監叫了一聲「打碗蓋！」其餘四五個小太監便動手把每個菜上的銀蓋取下，放到一個大盒子裏拿走。於是我就開始「用膳」了。

　　所謂食前方丈都是些甚麼東西呢？隆裕太后每餐的菜餚有百樣左右，要用六張膳桌陳放，這是她從慈禧那裏繼承下來的排場，我的比她少，按例也有三十種上下。我現在找到了一份「宣統四年二月糙卷單」（即民國元年三月的一份菜單草稿），上面記載的一次「早膳」[5]的內容如下：

口蘑肥雞	三鮮鴨子	五絡雞絲
燉肉	燉肚肺	肉片燉白菜
黃燜羊肉	羊肉燉菠菜豆腐	櫻桃肉山藥
爐肉燉白菜	羊肉片川小蘿蔔	鴨條溜海參
鴨丁溜葛仙米	燒茨菇	肉片燜玉蘭片
羊肉絲燜跑躂絲	炸春捲	黃韭菜炒肉
熏肘花小肚	鹵煮豆腐	熏乾絲
烹掐菜	花椒油炒白菜絲	五香乾祭神肉
片湯	白煑塞勒	煑白肉

　　這些菜餚經過種種手續擺上來之後，除了表示排場之外，並無任何用處。它之所以能夠在一聲傳膳之下，迅速擺在桌子上，是因為御膳房早在半天或一天以前就已做好，煨在火上等候着的。他們也知道，反正從光緒起，皇帝並不靠這些早已過了火候的東西充飢。我每餐實際吃的是太后送的菜餚，太后死後由四位太妃接着送。因

5　宮中只吃兩餐：「早膳即午飯。早晨或午後有時吃一頓點心。」

為太后或太妃們都有各自的膳房，而且用的都是高級廚師，做的菜餚味美可口，每餐總有二十來樣。這是放在我面前的菜，御膳房做的都遠遠擺在一邊，不過做個樣子而已。

太妃們為了表示對我的疼愛和關心，除了每餐送菜之外，還規定在我每餐之後，要有一名領班太監去稟報一次我的進膳情況。這同樣是公式文章。不管我吃了甚麼，領班太監到了太妃那裏雙膝跪倒，說的總是這一套：

「奴才稟老主子：萬歲爺進了一碗老米膳（或者白米膳），一個饅頭（或者一個燒餅）和一碗粥。進得香！」

每逢年節或太妃的生日（這叫做「千秋」），為了表示應有的孝順，我的膳房也要做出一批菜餚送給太妃。這些菜餚可用這四句話給以鑒定：華而不實，費而不惠，營而不養，淡而無味。

這種吃法，一個月要花多少錢呢？我找到了一本《宣統二年九月初一至三十日內外膳房及各等處每日分例肉斤雞鴨清冊》，那上面的記載如下：

> 皇上前分例菜肉二十二斤計三十日分例共六百六十斤
>
> 湯肉五斤　共一百五十斤
>
> 豬油一斤　共三十斤
>
> 肥雞二隻　共六十隻
>
> 肥鴨三隻　共九十隻
>
> 菜雞三隻　共九十隻

下面還有太后和幾位妃的分例，為省目力，現在把它併成一個統計表（皆全月分例）如下：

後妃名	肉斤	雞隻	鴨隻
太后	一八六〇	三〇	三〇
瑾貴妃	二八五	七	七
瑜皇貴妃	三六〇	十五	十五
珣皇貴妃	三六〇	十五	十五
瑨貴妃	二八五	七	七
合計	三一五〇	七四	七四

　　我這一家六口，總計一個月要用三千九百六十斤肉，三百八十八隻雞鴨，其中八百一十斤肉和二百四十只雞鴨是我這五歲孩子用的。此外，宮中每天還有大批為這六口之家效勞的軍機大臣、御前侍衛、師傅、翰林、畫師、勾字匠、有身份的太監，以及每天來祭神的薩滿等等，也各有分例。連我們六口之家共吃豬肉一萬四千六百四十二斤，合計用銀三千三百四十二兩七錢二分。除此之外，每日還要添菜，添的比分例還要多得多。這個月添的肉是三萬一千八百四十四斤，豬油八百十四斤，雞鴨四千七百八十六隻，連甚麼魚蝦蛋品，用銀一萬一千六百四十一兩七分，加上雜費支出三百四十八兩，連同分例一共是一萬四千七百九十四兩一錢九分。顯而易見，這些銀子除了貪污中飽之外，差不多全為了表示帝王之尊而糟蹋了。這還不算一年到頭不斷的點心、果品、糖食、飲料這些消耗。

　　飯菜是大量地做而不吃，衣服則是大量地做而不穿。這方面我記得的不多，只知道后妃有分例，皇帝卻毫無限制，而且一年到頭都在做衣服，做了些甚麼，我也不知道，反正總是穿新的。我手頭有一份改用銀元以後的報賬單子，沒有記明年代，題為「十月初六日至十一月初五日承做上用衣服用過物料覆實價目」，據這個單子所

載，這個月給我做了：皮襖十一件，皮袍褂六件，皮緊身二件，棉衣褲和緊身三十件。不算正式工料，僅貼邊、兜布、子母釦和線這些小零碎，就開支了銀元二千一百三十七元六角三分三厘五毫。

至於后妃們的分例，也是相當可觀的。在我結婚後的一本賬上，有后妃們每年使用衣料的定例，現在把它統計如下：

後妃名	「皇后」	「淑妃」	四位「太妃」	合計
各種緞	二十九匹	十五	九十二	一百三十六匹
各種綢	四十匹	二十一	一百〇八	一百六十九匹
各種紗	十六匹	五	六十	八十一匹
各種綾	八匹	五	二十八	四十一匹
各種布	六十匹	三十	一百四十四	二百三十四匹
絨和線	十六斤	八	七十六	一百斤
棉花	四十斤	二十	一百二十	一百八十斤
金線	二十絡	十	七十六	一百〇六絡
貂皮	九十張	三十	二百八十	四百張

我更換衣服，也有明文規定，由「四執事庫」太監負責為我取換。單單一項平常穿的袍褂，一年要照單子更換二十八種，從正月十九的青白嵌皮袍褂，換到十一月初一的貂皮褂。至於節日大典，服飾之複雜就更不用說了。

既然有這些窮奢極侈的排場，就要有一套相應的機構和人馬。給皇帝管家的是內務府，它統轄着廣儲、都虞、掌禮、會計、慶豐、慎刑、營造等七個司（每司各有一套庫房、作坊等單位，如廣儲司有銀、皮、瓷、緞、衣、茶等六個庫）和宮內四十八個處。據宣統元年秋季《爵秩全覽》所載，內務府官員共計一千零二十三人（不算禁

衛軍、太監和蘇拉[6]），民國初年曾減到六百多人，到我離開那裏，還有三百多人。機構之大，用人之多，一般人還可以想像，其差使之無聊，就不大為人所知了。舉個例子說，四十八處之一的如意館，是專伺候帝后妃們畫畫寫字的，如果太后想畫個甚麼東西，就由如意館的人員先給她描出稿子，然後由她着色題詞。寫大字匾額則是由懋勤殿的勾字匠描出稿，或南書房翰林代筆。甚麼太后御筆或御製之寶，在清代末季大都是這樣產生的。

　　除了這些排場之外，周圍的建築和宮殿陳設也對我起着教育作用。黃琉璃瓦唯有帝王才能使用，這不用說了，建築的高度也是帝王特有的，這讓我從小就確認，不但地面上的一切，所謂「普天之下莫非王土」，就連頭上的一塊天空也不屬於任何別人。每一件陳設品都是我的直觀教材。據說乾隆皇帝曾經這樣規定過：宮中的一切物件，哪怕是一寸草都不准丟失。為了讓這句話變成事實，他拿了幾根草放在宮中的案几上，叫人每天檢查一次，少一根都不行，這叫做「寸草為標」。我在宮裏十幾年間，這東西一直擺在養心殿裏，是一個景泰藍的小罐，裏面盛着三十六根一寸長的乾草棍。這堆小乾草棍兒曾引起我對那位祖先的無限崇敬，也曾引起我對辛亥革命的無限憤慨。但是我並沒想到，乾隆留下的乾草棍雖然一根不曾短少，而乾隆留下的長滿青草的土地，被兒孫們送給「與國」的，卻要以成千方里計。

　　帝王生活所造成的浪費，已無法準確統計。據內務府編的材料，《宣統七年放過款項及近三年比較》記載：民國四年的開支竟達二百七十九萬餘兩，以後民國八、九、十各年數字逐年縮減，最低

6　蘇拉，執役人的滿語稱呼。清時內廷蘇拉隸屬於太監。內務府、軍機處皆有之。雍和宮的執役喇嘛，稱蘇拉喇嘛。

數仍達一百八十九萬餘兩。總之，在民國當局的縱容下，以我為首的一夥人，照舊擺着排場，按原來標準過着寄生生活，大量地耗費着人民的血汗。

宮裏有些規矩，當初並非完全出於擺排場，比如菜餚裏放銀牌和嘗膳制度，出門一次要興師動眾地佈警戒，這本是為了防止暗害的。據說皇帝沒有廁所，就因為有一代皇帝外出如廁遇上了刺客。但這些故事和那些排場給我的影響全是一樣：使我從任何方面都確認自己是尊貴的，統治一切和佔有一切的人上之人。

三、母子之間

我入宮過繼給同治和光緒為子，同治和光緒的妻子都成了我的母親。我繼承同治兼祧光緒，按說正統是在同治這邊，但是光緒的皇后 —— 隆裕太后不管這一套。她使用太后權威，把敢於和她爭論這個問題的同治的瑜、珣、瑨三妃，打入了冷宮，根本不把她們算做我的母親之數。光緒的瑾妃也得不到庶母的待遇。遇到一家人同座吃飯的時候，隆裕和我都坐着，她卻要站着。直到隆裕去世那天，同治的三個妃和瑾妃聯合起來找王公們說理，這才給她們明確了太妃的身份。從那天起，我才管她們一律叫「皇額娘」。

我雖然有過這麼多的母親，但並沒有得過真正的母愛。今天回想起來，她們對我表現出的最大關懷，也就是前面說過的每餐送菜和聽太監們彙報我「進得香」之類。

事實上我小時候並不能「進得香」。我從小就有胃病，得病的原因也許正和「母愛」有關。我六歲時有一次栗子吃多了，撐着了，有一個多月的時間隆裕太后只許我吃糊米粥，儘管我天天嚷肚子餓，

也沒有人管。我記得有一天游中南海，太后叫人拿來乾饅頭，讓我餵魚玩。我一時情不自禁，就把饅頭塞到自己嘴裏去了。我這副餓相不但沒有讓隆裕悔悟過來，反而讓她佈置了更嚴厲的戒備。他們越戒備，便越刺激了我搶吃搶喝的欲望。有一天，各王府給太后送來貢品[7]，停在西長街，被我看見了。我憑着一種本能，直奔其中的一個食盒，打開蓋子一看，食盒裏是滿滿的醬肘子，我抓起一隻就咬。跟隨的太監大驚失色，連忙來搶。我雖然拚命抵抗，終於因為人小力弱，好香的一隻肘子，剛到嘴又被搶跑了。

　　我恢復了正常飲食之後，也常免不了受罪。有一次我一連吃了六個春餅，被一個領班太監知道了。他怕我被春餅撐着，竟異想天開地發明了一個消食的辦法，叫兩個太監左右提起我的雙臂，像砸夯似的在磚地上蹾了我一陣。過後他們很滿意，說是我沒叫春餅撐着，都虧那個治療方法。

　　這或許被人認為是不通情理的事情，不過還有比這更不通情理的哩。我在八九歲以前，每逢心情急躁，發脾氣折磨人的時候，我的總管太監張謙和或者阮進壽就會做出這樣的診斷和治療：「萬歲爺心裏有火，唱一唱敗敗火吧。」說着，就把我推進一間小屋裏——多數是毓慶宮裏面的那間放「毛凳兒」的屋子，然後倒插上門。我被單獨禁閉在裏面，無論怎麼叫罵，踢門，央求，哭喊，也沒有人理我，直到我哭喊夠了，用他們的話說是「唱」完了，「敗了火」，才把我釋放出來。這種奇怪的診療，並不是太監們的擅自專斷，也不是隆裕太后的個人發明，而是皇族家庭的一種傳統，我的弟弟妹妹們在王府裏，都受過這樣的待遇。

7　每月初一、十五各王府按例都要送食品給太妃——作者

隆裕太后在我八歲時去世。我對她的「慈愛」只能記得起以上這些。

和我相處較久的是四位太妃。我和四位太妃平常很少見面。坐在一起談談，像普通人家那樣親熱一會，根本沒有過。每天早晨，我要到每位太妃面前請安。每到一處，太監給我放下黃緞子跪墊，我跪了一下，然後站在一邊，等着太妃那幾句例行公事的話。這時候太妃正讓太監梳着頭，一邊梳着一邊問着：「皇帝歇得好？」「天冷了，要多穿衣服。」「書唸到哪兒啦？」全是千篇一律的枯燥話，有時給我一些泥人之類的玩意兒，最後都少不了一句：「皇帝玩去吧！」一天的會面就此結束，這一天就再也不見面了。

太后太妃都叫我皇帝，我的本生父母和祖母也這樣稱呼我。其他人都叫我皇上。雖然我也有名字，也有乳名，不管是哪位母親也沒有叫過。我聽人說過，每個人一想起自己的乳名，便會聯想起幼年和母愛來。我就沒有這種聯想。有人告訴我，他離家出外求學時，每逢生病，就懷念母親，想起幼年病中在母親懷裏受到的愛撫。我在成年以後生病倒是常事，也想起過幼年每逢生病必有太妃的探望，卻絲毫引不起我任何懷念之情。

我在幼時，一到冷天，經常傷風感冒。這時候，太妃們便分批出現了。每一位來了都是那幾句話：「皇帝好些了？出汗沒有？」不過兩三分鐘，就走了。印象比較深的，倒是那一羣跟隨來的太監，每次必擠滿了我的小臥室。在這幾分鐘之內，一出一進必使屋裏的氣流發生一次變化。這位太妃剛走，第二位就來了，又是擠滿一屋子。一天之內就四進四出，氣流變化四次。好在我的病總是第二天見好，臥室裏也就風平浪靜。

我每次生病，都由永和宮的藥房煎藥。永和宮是端康太妃住的

地方，她的藥房比其他太妃宮裏的藥房設備都好，是繼承了隆裕太后的。端康太妃對我的管束也比較多，儼然代替了隆裕原先的地位。這種不符清室先例的現象，是出於袁世凱的干預。隆裕去世後，袁世凱向清室內務府提出，應該給同、光的四妃加以晉封和尊號，並且表示承認瑾妃列四妃之首。袁世凱為甚麼管這種閒事，我不知道。有人說這是由於瑾妃娘家兄弟志錡的活動，也不知確否。我只知我父親載灃和其他王公們都接受了這種干預，給瑜、珣皇貴妃上了尊號（敬懿、莊和）瑨、瑾二貴妃也晉封為皇貴妃（尊號為榮惠、端康）；端康成了我的首席母親，從此，她對我越管越嚴，直到發生了一次大衝突為止。

　　我在四位母親的那種「關懷」下長到十三四歲，也像別的孩子那樣，很喜歡新鮮玩意。有些太監為了討我高興，不時從外面買些有趣的東西給我。有一次，一個太監給我製了一套民國將領穿的大禮服，帽子上還有個像白雞毛撣子似的翎子，另外還有軍刀和皮帶。我穿戴起來，洋洋得意。誰知叫端康知道了，她大為震怒，經過一陣檢查，知道我還穿了太監從外面買來的洋襪子，認為這都是不得了的事，立刻把買軍服和洋襪子給我的太監李長安、李延年二人叫到永和宮，每人責打了二百大板，發落到打掃處去充當苦役。發落完了太監，又把我叫了去，對我大加訓斥：「大清皇帝穿民國的衣裳，還穿洋襪子，這還像話嗎？」我不得已，收拾起心愛的軍服、洋刀，脫下洋襪，換上褲褂和繡着龍紋的布襪。

　　如果端康對我的管教僅限於軍服和洋襪子，我並不一定會有後來的不敬行為。因為這類的管教，只能讓我更覺得自己與常人不同，更能和毓慶宮的教育合上拍。我相信她讓太監挨一頓板子和對我的訓斥，正是出於這個教育目的。但這位一心一意想模仿慈禧太后的

瑾妃，雖然她的親姐姐珍妃死於慈禧之手，慈禧仍然被她看做榜樣。她不僅學會了毒打太監，還學了派太監監視皇帝的辦法。她發落了我身邊的李長安、李延年這些人之後，又把她身邊的太監派到我的養心殿來伺候我。這個太監每天要到她那裏報告我的一舉一動，就和西太后對待光緒一樣。不管她是甚麼目的，這大大傷害了皇帝的自尊心。我的老師陳寶琛為此憤憤不平，對我講了一套嫡庶之分的理論，更加激起了我憋在心裏的怒氣。

過了不久，大醫院裏一個叫范一梅的大夫被端康辭退，便成了爆發的導火線。范大夫是給端康治病的大夫之一，這事本與我不相干，可是這時我耳邊又出現了不少鼓動性的議論。陳老師說：「身為太妃，專擅未免過甚。」總管太監張謙和本來是買軍服和洋襪子的告發人，這時也變成了「帝黨」，發出同樣的不平之論：「萬歲爺這不又成了光緒了嗎？再說太醫院的事，也要萬歲爺說了算哪！連奴才也看不過去。」聽了這些話，我的激動立刻昇到頂點，氣沖沖地跑到永和宮，一見端康就嚷道：

「你憑甚麼辭掉范一梅？你太專擅了！我是不是皇帝？誰說了話算數？真是專擅已極！……」

我大嚷了一通，不顧氣得臉色發白的端康說甚麼，一甩袖子跑了出來。回到毓慶宮，師傅們都把我誇了一陣。

氣急敗壞的端康太妃沒有找我，卻叫人把我的父親和別的幾位王公找了去，向他們大哭大叫，叫他們給拿主意。這些王公們誰也沒敢出主意。我聽到了這消息，便把他們叫到上書房[8]裏，慷慨激昂地說：

8　上書房是皇子唸書的地方，在乾清宮左邊。

「她是甚麼人？不過是個妃。本朝歷代從來沒有皇帝管妃叫額娘的！嫡庶之分要不要？ 如果不要，怎麼溥傑不管王爺的側福晉叫一聲呢？憑甚麼我就得叫她，還要聽她的呢？⋯⋯」

這幾位王公聽我嚷了一陣，仍然是甚麼話也沒說。

敬懿太妃是跟端康不和的。這時她特意來告訴我：「聽說永和宮要請太太、奶奶[9]來，皇帝可要留神！」

果然，我的祖母和母親都被端康叫去了。她對王公們沒辦法，對我祖母和母親一陣叫嚷可發生了作用，特別是祖母嚇得厲害，最後和我母親一齊跪下來懇求她息怒，答應了勸我賠不是。我到了永和宮配殿裏見到了祖母和母親，聽到正殿裏端康還在叫嚷，我本來還要去吵，可是禁不住祖母和母親流着淚苦苦哀勸，結果軟了下來，答應了她們，去向端康賠了不是。

這個不是賠得我很堵心。我走到端康面前，看也沒看她一眼，請了個安，含含糊糊地說了一句「皇額娘，我錯了」，就又出來了。端康有了面子，停止了哭喊。過了兩天，我便聽到了母親自殺的消息。

據說，我母親從小沒受別人申斥過一句。她的個性極強，受不了這個刺激。她從宮裏回去，就吞了鴉片煙。後來端康擔心我對她追究，從此便對我一變過去態度，不但不再加以管束，而且變得十分隨和。於是紫禁城裏的家庭恢復了往日的寧靜，我和太妃們之間也恢復了母子關係。然而，卻犧牲了我的親生母親。

9　滿族稱祖母為太太，母親為奶奶。

四、毓慶宮讀書

我六歲那年，隆裕太后為我選好了教書的師傅，欽天監為我選好了開學的吉日良辰。宣統三年舊曆七月十八日辰刻，我開始讀書了。

讀書的書房先是在中南海瀛台補桐書屋，後來移到紫禁城齋宮右側的毓慶宮——這是光緒小時唸書的地方，再早，則是乾隆的皇子顒琰（即後來的嘉慶皇帝）的寢宮。毓慶宮的院子很小，房子也不大，是一座工字形的宮殿，緊緊地夾在兩排又矮又小的配房之間。裏面隔成許多小房間，只有西邊較大的兩敞間用做書房，其餘的都空着。

這兩間書房，和宮裏其他的屋子比起來，佈置得較簡單：南窗下是一張長條几，上面陳設着帽筒、花瓶之類的東西；靠西牆是一溜炕。起初唸書就是在炕上，炕桌就是書桌，後來移到地上，八仙桌代替了炕桌。靠北板壁擺着兩張桌子，是放書籍文具的地方；靠東板壁是一溜椅子、茶几。東西兩壁上掛着醇賢親王親筆給光緒寫的誡勉詩條屏。比較醒目的是北板壁上有個大鐘，盤面的直徑約有二米，指針比我的胳臂還長，鐘的機件在板壁後面，上發條的時候，要到壁後搖動一個像汽車搖把似的東西。這個奇怪的龐然大物是哪裏來的，為甚麼要安裝在這裏，我都不記得了，甚至它走動起來是甚麼聲音，報時的時候有多大響聲，我也沒有印象了。

儘管毓慶宮的時鐘大得驚人，毓慶宮的人卻是最沒有時間觀念的。看看我讀的甚麼書，就可以知道。我讀的主要課本是十三經，另外加上輔助教材《大學衍義》、《朱子家訓》、《庭訓格言》、《聖諭廣訓》、《御批通鑒輯覽》、《聖武記》、《大清開國方略》等等。十四

歲起又添了英文課，除了《英語讀本》，我只唸了兩本書，一本是《愛麗思漫遊奇境記》，另一本是譯成英文的中國《四書》。滿文也是基本課，但是連字母也沒學會，就隨老師伊克坦的去世而結束。總之，我從宣統三年學到民國十一年，沒學過加減乘除，更不知聲光化電。關於自己的祖國，從書上只看到「同光中興」，關於外國，我只隨着愛麗思遊了一次奇境。甚麼華盛頓、拿破崙，瓦特發明蒸氣機，牛頓看見蘋果落地，全不知道。關於宇宙，也超不出「太極生兩儀，兩儀生四象，四象生八卦」。如果不是老師願意在課本之外談點閒話，自己有了閱讀能力之後看了些閒書，我不會知道北京城在中國的位置，也不會知道大米原來是從地裏長出來的。當談到歷史，他們誰也不肯揭穿長白山仙女的神話，談到經濟，也沒有一個人提過一斤大米要幾文錢。所以我在很長時間裏，總相信我的祖先是由仙女佛庫倫吃了一顆紅果生育出來的，我一直以為每個老百姓吃飯時都會有一桌子菜餚。

　　我讀的古書不少，時間不短，按理說對古文總該有一定的造詣，其實不然。首先，我唸書極不用功。除了經常生些小病借題不去以外，實在沒題目又不高興去唸書，就叫太監傳諭老師，放假一天。在十來歲以前，我對毓慶宮的書本，並不如對毓慶宮外面那棵檜柏樹的興趣高。在毓慶宮東跨院裏，有棵檜柏樹，夏天那上面總有螞蟻，成天上上下下，忙個不停。我對它們產生了很大的好奇心，時常蹲在那裏觀察它們的生活，用點心渣子餵它們，幫助它們搬運食品，自己倒忘了吃飯。後來我又對蛐蛐、蚯蚓發生了興趣，叫人搬來大批的古瓷盆缸餵養。在屋裏唸書，興趣就沒這麼大了，唸到最枯燥無味的時候，只想跑出來看看我這些朋友們。

　　十幾歲以後，我逐漸懂得了讀書和自己的關係：怎麼做一個「好

皇帝」，以及一個皇帝之所以為皇帝，都有甚麼天經地義，我有了興趣。這興趣只在「道」而不在「文」。這種「道」，大多是皇帝的權利，很少是皇帝的義務。雖然聖賢說過「民為重，社稷次之，君為輕」，「君視臣為草芥，臣視君為寇仇」之類的話，但更多的話卻是為臣工百姓說的，如所謂「君君臣臣父父子子」等。在第一本教科書《孝經》裏，就規定下了「始於事親，終於事君」的道理。這些順耳的道理，開講之前，我是從師傅課外閒談裏聽到的，開講以後，也是師傅講的比書上的多。所以真正的古文倒不如師傅的古話給我的印象更深。

許多舊學塾出身的人都背過書，據說這件苦事，確實給了他們好處。這種好處我卻沒享受到。師傅從來沒叫我背過書，只是在書房裏唸幾遍而已。

也許他們也考慮到唸書是應該記住的，所以規定了兩條辦法：一條是我到太后面前請安的時候，要在太后面前把書從頭唸一遍給她聽；另一條是我每天早晨起牀後，由總管太監站在我的臥室外面，大聲地把我昨天學的功課唸幾遍給我聽。至於我能記住多少，我想記不想記，就沒有人管了。

老師們對我的功課，從來不檢查。出題作文的事，從來沒有過。我記得作過幾次對子，寫過一兩首律詩，做完了，老師也不加評語，更談不上修改。其實，我在少年時代是挺喜歡寫寫東西的，不過既然老師不重視這玩意，我只好私下裏寫，給自己欣賞。我在十三四歲以後，看的閒書不少，像明清以來的筆記、野史，清末民初出版的歷史演義、劍仙俠客、公案小說，以及商務印書館出版的《說部叢書》等等，我很少沒看過的。再大一點以後，我又讀了一些英文故事。我曾仿照這些中外古今作品，按照自己的幻想，編造了不少「傳奇」，並且自製插圖，自編自看。我還化名向報刊投過稿，大都遭到了失敗。

我記得有一次用「鄧炯麟」的化名，把一個明朝詩人的作品抄寄給一個小報，編者上了我的當，給登出來了。上當的除了報紙編者還有我的英國師傅莊士敦，他後來把這首詩譯成英文收進了他的著作《紫禁城的黃昏》，以此作為他的學生具有「詩人氣質」的例證之一。

我的學業成績最糟的，要數我的滿文。學了許多年，只學了一個字，這就是每當滿族大臣向我請安，跪在地上用滿族語說了照例一句請安的話（意思是：奴才某某跪請主子的聖安）之後，我必須回答的那個：「伊立（起來）！」

我九歲的時候，他們想出一條促進我學業的辦法，給我配上伴讀的學生。伴讀者每人每月可以拿到按八十兩銀子折合的酬賞，另外被「賞紫禁城騎馬」[10]。雖然那時已進入民國時代，但在皇族子弟中仍然被看做是巨大的榮譽。得到這項榮譽的有三個人，即：溥傑、毓崇（溥倫的兒子，伴讀漢文）、溥佳（七叔載濤的兒子，伴讀英文，從我十四歲時開始）。伴讀者還有一種榮譽，是代書房裏的皇帝受責。「成王有過，則撻伯禽」，既有此古例，因此在我唸書不好的時候，老師便要教訓伴讀的人。實際上，皇弟溥傑是受不到這個的，倒霉的是毓崇。毓慶宮裏這三個漢文學生，溥傑的功課最好，因為他在家裏另有一位教師教他，他每天到毓慶宮來，不過是白賠半天功夫。毓崇的成績最壞，這倒不是他沒另請師傅，而是他由於唸的好也挨說，唸不好也挨說，這就使他唸得沒有興趣。所以他的低劣成績，可以說是職業原因造成的。

10　「賞紫禁城騎馬」也叫賞朝馬。軍機處每年將一、二品大臣年六十以上者，開單請旨，一般皆可獲准，推侍郎（正二品）以下的不一定全准，內廷官員往往「特蒙恩禮」不復問年，親王以下至貝子皆可准許。准騎者由東華門入至箭亭下馬，由西華門入至內務府總管衙門前下馬。這種賞賜也是封建朝廷給予臣下的一種巨大的榮譽。

　　我在沒有伴讀同學的時候，確實非常淘氣。我唸書的時候，一高興就把鞋襪全脫掉，把襪子扔到桌子上，老師只得給我收拾好，給我穿上。有一次，我看見徐坊老師的長眉毛好玩，要他過來給我摸摸。在他遵命俯頭過來的時候，給我冷不防的拔下了一根。徐坊後來去世，太監們都說這是被「萬歲爺」拔掉壽眉的緣故。還有一次，我的陸潤庠師傅竟被我鬧得把「君臣」都忘了。記得我那次無論如何唸不下書，只想到院子裏看螞蟻倒窩去，陸老師先用了不少婉轉的話勸我，甚麼「文質彬彬，然後君子」，我聽也聽不懂，只是坐在那裏東張西望，身子扭來扭去。陸師傅看我還是不安心，又說了甚麼「君子不重則不威；學則不固」，我反倒索興站起來要下地了，這時他着急了，忽然大喝一聲：「不許動！」我嚇了一跳，居然變得老實一些。可是過了不久，我又想起了螞蟻，在座位上魂不守舍地扭起來。

　　伴讀的來了之後，果然好了一些，在書房裏能坐得住了。我有了甚麼過失，師傅們也有了規勸和警戒的方法。記得有一次我蹦蹦跳跳地走進書房，就聽見陳老師對坐得好好的毓崇說：「看你何其輕佻！」

　　我每天唸書時間是早八時至十一時，後來添了英文課，在下午一至三時。每天早晨八時前，我乘坐金頂黃轎到達毓慶宮。我說了一聲：「叫！」太監即應聲出去，把配房裏的老師和伴讀者叫了來。他們進殿也有一定程式：前面是捧書的太監，後隨着第一堂課的老師傅，再後面是伴讀的學生。老師進門後，先站在那裏向我注目一下，作為見面禮，我無須回禮，因為「雖師，臣也，雖徒，君也」，這是禮法有規定的。然後溥傑和毓崇向我請跪安。禮畢，大家就坐。桌子北邊朝南的獨座是我的，師傅坐在我左手邊面西的位子上，順他身邊的是伴讀者的座位。這時太監們把他們的帽子在帽筒上放好，

魚貫而退，我們的功課也就開始了。

　　我找到了十五歲時寫的三頁日記，可以看出那時唸書的生活情況。辛亥後，在我那一圈兒裏一直保留着宣統年號，這幾頁日記是「宣統十二年十一月」的。

　　　　二十七日，晴。早四時起，書大福字十八張。八時上課，同溥傑、毓崇共讀論語、周禮、禮記、唐詩，聽陳師講通鑑輯覽。九時半餐畢，復讀左傳、穀梁傳，聽朱師講大學衍義及寫仿對對聯。至十一時功課畢，請安四宮。是日莊士敦未至，因微受感冒。遂還養心殿，書福壽字三十張，復閱各報，至四時餐，六時寢。臥帳中又讀古文觀止，甚有興味。

　　　　二十八日，晴。早四時即起，靜坐少時，至八時上課。仍如昨日所記。至十二鐘三刻餘，莊士敦至，即與溥佳讀英文。三時，功課畢，還養心殿。三時半，因微覺胸前發痛，召范一梅來診，開藥方如左：

　　　　薄荷八分，白芷一錢，青皮一錢五分炒，鬱金一錢五分研，扁豆二錢炒，神曲一錢五分炒，焦查三錢，青果五枚研，水煎溫服。

　　　　晚餐後，少頃即服。五時半寢。

　　　　二十九日，晴。夜一時許，即被呼醒，覺甚不適。及下地，方知已受煤毒。二人扶余以行，至前室已暈去。臥於榻上，少頃即醒，又越數時乃愈。而在余寢室之二太監，亦暈倒，今日方知煤之當緊（警）戒也。八時，仍舊上課讀書，並讀英文。三時下學，餐畢，至六時餘寢。

陸潤庠師傅[11]是江蘇元和人，做過大學士，教我不到一年就去世了。教滿文的伊克坦是滿族正白旗人，滿文翻譯進士出身，教了我九年多滿文。和陸、伊同來的陳寶琛是福建閩縣人，西太后時代做過內閣學士和禮部侍郎，是和我相處最久的師傅。陸死後添上教漢文的做過國子丞的徐坊，南書房翰林朱益藩和以光緒陵前植松而出名的梁鼎芬[12]。對我影響最大的師傅首先是陳寶琛，其次是後來教英文的英國師傅莊士敦。陳在福建有才子之名，他是同治朝的進士，二十歲點翰林，入閣後以敢於上諫太后出名，與張之洞等有清流黨之稱。他後來不像張之洞那樣會隨風轉舵，光緒十七年被藉口南洋事務沒有辦好，降了五級，從此回家賦閒，一連二十年沒出來。直到辛亥前夕才被起用，原放山西巡撫，未到任，就被留下做我的師傅，從此沒離開我，一直到我去東北為止。在我身邊的遺老之中，他是最稱穩健謹慎的一個。當時在我的眼中，他是最忠實於我、最忠實於「大清」的。在我感到他的謹慎已經妨礙了我之前，他是我唯一的智囊。事無巨細，咸待一言決焉。

「有王雖小而元子哉！」這是陳師傅常微笑着對我讚歎的話。他笑的時候，眼睛在老光鏡片後面瞇成一道線，一隻手慢慢捋着雪白而稀疏的鬍子。

更叫我感興趣的是他的閒談。我年歲大些以後，差不多每天早晨，總要聽他講一些有關民國的新聞，像南北不和，督軍火併，府院

11　陸潤庠，也是當時的一個工業資本家，光緒末年，他在蘇州創辦了最早的紗廠絲廠。辛亥革命後清室非法授以太保，並在死後追贈為太傅，諡文端。

12　梁鼎芬（1859—1919）字節庵又字星海，廣東番禺人，宣統三年委廣東宣撫使，未上任清朝即倒台，赴易州哭謁光緒陵，故小朝廷授他為「崇陵陵工大臣」。在他奔走之下，上海各地有不少想求得小朝廷的匾額或其他榮典的人大捐其錢，供奉崇陵工程。

交惡，都是他的話題。說完這些，少不得再用另一種聲調，回述一下「同光中興、康乾盛世」，當然，他特別喜歡說他當年敢於進諫西太后的故事。每當提到給民國做官的那些舊臣，他總是憤憤然的。像徐世昌、趙爾巽這些人，他認為都應該列入貳臣傳裏。在他嘴裏，革命、民國、共和，都是一切災難的根源，和這些字眼有關的人物，都是和盜賊並列的。「非聖人者無法，非孝者無親，此大亂之道也」，這是他對一切不順眼的總結論。記得他給我轉述過一位遺老編的對聯：「民猶是也，國猶是也，何分南北？總而言之，統而言之，不是東西」。他加上一個橫批是：「旁觀者清」。他在讚歎之餘，給我講了臥薪嚐膽的故事，講了「遵時養晦」的道理。他在講過時局之後，常常如此議論：「民國不過幾年，早已天怒人怨，國朝二百多年深仁厚澤，人心思清，終必天與人歸。」

朱益藩師傅教書的時候不大說閒話，記得他總有些精神不振的樣子，後來才知道他愛打牌，一打一個通夜，所以睡眠有點不足。他會看病，我生病有時是請他看脈的。梁鼎芬師傅很愛說話。他與陳師傅不同之處，是說到自己的地方比陳師傅要多些。有一個故事我就聽他說過好幾遍。他在光緒死後，曾發誓要在光緒陵前結廬守陵，以終晚年。故事就發生在他守陵的時候。有一天夜裏，他在燈下讀着史書，忽然院子裏跳下一個彪形大漢，手持一把雪亮的匕首，闖進屋裏。他面不改色地問道：「壯士何來？可是要取梁某的首級？」那位不速之客被他感動了，下不得手。他放下書，慨然引頸道：「我梁某能死於先帝陵前，於願足矣！」那人終於放下匕首，雙膝跪倒，自稱是袁世凱授命行刺的，勸他從速離去，免生不測。他泰然謝絕勸告，表示決不怕死。這故事我聽了頗受感動。我還看見過他在崇陵照的一張相片，穿着清朝朝服，身邊有一株松苗。後來陳寶琛題

過一首詩：「補天回日手何如？冠帶臨風自把鋤，不見松青心不死，固應藏魄傍山廬。」他怎麼把終老於陵旁的誓願改為「不見松青心不死」，又怎麼不等松青就跑進城來，我始終沒弄明白。

當時弄不明白的事情很多，比如，子不語怪力亂神，但是陳師傅最信卜卦，並為我求過神籤，向關帝問過未來祖業和我自己的前途；梁師傅篤信扶乩；朱師傅向我推薦過「天眼通」。

我過去曾一度認為師傅們書生氣太多，特別是陳寶琛的書生氣後來多得使我不耐煩。其實，認真地說來，師傅們有許多舉動，並不像是書生幹的。書生往往不懂商賈之利，但是師傅們卻不然，他們都很懂行，而且也很會沽名釣譽。現在有幾張賞單叫我回憶起一些事情。這是「宣統八年十一月十四日」的記錄：

賞陳寶琛　　王時敏晴嵐暖翠閣手卷一卷

伊克坦　　　米元章真跡一卷

朱益藩　　　趙伯駒玉洞群仙圖一卷

梁鼎芬　　　閻立本畫孔子弟子像一卷

還有一張「宣統九年三月初十日」記的單子，上有賞伊克坦、梁鼎芬每人「唐宋名臣像冊」一冊，賞朱益藩「范中正夏峰圖」一軸、「惲壽平仿李成山水」一軸。這類事情當時是很不少的，加起來的數量遠遠要超過這幾張紙上的記載。我當時並不懂字畫的好壞，賞賜的品目都是這些內行專家們自己提出來的。至於不經賞賜，借而不還的那就更難說了。

有一次在書房裏，陳師傅忽然對我說，他無意中看到兩句詩：「老鶴無衰貌，寒松有本心」。他想起了自己即將來臨的七十整壽，

請求我把這兩句話寫成對聯，賜給他做壽聯。看我答應了，他又對他的同事朱益藩說：「皇上看到這兩句詩，說正像陳師傅，既然是皇上這樣說，就勞大筆一揮，寫出字模供皇上照寫，如何？」

這些師傅們去世之後，都得到了頗令其他遺老羨慕的謚法。似乎可以說，他們要從我這裏得到的都得到了，他們所要給我的，也都給我了。至於我受業的成績，雖然毓慶宮裏沒有考試，但是我十二歲那年，在一件分辨「忠奸」的實踐上，讓師傅們大為滿意。

那年奕劻去世，他家來人遞上遺摺，請求謚法。內務府把擬好的字眼給我送來了。按例我是要和師傅們商量的，那兩天我患感冒，沒有上課，師傅不在跟前，我只好自己拿主意。我把內務府送來的謚法看了一遍，很不滿意，就扔到一邊，另寫了幾個壞字眼，如荒謬的「謬」，醜惡的「醜」，以及幽王的「幽」，厲王的「厲」，作為惡謚，叫內務府拿去。過了一陣，我的父親來了，結結巴巴地說：

「皇上還還是看在宗宗室的分上，另另賜個……」

「那怎麼行？」我理直氣壯地說，「奕劻受袁世凱的錢，勸太后讓國，大清二百多年的天下，斷送在奕劻手裏，怎麼可以給個美謚？只能是這個：醜！謬！」

「好，好好。」父親連忙點頭，拿出了一張另寫好字的條子來，遞給我：「那就就用這這個，『獻』字，這這個字有個犬旁，這這字不好……」

「不行！不行！」我看出這是哄弄我，師傅們又不在跟前，這簡直是欺負人了，我又急又氣，哭了起來：「犬字也不行！不行不行！……不給了！甚麼字眼也不給了！」

我父親慌了手腳，腦後的花翎跳個不停：「別哭別哭，我找找上書房去！」

第二天我到毓慶宮上課，告訴了陳寶琛，他樂得兩隻眼睛又瞇成了一道縫，連聲讚歎：「皇上跟王爺爭的對，爭的對！……有王雖小而元子哉！」

南書房翰林們最後擬了一個「密」字，我以為這不是個好字眼，同意了，到後來從蘇洵的《諡法考》上看到「追補前過曰密」時，想再改也來不及了。但是這次和父親的爭論，經師傅們的傳播，竟在遺老中間稱頌一時。梁鼎芬在侍講日記裏有這樣一段文字：

宣統九年正月初七日，慶親王奕劻死。初八日遺摺上，內務府大臣擬旨諡曰「哲」，上不可。……初十日，召見世續、紹英、耆齡，諭曰：奕劻貪賕誤國，得罪列祖列宗，我大清國二百餘年之天下，一手壞之，不能予諡！已而諡之曰「密」。諡法考追補前過曰密。奕劻本有大罪，天下恨之。傳聞上諭如此，凡為忠臣義士，靡不感泣曰：真英主也！

五、太監

講我的幼年生活，就不能少了太監。他們服侍我吃飯、穿衣和睡覺，陪我遊戲，伺候我上學，給我講故事，受我的賞也挨我的打。別人還有不在我面前的時間，他們卻整天不離我的左右。他們是我幼年的主要伴侶，是我的奴隸，也是我最早的老師。

役使太監的歷史起於何年，我說不准，但我知道結束的日子，是在二次大戰取得勝利，我從帝王寶座上第三次摔下來的那天，那時可能是太監最少的時候，只有十名左右。據說人數最多的是明朝，

達十萬名。清朝使用太監，在職務和數量上雖有過限制，但西太后時代也還有三千多名。辛亥以後，太監大量逃亡，雖然優待條件上規定不許再招閹人，內務府仍舊偷着收用。據我最近看到的一份「宣統十四年（即一九二二年）正月行二月分小建津貼口分單」上的統計，還有一千一百三十七名。兩年後，經我一次大遣散，剩下了二百名左右，大部分服侍太妃和我的妻子（她們還有近百名宮女，大體未動）。從那以後，宮中使用的差役只是數量小得多的護軍和被稱為「隨侍」的男性僕役。

在從前，禁城以內，每天到一定時刻，除了值班的乾清宮侍衞之外，上自王公大臣下至最低賤的伕役「蘇拉」，全走得乾乾淨淨，除了皇帝自家人之外。再沒有一個真正的男性。太監的職務非常廣泛，除了伺候起居飲食、隨侍左右、執傘提爐等事之外，用《宮中則例》上的話來說，還有：傳宣諭旨、引帶召對臣工、承接題奏事件；承行內務府各衙門文移、收復外庫錢糧、巡查火燭；收掌文房書籍、古玩字畫、冠袍履帶、鳥槍弓箭；收貯古玩器皿、賞用物件、功臣黃冊、乾鮮果品；帶領御醫各宮請脈、外匠營造一切物件；供奉列祖實錄聖訓、御容前和神前香燭；稽查各門大小臣工出入；登記翰林入值和侍衞值宿名單；遵藏御寶；登載起居注；鞭笞犯規宮女太監；飼養各種動物；打掃殿宇、收拾園林；驗自鳴鐘時刻；請發；煎藥；唱戲；充當道士在城隍廟裏唸經焚香；為皇帝做替身在雍和宮裏充當喇嘛，等等。

宮中太監按系統說，大致可分為兩大類，一類是在太后、帝、后、妃身邊的太監，一類是其他各處的太監。無論哪一類太監，都有嚴格的等級，大致可分為總管、首領、一般太監。太后和帝后身邊都有總管、首領，妃宮只有首領。品級最高的是三品，但從李蓮

英起，開了賞戴二品頂戴的例，所以我所用的大總管張謙和也得到了這個「榮譽」。三品花翎都領侍，是各處太監的最高首領，統管宮內四十八處的太監，在他下面是九個區域的所謂九堂總管，由三品到五品，再下面是各處的首領太監，由四品到九品，也有無品級的，再下面是一般的太監。一般太監裏等級最低的是打掃處的太監，犯了過失的太監就送到這裏充當苦役。太監的月銀按規定最高額是銀八兩、米八斤、制錢一貫三百，最低的月銀二兩、米一斤半、制錢六百。對於大多數太監，特別是上層太監說來，這不過是個名義上的規定，實際上他們都有各種各樣的，集團的或個人的，合法的或非法的「外快」，比名義上的月銀要多到不知多少倍。像隆裕太后的總管太監張蘭德，即綽號叫小德張的，所謂「貴敵王侯，富埒天子」，是盡人皆知的。我用的一個二總管阮進壽，每入冬季，一天換一件皮袍，甚麼貂翎眼、貂爪仁、貂脖子，沒有穿過重樣兒的。僅就新年那天他穿的一件反毛的全海龍皮褂，就夠一個小京官吃上一輩子的。宮中其他總管太監和一些首領太監，也莫不各有自己的小廚房，各有一些小太監伺候，甚至有的還有外宅「家眷」，老媽、丫頭一應俱全。而低層太監則特別苦，他們一年到頭吃苦受累挨打受罪，到老無依無靠，只能仗着極有限的「恩賞」過日子，如果犯了過失攆了出去，那就唯有乞討和餓死的一條路了。

和我接觸最多的是養心殿的太監，其中最親近的是伺候我穿衣吃飯的御前小太監，他們分住在殿后東西兩個夾道，各有首領一名管理。專管打掃的所謂殿上太監，也有首領一名。這兩種太監統歸大總管張謙和和二總管阮進壽所管。

隆裕太后在世時，曾派都領侍總管太監張德安做我的「諳達」，這個職務是照顧我的生活，教給我一切宮中禮節等等。但我對他的

感情和信任卻遠不如張謙和。張謙和當時是個五十多歲、有些駝背的老太監，是我的實際的啟蒙老師。我進毓慶宮讀書之前，他奉太后之命先教我認字塊，一直教我唸完了《三字經》和《百家姓》。我進毓慶宮以後，他每天早晨要立在我的臥室外面，給我把昨天的功課唸一遍，幫助我記憶。像任何一個皇帝的總管太監一樣，他總要利用任何機會，來表示自己對主子的忠心和深摯的感情。因此，在他喋喋不休的聒噪中，我在進毓慶宮之前就懂得了袁世凱的可恨、孫文的可怕，以及民國是大清「讓」出來的，民國的大官幾乎都是大清皇帝的舊臣，等等。外面時局的變化，也往往從他的憂喜的感情變化上傳達給我。我甚至還可以從他每天早晨給我背書的聲音上，知道他是在為我擔憂，還是在為我高興。

張謙和也是我最早的遊伴之一。和他一起做競爭性的遊戲，勝利的永遠是我。記得有一次過年的時候，敬懿太妃叫我去玩押寶，張謙和坐莊，我押哪一門，哪一門准贏，結果總是莊家的錢都叫我贏光。他也不在乎，反正錢都是太妃的。

我和別的孩子一樣，小時候很愛聽故事。張謙和以及許多其他太監講的故事，總離不開兩類：一是宮中的鬼話；一是「聖天子百靈相助」的神話。總之，都是鬼怪故事，如果我能都寫下來，必定比一部聊齋還要厚。照他們說來，宮裏任何一件物件，如銅鶴、金缸、水獸、樹木、水井、石頭等等無一未成過精，顯過靈，至於宮中供的關帝菩薩、真武大帝等等泥塑木雕的神像，就更不用說了。我從那些百聽不厭的故事中，很小就得到這樣一個信念：一切鬼神對於皇帝都是巴結的，甚至有的連巴結都巴結不上，因此皇帝是最尊貴的。據太監們說，儲秀宮裏那隻左腿上有個凹痕的銅鶴，在乾隆爺下江南的時候，它成了精，跑到江南去保駕，不料被乾隆射了一箭，

討了一場沒趣，只好溜回原處站着。那左腿上生了紅鏽的凹痕便是乾隆射的箭傷。又說御花園西魚池附近靠牆處有一棵古松，在乾隆某次下江南時，給乾隆遮了一路太陽，乾隆回京之後，賜了這松樹一首詩在牆上。乾隆親筆詩裏說的是甚麼，這個不識字的太監就不管了。

御花園欽安殿西北角台階上，從前放着一塊磚，磚下面有一個腳印似的凹痕。太監們說，乾隆年間有一次乾清宮失火，真武大帝走出殿門，站在台階上向失火的方向用手一指，火焰頓息，這個腳印便是真武大帝救火時踏下的。這當然是胡說八道。

我幼時住在長春宮的西廂房台階上有一塊石枕，據一位太監解釋，因為附近的中正殿頂上那四條金龍，有一條常在夜間到長春宮喝大金缸裏的水，不知是哪一代皇帝造了這個石枕，供那條金龍休息之用。對這種無稽之談，我也聽得津津有味。

皇帝的帽子上的一顆大珠子也有神話。說是有一天乾隆在圓明園一條小河邊散步，發現河裏放光，他用鳥槍打了一槍，光不見了，叫人到河裏去摸，結果摸出一隻大蛤蜊，從中發現了這顆大珍珠。又說這顆珠子做了帽珠之後，常常私自外出，飛去飛回，後來根據「高人」的指點，在珠子上鑽了孔，安上金頂，從此才把它穩住。關於這顆珠子，《閱微草堂筆記》另有傳說，自然全是胡扯。用這顆珠子做的珠頂冠，我曾經戴用過，偽滿垮台時把它丟失在通化大栗子溝了。

這類故事和太監的種種解說，我在童年時代是完全相信的。相信的程度可以用下面這個故事表明。我八九歲時，有一次有點不舒服，張謙和拿來一顆紫紅色的藥丸讓我吃。我問他這是甚麼藥，他說：「奴才剛才睡覺，夢見一個白鬍子老頭兒，手裏托着一丸藥，說

這是長生不老丹，特意來孝敬萬歲爺的。」我聽了他這話，不覺大喜，連自己不舒服也忘了，加之這時由神話故事又聯想到二十四孝的故事，我便拿了這個長生不老丹到四位太妃那裏，請她們也分嘗一些。這四位母親大概從張謙和那裏先受到了暗示，全都樂哈哈的，稱讚了我的孝心。過了一個時期，我偶然到御藥房去找藥，無意間發現了這裏的紫金錠，和那顆長生不老丹一模一樣，雖然我感到了一點失望，但是，信不信由你，這個白鬍子神仙給我送藥的故事，我仍不肯認做是編造的。

太監們的鬼神故事一方面造成了我的自大狂，另方面也從小養成了我怕鬼的心理。照太監們說，紫禁城裏無處沒有鬼神在活動。永和宮後面的一個夾道，是鬼掐脖子的地方；景和門外的一口井，住着一羣女鬼，幸虧景和門上有塊鐵板鎮住了，否則天天得出來；三海中間的金鰲玉蝀橋，每三年必有一個行人被橋下的鬼拉下去……這類故事越聽越怕，越怕越要聽。十二歲以後，我對於「怪力亂神」的書（都是太監給我買來的）又入了迷，加上宮內終年不斷地祭神拜佛、薩滿跳神等等活動，弄得我終日疑神疑鬼，怕天黑，怕打雷，怕打閃，怕屋裏沒人。

每當夕陽西下，禁城進入了暮色蒼茫之中，進宮辦事的人全都走淨了的時候，靜悄悄的禁城中央 —— 乾清宮那裏便傳來一種淒厲的呼聲：「搭閂，下錢糧[13]，燈火小 —— 心 —— 」隨着後尾的餘音，禁城各個角落裏此起彼伏地響起了值班太監死陰活氣的回聲。這是康熙皇帝給太監們規定的例行公事，以保持警惕性。這種例行公事，

---

13 「下錢糧」可能是「下千兩」，意思是「下鎖」，宮中忌諱「鎖」字，故以「下千兩」代替；「下鎖」，後又訛傳為「下錢糧」。總之，已經沒有人說得清了。 —— 作者

把紫禁城裏弄得充滿了鬼氣。這時我再不敢走出屋子，覺得故事裏的鬼怪都聚到我的窗戶外面來了。

太監們用這些鬼話來餵養我，並非全是有意地奉承我和嚇唬我，他們自己實在是非常迷信的。張謙和就是這樣的人，他每有甚麼疑難，總要翻翻《玉匣記》才能拿主意。一般的太監也都很虔誠地供奉着「殿神」，即長蟲、狐狸、黃鼠狼和刺蝟這四樣動物。本來宮裏供的神很多，除了佛、道、儒，還有「王爹爹、王媽媽」，以及坤寧宮外的「神杆」、上駟院的馬、甚麼宮的蠶，日月星辰，牛郎織女，五花八門，無一不供，但唯有殿神是屬於太監的保護神，不在皇室供奉之列。照太監們的說法，殿神是皇帝封的二品仙家。有個太監告訴我說，有一天晚上，他在乾清宮丹陛上走，突然從身後來了一個二品頂戴、蟒袍補褂的人，把他抓起來一把扔到丹陛下面，這就是殿神。太監們不吃牛肉，據一個太監說，吃牛肉是犯了大五葷，殿神會罰他們在樹皮上蹭嘴，直蹭到皮破血流為止。太監若是進入無人去的殿堂，必先大喊一聲「開殿！」才動手去開門，免得無意中碰見殿神，要受懲罰。太監每到初一、十五，逢年過節都要給殿神上供，平常是用雞蛋、豆腐乾、燒酒和一種叫「二五眼」的點心，年節還要用整豬整羊和大量果品，對於收入微薄的底層太監說來，均攤供品的費用，雖是個負擔，但他們都心甘情願，因為這些最常挨打受氣的底層太監，都希望殿神能保佑他們，在福禍難測的未來，能少受點罪。

太監們為了取得額外收入，有許多辦法。戲曲和小說裏描寫過，光緒要花銀子給西太后宮的總管太監，否則李蓮英就會刁難他，請安時不給他通報，其實這是不會有的。至於太監敲大臣竹杠，我倒聽了不少。據說同治結婚時，內務府打點各處太監，漏掉了一處，

到了喜日這天，這處的太監便找了內務府的堂郎中來，說殿上一塊玻璃裂了一條紋。按規矩，內務府司員不經傳召，不得上丹陛，這位堂郎中只是站在下面遠遠地瞧了一下，果然瞧見玻璃上有條紋。這位司員嚇得魂不附體，大喜日子出這種破相，叫西太后知道必定不得了。這時太監說了，不用找工匠，他可以悄悄想辦法去換一塊。內務府的人明白這是敲竹槓，可是沒辦法，只好送上一筆銀子。銀子一到，玻璃也換好了。其實玻璃並沒有裂，那條紋不過是貼上的一根頭髮。世續的父親崇綸當內務府大臣的時候，有一次也是由於辦甚麼事，錢沒有送周全，沒吃飽的太監這天便等在崇綸上朝見太后的路上，等崇綸走過，故意從屋裏潑出一盆洗臉水，把崇綸的貂褂潑得水淋淋的。那太監故作驚慌，連忙請罪。崇綸知道這不是發脾氣的時候，因為太后正等着他去覲見，因此很着急地叫太監想辦法。太監於是拿出了一件預備好的貂褂說：「咱們這苦地方，還要托大人的福，多恩典。」原來太監們向例預備有各種朝服冠帶，專供官員臨時使用時租賃的，這回崇綸也只好讓他們敲一筆竹槓，花了一筆可觀的租衣費。

　　據內務府一位舊人後來告訴我，在我結婚時，內務府曾叫我的大總管（剛代替張謙和昇上來的）阮進壽敲了一筆。因為我事先規定了婚費數目，不得超過三十六萬元，內務府按照這個數目在分配了實用額之後，可以分贈太監的，數目不多，因此在大總管這裏沒通過，事情僵住了。堂郎中鍾凱為此親自到阮進壽住的地方，左一個阮老爺，右一個阮老爺，央求了半天，阮進壽也沒答應，最後還是按阮進壽的開價辦事，才算過了關。那位朋友當時是在場人，他過於年輕，又剛去「學習」不久，許多行話聽不懂，所以阮進壽得到了多少外快，他沒有弄清楚。

不過我相信，像張謙和和阮進壽這些「老爺」，比起小德張來，在各方面都差得很遠。我在天津時，小德張也住在天津。他在英租界有一座豪華的大樓，有幾個姨太太和一大羣奴僕伺候他，威風不下於一個軍閥。據說一個姨太太因為受不住他的虐待，逃到英國巡捕房請求保護。小德張錢能通神，巡捕房不但沒有保護那個女人，反而給送回了閻王殿，結果竟被小德張活活打死。那女人死後，也沒有人敢動他一下。

六、我的乳母

梁鼎芬給我寫的「起居注」中，有一段「宣統九年正月十六日」的紀事：

> 上常笞太監，近以小過前後笞十七名，臣陳寶琛等諫，不從。

這就是說，在到我七周歲的時候，責打太監已成家常便飯，我的冷酷無情、慣發威風的性格已經形成，勸也勸不過來了。

我每逢發脾氣，不高興的時候，太監就要遭殃：如果我忽然高興，想開心取樂的時候，太監也可能要倒霉。我在童年，有許多稀奇古怪的嗜好，除了玩駱駝、餵螞蟻、養蚯蚓、看狗牛打架之外，更大的樂趣是惡作劇。早在我懂得利用敬事房打人之前，不少太監們已吃過我惡作劇的苦頭。有一次，大約是八九歲的時候，我對那些百依百順的太監們忽然異想天開，要試一試他們是否真的對「聖天子」聽話。我挑出一個太監，指着地上一塊髒東西對他說：「你給我

吃下去！」他真的趴在地上吃下去了。

　　有一次我玩救火用的唧筒，噴水取樂。正玩着，前面走過來了一個年老的太監，我又起了惡作劇的念頭，把龍頭衝着他噴去。這老太監蹲在那裏不敢跑開，竟給冷水激死過去。後來經過一陣搶救，才把他救活過來。

　　在人們的多方逢迎和百般依順的情形下，養成了我的以虐待別人來取樂的惡習。師傅們諫勸過我，給我講過仁恕之道，但是承認我的權威，給我這種權威教育的也正是他們。不管他們用了多少歷史上的英主聖君的故事來教育我，說來說去我還是個「與凡人殊」的皇帝。所以他們的勸導並沒有多大效力。

　　在宮中唯一能阻止我惡作劇行為的，是我的乳母王焦氏。她就是我在西太后面前哭喊着找的那位嬤嬤。她一個字不識，不會講甚麼「仁恕之道」和歷史上的英主聖君故事，但當她勸我的時候，我卻覺得她的話是不好違拗的。

　　有一次，有個會玩木偶戲的太監，給我表演了一場木偶戲。我看得很開心，決心賞他一塊雞蛋糕吃。這時我的惡作劇的興趣又來了，決定捉弄他一下。我把練功夫的鐵砂袋撕開，掏出一些鐵砂子，藏在蛋糕裏。我的乳母看見了，就問我：「老爺子，那裏頭放砂子可叫人怎麼吃呀？」「我要看看他咬蛋糕是甚麼模樣。」「那不崩了牙嗎？崩了牙就吃不了東西。人不吃東西可不行呵！」我想，這話也對，可是我不能取樂了，我說：「我要看他崩牙的模樣，就看這一口吧！」乳母說：「那就換上綠豆，咬綠豆也挺逗樂的。」於是那位玩木偶的太監才免了一次災難。

　　又有一次，我玩氣槍，用鉛彈向太監的窗戶打，看着窗戶紙打出一個個小洞，覺得很好玩。不知是誰，去搬了救兵——乳母來了。

「老爺子，屋裏有人哪！往屋裏打，這要傷了人哪！」我這才想起了屋裏有人，人是會被打傷的。

只有乳母告訴過我，別人和我同樣是人。不但我有牙，別人也有牙，不但我的牙不能咬鐵砂，別人也不能咬，不但我要吃飯，別人也同樣不吃飯要餓肚子，別人也有感覺，別人的皮肉被鉛彈打了會一樣的痛。這些用不着講的常識，我並非不懂，但在那樣的環境裏，我是不容易想到這些的，因為我根本就想不起別人，更不會把自己和別人相提並論，別人在我心裏，只不過是「奴才」、「庶民」。我在宮裏從小長到大，只有乳母在的時候，才由於她的樸素的言語，使我想到過別人同我一樣是人的道理。

我是在乳母的懷裏長大的，我吃她的奶一直到九歲，九年來，我像孩子離不開母親那樣離不開她。我九歲那年，太妃們背着我把她趕出去了。那時我寧願不要宮裏的那四個母親也要我的「嬤嬤」，但任我怎麼哭鬧，太妃也沒有給我把她找回來。現在看來，乳母走後，在我身邊就再沒有一個通「人性」的人。如果九歲以前我還能從乳母的教養中懂得點「人性」的話，這點「人性」在九歲以後也逐漸喪失盡了。

我結婚之後，派人找到了她，有時接她來住些日子。在偽滿後期，我把她接到長春，供養到我離開東北。她從來沒有利用自己的特殊地位索要過甚麼。她性情溫和，跟任何人都沒發生過爭吵，端正的臉上總帶些笑容。她說話不多，或者說，她常常是沉默的。如果沒有別人主動跟她說話，她就一直沉默地微笑着。小時候，我常常感到這種微笑很奇怪。她的眼睛好像凝視着很遠很遠的地方。我常常懷疑，她是不是在窗外的天空或者牆上的字畫裏，看見了甚麼有趣的東西。關於她的身世、來歷，她從來沒有說過。直到我被特

赦之後，訪問了她的繼子，才知道了這個用奶汁餵大了我這「大清皇帝」的人，經受過「大清朝」的甚麼樣的苦難和屈辱。

光緒十三年（一八八七），她出生在直隸河間府任丘縣農村一個焦姓的貧農家裏。那時她家裏有父親、母親和一個比她大六歲的哥哥，連她一共四口。五十來歲的父親種着佃來的幾畝窪地，不雨受旱，雨大受澇，加上地租和賦稅，好年成也不夠吃。在她三歲那年（即光緒十六年），直隸北部發生了一場大水災。她們一家不得不外出逃難。在逃難的路上，她的父親幾次想把她扔掉，幾次又被放回了破筐擔裏。這一擔挑子的另一頭是破爛衣被，是全家僅有的財產，連一粒糧食都沒有。她後來對她的繼子提起這次幾乎被棄的厄運時，沒有一句埋怨父親的話，只是反復地說，她的父親已經早餓得挑不動了，因為一路上要不到甚麼吃的，能碰見的人都和他們差不多。這一家四口，父親、母親、一個九歲的兒子和三歲的女兒，好不容易熬到了北京。他們到北京本想投奔在北京一位當太監的本家。不料這位本家不肯見他們，於是他們流浪街頭，成了乞丐。北京城裏成千上萬的災民，露宿街頭，啼飢號寒。與此同時，朝廷裏卻在大興土木，給西太后建頤和園。從《光緒朝東華錄》裏可以找到這樣的記載：這年祖父去世，西太后派大臣賜奠治喪，我父親承襲王爵。醇王府花銀子如淌水似地辦喪事，我父親蒙恩襲爵，而把血汗給他們變銀子的災民們正在奄奄待斃，賣兒鬻女。焦姓這家要賣女兒，沒有人買。這時害怕出亂子的順天府尹辦了一個粥廠，他們有了暫時的棲身之地，九歲的男孩被一個剃頭匠收留下當徒弟，這樣好不容易地熬過了冬天。春天來了，流浪的農民們想念着土地，粥廠要關門，都紛紛回去了。焦姓這一家回到家鄉，渡過了幾個半飢不暖的年頭。庚子年八國聯軍的災難又降到河間保定兩府，女兒這時已

是十三歲的姑娘，再次逃難到北京，投奔當了剃頭匠的哥哥。哥哥無力贍養她，在她十六歲這年，在半賣半嫁的情形下，把她給了一個姓王的差役做了媳婦。丈夫生着肺病，生活卻又荒唐。她當了三年挨打受氣的奴隸，剛生下一個女兒，丈夫死了。她母女倆和公婆，一家四口又陷入了絕境。這時我剛剛出生，醇王府給我找乳母，在二十名應選人中，她以體貌端正和奶汁稠厚而當選。她為了用工錢養活公婆和自己的女兒，接受了最屈辱的條件：不許回家，不許看望自己的孩子，每天吃一碗不許放鹽的肘子，等等。二兩月銀，把一個人變成了一頭奶牛。

她給我當乳母的第三年，女兒因營養不足死了。為了免於引起她的傷感以致影響奶汁品質，醇王府封鎖了這消息。

第九年，有個婦差和太監吵架，太妃決定趕走他們，順帶着把我乳母也趕走了。這個溫順地忍受了一切的人，在微笑和凝視中渡過了沉默的九年之後，才發現她的親生女兒早已不在人世了！

第三章　紫禁城內外

一、袁世凱時代

　　紫禁城中的早晨，有時可以遇到一種奇異的現象，處於深宮但能聽到遠遠的市聲。有很清晰的小販叫賣聲，有木輪大車的隆隆聲，有時還聽到大兵的唱歌聲。太監們把這現象叫做「響城」。離開紫禁城以後，我常常回憶起這個引起我不少奇怪想像的響城。響城給我印象最深的，是有幾次聽到中南海的軍樂演奏。

　　「袁世凱吃飯了。」總管太監張謙和有一次告訴我，「袁世凱吃飯的時候還奏樂，簡直是『鐘鳴鼎食』，比皇上還神氣！」

　　張謙和的光嘴巴抿得扁扁的，臉上帶着憤憤然的神色。我這時不過九歲上下，可是已經能夠從他的聲色中感到類似悲涼的滋味。軍樂聲把我引進到恥辱難忍的幻象中：袁世凱面前擺着比太后還要多的菜餚，有成羣的人伺候他，給他奏樂，搧着扇子……

　　但也有另外一種形式的響城，逐漸使我發生了濃厚的興趣。這種「響城」是我在毓慶宮裏從老師們的嘴裏聽到的。這就是種種關於復辟的傳說。

　　復辟 —— 用紫禁城裏的話說，也叫做「恢復祖業」，用遺老和舊臣們的話說，這是「光復故物」，「還政於清」 —— 這種活動並不始於盡人皆知的「丁巳事件」，也並不終於民國十三年被揭發過的「甲子陰謀」。可以說從頒佈退位詔起到「滿洲帝國」成立止[1]，沒有一天停頓過。起初是我被大人指導着去扮演我的角色，後來便是憑着自己的階級本能去活動。在我少年時期，給我直接指導的是師傅們，在他們的背後，自然還有內務府大臣們，以及內務府大臣世續商得民國總統同意，請來照料皇室的「王爺」（他們這樣稱呼我的父親）。這些人的內心熱情，並不弱於任何紫禁城外的人，但是後來我逐漸地明白，實現復辟理想的實際力量並不在他們身上。連他們自己也明白這一點。說起來滑稽，但的確是事實：紫禁城的希望是放在取代大清而統治天下的新貴們身上的。第一個被寄托這樣幻想的人，卻是引起紫禁城憤憤之聲的袁世凱大總統。

　　我到現在還記得很清楚，紫禁城裏是怎樣從絕望中感到了希望，由恐懼而變為喜悅的。在那短暫的時間裏，宮中氣氛變化如此劇烈，以致連我這八歲的孩子也很詫異。

　　我記得太后在世時，宮裏很難看到一個笑臉，太監們個個是唉聲歎氣的，好像禍事隨時會降臨的樣子。那時我還沒搬到養心殿，住在太后的長春宮，我給太后請安時，常看見她在擦眼淚。有一次我在西二長街散步，看見成羣的太監在搬動體元殿的自鳴鐘和大瓶之類的陳設。張謙和愁眉苦臉地唸叨着：

　　「這是太后叫往頤和園搬的。到了頤和園，還不知怎麼樣呢！」

1　嚴格地說，復辟活動到此時尚未停止。偽滿改帝制後，雖然我的活動告一段落，但關內有些人仍不死心，後來日本發動了全面侵略，佔領了平津，這些人在建立「後清」的幻想下，曾有一度活動。因為日本主子不同意，才沒鬧起來。 —— 作者

這時太監逃亡的事經常發生。太監們紛紛傳說，到了頤和園之後，大夥全都活不成。張謙和成天地唸叨這些事，每唸叨一遍，必然又安慰我說：「萬歲爺到哪兒，奴才跟哪兒保駕，決不像那些膽小鬼！」我還記得，那些天早晨，他在我的「龍牀」旁替我唸書的聲音，總是有氣無力的。

民國二年的新年，氣氛開始有了變化。陽曆除夕這天，陳師傅在毓慶宮裏落了座，一反常態，不去拿朱筆圈書，卻微笑着瞅了我一會，然後說：

「明天陽曆元旦，民國要來人給皇上拜年。是他們那個大總統派來的。」

這是不是他第一次向我進行政務指導，我不記得了，他那少有的得意之色，大概是我第一次的發現。他告訴我，這次接見民國禮官，採用的是召見外臣之禮，我用不着說話，到時候有內務府大臣紹英照料一切，我只要坐在龍書案後頭看着就行了。

到了元旦這天，我被打扮了一下，穿上金龍袍褂，戴上珠頂冠，掛上朝珠，穩坐在乾清宮的寶座上。在我兩側立着御前大臣、御前行走和帶刀的御前侍衛們。總統派來的禮官朱啟鈐走進殿門，遙遙地向我鞠了一個躬，向前幾步立定，再鞠一躬，走到我的寶座台前，又深深地鞠了第三躬，然後向我致賀詞。賀畢，紹英走上台，在我面前跪下。我從面前龍書案上的黃絹封面的木匣子裏，取出事先寫好的答辭交給他。他站起身來向朱啟鈐唸了一遍，唸完了又交還給我。朱啟鈐這時再鞠躬，後退，出殿，於是禮成。

第二天早晨，氣氛便發生了進一步的變化，首先是我的牀帳子外邊張謙和的書聲朗朗，其次是在毓慶宮裏，陳師傅微笑着捻那亂成一團的白鬍鬚，搖頭晃腦地說：

「優待條件，載在盟府，為各國所公認，連他總統也不能等閒視之！」

過了新年不久，臨到我的生日，陰曆正月十四這天，大總統袁世凱又派來禮官，向我祝賀如儀。經過袁世凱這樣連續的捧場，民國元年間一度銷聲匿跡的王公大臣們，又穿戴起蟒袍補褂、紅頂花翎，甚至於連頂馬開路、從騎簇擁的仗列也有恢復起來的。神武門前和紫禁城中一時熙熙攘攘。在民國元年，這些人到紫禁城來大多數是穿着便衣，進城再換上朝服袍褂，從民國二年起，又敢於翎翎頂頂、袍袍褂褂地走在大街上了。

完全恢復了舊日城中繁榮氣象的，是隆裕的壽日和喪日那些天。隆裕壽日是在三月十五，過了七天她就去世了。在壽日那天，袁世凱派了秘書長梁士詒前來致賀，國書上赫然寫着：「大中華民國大總統致書大清隆裕皇太后陛下」。梁士詒走後，國務總理趙秉鈞率領了全體國務員，前來行禮。隆裕去世後，袁世凱的舉動更加動人：他親自在衣袖上纏了黑紗，並通令全國下半旗一天，文武官員服喪二十七天，還派全體國務員前來致祭。接着，在太和殿舉行了所謂國民哀悼大會，由參議長吳景濂主祭；軍界也舉行了所謂全國陸軍哀悼大會，領銜的是袁的另一心腹，上將軍段祺瑞。在紫禁城內，在太監乾嚎的舉哀聲中，清朝的玄色袍褂和民國的西式大禮服並肩進出。被賞穿孝服百日的親貴們，這時臉上洋溢着得意的神色。最讓他們感到興奮的是徐世昌也從青島趕到，接受了清室賞戴的雙眼花翎。這位清室太傅在頒佈退位後，拖着辮子跑到德國人盤踞的青島當了寓公，起了一個有雙關含意的別號「東海」。他在北京出現的意義，我在後面還要談到。

隆裕的喪事未辦完，南方發起了討袁運動，即所謂「二次革

命」。不多天，這次戰爭以袁世凱的勝利而告終。接着，袁世凱用軍警包圍國會，強迫國會選他為正式大總統。這時他給我寫了一個報告：

大清皇帝陛下：中華民國大總統謹致書大清皇帝陛下：前於宣統三年十二月二十五日奉大清隆裕皇太后懿旨，將統治權公諸全國，定為共和立憲國體，命袁世凱以全權組織臨時共和政府，合滿漢蒙回藏五族，完全領土為一大中華民國。旋經國民公舉，為中華民國臨時大總統。受任以來，兩稔於茲，深虞隕越。今幸內亂已平，大局安定，於中華民國二年十月六日經國民公舉為正式大總統。國權實行統一，友邦皆已承認，於是年十月十日受任。凡我五族人民皆有進於文明、躋於太平之希望。此皆仰荷大清隆裕皇太后暨大清皇帝天下為公，唐虞揖讓之盛軌，乃克臻此。我五族人民感戴茲德，如日月之照臨，山河之涵育，久而彌昭，遠而彌摯。維有董督國民，聿新治化，恪守優待條件，使民國鞏固，五族協和，庶有以慰大清隆裕皇太后在天之靈。用特報告，並祝萬福。

中華民國二年十月十九日

袁世凱

由於這一連串的新聞，遺老中間便起了多種議論。

「袁世凱究竟是不是曹操？」

「項城當年和徐、馮、段說過，對民軍只可智取不可力敵，徐、馮、段才答應辦共和。也許這就是智取？」

「我早說過，那個優待條件裏的辭位的辭字有意思。為甚麼不用退位、遜位，袁宮保單要寫成個辭位呢？辭者，暫別之謂也。」

「大總統常說『辦共和』辦的怎樣。既然是辦，就是試行的意思。」

這年冬天，光緒和隆裕「奉安」，在梁格莊的靈棚裏演出了一幕活劇。主演者是那位最善表情的梁鼎芬，那時他還未到宮中當我的師傅，配角是另一位自命孤臣的勞乃宣，是宣統三年的學部副大臣兼京師大學堂總監督，辛亥後曾躲到青島，在德國人專為收藏這流人物而設的「尊孔文社」主持社事。在這齣戲裏被當做小丑來捉弄的是前清朝山東巡撫、袁政府裏的國務員孫寶琦，這時他剛當上外交總長（孫寶琦的父親孫詒經被遺老們視為同光時代的名臣之一）。那一天，這一批國務員由趙秉鈞率領前來。在致祭前趙秉鈞先脫下大禮服，換上清朝素袍褂，行了三跪九叩禮。孤臣孽子梁鼎芬一時大為興奮，也不知怎麼回事，在那些沒穿清朝袍褂來的國務員之中，叫他一眼看中了孫寶琦。他直奔這位國務員面前，指着鼻子問：

「你是誰？你是哪國人？」

孫寶琦給這位老朋友問得怔住了，旁邊的人也都給弄得莫名其妙。梁鼎芬的手指頭哆嗦着，指點着孫寶倚，嗓門越說越響：

「你忘了你是孫詒經的兒子！你做過大清的官，你今天穿着這身衣服，行這樣的禮，來見先帝先后，你有廉恥嗎？你 —— 是個甚麼東西！」

「問得好！你是個甚麼東西？！」勞乃宣跟了過來。這一唱一幫，引過來一大羣人，把這三個人圍在中心。孫寶琦面無人色，低下頭連忙說：

「不錯，不錯，我不是東西！我不是東西！」

後來梁師傅一談起這幕活劇時，就描述得有聲有色。這個故事和後來的「結廬守松」、「凜然退刺客」，可算是他一生中最得意的事蹟。他和我講了不知多少次，而且越講情節越完整，越富於傳奇性。

到民國三年，就有人稱這年為復辟年了。孤臣孽子感到興奮的事情越來越多：袁世凱祀孔，採用三卿士大夫的官秩，設立清史館，擢用前清舊臣。尤其令人眼花繚亂的，是前東三省總督趙爾巽被任為清史館館長。陳師傅等人視他為貳臣，他卻自己宣稱：「我是清朝官，我編清朝史，我吃清朝飯，我做清朝事。」那位給梁鼎芬在梁格莊配戲的勞乃宣，在青島寫出了正續《共和解》，公然宣傳應該「還政於清」，並寫信給徐世昌，請他勸說袁世凱。這時徐世昌既是清室太傅同時又是民國政府的國務卿，他把勞的文章給袁看了。袁叫人帶信給勞乃宣，請他到北京做參議。前京師大學堂的劉廷琛，也寫了一篇《復禮制館書》，還有一位在國史館當協修的宋育仁，發表了還政於清的演講，都一時傳遍各地。據說在這個復辟年裏，連四川一個綽號叫十三哥的土匪，也穿上清朝袍褂，坐上綠呢大轎，儼然以遺老自居，準備分享復辟果實了。

在紫禁城裏，這時再沒有人提起搬家的事。謹慎穩健的內務府大臣世續為了把事情弄牢靠些，還特地找了他的把兄弟袁世凱一次。他帶回的消息更加令人興奮，因為袁世凱是這樣對他說的：「大哥你還不明白，那些條條不是應付南邊的嗎？太廟在城裏，皇上怎麼好搬？再說皇宮除了皇上，還能叫誰住？」這都是很久以後，在內務府做過事的一位遺少告訴我的。當時世續和王爺根本不和我談這類事情，要談的也要經過陳師傅。師傅當時的說法是：「看樣子，他們總統，倒像是優待大清的。優待條件本是載在盟府……」

師傅的話，好像總沒有說完全。現在回想起來，這正是頗有見

地的「慎重」態度。和紫禁城外那些遺老比起來，紫禁城裏在這段時期所表現的樂觀，確實是謹慎而有保留的。袁世凱的種種舉動——從公開的不忘隆裕「在天之靈」，到私下認定「皇上」不能離開皇宮和太廟，這固然給了紫禁城裏的人不少幻想，但是紫禁城從「袁宮保」這裏所能看到的也只限於此。因此，紫禁城裏的人就不能表現出太多的興奮。到了復辟年的年底，北京開始變風頭的時候，證明了這種「審慎」確實頗有見地。

　　風頭之變換，始於一個肅政史提出要追查復辟傳聞。袁世凱把這一案批交內務部「查明辦理」，接着，演講過還政於清的宋育仁被步軍統領衙門遞解回籍。這個消息一經傳出，不少人便恐慌了，勸進文章和還政於清的言論都不見了，在青島正準備進京赴任的勞乃宣也不敢來了。不過人們還有些惶惑不解，因為袁世凱在查辦復辟的民政部呈文上，批上了「嚴禁復辟謠言，既往不咎」這樣奇怪的話，而宋育仁被遞解回籍時，袁世凱送了他三千塊大洋，一路上又大受各衙門的酒宴迎送，叫人弄不清他到底是受罰還是受獎。直到民國四年，總統府的美國顧問古德諾發表了一篇文章，說共和制不適中國國情[2]，繼而又有「籌安會」[3]出現，主張推袁世凱為中華帝國的皇帝，這才掃清了滿天疑雲，使人們明白了袁世凱要復的是甚麼辟。風頭所向弄明白了，紫禁城裏的氣氛也變了。

　　我從響城中聽見中南海的軍樂聲，就是在這時候。那時，三大殿正進行油繕工程，在養心殿的台階上，可以清清楚楚地望見腳手

2　古德諾原為美國政治大學教授。他發表的這篇文章的題目叫做《共和與君主論》，胡說甚麼「中國如用君主制較共和制為宜」，作為袁世凱實行帝制的理論根據。

3　籌安會是袁世凱實行帝制的御用機關，由楊度建議，吸收孫毓筠、嚴復、劉師培、李燮和、胡瑛等組成，為袁稱帝進行鼓吹和籌備工作。

架上油工們的活動。張謙和告訴我,那是為袁世凱登極做準備。後來,「倫貝子」(溥倫)代表皇室和八旗向袁世凱上勸進表,袁世凱許給他親王雙俸,接着他又到宮裏來向太妃索要儀仗和玉璽。這些消息使我感到心酸、悲憤,也引起了我的恐懼。雖然陳師傅不肯明講,我也懂得「天無二日,國無二君」這句老話。袁世凱自己做了皇帝,還能讓我這多餘的皇帝存在嗎?歷史上的例子可太多了,太史公就統計過「春秋之中,弒君三十六」哩!

在那些日子裏,乾清門外的三大殿的動靜,牽連着宮中每個人的每根神經。不論誰在院子裏行走,都要關心地向那邊張望一下,看看關係着自己命運的油繕工程,是否已經完工。太妃們每天都要燒香拜佛,求大清的護國神「協天大帝關聖帝君」給以保佑。儀仗是忙不迭地讓溥倫搬走了,玉璽因為是滿漢合璧的,並不合乎袁世凱的要求,所以沒有拿去。

這時毓慶宮裏最顯著的變化,是師傅們對毓崇特別和氣,沒有人再拿他當伴禽來看待。他在太妃那裏竟成了紅人,常常被叫進去賞賜些鼻煙壺、搬指之類的玩意兒。每逢我說話提到袁世凱的時候,師傅就向我遞眼色,暗示我住嘴,以免讓毓崇聽見,傳到他父親溥倫耳朵裏去。

有一天,毓崇應召到太妃那裏去了,陳寶琛看見窗外已經沒有了他的影子,從懷裏拿出一張紙條,神秘地對我說:「臣昨天卜得的易卦,皇上看看。」我拿過來,看見這一行字:

「我仇有疾,不我能即,吉!」

他解釋說,這是說我的仇人袁世凱前途兇惡,不能危害於我,是個吉卦。他還燒了龜背,弄過蓍草,一切都是吉利的,告訴我可以大大放心。這位老夫子為了我的命運,把原始社會的一切算命辦

法都使用過了。因此，他樂觀地做出結論：

「天作孽，猶可違，自作孽，不可活。元兇大憝的袁世凱作孽如此，必不得善終！『我仇有疾，終無尤也！』何況優待條件藏在盟府，為各國所公認，袁世凱焉能為害於我乎？」

為了「不我能即」和保住優待條件，師傅、王爺和內務府大臣們在算卦之外的活動，他們雖沒有告訴我，我也多少知道一些。他們和袁世凱進行了一種交易，簡單地說，就是由清室表示擁護袁皇帝，袁皇帝承認優待條件。內務府給了袁一個正式公文，說：「現由全國國民代表決定君主立憲國體，並推戴大總統為中華帝國大皇帝，為除舊更新之計，作長治久安之謀，凡我皇室極表贊成。」這個公文換得了袁世凱親筆寫在優待條件上的一段跋語：

> 先朝政權，未能保全，僅留尊號，至今耿耿。所有優待條件各節，無論何時斷乎不許變更，容當列入憲法。袁世凱志，乙卯孟冬。

這兩個文件的內容後來都見於民國四年十二月十六日的「大總統令」中。這個「令」發表之前不多天，我父親日記裏就有了這樣一段記載：

> 十月初十日（即陽曆十一月十六日）上門。偕世太傅公見四皇貴妃，稟商皇室與袁大總統結親事宜，均承認可，命即妥行籌辦一切云。在內觀秘件，甚妥，一切如恒云云。

所謂秘件，就是袁的手書跋語。所謂親事，就是袁世凱叫步兵

統領江朝宗向我父親同世續提出的讓他女兒當皇后。太妃們心裏雖不願意，也不得不從。其結果是，優待條件既沒列入憲法，我也沒跟袁家女兒結婚，因為袁世凱只做了八十三天的皇帝，就在一片反袁聲中氣死了。

二、丁巳復辟

袁世凱去世那天，消息一傳進紫禁城，人人都像碰上了大喜事。太監們奔走相告，太妃們去護國協天大帝關聖帝君像前燒香，毓慶宮無形中停了一天課⋯⋯

接着，紫禁城中就聽見了一種新的響城聲：

「袁世凱失敗，在於動了鳩佔鵲巢之念。」

「帝制非不可為，百姓要的卻是舊主。」

「袁世凱與拿破崙三世不同，他並不如拿氏有祖蔭可恃。」

「與其叫姓袁的當皇帝，還不如物歸舊主哩。」

⋯⋯

這些聲音，和師傅們說的「本朝深仁厚澤，全國人心思舊」的話起了共鳴。

這時我的思想感情和頭幾年有了很大的不同。這年年初，我剛在奕劻諡法問題上表現出了「成績」，這時候，我又對報紙發生了興趣。

袁死了不多天之後，報上登了「宗社黨起事未成」、「滿蒙匪勢猖獗」的消息。我知道這是當初公開反抗共和的王公大臣——善耆、溥偉、昇允、鐵良，正在為我活動。他們四人當初是被稱做申包胥的，哭秦庭都沒成功。後來鐵良躲到天津的外國租界，其餘的住在

日本租借地旅順和大連，通過手下的日本浪人，勾結日本的軍閥、財閥，從事復辟武裝活動。四人中最活躍的是善耆，他任民政部尚書時聘用的警政顧問日本人川島浪速，一直跟他在一起，給他跑合拉縴。日本財主大倉喜八郎男爵給了他一百萬日圓活動費。日本軍人青森、土井等人給他招募滿蒙土匪，編練軍隊，居然有了好幾千人。袁世凱一死，就鬧起來了。其中有一支由蒙古貴族巴布扎布率領的隊伍，一度逼近了張家口，氣勢十分猖獗。直到後來巴布扎布在兵變中被部下刺殺，才告終結。在鬧得最兇的那些天，出現了一種很奇特的現象：一方面「勤王軍」和民國軍隊在滿蒙幾個地方乒乒乓乓地打得很熱鬧，另方面在北京城裏的民國政府和清室小朝廷照舊祝賀往來，應酬不絕。紫禁城從袁世凱去世那天開始的興隆氣象，蒸蒸日上，既不受善耆和巴布扎布的興兵作亂的影響，更不受他們失敗的連累。

袁死後，黎元洪繼任總統，段祺瑞出任國務總理。紫禁城派了曾向袁世凱勸進的溥倫前去祝賀，黎元洪也派了代表來答謝，並且把袁世凱要去的皇帝儀仗仍送回紫禁城。有些王公大臣們還得到了民國的勳章。有些在袁世凱時代東躲西藏的王公大臣，現在也掛上了嘉禾章，又出現於交際場所。元旦和我的生日那天，大總統派禮官前來祝賀，我父親也向黎總統、段總理贈送餚饌。這時內務府比以前忙多了，要擬旨賜諡法，賞朝馬、二人肩輿、花翎、頂戴，要授甚麼「南書房行走」[4]、乾清門各等侍衞，要帶領秀女供太妃挑選，也偷偷地收留下優待條件上所禁止的新太監。當然還有我所無從了

4　行走即是已有一定官職，又派到別的機構去辦事的意思。南書房在乾清宮之右，原為康熙讀書處，康熙十六年始選翰林等官入內當值，凡被選入值者，叫做「入值南書房」或「南書房行走」，這是大臣難得的待遇。

解的各種交際應酬，由個別的私宴到對國會議員們的公宴。

　　總之，紫禁城又像從前那樣活躍起來。到了丁巳年（民國六年）張勳進宮請安，開始出現了復辟高潮。

　　在這以前，我親自召見請安的人還不多，而且只限於滿族。我每天的活動，除了到毓慶宮唸書，在養心殿看報，其餘大部分時間還是遊戲。我看見神武門那邊翎頂袍褂多起來了，覺着高興，聽說勤王軍發動了，尤其興奮，而勤王軍潰滅了，也感到泄氣。但總的說來，我也很容易把這些事情忘掉。肅親王逃亡旅順，消息不明，未免替他擔心，可是一看見駱駝打噴嚏很好玩，肅親王的安危就扔到腦後去了。既然有王爺和師傅大臣們在，我又何必操那麼多的心呢？到了事情由師傅告訴我的時候，那準是一切都商議妥帖了。陰曆四月二十七日這天的情形就是如此。

　　這天新授的「太保」陳寶琛和剛到紫禁城不久的「毓慶宮行走」梁鼎芬，兩位師傅一齊走進了毓慶宮。不等落座，陳師傅先開了口：

　　「今天皇上不用唸書了。有個大臣來給皇上請安，一會奏事處太監會上來請示的。」

　　「誰呀？」

　　「前兩江總督兼攝江蘇巡撫張勳。」

　　「張勳？是那個不剪辮子的定武軍張勳嗎？」

　　「正是，正是。」梁鼎芬點頭贊許，「皇上記性真好，正是那個張勳。」梁師傅向來不錯過頌揚的機會，為了這個目的，他正在寫我的起居注。

　　其實我並沒有甚麼好記性，只不過前不久才聽師傅們說起這個張勳的故事。民國開元以來，他和他的軍隊一直保留着辮子。袁世凱在民國二年撲滅「二次革命」，就是以他的辮子兵攻陷南京而告成

功的。辮子兵在南京大搶大燒，誤傷了日本領事館的人員，惹起日本人提出抗議，辮帥趕忙到日本領事面前賠禮道歉，答應賠償一切損失，才算了事。隆裕死後，他通電弔唁稱為「國喪」，還說了「凡我民國官吏莫非大清臣民」的話。袁世凱死後不久，報上登出了張勳的一封通電。這封通電表示了徐州的督軍會議對袁死後政局的態度，頭一條卻是「尊重優待清室各條」。總之，我相信他是位忠臣，願意看看他是個甚麼樣兒。

按照清朝的規矩，皇帝召見大臣時，無關的人一律不得在旁。因此每次召見不常見的人之前，師傅總要先教導一番，告訴我要說些甚麼話。這次陳師傅用特別認真的神氣告訴我，要誇讚張勳的忠心，叫我記住他現在是長江巡閱使，有六十營的軍隊在徐州、兗州一帶，可以問問他徐、兗和軍隊的事，好叫他知道皇上對他很關心。末了，陳師傅再三囑咐道：

「張勳免不了要誇讚皇上，皇上切記，一定要以謙遜答之，這就是示以聖德。」

「滿招損，謙受益。」梁師傅連忙補充說，「越謙遜，越是聖明。上次陸榮廷覲見天顏，到現在寫信來還不忘稱頌聖德……」

陸榮廷是兩廣巡閱使，他是歷史上第一個被賞賜紫禁城騎馬的民國將領。兩個月前，他來北京會晤段祺瑞，不知為甚麼，跑到宮裏來給我請了安，又報效了崇陵植樹一萬元。我在回養心殿的轎子裏忽然想起來，那次陸榮廷覲見時，師傅們的神色和對我的諄諄教誨，也是像這次似的。那次陸榮廷的出現，好像是紫禁城裏的一件了不起的大事。內務府和師傅們安排了不同平常的賞賜，有我寫的所謂御筆福壽字和對聯，有無量壽金佛一龕，三鑲玉如意一柄，玉陳設二件和尺頭四件。陸榮廷走後來了一封信，請世續「代奏叩謝天

恩」。從那時起，「南陸北張」就成了上自師傅下至太監常提的話頭。
張謙和對我說過：「有了南陸北張兩位忠臣，大清有望了。」

　　我根據太監給我買的那些石印畫報，去設想張勳的模樣，到下
轎的時候，他在我腦子裏也沒成型。我進養心殿不久，他就來了。
我坐在寶座上，他跪在我面前磕了頭。

　　「臣張勳跪請聖安……」

　　我指指旁邊一張椅子叫他坐下（這時宮裏已不採取讓大臣跪着
說話的規矩了），他又磕了一個頭謝恩，然後坐下來。我按着師傅的
教導，問他徐、兗地方的軍隊情形，他說了些甚麼，我也沒用心去
聽。我對這位「忠臣」的相貌多少有點失望。他穿着一身紗袍褂，黑
紅臉，眉毛很重，胖呼呼的。看他的短脖子就覺得不理想，如果他沒
鬍子，倒像御膳房的一個太監。我注意到了他的辮子，的確有一根，
是花白色的。

　　後來他的話轉到我身上，不出陳師傅所料，果然恭維起來了。
他說：「皇上真是天亶聰明！」

　　我說：「我差的很遠，我年輕，知道的事挺少。」

　　他說：「本朝聖祖仁皇帝也是冲齡踐祚，六歲登極呀！」

　　我連忙說：「我怎麼比得上祖宗，那是祖宗……」

　　這次召見並不比一般的時間長，他坐了五六分鐘就走了。我覺
得他說話粗魯，大概不會比得上曾國藩，也就覺不到特別高興。可
是第二天陳寶琛、梁鼎芬見了我，笑咪咪地說張勳誇我聰明謙遜，
我又得意了。至於張勳為甚麼要來請安，師傅們為甚麼顯得比陸榮
廷來的那次更高興，內務府準備的賞賜為甚麼比對陸更豐富，太妃
們為甚麼還賞賜了酒宴等等這些問題，我連想也沒去想。

　　過了半個月，陰曆五月十三這天，還是在毓慶宮，陳寶琛、梁

鼎芬和朱益藩三位師傅一齊出現，面色都十分莊嚴，還是陳師傅先開的口：

「張勳一早就來了……」

「他又請安來啦？」

「不是請安，是萬事俱備，一切妥帖，來擁戴皇上復位聽政，大清復辟啦！」

他看見我在發怔，趕緊說：「請皇上務要答應張勳。這是為民請命，天與人歸……」

我被這個突如其來的喜事弄得昏昏然。我呆呆地看着陳師傅，希望他多說幾句，讓我明白該怎麼當這個「真皇帝」。

「用不着和張勳說多少話，答應他就是了。」陳師傅胸有成竹地說，「不過不要立刻答應，先推辭，最後再說：既然如此，就勉為其難吧。」

我回到養心殿，又召見了張勳。這次張勳說的和他的奏請復辟摺上寫的差不多，只不過不像奏摺說的那麼斯文就是了。

「隆裕皇太后不忍為了一姓的尊榮，讓百姓遭殃，才下詔辦了共和。誰知辦的民不聊生……共和不合咱的國情，只有皇上復位，萬民才能得救。……」

聽他唸叨完了，我說：「我年齡太小，無才無德，當不了如此大任。」他誇了我一頓，又把康熙皇帝六歲做皇帝的故事唸叨一遍。聽他叨叨着，我忽然想起了一個問題：

「那個大總統怎麼辦呢？給他優待還是怎麼着？」

「黎元洪奏請讓他自家退位，皇上准他的奏請就行了。」

「唔……」我雖然還不明白，心想反正師傅們必是商議好了，現在我該結束這次召見了，就說：「既然如此，我就勉為其難吧！」於

是我就又算是「大清帝國」的皇帝了。

　　張勳下去以後，陸續地有成批的人來給我磕頭，有的請安，有的謝恩，有的連請安帶謝恩。後來奏事處太監拿來了一堆已寫好的「上諭」。頭一天一氣下了九道「上諭」：

　　即位詔；

　　黎元洪奏請奉還國政，封黎為一等公，以彰殊典；

　　特設內閣議政大臣，其餘官制暫照宣統初年，現任文武大小官員均着照常供職；

　　授七個議政大臣（張勳、王士珍、陳寶琛、梁敦彥、劉廷琛、袁大化、張鎮芳）和兩名內閣閣丞（張勳的參謀長萬繩栻和馮國璋的幕僚胡嗣瑗）；

　　授各部尚書（外務部梁敦彥、度支部張鎮芳、參謀部王士珍。陸軍部雷震春、民政部朱家寶）；

　　授徐世昌、康有為弼德院正、副院長；

　　授原來各省的督軍為總督、巡撫和都統（張勳兼任直隸總督北洋大臣）。

　　據老北京人回憶當時北京街上的情形說：那天早晨，警察忽然叫各戶懸掛龍旗，居民們沒辦法，只得用紙糊的旗子來應付；接着，幾年沒看見的清朝袍褂在街上出現了，一個一個好像從棺材裏面跑出來的人物；報館出了復辟消息的號外，售價比日報還貴。在這種奇觀異景中，到處可以聽到報販叫賣「宣統上諭」的聲音：「六個子兒買古董咧！這玩意過不了幾天就變古董，六個大銅子兒買件古董可不貴咧！」

　　這時前門外有些舖子的生意也大為興隆。一種是成衣舖，趕製龍旗發賣；一種是估衣舖，清朝袍褂成了剛封了官的遺老們爭購的

暢銷貨；另一種是做戲裝道具的，紛紛有人去央求用馬尾給做假髮辮。我還記得，在那些日子裏，紫禁城裏袍袍褂褂、翎翎頂頂，人們腦後都拖着一條辮子。後來討逆軍打進北京城，又到處可以揀到丟棄的真辮子，據說這是張勳的辮子兵為了逃命，剪下來扔掉的。

假如那些進出紫禁城的人，略有一點兒像報販那樣的眼光，能預料到關於辮子和上諭的命運，他們在開頭那幾天就不會那樣地快活了。

那些日子，內務府的人員穿戴特別整齊，人數也特別多（總管內務府大臣特別指示過），因人數仍嫌不夠，臨時又從候差人員中調去了幾位。有一位現在還健在，他回憶說：「那兩天咱們這些寫字兒的散班很晚，總是寫不過來。每天各太妃都賞飯。到賞飯的時候總少不了傳話：不叫謝恩了，說各位大人的辛苦，四個宮的主子都知道。」他卻不知道，幾個太妃正樂得不知如何是好，幾乎天天都去神佛面前燒香，根本沒有閒工夫來接見他們。

在那些日子裏，沒有達到政治欲望的王公們，大不高興。張勳在發動復辟的第二天做出了一個禁止親貴干政的「上諭」，使他們十分激憤。醇親王又成了一羣貝勒貝子們的中心，要和張勳理論，還要親自找我做主。陳寶琛聽到了消息，忙來囑咐我說：

「本朝辛亥讓國，就是這般王公親貴干政鬧出來的，現在還要鬧，真是糊塗已極！皇上萬不可答應他們！」

我當然信從了師傅。然而自知孤立的王公們並不死心，整天聚在一起尋找對策。這個對策還沒想好，討逆軍已經進了城。這倒成全了他們，讓他們擺脫了這次復辟的責任。

陳師傅本來是個最穩重、最有見識的人。在這年年初發生的一件事情上，我對他還是這個看法。那時勞乃宣悄悄地從青島帶來了

一封信。發信者的名字已記不得了，只知道是一個德國人，代表德國皇室表示願意支持清室復辟。勞乃宣認為，這是個極好的機緣，如果再加上德清兩皇室結親，就更有把握。陳師傅對於這件事，極力表示反對，說勞乃宣太荒唐，是個成事不足敗事有餘的人；即使外國人有這個好意，也不能找到勞乃宣這樣的人。誰知從復辟這天起，這個穩重老練的老夫子，竟完全變了。

「獨孤臣孽子，其操心也危，其慮患也深，故達！」

復辟的第一天，我受過成羣的孤臣孽子叩賀，回到毓慶宮，就聽見陳師傅這麼唸叨。他拈着白鬍子團兒，老光鏡片後的眼睛瞇成一道縫，顯示出異乎尋常的興奮。

然而使我最感到驚奇的，倒不是他的興奮，也不是他在「親貴干政」問題上表現出的與王公們的對立（雖然直接冒犯的是我的父親），而是在處理黎元洪這個問題上表現出的激烈態度。先是梁鼎芬曾自告奮勇去見黎元洪，勸黎元洪立即讓出總統府，不料遭到拒絕，回來憤然告訴了陳寶琛和朱益藩。陳寶琛聽了這個消息，和梁鼎芬、朱益藩一齊來到毓慶宮，臉上的笑容完全沒有了，露出鐵青的顏色，失去了控制地對我說：

「黎元洪竟敢拒絕，拒不受命，請皇上馬上賜他自盡吧！」

我吃了一驚，覺得太過分了。

「我剛一復位，就賜黎元洪死，這不像話。國民不是也優待過我嗎？」

陳寶琛這是第一次遇到我對他公開的駁斥，但是同仇敵愾竟使他忘掉了一切，他氣呼呼地說：「黎元洪豈但不退，還賴在總統府不走。亂臣賊子，元兇大憝，焉能與天子同日而語？」

後來他見我表示堅決，不敢再堅持，同意讓梁鼎芬再去一次總

統府，設法勸他那位親家離開。梁鼎芬還沒有去，黎元洪已經抱着總統的印璽，跑到日本公使館去了。

討逆軍逼近北京城，復辟已成絕望掙扎的時候，陳寶琛和王士珍、張勳商議出了一個最後辦法，決定擬一道上諭給張作霖，授他為東三省總督，命他火速進京勤王。張作霖當時是奉天督軍，對張勳給他一個奉天巡撫是很不滿足的。陳師傅對張作霖這時寄托了很大的希望。這個上諭寫好了，在用「御寶」時發生了問題，原來印盒的鑰匙在我父親手裏。若派人去取就太費時間了，於是，陳師傅當機立斷，叫人把印盒上的鎖頭索性砸開，取出了刻着「法天立道」的「寶」。（這道上諭並未送到張作霖手裏，因為帶信的張海鵬剛出城就被討逆軍截住了。）我對陳師傅突然變得如此果斷大膽，有了深刻的印象。

復辟的開頭幾天，我每天有一半時間在毓慶宮裏。唸書是停了，不過師傅們是一定要見的，因為每樣事都要聽師傅們的指導。其餘半天的時間，是看看待發的上諭和「內閣官報」，接受人們的叩拜，或者照舊去欣賞螞蟻倒窩，叫上駟院[5]太監把養的駱駝放出來玩玩。這種生活過了不過四五天，宮中掉下了討逆軍飛機的炸彈，局面就完全變了。磕頭的不來了，上諭沒有了，大多數的議政大臣們沒有了影子，紛紛東逃西散，最後只剩下了王士珍和陳寶琛。飛機空襲那天，我正在書房裏和老師們說話，聽見了飛機聲和從來沒聽見過的爆炸聲，嚇得我渾身發抖，師傅們也是面無人色。在一片混亂中，太監們簇擁着我趕忙回到養心殿，好像只有睡覺的地方才最安全。

5　上駟院是內務府管轄的三院之一，管理養牧馬駝等事務。順治初叫御馬監，後改為阿登衙門，康熙時才改名上駟院。

太妃們的情形更加狼狽，有的躲進臥室的角落裏，有的鑽到桌子底下。當時各宮人聲噪雜，亂成幾團。這是中國歷史上第一次出現空襲，內戰史上第一次使用中國空軍。如果第一次的防空情形也值得說一下的話，那就是：各人躲到各人的臥室裏，把廊子裏的竹簾子（即雨搭）全放下來——根據太監和護軍的知識，這就是最聰明的措施了。幸虧那次討逆軍的飛機並不是真幹，不過是恐嚇了一下，只扔下三個尺把長的小炸彈。這三個炸彈一個落在隆宗門外，炸傷了抬「二人肩輿」的轎夫一名，一個落在御花園裏的水池裏，炸壞了水池子的一角，第三個落在西長街隆福門的瓦檐上，沒有炸，把聚在那裏賭錢的太監們嚇了個半死。

給張作霖發出上諭的第二天，紫禁城裏聽到了迫近的槍炮聲，王士珍和陳寶琛都不來了，宮內宮外失掉了一切聯繫。後來，槍炮聲稀疏下來，奏事處太監傳來了「護軍統領」毓逖稟報的消息：「奏上老爺子，張勳的軍隊打了勝仗，段祺瑞的軍隊全敗下去了！」這個消息也傳到了太妃那裏。說話之間，外邊的槍炮聲完全沒有了，這一來，個個眉開眼笑，太監們的鬼話都來了，說關老爺騎的赤兔馬身上出了汗，可見關帝顯聖保過駕，張勳才打敗了段祺瑞。我聽了，忙到了關老爺那裏，摸了摸他那個木雕的坐騎，卻是乾巴巴的。還有個太監說，今早上，他聽見養心殿西暖閣後面有叮叮噹噹的盔甲聲音，這必是關帝去拿那把青龍偃月刀。聽了這些話，太妃和我都到欽安殿叩了頭。這天晚上大家睡了一個安穩覺。第二天一清早，內務府報來了真的消息：「張勳已經逃到荷蘭使館去了！……」

我的父親和陳師傅在這時出現了。他們的臉色發灰，垂頭喪氣。我看了他們擬好的退位詔書，又害怕又悲傷，不由得放聲大哭。下面就是這個退位詔書：

宣統九年五月二十日，內閣奉上諭：

前據張勳等奏稱，國本動搖，人心思舊，懇請聽政等語。朕以幼沖，深居宮禁，民生國計，久未與聞。我

孝定景皇后遜政恤民，深仁至德，仰念遺訓，本無絲毫私天下之心，唯據以救國救民為詞，故不得已而允如所請，臨朝聽政。乃昨又據張勳奏陳，各省紛紛稱兵，是又將以政權之爭致開兵釁。年來我民疾苦，已如火熱水深，何堪再罹干戈重茲困累。言念及此，輾轉難安。

朕斷不肯私此政權，而使生靈有塗炭之虞，致負

孝定景皇后之盛德。着王士珍會同徐世昌，迅速通牒段祺瑞，商辦一切交接善後事宜，以靖人心，而弭兵禍。

欽此！

三、北洋元老

這個退位詔並沒有發出去，當時公佈的只有裹夾在大總統命令中的一個內務府的聲明。

大總統令

據內務部呈稱：準清室內務府函稱：本日內務府奉諭：前於宣統三年十二月二十五日欽奉隆裕皇太后懿旨，因全國人民傾心共和，特率皇帝將統治權公諸全國，定為民國共和，並議定優待皇室條件，永資遵守，等因；六載以來，備極優待，本無私政之心，豈有食言之理。不意七月一號張勳率領軍隊，入宮盤踞，矯發諭旨，擅更國體，

違背先朝懿訓。冲人深居宮禁，莫可如何。此中情形，當為天下所共諒。着內務府諮請民國政府，宣佈中外，一體聞知，等因。函知到部，理合據情轉呈等情。此次張勳叛國矯挾，肇亂天下，本共有見聞，茲據呈明諮達各情，合亟明白佈告，

　　咸使聞知。

　　此令！

　　中華民國六年七月十七日

國務總理段祺瑞

　　由自認「臨朝聽政」的退位詔，一變為「張勳盤踞，冲人莫可如何」的內務府聲明，這是北洋系三位元老與紫禁城合作的結果。想出這個妙計的是徐世昌太傅，而執行的則是馮國璋總統和段祺瑞總理。

　　紫禁城在這次復辟中的行為，被輕輕掩蓋過去了。紫禁城從復辟敗局既定那天所展開的新活動，不再為外界所注意了。

　　下面是醇親王在這段時間中所記的日記（括弧內是我注的）：

　　二十日。上門。張紹軒（勳）辭職，王士珍代之。不久，徐菊人（世昌）往見皇帝，告知外邊情形。……

　　廿一日。上門。現擬採用盧下漸停之法。回府。已有表示密電出發，以明態度云云。蔭兄（載澤）來談。

　　廿二日。上門住宿。近日七弟屢來電話、信札及晤談云云。張紹軒來函強硬云云。

　　廿三日。上門。回府。……聞馮（國璋）已於南京繼任（代理大總統）云云。張紹軒遣傅民杰來謁。六弟來函。……

廿四日。由寅正餘起，南河沿張宅一帶開戰，槍炮互放，至未正餘始止射擊。張紹軒已往使館避居。

廿五日。丙辰。上門。始明白（這三個字是後加的）宣佈取銷五月十三日以後辦法（指宣佈退位）。

廿八日。上門。差片代候徐太傅、段總理兩處。

廿九日。初伏。差人贈予徐太傅洗塵餚饌。大雨。世相（續）來談，據云已晤徐太傅，竭力維持關於優待條件。唯二十五日所宣佈之件（指「退位詔」）須另繕改正，今日送交云。徐太傅差人來謁。申刻親往訪問徐太傅晤談刻許。

六月初一日。壬戌。朔。上門。偕詣長春宮（敬懿太妃）行千秋賀祝（這後面貼着大總統令，將內務府的卸復辟之責的公函佈告週知）。

初四日。徐太傅來答拜，晤談甚詳，並代段總理致意阻輿云。

十二日。小雨。民國於六月以來，關於應籌皇室經費及旗餉仍如例撥給云云。

十四日。遣派皇室代表潤貝勒往迎馮總統，甚妥洽。……

十五日。差人持片代候馮總統，並贈餚饌。

十六日。上門。紹宮保（英）來談。……

十七日。上門。民國代表湯總長化龍覲見，答禮畢，仍舊例週旋之。……

十八日。親往訪徐太傅，晤談甚詳，尚無大礙。

廿一日。上門。……收六弟自津寓今早所發來函，略同十八日所晤徐太傅之意，尚好尚好。……

廿七日。七弟自津回京來談。閱報民國竟於今日與德
奧兩國宣戰了。由紹宮保送來五月二十二之強硬函件，存
以備考。

廿九日。親訪世太傅致囑托之意。

七月初一日。壬辰。朔。上門偕見四宮皇貴妃前云
云。……接七弟電語，暢談許久。

初四日。七弟來談，已見馮總統，意思尚好。……

紫禁城用金蟬脫殼之計躲開了社會上的視線，紫禁城外的那些
失敗者則成了揭露和抨擊的目標。我從報上的文章和師傅們的議論
中，很快地得到了互相印證的消息，明白了這次復辟的內情真相。

復辟的醞釀，早發生在洪憲帝制失敗的時候。當時，袁世凱的
北洋系陷於四面楚歌，一度出任國務卿後又因反對袁世凱「僭越」稱
帝而引退的徐世昌，曾經用密電和張勳、倪嗣冲商議過，說「民黨
煎迫至此，不如以大政歸還清室，項城仍居總理大臣之職，領握軍
權」。這個主意得到早有此心的張、倪二人的同意，但因後來沒有得
到各國公使方面的支持，所以未敢行動。袁死後，他們又繼續活動，
在徐州、南京先後召開了北洋系軍人首腦會議。並在袁的興櫬移到
彰德時，乘北洋系的首腦、督軍們齊往致祭的機會，在徐世昌的主
持下，做出了一致同意復辟的決議。

取得一致意見之後，復辟的活動便分成了兩個中心。一個是徐
州的張勳，另一個是天津的徐世昌。張勳由彰德回到徐州，把督軍
們邀集在一起開會（即所謂第二次徐州會議），決議先找外國人支
持，首先是日本的支持。張通過天津的朱家寶（直隸省長）和天津日
本駐屯軍的一個少將發生了接觸，得到贊助後，又通過日本少將的

關係，和活動在滿蒙的善耆、蒙古匪首巴布扎布，徐蚌的張、倪，天津的雷震春、朱家寶等聯絡上，共同約定，俟巴布扎布的軍隊打到張家口，雷震春即策動張家口方面回應，張、倪更藉口防衛京師發兵北上，如此便一舉而成復辟之「大業」。這個計劃後來因為巴布扎布的軍隊被奉軍抵住，以巴布扎布被部下刺殺而流於失敗。徐世昌回到天津後，他派了陸宗輿東渡日本，試探日本政界的態度。日本當時的內閣與軍部意見並不完全一致，內閣對天津駐屯軍少將的活動，不表示興趣。陸宗輿的失敗，曾引起津、滬兩地遺老普遍的埋怨，怪徐世昌用人失當。陸宗輿不但外交無功，內交弄得也很糟。他東渡之前先到徐州訪問了張勳，把徐世昌和日方協商的條件拿給張勳看，想先取得張的首肯。張對於徐答應日本方面的條件倒不覺得怎樣，唯有徐世昌要日方諒解和支持他當議政王這一條，把張勳惹惱了。他對陸說：「原來復辟只為成全徐某？難道我張某就不配做這個議政王嗎？」從此張、徐之間有了猜忌，兩個復辟中心的活動開始分道揚鑣。

　　不久，協約國拉段內閣參加已打了三年的歐戰。徐世昌看出是一步好棋，認為以參戰換得協約國的支持，大可鞏固北洋系的地位，便慫恿段祺瑞去進行。段一心想武力統一全國，參戰即可換得日本貸款，以充其內戰經費，於是提交國會討論。但國會中多數反對參戰，這時想奪取實權的黎元洪總統乃和國會聯合起來反對段祺瑞。所謂府院之爭逐步發展到白熱化，結果，國務總理被免職，跑到天津。段到天津暗地策動北洋系的督軍，向黎元洪的中央鬧獨立，要求解散國會，同時發兵威脅京師。張勳看到這是個好機會，加之在第四次徐州會議上又取得了各省督軍和北洋系馮、段代表的一致支持，認為自己確實做了督軍們的盟主和復辟的領袖，於是騙得黎元

洪把他認做和事老，請他到北京擔任調解。當年的六月下旬，他率
領軍隊北上，在天津先和北洋系的首領們接觸後，再迫黎元洪以解
散國會為條件，然後進京，七月一日就演出了復辟那一幕。

　　許多報紙分析張勳的失敗，是由於獨攬大權，犯了兩大錯誤，
造成了自己的孤立。一個錯誤是只給了徐世昌一個弼德院長的空銜
頭，這就注定了敗局；另一個是他不該忽略了既有野心又擁有「研究
系」謀士的段祺瑞。早在徐州開會時，馮、段都有代表附議過復辟計
劃，張勳後來入京過津見過段，段也沒表示過任何不贊成的意思，因
此他心裏認為北洋系的元老徐、馮、段已無問題，只差一個王士珍
態度不明。最後在北京他把王士珍也拉到了手，即認為任何問題都
沒有了。不料他剛發動了復辟，天津的段祺瑞就在馬廠誓師討逆，
各地的督軍們也變了卦，由擁護復辟一變而為「保衛共和」。這一場
復辟結果成全了段祺瑞和馮國璋，一個重新當上了國務總理，一個
當上了總統，而張勳則成了元兇大憝。

　　張勳為此曾經氣得暴跳如雷。他警告段祺瑞和那些督軍們說：
「你們不要逼人太甚，把一切都推到我一個人身上，必要時我會把有
關的信電和會議紀錄公佈出來的。」[6] 我父親日記裏說的「來函強硬」
就是指這件事。張勳這一手很有效。馮、段知道張勳這句危詞的分
量，因此也就沒敢逼他。馮、段政府公佈命令為清室開脫的那天，同
時發佈過一項通緝康有為、萬繩栻等五名復辟犯的命令。但被討逆
軍馮玉祥部隊捕獲的復辟要犯張鎮芳、雷震春等人，立刻被段祺瑞
要了去，隨即釋放。過了半年，總統明令宣佈免除對一切帝制犯（從

6　據說張勳原來保存了一整箱子關於這方面的文件，可是後來竟不知被甚麼人偷去，
　　並且運往法國去了。——作者

洪憲到丁巳復辟）的追究，雖然把張勳除外，但實際上他已經自由自在地走出了荷蘭使館，住在新買的漂亮公館裏。第二年，徐世昌就任總統後不到兩個星期，更明令對張勳免予追究，後來張勳被委為林墾督辦，他還嫌官小不幹呢。

這些內幕新聞最引起我注意的，是民國的大人物，特別是當權的北洋系的元老們，都曾經是熱心於復辟的人。這次他們都把張勳當做靶子來打，對我卻無一不是盡力維護的。

段祺瑞在討逆的電報裏說：「該逆張勳，忽集其兇黨，勒召都中軍警長官三十餘人，列戟會議，復叱咤命令，迫眾雷同。旋即挈康有為闖入宮禁，強為推戴，世中堂續叩頭力爭，血流滅鼻，謹、瑜兩太妃痛哭求免，幾不欲生，清帝子身沖齡，豈能禦此強暴？竟遭誣脅，實可哀憐！」馮國璋在通電裏也說：張勳「玩沖人於股掌，遺清室以致危」，又說：「國璋在前清時代，本非主張革命之人，遇辛亥事起，大勢所趨，造成民國」。他們為甚麼這樣為紫禁城開脫呢？又何以情不自禁地抒發了自己的感情呢？我得到的唯一結論是：這些人並非真正反對復辟，問題不過是由誰來帶頭罷了。

在紫禁城看來，只要能捉老鼠，花貓白貓全是好貓，無論姓張姓段，只要能把復辟辦成，全是好人。

所以在馮、段上台之後，孤臣孽子們的目光曾一度集中到這兩位新的當權者身上。在張勳的內閣中當過閣丞的胡嗣瑗，曾做過馮國璋的幕府，在丁巳復辟中是他一度說動了馮的，現在又活動馮國璋去了。後來段祺瑞也和世續有過接洽。但在馮、段這一年任期中，事情都沒有結果。因為馮、段上台之後鬧了一年摩擦，北洋系由此開始分裂為直系（馮）和皖系（段）。在忙於摩擦中，馮沒有給胡嗣瑗甚麼答覆就下了台。段雖然也找過世續，透露出復辟也無不可的

意思，但經過了丁巳事件變得更加謹慎的世續，摸不透這位靠討伐復辟而上台的總理是甚麼意思，所以沒敢接過話頭。

馮下台後，徐世昌出任總統，情形就不同了。在復辟剛失敗之後，《上海新聞報》有篇評論文章，其中有一段是最能打動紫禁城裏的人心的：

> 使徐東海為之，決不魯莽如是，故此次復辟而不出於張勳，則北洋諸帥早已俯首稱臣……

不但我這個剛過了幾天皇帝癮的人為之動心，就是紫禁城內外的孤臣孽子們也普遍有此想法，至少在徐世昌上任初期是如此。

有位六十多歲的滿族老北京人和我說：「民國七年，徐世昌一當上了大總統，北京街上的旗人的大馬車、兩把頭又多起來了。貴族家裏又大張旗鼓地做壽、唱戲、擺宴，熱鬧起來了。並辦起了甚麼『貴族票友團』、甚麼『俱樂部』……」

有位漢族的老先生說：「民國以來北京街上一共有三次『跑祖宗』[7]，一次是隆裕死後那些天，一次是張勳復辟那幾天，最後一次是從徐世昌當大總統起，一直到『大婚』。最後這次算鬧到了頂點……」

徐世昌是袁世凱發跡前的好友，發跡後的「軍師」。袁世凱一生中的重大舉動，幾乎沒有一件不是與這位軍師合計的。據說袁逼勸隆裕「遜國」之前，他和軍師邀集了馮、段等人一起商議過，認為對民軍只可智取不可力敵，先答應民軍條件，建立共和，等離間了民

7　意思是穿着清朝袍褂的人在馬路上出現，這種服裝當時是只有從祖宗畫像上才看得到的。　── 作者

軍，再讓「辭位」的皇帝復位。後來袁世凱自己稱帝，徐世昌頗為不滿。我的一位親戚聽徐世昌一個外甥說過，「洪憲」撤銷的那天他在徐家，恰好袁世凱來找徐。袁進了客廳，他被堵在裏邊的煙室裏沒敢出來。從斷斷續續的談話裏，他聽見徐世昌在勸說袁世凱「仍舊維持原議」，袁世凱最後怎樣說的他沒有聽清。後來的事實說明，袁世凱沒有照他的意見辦，或者想辦而沒來得及辦就死了，徐世昌自己從來沒有放棄過復辟的念頭，這幾乎是當時人所共知的事實。

民國七年九月，徐世昌就任了大總統，要公開宣稱他不能進佔中南海，在正式總統府建成之前，他要在自己家裏辦公。他就任後立即赦免了張勳，提倡讀經、尊孔，舉行郊天典禮。根據他的安排，皇室王公有的（毓朗）當上了議員，有的（載濤）被授為「將軍」。他無論在人前人後都把前清稱為「本朝」，把我稱做「上邊」……

與此同時，紫禁城和徐太傅更進行着不可告人的活動。馮國璋任總統時，內務府大臣世續讓徐世昌拿走了票面總額值三百六十萬元的優字愛國公債券（這是袁世凱當總理大臣時，要去了隆裕太后全部內帑之後交內務府的，據內務府的人估計，實際數目比票面還要多）。徐世昌能當上總統，這筆活動費起了一定作用。徐當選總統已成定局的時候，由內務府三位現任大臣世續、紹英、耆齡做主，兩位前任大臣增崇、繼祿作陪，宴請了徐世昌，在什刹海水濱的會賢堂飯莊樓上，酒過三巡，世續問道：「大哥這次出山，有何抱負？」徐太傅慨然道：「慰亭（袁世凱）先不該錯過癸丑年的時機（指民國二年袁撲滅「二次革命」），後不該鬧甚麼洪憲。張紹軒在丁巳又太魯莽滅裂，不得人心。」然後舉杯，謙遜地說：「咱們這次出來，不過為幼主攝政而已。」後來徐世昌送了世續一副對聯：「捧日立身超世界，撥雲屈指數山川」。上聯是恭維世續；下聯則是自況其「撥雲見日」之志。

這些千真萬確的故事，當時我身邊的人並不肯直接告訴我。我只知道人們一提起徐太傅，總要流露出很有希望的神情。我記得從徐上台起，紫禁城又門庭若市，紫禁城裏的謚法、朝馬似乎又增了行情，各地真假遺老一時趨之若鶩。至於和徐世昌的來往進展，師傅們則一概語焉不詳。有一回，陳寶琛在發議論中間，以鄙夷的神色說：「徐世昌還想當議政王，未免過分。一個『公』也就夠了。」又有一次說：「當初主張以漢大臣之女為皇后，是何居心？其實以清太傅而出仕民國，早已可見其人！」

從陳寶琛說了這些話後，紫禁城裏再提起徐世昌，就沒有過去的那股熱情了。其實，徐世昌上台一年後，他自己的情形就很不如意。自從北洋系分裂為直系皖系後，徐已不能憑其北洋元老資格駕馭各方，何況從他一上台，段祺瑞就和他摩擦，次年又發生震動全國的「五四」學生運動，更使他們自顧不暇。徐太傅即使復辟心願有多麼高，對清室的忠順多麼讓陳師傅滿意，他也是無能為力的了。

儘管徐太傅那裏的消息沉寂下去了，然而紫禁城裏的小朝廷對前途並沒有絕望……

四、不絕的希望

有一天，我在御花園裏騎自行車玩，騎到拐角的地方，幾乎撞着一個人。在宮裏發生這樣的事情，應該算這個人犯了君前失禮的過失，不過我倒沒有理會。我的車子在那裏打了個圈子，準備繞過去了，不料這個人卻跪下來不走，嘴裏還說：

「小的給萬歲爺請安！」

這人身上的紫色坎肩，和太監穿的一樣。我瞅了他一眼，看

見他嘴上還有一抹鬍髯子，知道他並不是太監。我騎着車打着圈子問他：

「幹甚麼的？」

「小的是管電燈的。」

「噢，你是幹那玩意的。剛才沒摔着，算你運氣。幹麼你老跪着？」

「小的運氣好，今天見着了真龍天子。請萬歲爺開開天恩，賞給小的個爵兒吧！」

我一聽這傻話就樂了。我想起了太監們告訴我的，北京街上給蹲橋頭的乞丐起的諢名，就說：

「行，封你一個『鎮橋侯（猴）』吧！哈哈⋯⋯」

我開完了這個玩笑，萬沒有想到，這個中了官迷的人後來果真找內務府要「官誥」去了。內務府的人說：「這是一句笑話，你幹麼認真？」他急了：「皇上是金口玉言，你們倒敢說是笑話，不行！⋯⋯」這件事後來怎麼了結的，我就不知道了。

那時我常常聽到師傅們和太監們說，內地鄉下總有人問：「宣統皇帝怎麼樣了？」「現在坐朝廷的是誰？」「真龍天子坐上了寶座，天下就該太平了吧？」我的英國師傅根據一本刊物上的文章說，連最反對帝制的人也對共和感到了失望，可見反對帝制的人也變了主意。其實人們唸叨一下「前清」，不過是表示對軍閥災難的痛恨而已。我的師傅們卻把這些詛咒的語言抬了來，作為人心思舊的證據，也成了對我使用的教材。

不過中了迷的人，在徐世昌時代的末期，倒也時時可以遇到。有個叫王九成的商人，給直系軍隊做軍裝發了財，他為了想得一個穿黃馬褂的賞賜，曾花過不少功夫，費了不少鈔票。太監們背後給

他起了一個綽號，叫散財童子。不知他通過甚麼關節，每逢年節就混到遺老中間來磕頭進貢，來時帶上大批鈔票，走到哪裏散到哪裏。太監們最喜歡他來，因為不管是給他引路的，傳見的，打簾子的，倒茶的，以及沒事兒走過來和他說句話兒的，都能得到成卷兒的鈔票。至於在各個真正的關節地方花的錢，就更不用說了。最後他真的達到了目的，得到了賞穿黃馬褂的「榮譽」。

為了一件黃馬褂，為了將來續家譜時寫上個清朝的官銜，為了死後一個謚法，那時每天都有人往紫禁城跑，或者從遙遠的地方寄來奏摺。綽號叫梁瘋子的梁巨川，不惜投到北京積水潭的水坑裏，用一條性命和泡過水的「遺摺」，換了一個「貞端」的謚法。後來伸手要謚法的太多了，未免有損小朝廷的尊嚴，所以規定三品京堂 [8] 以下的不予賜謚，以為限制。至於賞紫禁城騎馬，賞乘坐二人肩輿，賜寫春條、福壽字、對聯等等，限制就更嚴些。那時不但是王公大臣，就是一些民國的將領們如果獲得其中的一種，也會認為是難得的「殊榮」。那些官職較低或者在前清沒有「前程」，又沒有王九成那種本錢，走不進紫禁城的人，如當時各地的「商紳」之類，他們也有追求的目標，這便是等而下之，求遺老們給死了的長輩靈牌上「點主」，寫個墓誌銘，在兒女婚禮上做個證婚人。上海地皮大王英籍猶太人哈同的滿族籍夫人羅迦陵，曾把清朝最末一位狀元劉春霖，以重禮聘到上海，為他準備了特製的八人綠呢大轎，請他穿上清朝官服，為她的亡夫靈牌點主。當時某些所謂新文人如胡適、江亢虎等人也有類似的舉動。我十五歲時從莊士敦師傅的談話中，知道了有位提

8　清制凡都察院、通政司、詹事府以及其他諸卿寺的堂官均稱為京堂，除左都御史外都是三、四品官。後來京堂便兼用為三、四品京官的虛銜，因此，三品京堂即是指三品京官。

倡白話文的胡適博士。莊士敦一邊嘲笑他的中英合璧的「匹克尼克
來江邊」的詩句，一邊又說「不妨看看他寫的東西，也算一種知識」。
我因此動了瞧一瞧這個新人物的念頭。有一天，在好奇心發作之下
打了個電話給他，沒想到一叫他就來了。這次會面的情形預備後面
再談，這裏我要提一下在這短暫的而無聊的會面之後，我從胡適給
莊士敦寫的一封信上發現，原來洋博士也有着那種遺老似的心理。
他的信中有一段說：

> 我不得不承認，我很為這次召見所感動。我當時竟能
> 在我國最末一代皇帝 —— 歷代偉大的君主的最後一位代表
> 的面前，佔一席位！

　　更重要的是，紫禁城從外國人的議論上也受到了鼓舞。莊士敦
曾告訴我不少這方面的消息。據他說，很多外國人認為復辟是一般
中國人的願望。他有時拿來外文報紙講給我聽，他後來抄進了他的
著作《紫禁城的黃昏》中的一段，是他曾講過的。這是刊在一九一九
年九月十九日天津《華北每日郵電》上的一篇題為《另一次復辟是不
是在眼前？》的社論中的一段：

> 共和政府的經歷一直是慘痛的。今天我們看到，南
> 北都在劍拔弩張，這種情形只能引出這樣結論：在中國，
> 共和政體經過了試驗並發現有缺點。這個國家的中堅分
> 子 —— 商人階層和士紳，很厭惡種種互相殘殺的戰爭。我
> 們深信，他們一定會衷心擁護任何形式的政府，只要它能
> 確保十八省的太平就行。

不要忘記，保皇黨是有堅強陣容的。他們對共和體從來不滿，但由於某種原因，他們近幾年保持着緘默。顯然，他們同情着軍閥的行動，他們有些知名之士奔走於軍人集會的處所，並非沒有意義。

那些暗地贊同和希望前皇帝復辟成功的人的論點是，共和主義者正在破壞這個國家，因而必然採取措施 —— 甚至是斷然措施 —— 來恢復舊日的欣欣向榮、歌舞昇平的氣象。

復辟帝制絕不會受到多方面的歡迎，相反，還會受到外交上的相當大的反對，反對的公使館也不只一個。可是，只要政變成功，這種反對就必然消失，因為我們知道：成者為王敗者寇。

當然，儘管在外國人的報紙上有了那麼多的鼓勵性的話，直接決定小朝廷的安危和前途禍福的，還是那些拿槍桿子的軍人。正如《華北每日郵電》所說，「奔走於軍人集會的處所，並非沒有意義」。我記得這年（一九一九）的下半年，紫禁城裏的小朝廷和老北洋系以外的軍人便有了較親密的交往。第一個對象是奉系的首領張作霖巡閱使。

起初，紫禁城收到了奉天匯來的一筆代售皇產莊園的款子，是由我父親收轉的。我父親去函致謝，隨後內務府選出兩件古物，一件是《御製題詠董邦達淡月寒林圖》畫軸，另一件是一對乾隆款的瓷瓶，用我父親的名義贈饋張作霖，並由一位三品專差唐銘盛直接送到奉天。張作霖派了他的把兄弟，當時奉軍的副總司令，也就是後來當了偽滿國務總理的張景惠，隨唐銘盛一起回到北京，答謝了我

的父親。從此，醇王府代表小朝廷和奉軍方面有了深一層的往來。在張勳復辟時，曾有三個奉軍的將領（張海鵬、馮德麟、湯玉麟）親身在北京參加了復辟，現在又有了張景惠、張宗昌被賜紫禁城騎馬。張宗昌當時是奉軍的師長，他父親在北京做八十歲大壽時，我父親曾親往祝賀。民國九年，直皖戰爭中直系聯合了奉系打敗了皖系，直系首領（馮國璋已死）曹錕和奉系首領張作霖進北京之後，小朝廷派了內務府大臣紹英親往迎接。醇王府更忙於交際。因為一度聽說張作霖要進宮請安，內務府大臣為了準備賜品，特意到醇王府聚議一番。結果決定，在預定的一般品目之外，加上一把古刀。我記得張作霖沒有來，又回奉天去了。兩個月後，醇王身邊最年輕的一位貝勒得了張作霖顧問之銜，跟着就到奉天去了一趟。皖系失敗，直奉合作期間，北京的奉天會館成了奉系的將領們聚會的地方，也是某些王公們奔走的地方。連醇王府的總管張文治也成了這裏的常客，並在這裏和張景惠拜了把兄弟。

這兩年，和張勳復辟前的情況差不多，復辟的「謠傳」弄得滿城風雨。下面是登在民國八年十二月二十七日（也就是醇親王派人到奉天送禮品、和張景惠來北京之後的兩個月）英文《導報》上的發自奉天的消息：

最近幾天以來，在瀋陽的各階層人士中間，尤其是張作霖將軍部下中間盛傳一種謠言，說將在北京恢復滿清帝制以代替民國政府。根據目前的種種斷言，這次帝制將由張將軍發動，合作的則有西北的皇族的軍事領導人，前將軍張勳也將起重要作用。……說是甚至於徐總統和前馮總統，鑒於目前國家局勢以及外來危險，也都同意恢復帝制，

至於曹錕、李純以及其他次要的軍人，讓他們保持現有地
位再當上王公，就會很滿足了……

我從莊士敦那裏得知這段新聞，是比較靠後一些時間。我還記
得，他同時還講過許多其他關於張作霖活動復辟的傳說。大概這類
消息一直傳播到民國十一年，即張作霖又敗回東北時為止。我對上
面這條消息印象特別深刻，它使我從心底感到了欣喜，我從而也明
白了為甚麼奉軍首領們對紫禁城那樣熱誠，為甚麼端康「千秋」時張
景惠夾在王公大臣中間去磕頭，為甚麼人們說奉天會館特別熱鬧，某
些王公們那樣興致勃勃。但是我們的高興沒有維持多久，掃興的事
就來了：直奉兩系的合作突然宣告破裂，雙方開起火來了。結果奉
軍失利，跑出了山海關。

令人不安的消息接連而至：徐世昌忽然下台；直軍統治了北京；
在張勳復辟時被趕下台的黎元洪，二次當了總統。紫禁城裏發生了
新的驚慌，王公大臣們請求莊士敦帶我到英國使館去避難。莊士敦
和英國公使貝爾利‧阿爾斯頓勳爵商議好，英國公使館可以撥出一
些房間，必要時我可以作為莊士敦的私人客人，住到裏面去。同時
還和葡萄牙和荷蘭公使館商議好，可以容納皇室其他人前去避難。
我的想法和他們不同，我認為與其躲到外國使館，還不如索性到外
國去。我向莊士敦提出，請他立即帶我出洋。因為我是突然之間把
他找來提出的，所以這位英國師傅怔住了，他幾乎是來不及思索就
回答我：「這是不合時宜的，陛下要冷靜考慮，徐總統剛逃出北京，
皇帝陛下立刻從紫禁城失蹤，這會引起聯想，說徐世昌和清室有甚
麼陰謀。再說，在這種情形下，英國也不會接待陛下……」

當時我卻沒有這種聯想的本領，因為人們不曾告訴我，張、徐

之間以及張、徐與小朝廷之間暗中發生的事情，當然更想不到直奉戰爭之發生以及這一場勝負和東交民巷的關係。我當時一聽這個要求辦不到，只好作罷。後來時局穩定了下來，沒有人再提出洋，就連避難問題也不提了。

　　這是民國十一年春夏間的事。第二年，直系的首領曹錕用五千元買一張選票的辦法，賄賂議員選他當上了總統。小朝廷對這位直系首領的恐懼剛剛消失，又對另一位聲望日高的直系首領吳佩孚發生了興趣。後來到我身邊來的鄭孝胥，此時向我獻過策，說吳佩孚是個最有希望的軍人，他素來以關羽自居，心存大清社稷，大可前去遊說。這年吳佩孚在洛陽做五十整壽，在我同意之下，鄭孝胥帶了一份厚禮前去拜壽。但吳佩孚的態度若即若離，沒有明白的表示。後來康有為又去遊說他，也沒得到肯定的答覆。事實上，吳的得意時代也太短促了，就在他做壽的第二年，直奉兩系之間發生戰爭，吳佩孚部下的馮玉祥「倒戈」，宣佈和平，結果吳佩孚一敗塗地，我也在紫禁城坐不住，被馮玉祥的國民軍趕了出來。

　　在我結婚前這幾年滄海白雲之間，小朝廷裏王公大臣們的心情變化，並不完全一樣。表現最為消極的是內務府領銜大臣世續。他從丁巳復辟起，越來越泄氣，後來成了完全灰心悲觀的人。他甚至和人這樣說過，就算復辟成功，對我也沒有甚麼好處，因為那些不知好歹的年輕王公，必定會鬧出一場比辛亥年更大的亂子。他又說：「就算王公出不了亂子，這位皇帝自己也保不了險，說不定給自己會弄個甚麼結局。」他的主張，是讓我和蒙古王公結親，以便必要時跑到老丈人家裏去過日子。世續死於我結婚前一年左右，去世前一年即因病不再問事了，代替他的是紹英。紹英的見識遠不如他的前任，謹慎小心、膽小怕事則有過之。在紹英心裏，只有退保，決無進取

打算。他要保守的與其說是我這個皇上，倒不如說是「優待條件」。因為保住了這個東西，就等於保住了他的一切 —— 從財產生命到他的頭銜。他是首先從莊士敦身上看到這種保險作用的。他寧願把自己的空房子白給外國人住，也不收肯出高租的中國人為房客。莊士敦自己不願意領他這份情，幫忙給找了一個外國人做了他的鄰居，在他的屋頂上掛上了外國的國旗，因此他對莊士敦是感恩不盡的。

　　處於最年輕的王公和最年老的內務府大臣之間的是陳寶琛師傅。他不像世續那樣悲觀，不像紹英那樣除了保守優待條件以外，別的事連想也不想，也不像年輕的王公們對軍人們那麼感到興趣。他並不反對和軍人們聯絡，他甚至自己親自出馬去慰勞過馮玉祥，在商議給軍人送禮時，出主意也有他一份，不過他一向對軍人不抱希望。他所希望的，是軍人火併到最後，民國垮了台，出現「天與人歸」的局勢。因此，在張勳失敗後，他總是翻來覆去地給我講《孟子》裏的這一段：

> 故天將降大任於斯人也，必先苦其心志，勞其筋骨，餓其體膚，空乏其身，行拂亂其所為，所以動心忍性，曾益其所不能。

　　陳寶琛本來是我唯一的靈魂。不過自從來了莊士敦，我又多了一個靈魂。

五、莊士敦

　　我第一次看見外國人，是在隆裕太后最後一次招待外國公使夫

人們的時候。我看見那些外國婦女們的奇裝異服，特別是五顏六色的眼睛和毛髮，覺得他們又寒傖，又可怕。那時我還沒看見過外國的男人。對於外國男人，我是從石印的畫報上，得到最初的了解的：他們嘴上都有個八字鬍，褲腿上都有一條直線，手裏都有一根棍子。據太監們說，外國人的鬍子很硬，鬍梢上可以掛一隻燈籠，外國人的腿很直，所以庚子年有位大臣給西太后出主意說，和外國兵打仗，只要用竹竿子把他們捅倒，他們就爬不起來了。至於外國人手裏的棍子，據太監說叫「文明棍」，是打人用的。我的陳寶琛師傅曾到過南洋，見過外國人，他給我講的國外知識，逐漸代替了我幼時的印象和太監們的傳說，但當我聽說要來個外國人做我的師傅的時候，我這個十四歲的少年仍滿懷着新奇而不安之感。

我的父親和中國師傅們「引見」雷湛奈爾德·約翰·弗萊明·莊士敦先生的日子，是一九一九年三月四日，地點在毓慶宮。首先，按着接見外臣的儀式，我坐在寶座上，他向我行鞠躬禮，我起立和他行握手禮，他又行一鞠躬禮，退出門外。然後，他再進來，我向他鞠個躬，這算是拜師之禮。這些禮都完了，在朱益藩師傅陪坐下，開始給我講課。

我發現莊士敦師傅倒並不十分可怕。他的中國話非常流利，比陳師傅的福建話和朱師傅的江西話還好懂。莊師傅那年大約四十歲出頭，顯得比我父親蒼老，而動作卻敏捷靈巧。他的腰板很直，我甚至還懷疑過他衣服裏有甚麼鐵架子撐着。雖然他沒有甚麼八字鬍和文明棍，他的腿也能打彎，但總給我一種硬梆梆的感覺。特別是他那雙藍眼睛和淡黃帶白的頭髮，看着很不舒服。

他來了大概一個多月之後，一天他講了一會書，忽然回過頭去，惡狠狠地看了立在牆壁跟前的太監一眼，漲紅了臉，憤憤地對我說：

「內務府這樣對待我，是很不禮貌的。為甚麼別的師傅上課沒有太監，唯有我的課要一個太監站在那裏呢？我不喜歡這樣。」他把「喜」的音念成 see，「我不喜歡，我要向徐總統提出來，因為我是徐總統請來的！」

他未必真的去找過總統。清室請他當我的師傅，至少有一半是為着靠他「保鏢」，因此不敢得罪他。他一紅臉，王爺和大臣們馬上讓了步，撤走了太監。我感到這個外國人很厲害，最初我倒是規規矩矩地跟他學英文，不敢像對中國師傅那樣，唸得膩煩了就瞎聊，甚至叫師傅放假。

這樣的日子只有兩三個月，我就發現，這位英國師傅和中國師傅們相同的地方越來越多。他不但和中國師傅一樣恭順地稱我為皇上，而且一樣地在我唸得厭煩的時候，推開書本陪我閒聊，講些山南海北古今中外的掌故。根據他的建議，英文課添了一個伴讀的學生。他也和中國師傅的做法一模一樣。

這位蘇格蘭老夫子是英國牛津大學的文學碩士。他到宮裏教書是由老洋務派李經邁（李鴻章之子）的推薦，經徐世昌總統代向英國公使館交涉，正式被清室聘來的。他曾在香港英總督府裏當秘書，入宮之前，是英國租借地威海衛的行政長官。據他自己說，他來亞洲已有二十多年，在中國走遍了內地各省，遊遍了名山大川，古跡名勝。他通曉中國歷史，熟悉中國各地風土人情，對儒、墨、釋、老都有研究，對中國古詩特別欣賞。他讀過多少經史子集我不知道，我只看見他像中國師傅一樣，搖頭晃腦抑揚頓挫地讀唐詩。

他和中國師傅們同樣地以我的賞賜為榮。他得到了頭品頂戴後，專門做了一套清朝袍褂冠帶，穿起來站在他的西山櫻桃溝別墅門前，在我寫的「樂靜山齋」四字匾額下面，拍成照片，廣贈親友。

內務府在地安門油漆作一號租了一所四合院的住宅，給這位單身漢的師傅住。他把這個小院佈置得儼然像一所遺老的住宅。一進門，在門洞裏可以看見四個紅底黑字的「門封」，一邊是「毓慶宮行走」、「賞坐二人肩輿」，另一邊是「賜頭品頂戴」、「賞穿帶膆貂褂」。每逢受到重大賞賜，他必有謝恩摺。下面這個奏摺就是第一次得到二品頂戴的賞賜以後寫的：

> 　　　　　　　　　　　　　　臣莊士敦跪
> 奏為叩謝
> 天恩事。宣統十三年十二月十三日欽奉諭旨：莊士敦
> 教授英文，三年匪懈，着加恩賞給二品頂戴，仍照舊教授，
> 並賞給帶膆貂褂一件，欽此。聞命之下，實不勝感激之至，
> 謹恭摺叩謝
> 皇上
> 天恩。謹
> 　　奏。

　　莊士敦採用《論語》「士志於道」這一句，給自己起了個「志道」的雅號。他很欣賞中國茶和中國的牡丹花，常和遺老們談古論今。他回國養老後，在家裏專闢了一室，陳列我的賜物和他的清朝朝服、頂戴等物，並在自己購置的小島上懸起「滿洲國」的國旗，以表示對皇帝的忠誠。然而最先造成我們師生的融洽關係的，還是他的耐心。今天回想起來，這位愛紅臉的蘇格蘭人能那樣地對待我這樣的學生，實在是件不容易的事。有一次他給我拿來了一些外國畫報，上面都是關於第一次世界大戰的圖片，大都是顯示協約國軍威的飛

機坦克大炮之類的東西。我讓這些新鮮玩意吸引住了。他看出了我的興趣，就指着畫報上的東西給我講解，坦克有甚麼作用，飛機是哪國的好，協約國軍隊怎樣的勇敢。起初我聽得還有味道，不過只有一會兒功夫我照例又煩了。我拿出了鼻煙壺，把鼻煙倒在桌子上，在上面畫起花來。莊師傅一聲不響地收起了畫報，等着我玩鼻煙，一直等到下課的時候。還有一次，他給我帶來一些外國糖果，那個漂亮的輕鐵盒子，銀色的包裝紙，各種水果的香味，讓我大為高興。他就又講起那水果味道是如何用化學方法造成的，那些整齊的形狀是機器製成的。我一點也聽不懂，也不想懂。我吃了兩塊糖，想起了檜柏樹上的螞蟻，想讓他們嘗嘗化學和機器的味道，於是跑到跨院裏去了。這位蘇格蘭老夫子於是又守着糖果盒子，在那裏一直等到下課。

莊師傅教育我的苦心，我逐漸地明白了，而且感到高興，願意聽從。他教的不只是英文，或者說，英文倒不重要，他更注意的是教育我像個他所說的英國紳士那樣的人。我十五歲那年，決心完全照他的樣來打扮自己，叫太監到街上給我買了一大堆西裝來。我穿上一套完全不合身、大得出奇的西服，而且把領帶像繩子似地繫在領子的外面。當我這樣的走進了毓慶宮，叫他看見了的時候，他簡直氣得發了抖，叫我趕快回去換下來。第二天，他帶來了裁縫給我量尺寸，定做了英國紳士的衣服。後來他說：

「如果不穿合身的西裝，還是穿原來的袍褂好。穿那種估衣舖的衣服的不是紳士，是……」是甚麼，他沒說下去。

「假如皇上將來出現在英國倫敦，」他曾對我說，「總要經常被邀請參加茶會的。那是比較隨便而又重要的聚會，舉行時間大都是星期三。在那裏可以見到貴族、學者、名流，以及皇上有必要會見

的各種人。衣裳不必太講究，但是禮貌十分重要。如果喝咖啡像灌開水，拿點心當飯吃，或者叉子勺兒叮叮噹噹的響。那就壞了。在英國，吃點心、喝咖啡是 Refreshment（恢復精神），不是吃飯……」

儘管我對莊士敦師傅的循循善誘不能完全記住，我經常吃到第二塊點心就把吃第一塊時的警惕忘得一乾二淨，可是畫報上的飛機大炮、化學糖果和茶會上的禮節所代表的西洋文明，還是深深印進了我的心底。從看歐戰畫報起，我有了看外國畫報的愛好。我首先從畫報上的廣告得到了衝動，立刻命令內務府給我向外國定購畫報上那樣的洋犬和鑽石，我按照畫報上的樣式，叫內務府給我買洋式傢俱，在養心殿裝設地板，把紫檀木裝銅活的炕几換成了抹着洋漆、裝着白瓷把手的炕几，把屋子裏弄得不倫不類。我按照莊士敦的樣子，大量購置身上的各種零碎：懷錶、錶鏈、戒指、別針、袖釦、領帶，等等。我請他給我起了外國名字，也給我的弟弟妹妹們和我的「后」「妃」起了外國名字，我叫亨利，婉容叫伊莉莎白。我模仿他那種中英文夾雜着的說話方法，成天和我的伴讀者交談：

「威廉姆（溥傑的名字），快給我把 Pencil（鉛筆）削好，好，放在 desk（桌子）上！」

「亞瑟（溥佳的名字），today（今天）下晌叫莉莉（我三妹的名字）他們來，hear（聽）外國軍樂！」

說的時候，洋洋得意。聽得陳寶琛師傅皺眉閉目，像酸倒了牙齒似的。

總之，後來在我眼裏，莊士敦的一切都是最好的，甚至連他衣服上的樟腦味也是香的。莊士敦使我相信西洋人是最聰明最文明的人，而他正是西洋人裏最有學問的人。恐怕連他自己也沒料到，他竟能在我身上發生這樣大的魅力：他身上穿的毛呢衣料竟使我對中

國的絲織綢緞的價值發生了動搖，他口袋上的自來水筆竟使我因中國人用毛筆宣紙而感到自卑。自從他把英國兵營的軍樂隊帶進宮裏演奏之後，我就更覺中國的絲弦不堪入耳，甚至連丹陛大樂的威嚴也大為削弱。只因莊士敦譏笑說中國人的辮子是豬尾巴，我才把它剪掉了。

從民國二年起，民國的內務部就幾次給內務府來函，請紫禁城協助勸說旗人剪掉辮子，並且希望紫禁城裏也剪掉它，語氣非常和婉，根本沒提到我的頭上以及大臣們的頭上。內務府用了不少理由去搪塞內務部，甚至辮子可做識別進出宮門的標誌，也成了一條理由。這件事拖了好幾年，紫禁城內依舊是辮子世界。現在，經莊士敦一宣傳，我首先剪了辮子。我這一剪，幾天功夫千把條辮子全不見了，只有三位中國師傅和幾個內務府大臣還保留着。

因為我剪了辮子，太妃們痛哭了幾場，師傅們有好多天面色陰沉。後來溥傑和毓崇也藉口「奉旨」，在家裏剪了辮子。那天陳師傅面對他的幾個光頭弟子，怔了好大一陣，最後對毓崇冷笑一聲，說道：「把你的辮子賣給外國女人，你還可以得不少銀子呢！」

頂不喜歡莊士敦的，是內務府的人們。那時宮內開支仍然十分龐大，而優待條件規定的經費，年年拖欠。內務府為了籌辦經費，每年都要拿出古玩字畫金銀瓷器去變賣和抵押。我逐漸地從莊士敦口中，知道了裏面有鬼。有一次內務府要賣掉一座有一人高的金塔，我想起了莊士敦的話，內務府拿出去的金銀製品，如果當做藝術品來賣都是有很高價值的，可是每次都是按重量賣，吃了很大的虧。據莊士敦說，除非是傻子才這樣幹。我把內務府的人叫來，問這個金塔是怎麼賣法。果然他們說是按重量賣的，我立刻大發脾氣：

「這除非是傻子才幹的事！你們就沒有一個聰明人嗎？」

內務府的人認為這是莊士敦拆他們的台，他們便想出一個辦法，把金塔抬到莊士敦的家裏，說是皇上請他代售。莊士敦立刻看穿了這個把戲，大怒道：「假如你們不拿走，我馬上奏明皇上！」結果是內務府的人乖乖地把金塔抬走了。他們拿莊士敦沒有辦法，因為他既是清室的保鏢，又得到了我的充分信任。

在毓慶宮的最後一年，莊士敦已是我的靈魂的重要部分。我們談論課外問題，越來越多地佔用着上課時間，談論的範圍也越來越廣泛。他給我講過英國王室的生活，各國的政體國情，大戰後的列強實力，世界各地風光，「日不落的大英帝國」土地上的風物，中國的內戰局勢，中國的「白話文運動」（他這樣稱呼五四新文化運動）和西方文明的關係，他還談到了復辟的可能性和不可靠的軍閥態度。……

有一次他說：「從每種報紙上都可以看得出來，中國人民思念大清，每個人都厭倦了共和。我想暫且不必關心那些軍人們的態度，皇帝陛下也不必費那麼多時間從報紙上去尋找他們的態度，也暫且不必說，他們擁護復辟和拯救共和的最後目的有甚麼區別，總而言之，陳太傅的話是對的，皇帝陛下聖德日新是最要緊的。但是聖德日新，不能總是在紫禁城裏。在歐洲，特別是在英王陛下的土地上，在英王太子讀書的牛津大學裏，皇帝陛下可以得到許多必要的知識，展開寬闊的眼界……」

在我動了留學英國的念頭之前，他已給我打開了不小的「眼界」。經過他的介紹，紫禁城裏出現過英國海軍司令、香港英國總督，每個人都對我彬彬有禮地表示了對我的尊敬，稱我為皇帝陛下。

我對歐化生活的醉心，我對莊士敦亦步亦趨的模仿，並非完全使這位外國師傅滿意。比如穿衣服，他就另有見解，或者說，他另

有對我的興趣。在我結婚那天，我在招待外國賓客的酒會上露過了面。祝了酒，回到養心殿后，脫下我的龍袍，換上了便裝長袍，內穿西服褲，頭戴鴨舌帽。這時，莊士敦帶着他的朋友們來了。一位外國老太太眼尖，她首先看見了我站在廊子底下，就問莊士敦：

「那個少年是誰？」

莊士敦看見了我，打量了一下我這身裝束，立刻臉上漲得通紅，那個模樣簡直把我嚇一跳，而那些外國人臉上做出的那種失望的表情，又使我感到莫名其妙。外國人走了之後，莊士敦的氣還沒有消，簡直是氣急敗壞地對我說：

「這叫甚麼樣子呵？皇帝陛下！中國皇帝戴了一頂獵帽！我的上帝！……」

六、結婚

當王公大臣們奉了太妃們之命，向我提出我已經到了「大婚」年齡的時候，如果說我對這件事還有點興趣的話，那因為結婚是個成人的標誌，經過這道手續，別人就不能把我像個孩子似地管束了。

對這類事情最操心的是老太太們。民國十年年初，即我剛過了十五周歲的時候，太妃們把我父親找去商議了幾次，接着，召集了十位王公，討論這件事。從議婚到成婚，經歷了將近兩年的時間。在這中間，由於莊和太妃和我母親的先後去世，師傅們因時局不寧諫勸從緩，特別是發生了情形頗為複雜的爭執，婚事曾有過幾起幾落，不能定案。

這時莊和太妃剛去世，榮惠太妃沒甚麼主見，剩下的兩個太妃，對未來「皇后」人選，發生了爭執，都想找一個跟自己親近些的當皇

后。這不單是由於老太太的偏愛，而是由於和將來的地位大有關係。敬懿太妃原是同治妃，她總忘不了慈禧在遺囑上把我定為承繼同治、兼祧光緒的這句話。隆裕太后在世時滿不睬這一套，不但沒有因為這句話而對同治的妃有甚麼尊重的表示，反而把同治的妃打入了冷宮。隆裕死後，雖然太妃被我一律以皇額娘相稱，但袁世凱又來干涉「內政」，指定端康主持宮中一切事務，因此敬懿依然不能因「正宗」而受到重視。她的素志未償，對端康很不服氣。所以在議婚過程中，這兩個太妃各自提出了自己中意的候選人，互不相讓。

　　最有趣的是我的兩位叔父，就像從前一個強調海軍，一個強調陸軍，在攝政王面前各不相讓的情形一樣，也各為一位太妃奔走。「海軍」主張選端恭的女兒，「陸軍」主張選榮源的女兒。為了做好這個媒，前清的這兩位統帥連日僕僕風塵於京津道上，匆匆忙忙出入於永和宮和太極殿。

　　究竟選誰，當然要「皇帝」說話，「欽定」一下。同治和光緒時代的辦法，是叫候選的姑娘們，站成一排，由未來的新郎當面挑揀，挑中了的當面做出個記號來 —— 我聽到的有兩個說法，一說是遞玉如意給中意的姑娘，一說是把一個荷包繫在姑娘的鈕子上。到我的時代，經過王公大臣們的商議，認為把人家閨女擺成一排挑來挑去，不大妥當，於是改為挑照片的辦法：我看着誰好，就用鉛筆在照片上做個記號。

　　照片送到了養心殿，一共四張。在我看來，四個人都是一個模樣，身段都像紙糊的桶子。每張照片的臉部都很小，實在分不出醜俊來，如果一定要比較，只能比一比旗袍的花色，誰的特別些。我那時想不到甚麼終身大事之類的問題，也沒有個甚麼標準，便不假思索地在一張似乎順眼一些的相片上，用鉛筆畫了一個圈兒。

　　這是滿洲額爾德特氏端恭的女兒，名叫文綉，又名蕙心，比我小三歲，看照片的那年是十二歲。這是敬懿太妃所中意的姑娘。這個挑選結果送到太妃那裏，端康太妃不滿意了，她不顧敬懿的反對，硬叫王公們來勸我重選她中意的那個，理由是文綉家境貧寒，長的不好，而她推薦的這個是個富戶，又長的很美。她推薦的這個是滿洲正白旗郭布羅氏榮源家的女兒，名婉容，字慕鴻（後來在天津有個駐張園的日本警察寫了一本關於我的書，把慕鴻寫成秋鴻，以後以訛傳訛，又成了鴻秋），和我同歲，看照片那年是十五歲。我聽了王公們的勸告，心裏想你們何不早說，好在用鉛筆畫圈不費甚麼事，於是我又在婉容的相片上畫了一下。

　　可是敬懿和榮惠兩太妃又不願意了。不知太妃們和王公們是怎麼爭辯的，結果榮惠太妃出面說：「既然皇上圈過文綉，她是不能再嫁給臣民了，因此可以納為妃。」我想，一個老婆我還不覺得有多大的必要，怎麼一下子還要兩個呢？我不大想接受這個意見。可是禁不住王公大臣根據祖制說出「皇帝必須有后有妃」的道理，我想既然這是皇帝的特點，我當然要具備，於是答應了他們。

　　這個選後妃的過程，說得簡單，其實是用了一年的時間才這樣定下來的。定下來之後，發生了直奉戰爭，婚禮拖下來了，一直拖到了民國十一年十二月一日，這時徐世昌已經下台，而大規模的婚禮籌備工作已經收不住彎頭，只得舉行。王公們對二次上台的黎元洪總統不像對徐世昌那麼信賴，生怕他對婚禮排場橫加干涉，但是事情的結果，黎元洪政府答應給的支持，出乎意料的好；即使徐世昌在台上，也不過如此。民國的財政部寫來一封頗含歉意的信給內務府，說經費實在困難，以致優待歲費不能發足，現在為助大婚，特意從關稅款內撥出十萬元來，其中二萬，算民國賀禮。同時，民國政府軍、

憲、警各機關還主動送來特派官兵擔任警衛的計劃。其中計開：

　　淑妃妝奩進宮。步軍統領衙門派在神武門、東安門等處及妝奩經過沿途站哨官員三十名，士兵三百名。

　　皇后妝奩進宮。步軍統領衙門派在神武門、皇后宅等處及隨行護送妝奩經過沿途站哨官員三十一名，士兵四百一十六名（其中有號兵六名）。

　　行冊立（皇后）禮。派在神武門、皇后宅等處及隨行護送經過沿途站哨步軍統領衙門官員三十四名（其中有軍樂隊官員三人），士兵四百五十八名（其中有軍樂隊士兵四十二人，號兵六人）。憲兵司令部除官員九名、士兵四十名外還派兩個整營沿途站哨。

　　淑妃進宮。派在神武門、淑妃宅等處及隨行護送經過沿途站哨步軍統領衙門官員三十一名、士兵四百一十六名。憲兵司令部官員三名，士兵十四名。警察廳官兵二百八十名。

　　行奉迎（皇后）禮。派在東華門、皇后宅等處及隨行護送經過沿途站哨步軍統領衙門官兵六百十名，另有軍樂隊一隊。憲兵司令部除官兵八十四名外，並於第一、二、五營中各抽大部分官兵擔任沿途站哨。警察廳官兵七百四十七名。

　　在神武門、東華門、皇后宅、淑妃宅等處及經過地區警察廳所屬各該管區，加派警察保護。

本來按民國的規定，只有神武門屬於清宮，這次破例，特准「鳳

「興」從東華門進宮。婚禮全部儀程是五天：

> 十一月二十九日　巳刻，淑妃妝奩入宮。
> 十一月三十日　午刻，皇后妝奩入宮。
> 　　　　　　　巳刻，皇后行冊立禮。
> 　　　　　　　丑刻，淑妃入宮。
> 十二月一日　子刻，舉行大婚典禮。寅刻，迎皇后入宮。
> 十二月二日　帝后在景山壽皇殿向列祖列宗行禮。
> 十二月三日　帝在乾清宮受賀。

在這個儀程之外，還從婚後次日起連演三天戲。在這個禮儀之前，即十一月十日，還有幾件事預先做的，即納采禮，晉封四個太妃（四太妃從這天起才稱太妃）。事後，又有一番封賞榮典給王公大臣，不必細說了。

這次舉動最引起社會上反感的，是小朝廷在一度復辟之後，又公然到紫禁城外邊擺起了威風。在民國的大批軍警放哨布崗和恭敬護衛之下，清宮儀仗耀武揚威地在北京街道上擺來擺去。正式婚禮舉行那天，在民國的兩班軍樂隊後面，是一對穿着蟒袍補褂的冊封正副使（慶親王和鄭親王）騎在馬上，手中執節（像蘇武牧羊時手裏拿的那個鞭子），在他們後面跟隨着民國的軍樂隊和陸軍馬隊、警察馬隊、保安隊馬隊。再後面則是龍鳳旗傘、鸞駕儀仗七十二副，黃亭（內有皇后的金寶禮服）四架，宮燈三十對，浩浩蕩蕩，向「后邸」進發。在張燈結綵的后邸門前，又是一大片軍警，保衛着婉容的父親榮源和她的兄弟們——都跪在那裏迎接正、副使帶來的「聖旨」……

民國的頭面人物的厚禮，也頗引人注目。大總統黎元洪在紅帖

子上寫着「中華民國大總統黎元洪贈宣統大皇帝」，禮物八件，計：
琺瑯器四件，綢緞二種，帳一件，聯一副，其聯文云：「漢瓦當文，
延年益壽，周銅盤銘，富貴吉祥」。前總統徐世昌送了賀禮二萬元和
許多貴重的禮物，包括二十八件瓷器和一張富麗堂皇的龍鳳中國地
毯。張作霖、吳佩孚、張勳、曹錕等軍閥、政客都贈送了現款和許
多別的禮物。

民國派來總統府侍從武官長廕昌，以對外國君主之禮正式祝
賀。他向我鞠躬以後，忽然宣佈：「剛才那是代表民國的，現在奴才
自己給皇上行禮。」說罷，跪在地下磕起頭來。

當時許多報紙對這些怪事發出了嚴正的評論，這也擋不住王公
大臣們的興高采烈，許多地方的遺老們更如驚蟄後的蟲子，成羣飛
向北京，帶來他們自己的和別人的現金、古玩等等賀禮。重要的還
不是財物，而是聲勢，這個聲勢大得連他們自己也出乎意外，以致
又覺得事情像是大有可為的樣子。

最令王公大臣、遺老遺少以及太妃們大大興奮的，是東交民巷
來的客人們。這是辛亥以後紫禁城中第一次出現外國官方人員。雖
然說他們是以私人身份來的，但畢竟是外國官員。

為了表示對外國客人觀禮的重視和感謝，按莊士敦的意思，在乾
清宮特意安排了一個招待酒會，由張勳復辟時的「外務部大臣」梁敦
彥給我擬了一個英文謝詞，我按詞向外賓唸了一遍。這個謝詞如下：

> 今天在這裏，見到來自世界各地的高貴客人，朕感到
> 不勝榮幸。謝謝諸位光臨，並祝諸位身體健康，萬事如意。

在這鬧哄哄之中，我從第一天起，一遍又一遍地想着一個問題：

「我有了一后一妃，成了家了，這和以前的區別何在呢？」我一遍又一遍地回答自己：「我成年了。如果不是鬧革命，是我『親政』的時候開始了！」

除了這個想法之外，對於夫妻、家庭，我幾乎連想也沒想它。只是當頭上蒙着一塊繡着龍鳳的大紅緞子的皇后進入我眼簾的時候，我才由於好奇心，想知道她長的甚麼模樣。

按着傳統，皇帝和皇后新婚第一夜，要在坤寧宮裏的一間不過十米見方的喜房裏渡過。這間屋子的特色是：沒有甚麼陳設，炕佔去了四分之一，除了地皮，全塗上了紅色。行過「合卺禮」，吃過了「子孫餑餑」，進入這間一片暗紅色的屋子裏，我覺得很憋氣。新娘子坐在炕上，低着頭，我在旁邊看了一會，只覺着眼前一片紅：紅帳子、紅褥子、紅衣、紅裙、紅花朵、紅臉蛋……好像一攤溶化了的紅蠟燭。我感到很不自在，坐也不是，站也不是。我覺得還是養心殿好，便開開門，回來了。

我回到養心殿，一眼看見了裱在牆壁上的宣統朝全國各地大臣的名單，那個問題又來了：「我有了一后一妃，成了人了，和以前有甚麼不同呢？」

被孤零零地扔在坤寧宮的婉容是甚麼心情？那個不滿十四歲的文繡在想些甚麼？我連想也沒有想到這些。我想的只是：

「如果不是革命，我就開始親政了……我要恢復我的祖業！」

七、內部衝突

自從莊士敦入宮以來，我在王公大臣們的眼裏逐漸成了最不好應付的皇帝。到了我結婚前後這段時間，我的幻想和舉動，越發叫

他們覺得離奇，因而驚恐不安。我今天傳內務府，叫把三萬元一粒的鑽石買進來，明天又申斥內務府不會過日子，只會貪污浪費。我上午召見大臣，命他們去清查古玩字畫當天回奏，下午又叫預備車輛去遊香山。我對例行的儀注表示了厭倦，甚至連金頂黃轎也不愛乘坐。為了騎自行車方便，我把祖先在幾百年間沒有感到不方便的宮門門檻，叫人統統鋸掉。我可以為了一件小事，怪罪太監對我不忠，隨意叫敬事房笞打他們，撤換他們。王公大臣們的神經最受不了的，是我一會想勵精圖治，要整頓宮廷內部，要清查財務，一會我又揚言要離開紫禁城，出洋留學。王公大臣們被我鬧得整天心驚肉跳，辮子都急成白的了。

我的出洋問題，有些王公大臣考慮得比我還早，這本來是他們給我請外國師傅的動機之一。我結婚後接到不少遺老的奏摺、條陳，都提到過這個主張。但到我親自提出這個問題的時候，幾乎所有的人都表示了反對。在各種反對者的理由中，最常聽說的是這一條：

「只要皇上一出了紫禁城，就等於放棄了民國的優待。既然民國沒有取消優待條件，為甚麼自己偏要先放棄它呢？」

無論是對出洋表示同情的，還是根本反對的，無論是對「恢復祖業」已經感到絕望的，還是仍不死心的，都捨不得這個優待條件。儘管優待條件中規定的「四百萬歲費」變成了口惠而實不至的空話，但是還有「帝王尊號仍存不廢」這一條。只要我留在紫禁城，保住這個小朝廷，對恢復祖業未絕望的人固然很重要，對於已絕望的人也還可以保留飯碗和既得的地位，這種地位的價值不說死後的恤典，單看看給人點主、寫墓誌銘的那些生榮也就夠了。

我的想法和他們不同。我首先就不相信這個優待條件能永遠保留下去。不但如此，我比任何人都更能感到自己處境的危險。自從

新的內戰又發生，張作霖敗退出關，徐世昌下台，黎元洪重新上台，我就覺得危險突然逼近前來。我想的只是新的當局會不會加害於我，而不是甚麼優待不優待的問題。何況這時又有了某些國會議員主張取消優待的傳說。退一萬步說，就算現狀可以維持，又有誰知道，在瞬息萬變的政局和此起彼伏的混戰中，明天是甚麼樣的軍人上台，後天是甚麼樣的政客組閣？我從許多方面 —— 特別是莊士敦師傅的嘴裏已經有點明白，這一切政局的變化，沒有一次不是列強在背後起作用。與其等待民國新當局的優待，何不直接去找外國人？如果一個和我勢不兩立的人物上了台，再去想辦法，是不是來得及？

對於歷代最末一個皇帝的命運，從成湯放夏桀於南巢，商紂自焚於鹿台，犬戎弒幽王於驪山之下起，我可以一直數到朱由檢上煤山。沒有人比我對這些歷史更熟悉的了。

當然，我沒有向王公大臣們說起這些晦氣的故事，我這樣和他們辯論：

「我不要甚麼優待，我要叫百姓黎民和世界各國都知道，我不希望民國優待我，這倒比人家先取消優待的好。」

「優待條件載在盟府，各國公認，民國倘若取消，外國一定幫助我們說話。」他們說。

「外國人幫我們，你們為甚麼不叫我到外國去？難道他們見了我本人不更幫忙嗎？」

儘管我說的很有道理，他們還是不同意。我和父親、師傅、王公們的幾次辯論，只產生這個效果：他們趕緊忙着籌辦「大婚」。

我所以着急要出洋，除上面對王公大臣們說的理由之外，另外還有一條根本沒有和他們提，特別是不敢向我的父親提，這就是我對我周圍的一切，包括他本人在內，越來越看不順眼。

　　這還是在我動了出洋的念頭以前就發生的。自從莊士敦入宮以後，由於他給我灌輸的西洋文明的知識，也由於少年人好奇心理的發展，我一天比一天不滿意我的環境，覺得自己受着拘束。我很同意莊士敦做出的分析，這是由於王公大臣們的因循守舊。

　　在這些王公大臣們眼裏，一切新的東西都是可怕的。我十五歲那年。莊士敦發現我眼睛可能近視，建議請個外國眼科醫生來檢驗一下，如果確實的話，就給我配眼鏡。不料這個建議竟像把水倒進了熱油鍋，紫禁城裏簡直炸開了。這還了得？皇上的眼珠子還能叫外國人看？皇上正當春秋鼎盛，怎麼就像老頭一樣戴上「光子」（眼鏡）？從太妃起全都不答應。後來費了莊士敦不少口舌，加之我再三堅持要辦，這才解決。

　　我所想要的，即使是王公大臣早得到的東西，他們也要反對，這尤其叫我生氣。比如安電話那一次就是這樣。

　　我十五歲那年，有一次聽莊士敦講起電話的作用，動了我的好奇心，後來聽溥傑說北府（當時稱我父親住的地方）裏也有了這個玩意兒，我就叫內務府給我在養心殿裏也安上一個。內務府大臣紹英聽了我的吩咐，簡直臉上變了色。不過他在我面前向例沒說過抵觸的話，「嗻」了一聲，下去了。第二天，師傅們一齊向我勸導：

　　「這是祖制向來沒有的事，安上電話，甚麼人都可以跟皇上說話了，祖宗也沒這樣幹過……這些西洋奇技淫巧，祖宗是不用的……」

　　我也有我的道理：「宮裏的自鳴鐘、洋琴、電燈，都是西洋玩意，祖制裏沒有過，不是祖宗也用了嗎？」

　　「外界隨意打電話，冒犯了天顏，那豈不有失尊嚴？」

　　「外界的冒犯，我從報上也看了不少，眼睛看和耳朵聽不是一樣的嗎？」

當時或者連師傅們也沒明白，內務府請他們來勸駕是甚麼用意。內務府最怕的並不是冒犯「天顏」，而是怕我經過電話和外界有了更多的接觸。在我身邊有了一個愛說話的莊士敦，特別是有了二十來種報紙，已經夠他們受的了。打開當時的北京報紙，幾乎每個月至少有一起清室內務府的闢謠聲明，不是否認清室和某省當局或某要人的來往，就是否認清室最近又抵押或變賣了甚麼古物。這些被否認的謠言，十有九件確有其事，至少有一半是他們不想叫我知道的。有了那些報紙，加上一個莊士敦，早已弄得他們手忙腳亂，現在又要添上個電話，作為我和外界的第三道橋樑，豈不更使他們防不勝防？因此他們使盡力氣來反對。看師傅說不服我，又搬來了王爺。

我父親這時已經成了徹底的維持現狀派，只要我老老實實住在紫禁城裏，他每年照例拿到他的四萬二千四百八十兩歲銀，便一切滿足，因此他是最容易受內務府擺佈的人。但是這位內務府的支持者，並沒有內務府所希望的那種口才。他除重複了師傅們的話以外，沒有任何新的理由來說服我，而且叫我一句話便問得答不上來了：

「王爺府上不是早安上電話了嗎？」

「那是，那是，可是，可是跟皇帝並不一樣。這件事還是過兩天，再說……」

我想起他的辮子比我剪得早，電話先安上了，不讓我買汽車而他卻買了，我心裏很不滿意。

「皇帝怎麼不一樣？我就連這點自由也沒有？不行，我就是要安！」我回頭叫太監：「傳內務府：今天就給我安電話！」

「好，好，」我父親連忙點頭，「好，好，那就安……」

電話安上了，又出了新的麻煩。

　　隨着電話機，電話局送來了一個電話本。我高興極了，翻着電話本，想利用電話玩一玩。我看到了京劇名演員楊小樓的電話號碼，對話筒叫了號。一聽到對方回答的聲音，我就學着京劇裏的道白腔調唸道：「來者可是楊 —— 小 —— 樓 —— 呵？」我聽到對方哈哈大笑的聲音，問：「您是誰呵？哈哈……」不等他說完，我就把電話掛上了。真是開心極了。接着，我又給一個叫徐狗子的雜技演員開了同樣的玩笑，又給東興樓飯莊打電話，冒充一個甚麼住宅，叫他們送一桌上等酒席。這樣玩了一陣，我忽然想起莊士敦剛提到的胡適博士，想聽聽這位「匹克尼克來江邊」的作者用甚麼調兒說話，又叫了他的號碼。巧得很，正是他本人接電話。我說：

　　「你是胡博士呵？好極了，你猜我是誰？」

　　「您是誰呵？怎麼我聽不出來呢？……」

　　「哈哈，甭猜啦，我說吧，我是宣統呵！」

　　「宣統？……是皇上？」

　　「對啦，我是皇上。你說話我聽見了，我還不知道你是甚麼樣兒。你有空到宮裏來，叫我瞅瞅吧。」

　　我這無心的玩笑，真把他給引來了。據莊士敦說，胡適為了證實這個電話，特意找過了莊士敦，他沒想到真是「皇上」打的電話。他連忙向莊士敦打聽了進宮的規矩，明白了我並不叫他磕頭，我這皇上脾氣還好，他就來了。不過因為我沒有把這件事放在心上，也沒叫太監關照一下守衛的護軍，所以胡博士走到神武門，費了不少口舌也不放通過。後來護軍半信半疑請奏事處來問了我，這才放他進來。

　　這次由於心血來潮決定的會見，只不過用了二十分鐘左右時間。我問了他白話文有甚麼用，他在外國到過甚麼地方，等等。最

後為了聽聽他對我的恭維，故意表示我是不在乎甚麼優待不優待的，我很願意多唸點書，像報紙文章上常說的那樣，做個「有為的青年」。他果然不禁大為稱讚，說：「皇上真是開明，皇上用功讀書，前途有望，前途有望！」我也不知道他說的前途指的是甚麼。他走了之後，我再沒費心去想這些。沒想到王公大臣們，特別是師傅們，聽說我和這個「新人物」私自見了面，又像炸了油鍋似地背地吵鬧起來了。

　　總之，隨着我的年事日長，他們覺得我越發不安分，我也覺得他們越發不順眼。這時我已經出紫禁城玩過一兩次，這是從我藉口母親去世要親往祭奠開始，排除了無窮的勸阻才勉強爭得來的一點自由。這點自由刺激了我的胃口，我越發感到這些喜歡大驚小怪的人物迂腐不堪。到民國十一年的夏季，上面說的幾件事所積下的氣憤，便促成了我下決心出洋的又一股勁頭。我和王公大臣們的衝突，以正式提出留學英國而達到高峰。

　　這件事和安電話就不同了，王公大臣們死也不肯讓步。最後連最同情我的七叔載濤，也只允許給我在天津英租界準備一所房子，以供萬一必要時去安身。我因為公開出紫禁城不可能，曾找莊士敦幫忙。在上節我已說過，他認為時機不相宜，不同意我這時候行動。於是我就捺下性子等候時機，同時暗中進行着私逃的準備。我這時有了一個忠心願意協助我的人，這就是我的弟弟溥傑。

　　我和溥傑，當時真是一對難兄難弟，我們的心情和幻想，比我們的相貌還要相似。他也是一心一意想跳出自己的家庭圈子，遠走高飛，尋找自己的出路，認為自己的一切欲望，到了外國都可以得到滿足。他的環境和我的比起來，也像他的身體和我的身體比例一樣，不過只小了一號。下面是他的自傳的一段摘錄：

　　到二十歲離開為止，我的家庭一直是一個擁有房屋數百間、花園一大座、僕役七八十名的「王府」。家中一直使用宣統年號，逢年過節還公然穿戴清朝袍褂，帶着護衛、聽差大搖大擺地走在街上。平日家庭往來無白丁，不是清朝遺老就是民國新貴……

　　四歲斷乳，一直到十七歲，每天早晨一醒來，老媽子給穿衣服，自己一動不動，連洗腳剪指甲自己也不幹，倘若自己拿起剪刀，老媽便大呼大叫，怕我剪了肉。平時老媽帶着，不許跑，不許爬高，不許出大門，不給吃魚怕卡嗓子，不給……

　　八歲開讀。塾師是陳寶琛介紹的一位貢生，姓趙，自稱是宋太祖的嫡系後裔，工褚字。老師常聲淚俱下地講三綱五常，大義名分。十三四歲，老師開始罵民國，稱革命黨人「無父無君」。說中國除非「定於一」才有救，軍閥混戰是由於羣龍無首。激發我「恢復祖業」，以天下為己任的志氣。

　　「英國滅了印度，印度王侯至今世襲不斷，日本吞併朝鮮，李王一家現在也仍是殿下……」父親常和我這樣唸叨。

　　母親死前對我說，「你長大後好好幫助你哥哥，無論如何不可忘記你是愛新覺羅的子孫，這樣你才對得起我……」

　　時常聽說滿族到處受排斥，皇族改姓金，瓜爾佳氏改姓關，不然就找不到職業。聽到這些，心中充滿了仇恨。

　　十四五歲時，祖母和父親叫我把私蓄幾千元存到銀行吃息錢。自己研究結果，還是送外國銀行好，雖然息錢太低，可是保險。

　　十四歲起，入宮伴讀……

　　溥傑比我小一歲，對外面的社會知識比我豐富，最重要的是，他能在外面活動，只要藉口進宮，就可以騙過家裏了。我們行動的第一步是籌備經費，方法是把宮裏最值錢的字畫和古籍，以我賞賜溥傑為名，運出宮外，存到天津英租界的房子裏去。溥傑每天下學回家，必帶走一個大包袱。這樣的盜運活動，幾乎一天不斷地幹了半年多的時間。運出的字畫古籍，都是出類拔萃、精中取精的珍品。因為那時正值內務府大臣和師傅們清點字畫，我就從他們選出的最上品中挑最好的拿。我記得的有王羲之、王獻之父子的墨蹟《曹娥碑》、《二謝帖》，有鍾繇、僧懷素、歐陽詢、宋高宗、米芾、趙孟頫、董其昌等人的真跡，有司馬光的《資治通鑒》的原稿，有唐王維的人物，宋馬遠和夏珪以及馬麟等人畫的《長江萬里圖》，張擇端的《清明上河圖》，還有閻立本、宋徽宗等人的作品。古版書籍方面，乾清宮西昭仁殿的全部宋版、明版書的珍本，都被我們盜運走了。運出的總數大約有一千多件手卷字畫，二百多種掛軸和冊頁，二百種上下的宋版書。民國十三年我出宮後，「清室善後委員會」在點查毓慶宮的時候，發現了「賞溥傑單」，付印公佈，其中說賞溥傑的東西「皆屬琳琅秘籍，縹緗精品，天祿書目所載，寶籍三編所收，擇其精華，大都移運宮外」，這是一點不錯的。這批東西移到天津，後來賣了幾十件。偽滿成立後，日本關東軍參謀吉岡安直又把這些珍品全部運到了東北，日本投降後，就不知下文了。

　　我們的第二步計劃，是秘密逃出紫禁城。只要我自己出了城，進到外國公使館，就算木已成舟，不管是王公大臣還是民國當局，就全沒有辦法了，這是幾年來的民國歷史給了我們的一個最有用的知識。更重要的是，我的莊士敦師傅給我想出了更具體的辦法，他叫我先和公使團的首席公使荷蘭的歐登科聯絡好，好使他事先有所

準備。莊師傅給我出這個主意已是民國十二年的二月了。九個月前他曾反對我出洋，認為時機不好，現在他何以認為時機已經到來，以及他另外和東交民巷的公使們如何商量的，我一點都不知道。我從他的指點上獲得了很大的信心，這就很夠我滿足的了。我先請他代往公使那裏通個消息，然後我親自給歐登科公使直接通了電話，為了把事情辦得穩妥，我又派溥傑親自到荷蘭公使館去了一趟。結果一切都是滿意的。歐登科在電話裏答應了我，並親自和溥傑約定好，雖然他不能把汽車一直開進宮裏，但將在神武門外等我，只要我能溜出這個大門，那就一切不成問題；從我第一天的食宿到我的腳踏上英國的土地，進入英國學校的大門，他全可以負責。當下我們把出宮的具體日期鐘點都規定好了。

　　到了二月二十五日這天，剩下的問題就是如何走出神武門了。紫禁城裏的情形是這樣，我身邊有一羣隨身太監，各宮門有各宮門的太監，宮廷外圍是護軍的各崗哨，神武門外，還有由民國步兵統領指揮的「內城守衛隊」巡邏守衛。我認為，最重要的是身邊和宮門太監，只要這幾關打通，問題就不大了。我想的實在是太簡單了，我打通太監的辦法，也不過是花點錢而已。拿到錢的太監歡天喜地地謝了恩，我就認為萬事俱備，誰知在預定時間前一小時，不知是哪個收了錢的太監報知了內務府。我還沒走出養心殿，就聽說王爺傳下令來，叫各宮門一律斷絕出入，紫禁城全部進入戒嚴狀態。我和溥傑一聽這消息，坐在養心殿裏全傻了眼。

　　過了不大功夫，我父親氣急敗壞地來了：

　　「聽聽聽聽說皇上，要要要走……」

　　看他這副狼狽的樣子，做錯事的倒好像是他，我忍不住笑起來了。

　　「沒有那麼回事。」我止住了笑說。

「這可不好，這可怎麼好……」

「沒那回事！」

我父親疑心地瞅瞅溥傑，溥傑嚇得低下了頭。

「沒有那事兒！」我還這樣說。父親嘟嘟囔囔說了幾句，然後領走了我的「同謀犯」。他們走了，我把御前太監叫來追問，是誰說出去的。我非要把泄底的打個半死不可。可是我沒辦法問出來，這件事，又不能叫敬事房去查，只好一個人生悶氣。從那以後，我最怕看見高牆。

「監獄！監獄！監獄！」我站在堆秀山上望着城牆，常常這麼唸叨。「民國和我過不去還猶可說，王公大臣、內務府也和我過不去，真是豈有此理。我為了城外的祖業江山才要跑出去的，你們為了甚麼呢？……最壞的是內務府，這準是他們把王爺弄來的！」

第二天見了莊士敦，我向他發了一頓牢騷。他安慰了我幾句，說不如暫時不去想這些，還是現實一些，先把紫禁城整頓整頓。

「新來的鄭孝胥，是個很有為的人。」他說，「鄭很有抱負，不妨聽聽他對整頓的想法。」

我心中又燃起另一種希望。既然紫禁城外祖業不能恢復，就先整頓城裏的財產吧。我對莊師傅的建議非常滿意。我那時萬想不到，他後來在他那本書裏寫到這次逃亡時，竟然把自己說成了毫無干係，而且還是個反對者呢。

八、遣散太監

紫禁城在表面上是一片平靜，內裏的秩序卻是糟亂一團。從我懂事的時候起，就時常聽說宮裏發生盜案、火警，以及行兇事件。

至於煙賭，更不用說。到我結婚的時候，偷盜已發展到這種程度：
剛行過婚禮，由珍珠玉翠裝嵌的皇后鳳冠上的全部珍寶，竟整個被
換成了贋品。

　　我從師傅們那裏知道，清宮中的財寶早已在世界上聞名。只說
古玩字畫，那數量和價值就是極其可觀的。明清兩代幾百年帝王搜
刮來的寶物，除了兩次被洋兵弄走的以外，大部分還存放在宮裏。
這些東西大部分沒有數目，就是有數目的也沒有人去檢查，所以丟
沒丟，丟了多少，都沒有人知道。這就給偷盜者大開了方便之門。

　　今天想起來，那簡直是一場浩劫。參加打劫行徑的，可以說是
從上而下，人人在內。換言之，凡是一切有機會偷的人，是無一不
偷，而且盡可放膽地偷。偷盜的方式也各不同，有撥門撬鎖秘密地
偷，有根據合法手續，明目張膽地偷。太監大都採用前一種方式，
大臣和官員們則採用辦理抵押、標賣或借出鑒賞，以及請求賞賜等
等，即後一種方式。至於我和溥傑採用的一賞一受，則是最高級的
方式。當然，那時我決不會有這樣想法，我想的只是，別人都在偷
盜我的財物。

　　我十六歲那年，有一天由於好奇心的驅使，叫太監打開建福宮
那邊一座庫房。庫門封條很厚，至少有幾十年沒有開過了。我看見
滿屋都是堆到天花板的大箱子，箱皮上有嘉慶年的封條，裏面是甚麼
東西，誰也說不上來。我叫太監打開了一個，原來全是手卷字畫和非
常精巧的古玩玉器。後來弄清楚了，這是當年乾隆自己最喜愛的珍
玩。乾隆去世之後，嘉慶下令把那些珍寶玩物全部封存，裝滿了建福
宮一帶許多殿堂庫房，我所發現的不過是其中的一庫。有的庫盡是
彝器，有的庫盡是瓷器，有的庫盡是名畫，意大利人郎世寧給乾隆畫
的許多畫也在內。在養心殿后面的庫房裏，我還發現了許多很有趣

的「百寶匣」，據說這也是乾隆的玩物。這種百寶匣用紫檀木製成，外形好像一般的書箱，打開了像一道樓梯，每層梯上分成幾十個小格子，每個格子裏是一樣玩物，例如一個宋磁小瓶，一部名人手抄的寸半本四書，一個精刻的牙球，一個雕着古代故事的核桃，幾個刻有題詩繪畫的瓜子，以及一枚埃及古幣等等。一個百寶匣中，舉凡字畫、金石、玉器、銅器、瓷器、牙雕等等，無一不備，名為百寶，實則一個小型的匣子即有幾百種，大型的更不只千種。還有一種特製的紫檀木炕几，上面無一處沒有消息，每個消息裏盛着一件珍品，這個東西我沒看見，我當時只把親自發現的百寶匣，大約有四五十匣，都拿到養心殿去了。這時我想到了這樣的問題：我究竟有多少財寶？我能看到的，我拿來了，我看不到的又有多少？那些整庫整院的珍寶怎麼辦？被人偷去的有多少？怎樣才能制止偷盜？

莊士敦師傅曾告訴我，他住的地安門街上，新開了許多家古玩舖。聽說有的是太監開的，有的是內務府官員或者官員的親戚開的。後來，別的師傅也覺得必須採取措施，杜絕盜患。最後，我接受了師傅們的建議，決定清點一下。這樣一來，麻煩更大了。

首先是盜案更多了。毓慶宮的庫房門鎖給人砸掉了，乾清宮的後窗戶給人打開了。事情越來越不像話，我剛買的大鑽石也不見了。為了追查盜案，太妃曾叫敬事房都領侍組織九堂總管，會審當事的太監，甚至動了刑，但是無論是刑訊還是懸重賞，都未獲得一點效果。不但如此，建福宮的清點剛開始，六月二十七日的夜裏便突然發生了火警，清點的和未清點的，全部燒個精光。

據說火警是東交民巷的意大利公使館消防隊首先發現的。救火車開到紫禁城叫門時，守門的還不知是怎麼回事。這場大火經各處來的消防隊撲救了一夜，結果還是把建福宮附近一帶，包括靜怡軒、

慧曜樓、吉雲樓、碧琳館、妙蓮花室、延春閣、積翠亭、廣生樓、凝輝樓、香雲亭等一大片地方燒成焦土。這是清宮裏貯藏珍寶最多的地方，究竟在這一把火裏毀掉了多少東西，至今還是一個謎。內務府後來發表的一部分糊塗賬裏，說燒毀了金佛二千六百六十五尊，字畫一千一百五十七件，古玩四百三十五件，古書幾萬冊。這是根據甚麼賬寫的，只有天曉得。

在救火的時候，中國人，外國人，紫禁城裏的人，城外的人，人來人往，沸騰一片，忙成一團。除了救火還忙甚麼，這是可以想像的。但紫禁城對這一切都表示了感謝。有一位來救火的外國太太，不知為甚麼跟中國消防隊員發生了爭執，居然動手把對方打得鼻子出了血，手裏的扇子也濺上了血。後來她托人把這扇子拿給我看，以示其義勇，我還在上面題了詩，

以示感謝。這場火災過去之後，內務府除用茶點招待了救火者，還送給警察和消防隊六萬元「酬勞」費。

要想估計一下這次的損失，不妨說一下那堆燒剩和「摸」剩下的垃圾的處理。那時我正想找一塊空地修建球場，由莊士敦教我打網球，據他說這是英國貴族都會的玩意。這片火場正好做這個用場，於是叫內務府趕快清理出來。那堆灰燼裏固然是找不出甚麼字畫、古瓷之類的東西了，但燒熔的金銀銅錫還不少。內務府把北京各金店找來投標，一個金店以五十萬元的價格買到了這片灰燼的處理權，把熔化的金塊金片揀出了一萬七千多兩。金店把這些東西揀走之後，內務府把餘下的灰燼裝了許多麻袋，分給了內務府的人們。後來有個內務府官員告訴我，他叔父那時施捨給北京雍和宮和柏林寺每廟各兩座黃金「壇城」，它的直徑和高度均有一尺上下，就是用麻袋裏的灰燼提製出來的。

　　起火的原因和損失真相同樣的無從調查。我疑心這是偷盜犯故意放火滅跡的。過不多天,養心殿東套院無逸齋的窗戶上又發生火警,幸好發現得早,一團浸過煤油的棉花剛燒着,就被發現撲滅。我的疑心立刻更加發展起來。我認為不但是有人想放火滅跡,而且還想要謀害我了。

　　事實上,偷竊和縱火滅跡都是事實,師傅們也沒有避諱這一點,而對我的謀害則可能是我自己神經過敏。我的多疑的性格,這時已顯露出來了。按清宮祖制,皇帝每天無論如何忙,也要看一頁《聖訓》(這些東西一年到頭擺在皇帝寢宮裏)。我這時對雍正的《硃批諭旨》特別欽佩。雍正曾說過這樣的話:「可信者人,而不可信者亦人,萬不可信人之必不負於己也。不如此,不可以言用人之能」。他曾在親信大臣鄂爾泰的奏摺上批過:「其不敢輕信人一句,乃用人第一妙訣。朕從來不知疑人,亦不知信人」。又說,對人「即經歷幾事,亦只可信其已往,猶當留意觀其將來,萬不可信其必不改移也」。這些話都深深印入我的腦子裏。我也記得康熙的話:「為人上者,用人雖宜信,然亦不可遽信」。康熙特別說過太監不可信,他說:「朕觀古來,太監良善者少,要在人主防微杜漸,慎之於始。」祖宗們的這些訓諭,被這幾場火警引進了我的思索中。

　　我決定遵照雍正皇帝「察察為明」的訓示行事。我想出了兩條辦法,一條是向身邊的小太監們套問,另一條是自己去偷聽太監們的談話。後來我用第二條辦法,在東西夾道太監住房窗外,發現了他們背後議論我,說我脾氣越來越壞,這更引起了我的猜疑。在無逸齋發生火警這天晚上,我再到太監窗下去偷聽,不料聽到他們的議論更發展了一步,竟說這把火是我自己放的。我覺得他們真是居心叵測,我如果不先採取措施,後害實在無窮。

　　這時剛剛發生了一起行兇案。有個太監因為被人告發了甚麼過失，挨了總管的責打，於是懷恨在心，一天早晨趁告發人還沒起身，拿了一把石灰和一把刀，進了屋子，先撒石灰在那人臉上，迷了他的眼，然後用刀戳那人的臉。這個行兇的人後來未被捉住，受傷的人送進了醫院。我這時想起許多太監都受過我的責打，他們會不會對我行兇呢？想到這裏，我簡直連覺都不敢睡了。從我的臥室外間一直到抱廈，都有值更太監打地舖睡着，這裏面如果有誰對我不懷好心，要和我過不去，那不是太容易下手了嗎？我想挑一個可靠的人給我守夜，挑來挑去，只挑出一個皇后來。我從這天起讓婉容整夜為我守衞，如果聽見了甚麼動靜，就叫醒我。同時我還預備了一根棍子，放在床邊，以便應變。一連幾天，婉容整夜不能睡覺，我看這究竟不是個辦法。為了一勞永逸，最後我決定，把太監全都趕走不要！

　　我知道這件事必定要引起一場風波。不把父親對付好，是行不通的。我想好了一個主意，親自去找我的父親。他沒有辦法和內務府大臣以及師傅們商量，突然遇到了這個問題，他的口才就更加不行，變得更加結巴了。他非常吃力地講出了一些零七八碎的理由，甚麼祖制如此咧，這些人當差多年不致圖謀不軌咧，等等，來進行勸服。並且說：「這這也得慢慢商議，皇帝先回到宮，過兩天⋯⋯」

　　我不管他怎麼說，只用這一句話來回答：

　　「王爺不答應，我從今天起就再不回宮啦！」

　　他見我這樣對付他，急得坐也不是，站也不是，又抓頭，又撓腮，直在地上打轉兒，桌上的一瓶汽水給他的袖子碰倒掉在地上，砰地一聲炸了。瞅他這副模樣，我禁不住反倒格格樂起來，並且從容不迫地打開書桌上的一本書，裝作決心不想離開的樣子。

父親終於屈服了。最後決定,除了太妃身邊離不開的一些以外,其他太監全部遣散。

九、整頓內務府

我遣散太監的舉動,大受社會輿論的稱讚和鼓勵。在莊師傅的進一步指引下,我接着把「勵精圖治」的目標又轉到內務府方面。

關於內務府,我想先抄一段內務府一位故人寫給我的材料:

內務府人多不讀書

內務府人多不知書,且甚至以教子弟讀書為播種災禍者。察其出言則一意磨楞,觀其接待則每多繁縟;視中飽如經逾格之恩,作舞弊如被特許之命。昌言無忌,自得洋洋。乃有「天棚魚缸石榴樹,地炕肥狗胖丫頭」,以及「樹小房新畫不古,一看就知內務府」之諷,極形其鄙而多金,俗而無學也。余竊恥之,而苦不得採其源。迨及民十七八之間,遍讀東華錄,在嘉慶朝某事故中(林清之變或成德之案,今不能清楚矣)發現有嘉慶之文字,略敍在清代中之背反者,其中有宗室有八旗有太監,而獨無內務府人,足見內務府尚不辜負歷代豢養之恩,較之他輩實為具有天良者。嘉慶之慨歎,實為內務府人之表彰。於是始得解惑焉。內務府人亦常有自謂「皇上家叫我們賺錢,就為的養活我們」,此語之來,必基於此矣。至其言語舉動之不成文章者,正所以表其馴貼之愚,而絕無圭角之志;其畏讀書,則為預避文禍之干觸,與夫遺禍於後昆;其視舞弊及中飽如

奉明言者，乃用符「不枉受歷代優遇豢養之恩」也歟？……

而內務府人之累代子孫亦為之遺誤，乃至於此，曷勝歎哉！

這位老先生當年由於家庭不許他昇學深造，受過不少刺激，所以他對於內務府人不讀書的感慨特別深。我那時對三旗世家所包辦的內務府[9]，最不滿的還不是俗而無學，而是他們「視中飽舞弊，如奉明言」。

關於內務府中飽、舞弊的故事，在這裏只舉出兩個例子就行了。一個是內務府每年的驚人開支，即使四百萬元的優待費全部照付，也會入不敷出。民國十三年我出宮後，「清室善後委員會」在北京《京報》上揭露的當年收入抵押金銀古玩款，達五百多萬元，當年並無剩餘，全部開支出去了。據前面那段文字的作者說，那幾年每年開支都在三百六十萬兩上下，這是和《京報》上揭露的材料大體相符的。

另一個例子是我岳父榮源經手的一次抵押。抵押合同日期是民國十三年五月三十一日，簽字人是內務府紹英、耆齡、榮源和北京鹽業銀行經理岳乾齋，抵押品是金編鐘、金冊、金寶和其他金器，抵押款數八十萬元，期限一年，月息一分。合同內規定，四十萬元由十六個金鐘（共重十一萬一千四百三十九兩）做押品，另四十萬元的押品則是：八個皇太后和五個皇后的金寶十個，金冊十三個，以及金寶箱、金印池、金寶塔、金盤、金壺等，計重一萬零九百六十九兩七錢九分六厘，不足十成的金器三十六件，計重八百八十三兩八

9　在滿清八旗中，鑲黃、正黃、正白三個滿軍旗系皇室親自率領的所謂親軍，內務府人均出自這最親信的三旗，自堂郎中以下所有司員全不例外；堂郎中以上即內務府大臣，也有的是司員提上來的，也有的是從外調來的。總之，除個別大臣外，全被三旗包下來了。　—— 作者

錢，另加上嵌鑲珍珠一千九百五十三顆，寶石一百八十四塊，瑪瑙碗等珍品四十五件。只這後一筆的四十萬元抵押來說，就等於是把金寶金冊等十成金的物件當做荒金折賣，其餘的則完全白送。這樣的抵押和變價，每年總要有好幾宗，特別是逢年過節需要開銷的時候。一到這時候，報上就會出現秘聞消息，也必有內務府闢謠或解釋的聲明。比如這一次抵押事先就有傳聞，內務府和榮源本人也有聲明，說所賣都是作廢的東西，其中決沒有傳說中的慈禧的冊寶云云[10]。

　　我在出宮之前，雖然對內務府的中飽和舞弊拿不到像上面說的這樣證據，但是，每年的「放過款項」的數字告訴了我一個事實：我的內務府的開支，竟超過了西太后的內務府的最高紀錄。內務府給我寫過一份叫做「宣統七年放過款項及近三年比較」的材料，是內務府為了應付清理財產的上諭而編造的（後面還要談到這次清理），據他們自己的統計，除去了王公大臣的俸銀不計，屬於內務府開支的，民國四年是二百六十四萬兩，民國八、九、十年是二百三十八萬兩，一百八十九萬兩，一百七十一萬兩，而西太后時代的內務府，起先每年開支不過三十萬兩，到西太后過七十整壽時，也不過才加到七十萬兩，我這個人再不識數，也不能不覺得奇怪。同時我也注意到了這個事實：有些貴族、顯宦之家已經坐吃山空，日趨潦倒，甚至於甚麼世子王孫倒斃城門洞，郡主、命婦墜入煙花等等新聞已出現在報紙社會欄內，而內務府人卻開起了古玩店、票莊（錢莊）、當舖、木廠（營造業）等等大買賣。師傅們雖然幫助過內務府，反對我買汽車、安電話，可是一提起內務府這些事，誰也沒有好感。伊克坦師

10　上面說的這個合同，見民國十四年二月十四日北京《京報》，關於事先的傳聞和內務府與榮源的聲明，見於十三年年底的《京報》。

傅在去世前（我結婚前一年）不久曾因為陳師傅不肯向我揭發內務府的弊端，說陳師傅犯了「欺君之罪」，不配當「太傅」。至於莊師傅就更不用說了，內務府在他看來就是「吸血鬼」的化身。他對內務府的看法促成了我整頓內務府的決心。

「從宮廷的內務府到每個王公的管家人，都是最有錢的。」他有一次說，「主人對自己的財產不知道，只有問這些管家的人，甚至於不得不求這些管家的人，否則就一個錢也拿不到。不必說恢復故物，就說手裏的這點珍寶吧，如果不把管家的整頓好，也怕保不住！」

他又說：「內務府有個座右銘，這就是 —— 維持現狀！無論是一件小改革還是一個偉大的理想，碰到這個座右銘，全是 —— Stop（停車）！」

我的「車」早已由師傅們加足了油，而且開動了引擎。如果說以前是由別人替我駕駛着，那麼現在則是我自己坐在司機座位上，向着一個理想目標開去。現在我剛剛勝利地開過「遣散太監」的路口，無論是誰叫我「停車」，也不行了。

我下了決心。我也找到了「力量」。

我在婚禮過去之後，最先運用我當家做主之權的，是從參加婚禮的遺老裏，挑選了幾個我認為最忠心的、最有才幹的人，作為我的股肱之臣。被選中的又推薦了他們的好友，這樣，紫禁城裏一共增加了十二三條辮子。這就是：鄭孝胥、羅振玉、景永昶、溫肅、柯劭忞、楊鍾羲、朱汝珍、王國維、商衍瀛等等。我分別給了他們「南書房（皇帝書房）行走」、「懋勤殿（管皇帝讀書文具的地方）行走」的名銜。另外我還用了兩名旗人，做過張學良老師的鑲紅旗蒙古副都統金梁和我的岳父榮源，派為內務府大臣。

他們那些動人的口頭奏對都沒留下紀錄，他們寫的條陳也一時

找不全，現在把手頭上一份金梁的條陳——日期是「宣統十六年正月」，即金梁當內務府大臣前兩個月寫的——抄下一段（原文中抬頭和側書都在此免了）：

　　臣意今日要事，以密圖恢復為第一。恢復大計，旋乾轉坤，經緯萬端，當先保護宮廷，以固根本；其次清理財產，以維財政。蓋必有以自養，然後有以自保，能自養自保，然後可密圖恢復，三者相連，本為一事，不能分也。今請次第陳之：

　　一曰、籌清理。清理辦法當分地產、寶物二類。一、清地產，從北京及東三省入手，北京如內務府之官地、官房，西山之園地，二陵之餘地、林地；東三省如奉天之鹽灘、魚池、果園，三陵莊地，內務府莊地，官山林地，吉林黑龍江之貢品各產地，旺清一椵檞林，湯原鷗棚地，其中包有煤、鐵、寶石等礦，但得其一，已足富國。是皆皇室財產，得人而理，皆可收回，或派專員放地招墾，或設公司合資興業，酌看情形，隨時擬辦。……一、清寶物，各殿所藏，分別清檢，佳者永保，次者變價，既免零星典售之損，亦杜盜竊散失之虞。籌有巨款，預算用途，或存內庫，或興實業，當謀持久，勿任消耗。……此清理財產之大略也。

　　一曰、重保護。保護辦法當分舊殿、古物二類。一、保古物，擬將寶物清理後，即請設皇室博覽館，移置珍藏，任人觀覽，並約東西各國博物館，借贈古物，聯絡辦理，中外一家，古物公有，自可絕人干涉。一、保舊殿，擬即設博覽館於三殿，收回自辦，三殿今成古蹟，合保存古物

古蹟為一事，名正言順，誰得覬覦。且此事既與友邦聯絡
合辦，遇有緩急，互相援助，即內廷安危，亦未嘗不可倚
以為重。……此保護宮廷之大略也。一曰、圖恢復。恢復
辦法，務從慎密，當內自振奮而外示韜晦。求賢才、收人
心、聯友邦，以不動聲色為主。求賢才，在勤延攬，則守
舊維新不妨並用；收人心，在廣宣傳，則國聞外論皆宜注
意；聯友邦，在通情誼，則贈聘酬答不必避嫌。至於恢復
大計，心腹之臣運籌於內，忠貞之士效命於外。成則國家
蒙其利，不成則一二人任其害。機事唯密，不能盡言……
此密圖恢復之大略也。

金梁當了內務府大臣之後，又有奏摺提出了所謂「自保自養二策，」
他說「自養以理財為主，當從裁減入手，自保以得人為主，當從延攬
入手」。「裁減之法，有應裁弊者，有應裁人者，有應裁款者」，總之，
是先從內務府整頓着手。這是我完全贊同的做法。

　　除了這些最積極於「密圖恢復」的人之外，就是那些態度消極悲
觀的遺老們，大多數也不反對「保護宮廷，清理財產」和裁人裁款裁
弊。其中只有很小的一部分人，可以我的陳師傅為代表，一提到改
革內務府的各種制度總是搖頭的。這些人大抵認為內務府積弊已深，
冰凍三尺，非一日之寒，從乾隆時代起，隨着宮廷生活的日趨奢靡，
即已造成這種局勢，嘉慶和道光時代未嘗不想整頓，但都辦不到，
現在更談何容易？在陳師傅們看來，內務府不整頓還好，若整起來
必然越整越壞；與其弄得小朝廷內部不安，不如暫且捺下，等到時
來運轉再說。但是像陳師傅這樣的遺老，儘管不贊成整頓，卻也並
不說內務府的好話，甚至還可以守中立。

　　我在婚前不久，幹過一次清理財產的傻事。那時根據莊士敦的建議，我決定組織一個機構，專門進行這項工作。我邀請莊士敦的好朋友、老洋務派李經邁來主持這件事，李不肯來，推薦了他一位姓劉的親戚代替他。內務府並沒有直接表示反對，曾搬出了我的父親來攔阻。我沒有理睬父親的勸阻，堅持要委派李經邁的親戚進行這件事，他們讓了步，請劉上任。可是他幹了不過三個月，就請了長假，回上海去了。

　　經過那次失敗，我還沒有看出內務府的神通。我把失敗原因放在用人失當和我自己尚未「親政」上面；那時正值政局急變，我幾乎要逃到英使館去，也無暇顧及此事。現在，我認為情形與前已大不相同，一則我已當家成人，任何人攔阻不了我，再則我身邊有了一批人，力量強大了。我興致勃勃地從這批人才裏面，選出了鄭孝胥來擔當這件整頓重任。

　　鄭孝胥是陳寶琛的同鄉，在清朝做過駐日本神戶的領事，做過一任廣西邊務督辦。陳寶琛和莊士敦兩位師傅過去都向我推崇過他，尤其是莊師傅的推崇最力，說鄭孝胥是他在中國二十多年來最佩服的人，道德文章，全中國找不出第二位來，說到辦事才幹和魄力，沒有比他更好的。陳師傅還告訴過我，鄭孝胥曾多次拒絕民國總統的邀請，不肯做民國的官，不拿民國的錢。我從報紙上也看到過頌揚他的文字，說他十幾年來以詩酒自娛，「持節不阿」，捧他為同光派詩人的後起之秀。他的書法我早看過，據說他鬻書筆潤收入，日達千金。他既然放棄了功名利祿前來效力，可見是個難得的忠臣。

　　我和鄭孝胥第一次見面是在民國十二年夏天。他從盤古開天闢地一直談到未來的大清中興，談到高興處，眉飛色舞，唾星亂飛，說到激昂慷慨處，聲淚俱下，讓我大為傾倒。我立時決定讓他留下，

請他施展他的抱負。我當時怎麼說的已記不清了，只記得當時他聽我談完後大為感動，很快做出了一首「紀恩詩」：

> 君臣各辟世，世難誰能平？
> 天心有默啟，驚人方一鳴。
> 落落數百言，肝腦輸微誠。
> 使之盡所懷，日月懸殿楹。
> 進言何足異，知言乃聖明。
> 自意轉溝壑，豈知復冠纓。
> 獨抱忠義氣，未免流俗輕。
> 須臾願無死，終見德化成。

　　鄭孝胥成了「懋勤殿行走」之後，幾次和我講過要成大業，必先整頓內務府，並提出了比金梁的條陳更具體的整頓計劃。按照這個計劃，整個內務府的機構只要四個科就夠了，大批的人要裁去，大批的開支要減去，不僅能杜絕流失，更有開源之策。總之，他的整頓計劃如果能夠實現，復辟首先就有了財務上的保證。因此我破格授這位漢大臣為總理內務府大臣，並且「掌管印鑰」，為內務府大臣之首席。鄭孝胥得到了我這破格提拔，又洋洋自得地做了兩首詩：

> 三月初十日夜值
> 太王事獯鬻，勾踐亦事吳。
> 以此慰吾主，能屈誠丈夫。
> 一慚之不忍，而終身慚乎。
> 勿云情難堪，且復安須臾。

> 天命將安歸，要觀人所與。
>
> 苟能得一士，豈不勝多許。
>
> 貍首雖寫形，聊以辟群鼠。
>
> 持危誰同心，相倚譬蛩駏。

　　但是，如果認為俗而無學的內務府會敗在鄭孝胥的手裏，那就把這有二百多年歷史的宮廷管家衙門估計得太低了。儘管鄭孝胥吹得天花亂墜，而且有我的支持和信賴，他的命運還是和李經邁的親戚一樣，也只幹了三個月。

　　那些俗而無學的內務府人，究竟是誰把鄭孝胥擠走的，我始終沒有完全弄清楚。是紹英搗亂嗎？可是紹英是出名的膽小怕事的人。是耆齡嗎？耆齡是個不熟悉內務府差使的外行，一向不多問事。至於寶熙，來的時間很短，未必有那樣大的神通。如果說一切都是下面的人自作主張，竟敢和鄭大臣搗亂，也不全像。鄭孝胥上任之後，遇見的第一件事，是面前出現了辛亥以來成堆的積案。鄭孝胥對付的辦法是先來個下馬威，把原任堂郎中開除，把這個重要的位置抓過來，由他的親信佟濟煦接任。可是沒想到，從此內務府就像癱瘓了一樣，要錢，根本沒錢——真的沒有，賬上是明明的這樣記着：要東西，東西總是找不到存放的地方，賬上也是這樣記着……

　　鄭孝胥為了拉攏下級司員，表示虛懷若谷，傾聽下情，他規定每星期和司員們座談一次，請司員們為改革出些主意。有一位司員建議說，宮中各處祭祀供品向例需用大批果品糕點，所費實在太大，其實只不過是個意思，不如用泥土和木雕的代替，一樣的莊重。鄭對這個主意大為賞識，下令執行，並且對出主意的人擢昇一級。可是那些把供品作為自己合法收入的太監（裁減後還剩下百名左右），

個個都把鄭孝胥恨之入骨。鄭孝胥上任沒有幾天，就成了紫禁城中最不得人心的人。

鄭孝胥不想收兵，於是便接到了恐嚇信。信上說：你正在絕人之路，你要當心腦袋。與此同時，被我派去整頓頤和園的莊士敦也接到了恐嚇信。信上說：你如果敢去上任，路上就有人等着殺你。後來莊士敦很自得地對我說：「我也沒坐車，偏騎馬去，看他們敢不敢殺我，結果我活着到任了。我早看透了那些人！」他指的那些人就是內務府的人。他和鄭孝胥對恐嚇信都表示不在乎。

事情最後的收場，還是在我這裏。

我剛剛任命了鄭的差使，就得到了一個很頭痛的消息：民國國會裏又有一批議員提出了議案，要廢止優待條件，由民國接收紫禁城。早在兩年前，在國會裏就有過這類提案，理由根據是清室在民國六年鬧過復辟，現在又不斷向民國官吏賜官賜爵賜諡，儼然駕於民國之上，顯然圖謀復辟。現在舊案重提，說我不但給復辟犯張勳諡法，更非法的是賞給漢人鄭孝胥紫禁城騎馬和授內務府大臣。

報紙上登出了這個消息，這個消息就像信號一樣，攻擊內務府的舉動接二連三地出現了。如內務府出售古玩給日本商人，內務府大臣榮源把歷代帝后冊寶押進四大銀行等等，這些過去本來不足為奇的事情，也引起了社會上嘖嘖煩言。

同時，在清點字畫中，那些被我召集到身邊的股肱之臣，特別是羅振玉，也遭到了物議。這些新增加的辮子們來到紫禁城裏，本來沒有別的事，除了左一個條陳，右一個密奏，陳說復興大計之外，就是清點字畫古玩，替我在清點過的字畫上面蓋上一個「宣統御覽之寶」，登記上帳。誰知這一清點，引起了滿城風雨。當時我卻不知道，不點還好，東西越點越少，而且給遺老們增闢了各種生財之道。羅振玉的

散氏盤、毛公鼎的古銅器拓片，佟濟煦的珂羅版的宮中藏畫集都賣了大價錢，轟動了中外。頂傷腦筋的是，民國的內務部突然頒佈了針對清宮販賣古物出口而定的「古籍、古物及古跡保存法草案」。

不久，鄭孝胥的開源之策——想把四庫全書運到上海商務印書館出版，遭受當局的阻止，把書全部扣下了。

我父親這時找到我，婉婉轉轉地，更加結結巴巴地向我說，鄭孝胥的辦法值得斟酌，如果連民國當局也不滿意，以後可就更不好辦了。

原來的那些內務府大臣紹英、耆齡、寶熙，還是那麼恭順，沒有說出一句關於鄭、金、榮三人的壞話。不過榮源因為賣冊寶出了事，不露頭了，金梁因為上的條陳裏有勸我讓醇親王退休的話，被我父親大罵一頓，也不知哪裏去了。

這一天，紹英帶着一副膽小怕事的樣子出現在我面前，說現在的步軍統領王懷慶對鄭孝胥的做法很不滿意，王懷慶說如果再叫鄭孝胥鬧下去，民國如果有甚麼舉動，他就再沒辦法幫我的忙。一聽這話，我才真恍了頭。這時，鄭孝胥「懇請開去差事」的奏摺到了。結果是，鄭孝胥回到「懋勤殿行走」，紹英依然又掌管了內務府印鑰。

十、紫禁城的末日

這次整頓內務府宣告失敗，並不能使我就此「停車」。車沒有停，不過拐個彎兒。我自從上了車，就不斷有人給我加油打氣，或者指點路標方向。

遺老們向我密陳恢復「大計」，前面說的只不過是其中的一例。在我婚後，像那樣想為我效力的人，到處都有。例如康有為和他的徒弟徐勤、徐良兩父子，打着「中華帝國憲政黨」的招牌，在國內國

外活動。他們的活動情況，繼續地通過莊士敦傳到宮中。徐勤寫來奏摺吹牛說，這個黨在海外擁有十萬黨員和五家報紙。在我出宮前兩年，徐良曾到廣西找軍閥林俊廷去活動復辟，他給莊士敦來信說，廣西的三派軍人首領陸榮廷、林俊廷和沈鴻英「三人皆與我黨同宗旨，他日有事必可相助對待反對黨也」[11]。民國十三年春節後，康有為給莊士敦的信中說：「經年奔走，至除夕乃歸，幸所至遊說，皆能見聽，亦由各方厭亂，人有同心。」據他說陝西、湖北、湖南、江蘇、安徽、江西、貴州、雲南全都說好了，或者到時一說就行。

　　他最寄予希望的是吳佩孚，說「洛（指吳，吳當時在洛陽）忠於孟德（指曹錕），然聞已重病，如一有它，則傳電可以旋轉」。又說湖北蕭耀南說過「一電可來」的話，到他生日，「可一賞之」。現在看起來，康有為信中說了不少夢話，後來更成了沒有實效的招搖行徑。但當時我和莊士敦對他的話不僅沒有懷疑，而且大為歡欣鼓舞，並按他的指點送壽禮、賞福壽字。我在他們指點之下，開始懂得為自己的「理想」去動用財富了。

　　同樣的例子還有「慈善捐款」。這是由哪位師傅的指點，不記得了，但動機是很清楚的，因為我這時懂得了社會輿論的價值。那時在北京報紙的社會版上，差不多天天都有「宣統帝施助善款待領」的消息。我的「施助」活動大致有兩種，一種是根據報紙登載的貧民消息，把款送請報社代發，另一種是派人直接送到貧戶家裏。無論哪一種做法，過一兩天報上總有這樣的新聞：「本報前登某某求助一事，荷清帝遣人送去 X 元……」既表彰了我，又宣傳了「本報」的作用。為

11　民國十三年我出宮後，接收清宮的清室善後委員會在養心殿搜出了康有為和徐良給莊士敦的信共二封，連同金梁的條陳和江亢虎請覲見的信都發表了出來，但當時卻沒發表這一封，也沒發表康有為向吳佩孚進行活動的往來信件。 —— 作者

了後者，幾乎無報不登吸引我注意的貧民消息，我也樂得讓各種報紙都給我做宣傳。以至有的報居然登出這樣的文章來：

　　時事小言　皇恩浩蕩

　　　皇恩浩蕩，乃君主時恭維皇帝的一句普通話，不意改建民國後，又聞有皇恩浩蕩之聲浪也。今歲入冬以來，京師貧民日眾，凡經本報披露者，皆得有清帝之助款，貧民取款時，無不口訴皇恩之浩蕩也。即本報代為介紹，同人幫同忙碌，然盡報紙之天職，一方替貧民之呼籲，一方代清帝之佈恩，同人等亦無不忻忻然而云皇恩浩蕩也。或曰清帝退位深宮，坐擁巨款，既無若何消耗，只好救濟貧民，此不足為奇也。唯民國之政客軍閥無不坐擁巨款，且並不見有一救濟慈善者，於此更可見宣統帝之皇恩浩蕩也[12]。

　　像這樣的文章，對我的價值自然比十塊八塊的助款大得太多了。

　　我付出最大的一筆賑款，是對民國十二年九月發生的日本「震災」。那次日本地震的損失驚動了世界，我想讓全世界知道「宣統帝」的「善心」，決定拿出一筆巨款助賑。我的陳師傅看的比我更遠，他在稱讚了「皇恩浩蕩，天心仁慈」之後，告訴我說：「此舉之影響，必不僅限於此。」後來因為現款困難，便送去了據估價在美金三十萬元上下的古玩字畫珍寶。日本芳澤公使陪同日本國會代表團來向我致謝時，宮中出現的興奮氣氛，竟和外國使節來觀大婚禮時相像。

　　在這個時期，我的生活更加荒唐，幹了不少自相矛盾的事。比

12　見民國十二年十二月十五日《平報》，作者：秋隱。

如我一面責怪內務府開支太大，一面又揮霍無度。我從外國畫報上看到洋狗的照片，就叫內務府向國外買來，連同狗食也要由國外定購。狗生了病請獸醫，比給人治病用的錢還多。北京警察學校有位姓錢的獸醫，大概看準了我的性格，極力巴結，給我寫了好幾個關於養狗知識的奏摺，於是得到了綠玉手串、金戒指、鼻煙壺等十件珍品的賞賜。我有時從報上看見甚麼新鮮玩意，如四歲孩子能讀《孟子》，某人發現一隻異樣的蜘蛛，就會叫進宮裏看看，當然也要賞錢。我一下子喜歡上了石頭子兒，便有人買了各式各樣的石頭子兒送來，我都給以巨額賞賜。

我一面叫內務府裁人，把各司處從七百人裁到三百人，「御膳房」的二百廚師減到三十七個人，另方面又叫他們添設做西餐的「番菜膳房」，這兩處「膳房」每月要開支一千三百多元菜錢。

關於我的每年開支數目，據我婚前一年（即民國十年）內務府給我編造的那個被縮小了數字的材料，不算我的吃穿用度，不算內務府各處司的開銷，只算內務府的「交進」和「奉旨」支出的「恩賞」等款，共計年支八十七萬五百九十七兩。

這種昏天黑地的生活，一直到民國十三年十一月五日，馮玉祥的國民軍把我驅逐出紫禁城，才起了變化。

這年九月由朝陽之戰開始的第二次直奉戰爭，吳佩孚的直軍起初尚處於優勢，十月間，吳部正向山海關的張作霖的奉軍發動總攻之際，吳部的馮玉祥突然倒戈回師北京，發出和平通電。在馮、張合作之下，吳佩孚的山海關前線軍隊一敗塗地，吳佩孚自己逃回洛陽。後來吳在河南沒站住腳，又帶着殘兵敗將逃到嶽州，直到兩年後和孫傳芳聯合，才又回來，不過這已是後話。吳軍在山海關敗績消息還未到，佔領北京的馮玉祥國民軍已經把賄選總統曹錕軟禁了

起來，接着解散了「豬仔國會」，顏惠慶的內閣宣告辭職，國民軍支持黃郛[13]組成了攝政內閣。

政變消息剛傳到宮裏來，我立刻覺出了情形不對。紫禁城的內城守衛隊被國民軍繳械，調出了北京城，國民軍接替了他們的營地，神武門換上了國民軍的崗哨。我在御花園裏用望遠鏡觀察景山，看見了那邊上上下下都是和守衛隊服裝不同的士兵們。內務府派去了人，送去茶水吃食，國民軍收下了，沒有甚麼異樣態度，但是紫禁城裏的人誰也放不下心。我們都記得，張勳復辟那次，馮玉祥參加了「討逆軍」，如果不是段祺瑞及時地把他調出北京城，他是要一直打進紫禁城裏來的。段祺瑞上台之後，馮玉祥和一些別的將領曾通電要求把小朝廷趕出紫禁城。憑着這點經驗，我們對這次政變和守衛隊的改編有了不祥的預感。接着，聽說監獄裏的政治犯都放出來了，又聽說甚麼「過激黨」都出來活動了，莊士敦和陳師傅他們給我的種種關於「過激」「恐怖」的教育 —— 最主要的一條是說他們要殺掉每一個貴族 —— 這時發生了作用。我把莊士敦找來，請他到東交民巷給我打聽消息，要他設法給我安排避難的地方。

王公們陷入惶惶不安，有些人已在東交民巷的「六國飯店」定了房間，但是一聽說我要出城，卻都認為目前尚無必要。他們的根據還是那一條：有各國公認的優待條件在，是不會發生甚麼事情的。

然而必須發生的事，終歸是發生了。

那天上午，大約是九點多鐘，我正在儲秀宮和婉容吃着水果聊天，內務府大臣們突然跟跟蹌蹌地跑了進來。為首的紹英手裏拿着

13　黃郛字膺白，浙江人，反動的投機政客，後來北伐戰爭時幫助蔣介石策劃反革命政變，成為國民黨親日派，也是新政學系首領之一。

一件公文，氣喘吁吁地說：

「皇上，皇上，……馮玉祥派了軍隊來了！還有李鴻藻的後人李石曾，說民國要廢止優待條件，拿來這個叫，叫簽字，……」

我一下子跳了起來，剛咬了一口的蘋果滾到地上去了。我奪過他手裏的公文，看見上面寫着：

大總統指令

派鹿鐘麟、張璧交涉清室優待條件修正事宜，此令。

中華民國十三年十一月五日

　　國務院代行國務總理黃郛……

　　　修正清室優待條件

今因大清皇帝欲貫徹五族共和之精神，不願違反民國之各種制度仍存於今日，特將清室優待條件修正如左：

第一條、大清宣統帝即日起永遠廢除皇帝尊號，與中華民國國民在法律上享有同等一切之權利；

第二條、自本條件修正後，民國政府每年補助清室家用五十萬元，並特支出二百萬元開辦北京貧民工廠，儘先收容旗籍貧民；

第三條、清室應按照原優待條件第三條，即日移出宮禁，以後得自由選擇住居，但民國政府仍負保護責任；

第四條、清室之宗廟陵寢永遠奉祀，由民國酌設衛兵妥為保護；

第五條、清室私產歸清室完全享有，民國政府當為特別保護，其一切公產應歸民國政府所有。

　　　　　　　　中華民國十三年十一月五日

老實說，這個新修正條件並沒有我原先想像的那麼可怕。但是紹英說了一句話，立即讓我跳了起來：「他們說限三小時內全部搬出去！」

「那怎麼辦？我的財產呢？太妃呢？」我急得直轉，「打電話找莊師傅！」

「電話線斷，斷，斷了！」榮源回答說。

「去人找王爺來！我早說要出事的！偏不叫我出去！找王爺！找王爺！」

「出不去了，」寶熙說，「外面把上了人。不放人出去了！」

「給我交涉去！」

「嗻！」

這時端康太妃剛剛去世不多天，宮裏只剩下敬懿和榮惠兩個太妃，這兩位老太太說甚麼也不肯走。紹英拿這個作理由，去和鹿鐘麟商量，結果允許延到下午三點。過了中午，經過交涉，父親進了宮，朱、陳兩師傅被放了進來，只有莊士敦被擋在外面。

聽說王爺進來了，我馬上走出屋子去迎他，看見他走進了宮門口，我立即叫道：

「王爺，這怎麼辦哪？」

他聽見我的叫聲，像挨了定身法似的，粘在那裏了，既不走近前來，也不回答我的問題，嘴唇哆嗦了好半天，才迸出一句沒用的話：

「聽，聽旨意，聽旨意……」

我又急又氣，一扭身自己進了屋子。後來據太監告訴我，他聽說我在修正條件上簽了字，立刻把自己頭上的花翎一把揪下來，連帽子一起摔在地上，嘴裏嘟囔着說：「完了！完了！這個也甭要了！」

我回到屋裏，過了不大功夫，紹英回來了，臉色比剛才更加難

看，哆哆嗦嗦地說：「鹿鐘麟催啦，說，說再限二十分鐘，不然的話，不然的話……景山上就要開炮啦……」

其實鹿鐘麟只帶了二十名手槍隊，可是他這句嚇唬人的話非常生效。首先是我岳父榮源嚇得跑到御花園，東鑽西藏，找了個躲炮彈的地方，再也不肯出來。我看見王公大臣都嚇成這副模樣，只好趕快答應鹿的要求，決定先到我父親的家裏去。

這時國民軍已給我準備好汽車，一共五輛，鹿鐘麟坐頭輛，我坐了第二輛，婉容和文綉、張璧、紹英等人依次上了後面的車。

車到北府門口，我下車的時候，鹿鐘麟走了過來，這時我才和他見了面。鹿和我握了手，問我：

「溥儀先生，你今後是還打算做皇帝，還是要當個平民？」

「我願意從今天起就當個平民。」

「好！」鹿鐘麟笑了，說：「那麼我就保護你。」又說，現在既是中華民國，同時又有個皇帝稱號是不合理的，今後應該以公民的身份好好為國效力。」張璧還說：

「既是個公民，就有了選舉權和被選舉權，將來也可能被選做大總統呢！」

一聽大總統三個字，我心裏特別不自在。這時我早已懂得「韜光養晦」的意義了，便說：「我本來早就想不要那個優待條件，這回把它廢止了，正合我的意思，所以我完全贊成你們的話。當皇帝並不自由，現在我可得到自由了。」這段話說完，周圍的國民軍士兵都鼓起掌來。

我最後的一句話也並非完全是假話。我確實厭惡王公大臣們對我的限制和阻礙。我要「自由」，我要自由地按我自己的想法去實現我的理想 —— 重新坐在我失掉的「寶座」上。

十一、在北府裏

　　我說了那幾句漂亮話，匆匆走進了國民軍把守着的北府大門。我在父親的書房裏坐定，心想我這不是在王府裏，而是進了虎口。我現在第一件要辦的事，就是弄清楚究竟我的處境有多大危險。我臨出宮以前，曾叫人送信給宮外的那些「股肱之臣」，讓他們從速設法，營救我逃出國民軍的掌握。這時，不但他們的奔走情形毫無消息，就連外邊的任何消息也都無法知道。我很想找人商量商量，哪怕聽幾句安慰話也好。在這種情勢下，我的父親讓我感到了極大的失望。

　　他比我還要驚慌。從我進了北府那一刻起，他就沒有好好地站過一回，更不用說安安靜靜地坐一坐了。他不是喃喃自語地走來走去，就是慌慌張張地跑出跑進，弄得空氣格外緊張，後來，我實在忍不下去了，請求他說：

　　「王爺，坐下商量商量吧！得想想辦法，先打聽一下外邊的消息呀！」

　　「想想辦法？好！好！」他坐了下來，不到兩分鐘，忽然又站起來，「載洵也不露面了！」說了這句牛頭不對馬嘴的話，又來來去去地轉了起來。

　　「得打聽打聽消息呵！」

　　「打，打聽消息？好，好！」他走出去了，轉眼又走進來，「外邊不，不讓出去了！大門上有兵！」

　　「打電話呀！」

　　「打，打電話，好，好！」走了幾步，又回來問：「給誰打電話？」

　　我看實在沒辦法，就叫太監傳內務府大臣們進來。這時內務府大臣榮源住進了外國醫院，治神經病去了（兩個月後才出來），耆齡

忙着搬移我的衣物，處理宮監、宮女的問題，寶熙在照顧未出宮的兩位太妃，只剩下紹英在我身邊。他的情形比王爺好不了多少，一個電話也沒打出去。幸虧後來其他的王公大臣和師傅們陸續地來了，否則北府裏的慌亂還不知要發展到甚麼地步。莊士敦在傍晚時分帶來的消息是最好的：經過他的奔走，公使團首席公使荷蘭的歐登科、英國公使麻克類、日本公使芳澤已經向攝政內閣外交總長王正廷提出了「抗議」，王正廷向他們保證了我的生命財產的安全。這個消息對北府裏的人們起了鎮定作用，但是對於我父親，好像「劑量」還不足。莊士敦在他的著作裏曾描寫過那天晚上的情形：

　　皇帝在一間大客廳裏接見了我，那間屋子擠滿了滿洲貴族和內務府的官員。……我的第一個任務，是說明三位公使拜訪外交部的結果。他們已經從載濤那裏，知道了那天早晨我們在荷蘭使館進行了磋商，所以他們自然急於要知道，和王博士（正廷）會見時的情形。他們全神貫注地聽我說話，只有醇親王一人，在我說話的時候不安地在屋裏轉來轉去，顯然是漫無目的。有好幾次忽然加快腳步，跑到我跟前，說了幾句前言不搭後語的話。他的口吃似乎比平時更加厲害了。他每次說的話都是那幾句，意思是「請皇上不要害怕」──這句話從他嘴裏說出，完全是多餘的，因為他顯然要比皇帝驚慌。當他把這種話說到四五次的時候，我有點不耐煩了，我說，『皇帝陛下在這裏，站在我旁邊，你為甚麼不直接和他說呢？』可是，他太心慌意亂了，以致沒有注意到我說話的粗魯。接着，他又漫無目的地轉起圈子來。……

那天晚上，我父親的另一舉動，尤其令我不能滿意。

莊士敦到了不久，鄭孝胥帶着兩個日本人來了。從「東京震災」捐款時起，東交民巷的日本公使館就和我的「股肱」們有了交際，羅振玉和鄭孝胥來到紫禁城之後，又和日本兵營有了往來。鄭孝胥這時和東交民巷的竹本多吉大佐商定了一條計策，由竹本的副官中平常松大尉，穿上便衣，帶着一名醫生，假裝送我進醫院，把我運出北府，接進日本兵營。鄭孝胥帶着中平大尉和日本醫生村田到了北府，說出了他們的計策，但是遭到了王公大臣和師傅們的一致反對。他們認為這個辦法很難混過大門口的士兵，即使混過了他們，街上還有國民軍的步哨，萬一被發現，那就更糟糕。我父親的態度最為激烈，他的反對理由是這樣：「就算跑進了東交民巷，可是馮玉祥來找我要人，我怎麼辦？」結果是鄭孝胥和日本人被送出大門去了。

到了次日，北府的門禁突然加嚴，只准進，不准出。後來稍放鬆一點，只許陳、朱兩師傅和內務府大臣出進，外國人根本不許進來。這一下子，北府裏的人又全慌了神，因為既然國民軍不把洋人放在眼裏，那就沒有可保險的了。後來兩個師傅分析了一下，認為歷來還沒有不怕洋人的當局，王正廷既向三國公使做出保證，料想他不會推翻。大家聽了，覺得有理，我卻仍不放心。話是不錯，不過誰知道大門口的大兵是怎麼想的呢？那年頭有句話：「秀才遇見兵，有理講不清！」黃郛和王正廷儘管如何保證，離我最近的手持兇器的還是門口的大兵。萬一他們發作起來，就怕一切保證都不頂事。我越想越怕，後悔沒有跟鄭孝胥帶來的日本人出去，同時心裏也埋怨父親只考慮自己，卻不顧我的安危。

正在這時候，羅振玉從天津回來了。他是在馮軍接管內城守衛

的時候乘坐京津國際列車[14]到天津求援去的。他到了天津日本駐屯軍司令部，司令部的金子參謀告訴他，鹿鐘麟已進了宮，日本司令官叫他去找段祺瑞。這時段祺瑞也接到了北京竹本大佐轉來鄭孝胥的求援電報。段祺瑞發出了一封反對馮玉祥「逼宮」的通電。羅振玉看了那個電稿，明白了段祺瑞馬上就要出山，覺得形勢並不那麼嚴重，不過他仍然要求日軍司令部出面「保護」。日軍司令部告訴他，北京的竹本大佐會有辦法。根據日本駐屯軍司令部的指示，他返回北京找到竹本大佐，竹本大佐叫他告訴我，日本騎兵將在北府附近巡邏，如國民軍對北府有甚麼異樣舉動，日本兵營會立即採取「斷然措施」。陳寶琛也告訴我，日本兵營想把日本軍用信鴿送進北府，以備報警之用（後來因為怕國民軍知道，沒敢收），於是我對日本人的「感情」又發展了一步。這樣一來，羅振玉在我心裏得到了與鄭孝胥相等的地位，而王爺就被擠得更遠了。

我看到了段祺瑞指摘馮玉祥「逼宮」的通電，又聽到了奉軍將要和馮軍火併的消息，這兩件事給我帶來了新的希望。與此同時，陳寶琛給我拿來了日本兵營轉來的段祺瑞的密電，上面說：「皇室事余全力維持，並保全財產。」接着門禁有了進一步的鬆動，允許更多的王公大臣以至宗室人等進來，甚至連沒有「頂戴」「功名」的胡適也沒受到阻攔，只有莊士敦還是不讓進來。

不久，北府所最關心的張、馮關係，有了新的發展，傳來了馮玉祥在天津被奉軍扣押的消息。後來雖然證明是謠傳，但是接踵而至的消息更鼓舞了北府裏的人：國民軍所支持的黃郛攝政內閣，在

---

14 內戰中，火車常被軍閥扣留，京津間交通很不正常，因這趟車是根據東交民巷的意思組成的，所以交戰雙方都不敢動它。 —— 作者

北京宴請東交民巷的公使，遭到了拒絕。北府裏樂觀地估計，這個
和我過不去的攝政內閣的壽命快完了，代替他的自然是東交民巷（至
少是日本人）所屬意的段祺瑞。果然，第二天的消息證實了羅振玉的
情報，馮玉祥不得不同意張作霖的決定，讓段祺瑞出山。過了不多
天，張、段都到北京來了。那幾天的情形，鄭孝胥的日記裏是這樣
記載的：

乙巳廿六日（十一月二十二日）。小雪。作字。日本
兵營中平電話云：段祺瑞九點自天津開車，十二點半可到
京。偕大七（鄭的長子鄭垂）往迎段祺瑞於車站。……三點
車始到，投刺而已。……

丙午廿七日（二十二日）。……曹纕衡（段的幕僚）電
話云：段欲公為閣員，今日請過其居商之。答之曰：不能
就，請代辭，若晤面恐致齟齬。至北府入對。澤公、伣貝
子、耆壽民（齡）詢余：就段否？余曰：擬就其顧問，猶慮
損名，苟不能復辟，何以自解於天下？伣貝子曰：若有利
於皇室，雖為總統何害？……

丁未廿八日（二十三日）。……北府電話召。入對。上
（溥儀）賜膳，裁兩器、兩盤、數小碟而已。段派廕昌來，
守衛兵得其長官令：不禁止洋員（指莊士敦）入見。濤貝勒
云：頃已見段，求撤衛兵，但留警察。使垂訪池部（日公
使館書記官）。上云：今日已派柯劭忞、羅振玉商購祿褙
胡同盛昱之屋，將為行在。……

戊申二十九日（二十五日）。……至吉兆胡同段宅晤段
芝泉（祺瑞），談久之。至北府，入對。……

　　己酉三十日（二十六日）……召見，草賜張作霖詔，羅
振玉書之。詔云：「奉軍入京，人心大定，威望所及，羣邪
斂跡。昨聞莊士敦述及厚意，備悉一切。予數年以來，困
守宮中，圍於聞見，乘此時會，擬為出洋之行，唯籌備尚
須時日，日內欲擇暫駐之所，即行移出醇邸。俟料理粗定，
先往盛京，恭謁陵寢。事竣之日，再謀遊學海外，以補不
足。所有詳情，已屬莊士敦面述。」……北府馮軍撤回。
馮玉祥求免職，段批假一月。聞馮已赴西山。……

　　段、張合作的消息一傳出，北府的氣氛就變了。王公們首先給
張作霖秘密地寫了一封信，請求他庇護。張、段入京後，王公們派
了代表和鄭孝胥一齊表示歡迎，然後又分頭進行活動。由鄭孝胥去
找段祺瑞，北府的管家張文治去找他的盟兄張作霖。讓北府最高興
的，是張作霖托張文治特別邀請莊士敦去一趟。結果莊士敦去了兩
趟。張作霖找莊士敦的目的，是想通過莊士敦探一探東交民巷對他
的態度，而北府裏則希望通過莊士敦探一探張作霖對我的態度。我
讓莊士敦帶去了我的一張簽名照片，一個大鑽石戒指。張作霖留下
照片，退了戒指，表示了同情。與此同時，段祺瑞向鄭孝胥表示了，
可以考慮恢復優待條件。既有了東交民巷的「同情」，又有了這兩位
當權人物的支持，雖然馮玉祥的國民軍還在北京城裏，而北府的人
們已經敢於「反攻」了。

　　十一月二十八日，即大門上的國民軍撤走、馮玉祥通電辭職的
第二天，北府裏用內務府的名義發出了致國民內務部的一封公函：

　　……查法理原則關於刑律之規定，凡以強暴脅迫人

者，應負加害之責任，其民法原理凡出於強暴脅迫，欺罔
恐嚇之行為，法律上不能發生效力。茲特專函聲明：所有
攝閣任意修正之五條件，清室依照法理不能認為有效。……

與此同時還發出了向外國公使們呼籲支援的公函。對攝閣成立
時組成的「清室善後委員會」，雖清室代表已參加開了幾次會，現在
也否認了。

這天，日本人辦的《順天時報》記者來訪問我，我向他發表了談
話，與出宮那天所說的完全相反：

此次國民軍之行動，以假冒國民之巡警團體，武力強
迫余之簽字，余決不如外間所傳之欣然快諾。……[15]

《順天時報》是日本公使館支配下的日商報紙。說到當時日本人
對我的「熱心」，決不能忽略了這份報紙。它不像竹本大佐那樣的一
切在暗中進行，而是依仗特權公然地大嚷大叫，極盡聳動聽聞之能
事。從我進了北府的第二天起，《順天時報》連續發出了對「皇室」
無限「同情」，對攝政內閣和國民軍無限「激憤」的消息和評論。裏
面大量地使用了「逼宮」、「蒙難」之類的字眼，以及「泰山壓卵」、
「欺凌寡婦孤兒」、「綁票」等等的比喻，大力渲染和編造了「旗人紛
紛自殺」，「蒙藏發生懷疑」等的故事，甚至還編造了「某太妃流血殉
清朝」，「淑妃斷指血書，願以身守宮門」和「淑妃散髮攀輪，阻止登

15　這是記者報導的文字，登在民國十四年十一月二十九日的《順天時報》上，基本和
　　我當時的思想一致。── 作者

車」的驚人奇聞。其他外文報紙雖也登過類似的文字，但比起《順天時報》來，則大為遜色。

十二、三岔口上的抉擇

北府裏的人雖然有共同的興奮，卻沒有共同的想法。金梁後來在他補寫的《遇變日記》裏說：「蓋自段、張到京後，皆空言示好，實無辦法。眾為所欺，以為恢復即在目前，於是事實未見，而意見已生。有主張原訂條件一字不能動者，有主必還宮復號者，有主改號遜帝者，有主歲費可減，必有外人保證者，有主移住頤和園者，有主在東城購屋者。實則主權在人，無異夢想，皆不知何所見而云然也。」這段話說的的確是實情。

一九二四年十一月五日的這場旋風，把我一下子拋出了紫禁城，落到一個三岔口上。我面前擺着三條路：一條是新「條件」給我指出的，放棄帝王尊號，放棄原來的野心，做個仍然擁有大量財寶和田莊的「平民」；另一條，是爭取「同情者」的支援，取消國民軍的新條件，全部恢復袁世凱時代的舊條件，或者「復號還宮」，讓我回到紫禁城，依然過着從前那樣的生活；還有一條，是最曲折的道路，它通向海外，然後又指向紫禁城，不過那時的紫禁城必須是辛亥以前的紫禁城。這條路當時的說法則是「借外力謀恢復」。

我站在這個三岔路口上，受着各種人的包圍，聽盡了他們的無窮無盡的爭吵。他們對於第一條路，都認為不屑一顧，而在其他兩條路線的選擇上，則又互不相讓。即使是同一條路線的擁護者，也各有不同的具體主張和詳細計劃。他們每個人都爭先恐後地給我出主意，搶着給我帶路。

在剛進北府的那幾天，爭論的中心是「留在北府呢，還是設法溜出去，躲進東交民巷」？ 前面已說過，主張溜走的一方是處於孤勢的鄭孝胥和不公開表態的莊士敦，另一方則是以我父親為首的王公大臣以及師傅們。這場衝突是以鄭孝胥的失敗而告終。門禁開始放鬆以後，則以「出洋不出洋，爭取不爭取恢復原優待條件」為中心展開了第二次交鋒。主張立即出洋的一方是金梁和羅振玉（莊士敦仍是不公開表態的一個），另一方仍以我父親為首，有師傅們參加。他們這次的矛頭主要對着「急先鋒」金梁，也取得了勝利。不過，這是一個表面的勝利。到第三個回合，即鄭、羅、莊聯合了起來，並爭得了陳寶琛的參與，問題重心轉到了「我的當前處境危險不危險，要不要先跑進東交民巷」的時候，那些王公大臣便慘敗了。

以我父親為首的王公大臣們，一心一意地想恢復原狀，爭取復號還宮。他們對國民軍懷着仇恨，卻希望我加以忍受和等待。國民軍取消了我的皇帝尊號，他們認為我還可以在家裏做皇帝，反正他們不取消我的尊號。國民軍的統治剛露出了不穩徵兆（張、馮不和，黃內閣被拒於使團），他們的幻想就抬頭了。他們一面勸我靜待佳音，一面對於一切主張出洋以及出府的人，大肆攻擊。他們在第一個回合上取得了勝利，讓我去不成東交民巷，在第二個回合上，又讓金梁敗得很狼狽。金梁從報上看到了我對鹿鐘麟的談話以後，門禁剛一鬆動，便帶着一份奏摺和替我擬好的「宣言書」來了。他大大地誇獎了我的談話，請我對外宣佈「敝屣一切，還我自由，余懷此志久矣」！叫我放棄帝號和優待費，把錢拿出來辦圖書館和學校，以「收人心，抗輿論」，同時要「托內事於忠貞之士，而先出洋留學，圖其遠者大者，盡人事以待天命，一旦有機可乘，立即歸國」。他的論點是：「蓋必敝屣今日之假皇帝，始可希望將來之真皇帝」。他說過

之後，又寫成一個《請速發宣言疏》。這一番話，儘管令我動心，但是我父親知道之後，對他大怒，把他稱做「瘋子」，請他以後不要再上門來。

其實，金梁並不是堅決的「出洋派」。他的主張曾讓我一時摸不着頭腦。段祺瑞上台後，還原的呼聲甚囂塵上之際，他托人遞摺子給我，再不提「敝屣一切」和放棄優待條件、帝號的話，說如果能爭回帝號，我亦不可放棄。他同時上書張作霖說：「優待條件事關國信，效等約法，非可輕易修改。」他對別人解釋說，他原並不是主張放棄帝號的，不過此事不宜由我去爭而已。他的解釋沒有得到我父親的諒解，也引不起我的興趣，北府的大門也進不來了。

我父親趕走金梁之後，為了防範別人對我的影響，每逢有他認為靠不住的人來訪我，他不是加以攔阻，就是立在一邊看守着，因此另一個主張出洋的羅振玉被他弄得無法跟我說話。我父親的「王爺」威風只有對莊士敦不敢使用，但是門口上的大兵無形中幫了父親的忙，莊士敦從第二天起就進不來了。所以我父親這一次在對付出洋派上，又成了勝利者。

我父親這一派人接連得到的兩次勝利，卻是十分不鞏固的勝利。他的封鎖首先引起我心中更大的反感。儘管我對自己的前途還沒有個明確的打算，但這一點是從進了北府大門就明確了的：無論如何我得離開這個地方。我不能出了一座大紫禁城，又鑽進一座小紫禁城，何況這裏並不安全。

後來，我向父親表示了不滿，我不希望在我接見人的時候總有他在場，更不希望想見我的人受到阻攔。父親讓了步，於是情況有了變化，各種帶路人都帶着最好的主意來了。這時又出現了一個新的出洋派。我的老朋友胡適博士來了。

　　不久以前，我剛在報上看到胡適一封致王正廷的公開信，大罵國民軍，表示了對於「以武力脅迫」修改優待條件這種行為的「義憤」。雖然陳寶琛仍然把他視同蛇蠍，但鄭孝胥已經和他交上了朋友，有些遺老也認為他究竟比革命黨和國民軍好。他走進北府，沒有受到阻攔，我見到他，表示了歡迎，並且稱讚他在報上發表的文章。他又把國民軍罵了一通，說：「這在歐美國家看來，全是東方的野蠻！」

　　胡適這次見我，並不是單純的慰問，而是出於他的「關心」。他問我今後有甚麼打算。我說王公大臣們都在活動恢復原狀，我對那些毫無興趣，我希望能獨立生活，求些學問。

　　「皇上很有志氣！」他點頭稱讚，「上次我從宮裏回來，就對朋友說過，皇上很有志氣。」

　　「我想出洋留學，可是很困難。」

　　「有困難，也不太困難。如果到英國，莊士敦先生可以照料。如果想去美國，也不難找到幫忙的人。」

　　「王公大臣們不放我，特別是王爺。」

　　「上次在宮裏，皇上也這樣說過。我看，還是要果斷。」

　　「民國當局也不一定讓我走。」

　　「那倒好說，要緊的還是皇上自己下決心。」

　　儘管我對這位「新人物」本能地懷着戒心，但他的話確實給了我一種鼓勵。我從他身上覺察出，我的出洋計劃，一定可以得到社會上不少人的同情。因此，我越發討厭那些反對我出洋的王公大臣們了。

　　我認為，那些主張恢復原狀的，是因為只有這樣，才好保住他們的名銜。他們的衣食父母不是皇上，而是優待條件。有了優待條

件，紹英就丟不了「總管內務府印鑰」，榮源就維持住樂在其中的抵押、變價生涯，醇王府就每年可以照支四萬二千四百八十兩的歲費，這是不管民國政府拖欠與否，內務府到時都要湊足送齊的。除了這些人以外，下面的那些嘍囉，不斷地遞摺子、上條陳，也各有其小算盤。我六叔載洵有個叫吳錫寶的門客，寫了一個「奏為陳善後大計」的摺子，一上來就抱怨說，他早主張要聘用各國法學家研究法律，以備應付民國違法毀約的舉動，因為沒聽他的主意，所以今天手忙腳亂，駁辯無力。接着他提出五條大計，說來說去都沒離了用法律和法學家，其原因，他自己就是一名律師。還有一個名叫多濟的旗人，是掛名的內務府員外郎，他堅決主張無論如何不可放棄帝號，不但如此，我將來有了兒子還要叫做「宣統第二」。他又主張今後我應該把侍奉左右的人都換上八旗子弟。看來他也打好主意，讓他的兒子做「多濟第二」，來繼承員外郎這份俸銀。

我見過了胡適，莊士敦也回到我身邊，向我轉達了張作霖的關懷。我覺得胡適說的不錯，出洋的問題不致於受到當局的阻攔。我和莊士敦計議如何籌備出洋的事，張作霖又做了表示，歡迎我到東北去住。我想先到東北住一下也好，我到了東北，就隨時可以出洋了。我剛拿定了主意，這時又出了新問題。

國民軍的警衛從大門撤走之後，形勢本來已經緩和，我已敢放膽向記者罵國民軍了，忽然鄭孝胥面容嚴肅地出現在我面前，問我看過報沒有。

「看了，沒有甚麼呀！」

「皇上看看《順天時報》。」他拿出報來，指着一條「赤化運動之平民自治歌」標題給我看。這條消息說，馮軍入京以後，「赤化主義」乘機活動，最近竟出現數萬張傳單，主張「不要政府真自治、不要法

律大自由」云云。那時我從鄭、陳、莊諸人的嘴裏和《順天時報》上，常聽到和看到甚麼共產黨是過激主義、赤化主義，赤化、過激就是洪水猛獸、共產共妻，馮玉祥的軍隊就和赤化過激有關，等等的鬼話。現在根據鄭孝胥的解釋，那是馬上要天下大亂的，「赤化主義」對我下毒手，則更無疑問。

我被鄭孝胥的話正鬧得心驚膽戰，愁容滿面的羅振玉出現了。我一向很重視羅振玉從日本方面得來的消息。他這次報告我說，日本人得到情報，馮玉祥和「過激主義」分子將對我有不利行動。「現在馮軍佔了頤和園，」他說，「出事可能就在這一兩天。皇上要趁早離開這裏，到東交民巷躲避一下才好。」

這時莊士敦也來了，帶來了外國報上的消息，說馮玉祥要第三次對北京採取行動。

這樣一來，我沉不住氣了，連陳寶琛也着了慌。陳寶琛同意了這個意見：應該趁馮玉祥的軍隊不在的時候，抓機會躲到東交民巷去，先住進德國醫院，因為那位德國大夫是認識我的。我和陳、莊二師傅悄悄地商議了一個計策，這個計策不但要避免民國當局知道，也要防備着我的父親。

我們按照密議的計劃進行。第一步，我和陳師傅同出，去探望比我晚幾天出宮的住在麒麟碑胡同的敬懿、榮惠兩太妃，探望完了，依舊回北府，給北府上下一個守信用的印象。這一步我們做到了。第二天，我們打算再進行第二步，即藉口去裱褙胡同看一所準備租用的住房，然後從那裏繞一下奔東交民巷，先住進德國醫院。第三步則是住進使館。只要到了東交民巷，第三步以及讓婉容她們搬來的第四步，就全好辦了。但是在執行這第二步計劃的時候，我們剛上了汽車，我父親便派了他的大管家張文治，偏要陪我們一起去。

我和莊士敦坐在第一輛汽車上，張文治跟在陳寶琛後邊，上了另一輛車。

「事情有點麻煩。」莊士敦坐進了汽車，皺着眉頭，用英文對我說。

「不理他！」我滿肚子的氣，讓司機開車。車子開出了北府。我真想一輩子再不進這個門呢。

莊士敦認為，不理這個張文治是不行的，總得設法擺脫他。在路上，他想出了個辦法：我們先到烏利文洋行停一停，裝作買東西，打發張文治回去。

烏利文洋行開設在東交民巷西頭一入口的地方，是外國人開的出售鐘錶、相機的舖子。我們到了烏利文，我和莊士敦進了舖子。我看了一樣又一樣的商品，最後挑了一隻法國金懷錶，蘑菇了一陣，可是張文治一直等在外面，沒有離開的意思。到了這時，莊士敦只好拿出最後一招，對張文治說，我覺得不舒服，要去德國醫院看看。張文治狐疑不安地跟我們到了德國醫院。到了醫院，我們便把他甩在一邊。莊士敦向醫院的棣柏大夫說明了來意，把我讓到一間空病房裏休息，張文治一看不是門道，趕緊溜走了。我們知道他必是回北府向我父親報信去了，莊士敦不敢放鬆時間，立刻去英國使館辦交涉。誰知他這一去就杳無音信，等得我好不心焦。我生怕這時張文治把我父親引了來，正在焦躁不安的功夫，陳寶琛和鄭孝胥相繼到了。

鄭孝胥的日記裏，有這樣一段記載：

> 壬子初三日。弢庵（陳寶琛）、叔言來。昨報載：李煜瀛見段祺瑞，爭皇室事，李忿言：法國路易十四，英國殺君主，事尤數見，外交干涉必無可慮。」張繼出告人曰：「非斬草除根，不了此事。」平民自治歌有曰：「留宣統，真怪

異，唯一污點尚未去。」余語弢庵曰：「事急矣！」乃定德國醫院之策。午後，詣北府，至鼓樓，逢弢庵之馬車，曰：「已往蘇州胡同矣！」馳至蘇州胡同，無所見，余命往德國醫院。登樓，唯見上（溥儀）及弢庵，云莊士敦已往荷蘭、英吉利使館。余定議奉上幸日本使館，上命余先告日人。即訪竹本，告以皇帝已來。竹本白其公使芳澤，乃語余：「請皇帝速來。」於是大風暴作，黃沙蔽天，數步外不相見。余至醫院，慮汽車或不聽命，議以上乘馬車；又慮院前門人甚眾，乃引馬車至後門，一德醫持鑰從，一看護引上下樓，開後門，登馬車，余及一僮驂乘。德醫院至日使館有二道，約里許：一自東交民巷轉北，一自長安街轉南。余叱御者曰：「再赴日使館。」御者利北道稍近，驅車過長安街。上驚叫曰：「街有華警，何為出此！」然車已迅馳，余曰：「咫尺即至！馬車中安有皇帝？請上勿恐。」既轉南至河岸，復奏上曰：「此為使館界矣！」送入日使館。竹本、中平迎上入兵營。弢庵亦至。方車行長安街，風沙悍怒，幾不能前，昏晦中入室小憩。上曰：「北府人知我至醫院耳，莊士敦、張文治必復往尋，宜告之。」余復至醫院，攝政王、濤貝勒皆至。因與同來日館，廷臣奔視者數人。上命余往告段祺瑞，命張文治往告張作霖。……

關於莊士敦，鄭孝胥在日記裏只簡單地提了一句，原因是他在德國醫院沒有看見莊士敦，莊士敦那時已經帶着憤懣到日本使館去了。我在日本使館裏和這位一去不回的莊師傅相見時，很覺奇怪。他對我解釋說：「我到英國公使那裏去了，麻克類說那裏地方很小，

不便招待……既然陛下受到日本公使先生的接待，那是太好了，總之，現在一切平安了。」在那匆匆忙忙之中，我沒再細問──既然我保險了，過去的事情我也就沒有興趣再去知道了。後來我才弄明白，引起他憤懣的，並非像他那天和我解釋的「麻克類說，那裏地方很小，不便招待」，以致有失面子，更不像後來在自己的著作《紫禁城的黃昏》一書中所說，只有日本公使館才願意給我以有效保護（也許英國公使館有這個看法──他在書中是這樣說的），而他在這次爭奪戰中成了敗北者，才是使他憤懣的根本原因。

鄭孝胥對自己在這次出逃中所起的作用，得意極了。這可以從他寫的兩首七言詩中看出來：

十一月初三日奉乘輿幸日本使館

陳寶琛、莊士敦從幸德國醫院，孝胥踵至，遂入日本使館。

乘日風兮載雲旗，縱橫無人神鬼馳，
手持帝子出虎穴，青史茫茫無此奇！

是日何來蒙古風？天傾地坼見共工，
休嗟猛士不可得，猶有人間一禿翁[16]。

這位儼然以「猛士」自居的人後來藏了一幅畫：在角樓的上空雲霧中，有一條張牙舞爪的龍。陳寶琛虔誠地在畫上題了「風異」二字，並作詩一首恭維他：「風沙叫嘯日西垂，投止何門正此時；寫作

16　見劉邦《大風歌》：「大風起兮雲飛揚，威加海內兮歸故鄉，安得猛士兮守四方？」

昌黎詩意讀，天昏地黑扈龍移。」莊士敦頗知湊趣，也用英文把事件經過寫在上面。

讓鄭孝胥如此得意忘形的原因之一，是他在這場爭奪壟斷的戰鬥中，勝過了他的暗中對手羅振玉。羅不但沒有趕上這個機會，而且竹本大佐這個值錢的關係，也被鄭輕輕拿在手裏，成了鄭的本錢。鄭、羅二人之間的衝突，原來是掩蓋在他們與王公們的爭奪戰後面。而從這時起，開始了他們之間的爭奪戰了。

不過莊士敦卻在旁不免暗笑。在他的一九三二年出版的書裏，他肯定了鄭孝胥的日記所敍述的正確性之後說：「不過有一點除外，那就是鄭孝胥錯誤地認為，竹本大佐在同意用他自己的住處接待皇帝之前，已經和日本公使商量過了。日本使館內文武官員之間的關係，並不像其他使館文武官員之間的關係那麼親近和友好，竹本大佐是否認為自己應當聽從日本公使的命令，是大可懷疑的。因此，他並不認為必須把他和鄭孝胥先生談的話向芳澤謙吉先生彙報，而且他也沒有這樣做。事實上，他本人急於要接待皇帝，不希望日本公使把他的貴客奪走。……」

事實上，後來是奪走了。這剛開始不久的爭奪戰，不僅展開在王公大臣和鄭、羅之間，也不僅在鄭與羅之間，原來還發生在日本人之間。這一場爭奪戰中的真正勝利者，有一段談話刊在第二天的《順天時報》上：

　　　　　　　日使對容留遜帝之談話
　　日本芳澤公使，昨日對於往訪記者所談遜帝溥儀遷入日本使館之經過，並公使所持之態度如下：
　　上星期六午後三時，忽有某氏（公使不欲宣佈其姓名）

來訪余（公使自稱，下同），告以遜帝現已入德國醫院，並謂此不過暫時辦法，萬難期其久居，且於某某方面亦曾懇談遜帝遷居事，咸以遷居日本使館為宜，故遜帝遣某來為之先容，萬希俯允所請等語。余當時在大體上因無可推辭，然以事出突然，故答以容暫考慮，再為答覆等語。某氏辭去約二十分鐘，余即接得報告，謂遜帝已至日本兵營，要求與余面會。余當即親赴兵營迎迓，一面為之準備房屋。午後五點迎入本館後，即派池部書記官赴外交部謁沈次長，說明遜帝突然來館之始末，並請轉達段執政，以免有所誤會。當蒙其答覆，極為諒解。……

十三、由「使館區」到「租界」

在那個時代，「使館區」和「租界」正是「好客」的地方。我進了日本公使館才知道，我並不是唯一的客人，當時還住着一個名叫王毓芝的人物，他是賄選大總統曹錕的心腹謀士。曹錕沒有來得及逃往使館區，被國民軍軟禁了起來。王毓芝的腿快，做了這裏的客人。我還記得，七年前我第二次做皇帝的時候，被張勳趕走的黎元洪也在這裏住過，我第二次退位以後，被段祺瑞趕走的張勳做過荷蘭使館的客人。每逢使館裏到了必須接待來客的時候，使館區裏的飯店和醫院總免不了跟着熱鬧一番，因為每次總有一批神經脆弱而又身價夠不上進使館的人們往這裏跑，把這裏塞得滿滿的，甚至於連樓梯底下都有人願意付租金。辛亥、丁巳和我這次被趕出紫禁城，有不少的滿族貴族都爭先恐後地到這裏做客。有一次飯店老闆貼出了一張很不禮貌的告示：「查本店寄居者過多，樓梯下亦已住滿，衛生

狀況殊為不佳，且有隨地吐痰、極不文明者，……茲規定，如再有人吐痰於地，當罰款十元，決不寬貸！」儘管如此，還是有人趨之若鶩，流連忘返。

我在這裏遇到的熱情是空前的，也許還是絕後的。有一件小事我在前面沒有說到，是我從北府出來的時候，在我汽車上還有北府的兩名警察，他們按照當時「要人」們乘車的習慣，站在車外踏腳板上，一邊一個，一直陪我到了德國醫院。後來知道我不回去了，他們不能回去交差，便要求留在日本使館。他們得到了准許，作為我的隨侍被收留了。後來我派人再去北府接婉容和文綉的時候，那邊的警察再不肯放走她們。使館裏派了一名書記官特意去交涉，也沒有成功，最後還是芳澤公使親自去找了段執政，婉容和文綉才帶着她們的太監、宮女來到了我的身邊。

使館主人看我周圍有那麼一大羣人，三間屋子顯然住不開，特意騰出了一所樓房，專供我使用。於是我那一班人馬 —— 南書房行走和內務府大臣以及幾十名隨侍、太監、宮女、婦差、廚役等等又各得其所。在日本公使館裏，「大清皇帝」的奏事處和值班房又全套恢復了。

更重要的是，芳澤公使給我取得了執政府的諒解。執政府除了向芳澤公使做了表示之外，並且派了陸軍中將曲同豐，親自到日本兵營的竹本大佐那裏，再次表明：「執政府極願尊重遜帝的自由意志，並於可能範圍內，保護其生命財產及其關係者之安全。」

以我父親為首的王公們曾來勸我回去，說北府現在已經安全，有段祺瑞和張作霖在，國民軍決不敢任意行事，還說段和張都向他們做了保證。但我相信羅振玉他們的話，段和張的保證都是因為我進了使館才說的，我如果還在北府，而國民軍還在北京，甚麼保證

都靠不住。我拒絕了他們。事實上，王公們也正在向使館區裏找住處，後來有的進了德國兵營，有的進了六國飯店。我父親一面勸我，又一面在西什庫教堂租庫房，存放他的珍貴財物，後來北府裏的弟妹們也都跑到西什庫教堂住去了。

看見日本使館對我的殷勤照料，連許多不知名的遺老也活躍起來了。他們從各地給段執政打電報，要求恢復優待；他們給我寄錢（這叫做「進奉」），供我使用；有的人從外地跑到北京，給我請安，密陳大計。蒙古王公好像吃了興奮劑似的，發出通電並上呈文給執政府，質問對他們的優待怎麼辦，執政府連忙答覆說照舊不變。王公大臣們的腰板也硬起來了，拒絕出席「清室善後委員會」的會議。這個剛成立不久的委員會，由代表民國方面的李石曾（委員長）、易培基（代表汪精衛）、俞同奎、沈兼士、范源濂、鹿鐘麟、張璧和代表清室方面的紹英、載潤、耆齡、寶熙等組成，並請了羅振玉列席。委員會要清點財物，劃分公產私產以決定處理，紹英等四人不但不去參加，並再次向當局聲明不承認這個組織。寶熙後來通過他的門生從宮裏弄出十幾箱東西運到了日本使館，羅振玉立刻反對說：「這豈不是從強盜手裏討施捨？如果要就全要，否則就全不要！」原來他另有打算，想把宮裏的東西弄到他可以支配的地方去。那時我不知道這個底細，只覺得他說的有理，有骨氣。至於後來又弄了沒弄，弄出了甚麼來，我就全不知道了。

這些表示骨氣的，請安的，送進奉的，密陳各種「中興大計」的，敢於氣勢洶洶質問執政府的遺老遺少們，出進日本使館的一天比一天多。到了舊曆的元旦，我的小客廳裏陡然間滿眼都是辮子。我坐在坐北朝南、以西式椅子代替的寶座上，接受了朝賀。

許多遺老對使館主人懷着感激之情。他們從使館的招待上看出

了希望，至少得到了某種心理上的滿足。王國維在奏摺裏說：「日使……非徒以皇上往日之餘尊，亦且視為中國將來之共主，凡在臣僚，誰不慶幸？」

舊曆元旦那天，小客廳裏是一片慶幸的臉色。那天有段插曲值得一提。正當第三班臣僚三跪九叩行禮如儀之際，突然在行列裏發出一聲乾嚎，把人們都嚇了一跳，接着，有一個用袖掩面的人推開左右，邊嚎邊走，奪門而出。當時我還以為是誰碰瞎了眼睛，眾人也愕然不知所措。有人認出這是前內務府大臣金梁，他乾嚎個甚麼，沒有一個人知道。到第二天，《順天時報》上刊出了他寫的詩來，人們這才恍然大悟，原來昨天這一幕怪劇，是為了寫這首詩而做的苦心準備。詩曰：

> 元旦朝故主，不覺哭失聲；慮眾或駭怪，急歸掩面行。
> 閉門恣痛哭，血淚自縱橫。自晨至日午，伏地不能興；家
> 人驚欲死，環泣如送生。忽夢至天上，雙忠（文忠、忠武）[17]
> 下相迎；攜手且東指，仿佛見蓬瀛；波濤何洶湧，風日倏
> 已平。悠悠如夢覺，夕陽昏復明，餘生唯一息，叩枕徒哀鳴。

過了舊曆元旦，眼看我的生日又要到了，而且是二十（虛歲）整壽。我本來不打算在別人家做壽，不料主人偏要湊趣，硬要把使館裏的禮堂讓出來，作為接受朝賀之用。禮堂佈置起來了，地板上鋪上了豪華的地毯，作為寶座的太師椅上鋪了黃緞子坐墊，椅後一個玻璃屏風貼上了黃紙，僕役們一律是清朝的紅纓大帽。到了生日

17　文忠、忠武是梁鼎芬和張勳的諡法。

這天，從天津、上海、廣東、福建等地來的遺老竟達一百以上，東交民巷各使館的人員也有人參加，加上王公大臣、當地遺老，共有五六百人之多。因為人多，只得仍照例寫出秩序單，分班朝賀。下面就是當時的禮單：

一班　近支王公世爵，載濤領銜；

二班　蒙古王公、活佛喇嘛，那彥圖領銜；

三班　內廷司員、師傅及南書房翰林，陳寶琛領銜；

四班　前清官吏在民國有職務者，志琦領銜；

五班　前清遺臣，郭曾炘領銜；

六班　外賓，莊士敦領銜。

那天我穿的是藍花絲葛長袍，黑緞馬褂，王公大臣和各地遺老們也是這種裝束。除了這點以外，儀節上就和在宮裏的區別不大了。明黃色、辮子、三跪九叩交織成的氣氛，使我不禁傷感萬分，愁腸百結。儀式完畢之後，在某種衝動之下，我在院子裏對這五六百人發表了一個即席演說。這個演說在當時的上海報紙上刊載過，並不全對，但這一段是大致不差的：

余今年二十歲，年紀甚輕，不足言壽，況現在被難之時，寄人籬下，更有何心做壽，但你們遠道而來，余深願乘此機會，與爾等一見，更願乘此機會，與爾等一談。照世界大勢，皇帝之不能存在，余亦深知，決不願冒此危險。平日深居大內，無異囚犯，諸多不能自由，尤非余所樂為。余早有出洋求學之心，所以平日專心研究英文，原為出洋

之預備，只以其中牽掣太多，是以急切不能實行。至優待
條件存在與否，在余視之，無關輕重，不過此事在余自動
取消則可，在他人強迫則不可。優待條件系雙方所締結，
無異國際之條約，斷不能一方面下令可以更改。此次馮玉
祥派兵入宮，過於強迫，未免不近人情，此事如好好商量，
並不難辦到。余之不願擁此虛名，出於至誠，蓄之久矣，
若脅之兵威，余心中實感不快。即為民國計，此等野蠻舉
動，亦大失國家之體面，失國家之信用，況逐余出宮，另
有作用，余雖不必明言，大約爾等亦必知之。余此時系一
極無勢力之人，馮玉祥以如此手段施之於余，勝之不武，
況出宮時所受威脅情形，無異凌辱，一言難盡。逐余出宮，
猶可說也，何以歷代祖宗所遺之衣物、器具、文字，一概
扣留，甚至日用所需飯碗、茶盅及廚房器具，亦不許拿出，
此亦為保存古物乎？此亦可值金錢乎？此等舉動，恐施之
盜賊罪國，未必如此苛刻。 在彼一方面，言丁巳復辟為破
壞優待條件，須知丁巳年余方十二歲，有無自動復辟之能
力，姑不具論，但自優待條件成立以來，所謂歲費，曾依
時付過一次否？王公世爵俸銀，曾照條件支給否？八旗生
計，曾照條件辦理否？破壞之責，首先民國，今捨此不言，
專藉口於丁巳之復辟，未免太不公允！余今日並非發牢
騷，不過心中抑鬱，不能不借此機會宣泄，好在將有國民
會議發現，如人心尚有一線光明，想必有公平之處置，余
唯有靜以俟之。余尚有一言鄭重聲明，有人建議勸余運動
外交，出為干涉，余至死不從，余決不能假借外人勢力干
涉中國內政。……

在我做生日的前後，許多報紙上出現了抨擊我這夥人的輿論，反映了社會上多數人的義憤。這種義憤無疑是被我的投靠日人，被小朝廷在當局的姑息和外人的包庇下的囂張舉動刺激出來的。這時「清室善後委員會」在清查宮內財物時發現了一些材料，如袁世凱做皇帝時寫在優待條件上的親筆跋語，內務府抵押、變賣、外運古物的文據等，公佈了出來，於是輿論大嘩。當然最引人憤慨的，還是小朝廷和日本人的關係以及遺老們發起的要求恢復優待條件的運動（在我過生日的時候，報上刊登的已有十五個省三百餘人十三起聯名呈請）。為了對付小朝廷，北京出現了一個叫「反對優待清室大同盟」的團體，展開了針鋒相對的活動。這些社會義憤在報紙上表現出的有「別館珍聞」的諷刺小品，也有嚴肅激昂的正面指責；有對我的善意忠告，也有對日本使館和民國當局的警告式的文字。今天看來，哪怕我從這些文章中接受一條意見，也不會把我的前半生弄成那樣。記得有幾篇是揭發日本人的陰謀的，現在我把它找出來了。這是一份登在《京報》上的「新聞編譯社」的消息，其中有一段說到日本人對我的打算，它和後來發生的事情竟是那麼吻合，簡直令我十分驚訝：

> 其極大黑幕，為專養之以俟某省之有何變故，某國即以強力護送之到彼處，恢復其祖宗往昔之地位名號，與民國脫離，受某國之保護，第二步再實施與某被合併國家同樣之辦法。

這個文章後面又說：「此次溥儀之恐慌與出亡，皆有人故意恫嚇，入其圈套，即早定有甚遠之計劃」，「其目前之優待，供應一切，情願破鈔，侍從人員，某國個個皆買其歡心，不知皆已受其牢籠，為

將來之機械也」。這些實在話，在當時我的眼裏，都一律成了誣衊、陷害，是為了把我騙回去加以迫害的陰謀。當時有些文章，顯然其作者既不是共產黨人也不是國民黨人，例如下面《京報》的一篇短評，或者還是一位講究封建忠義之士的手筆，對我的利益表現了關心，說的又是實在事：

> 遺老與愛新覺羅氏有何仇恨
> 胡為必使傾家敗產而後快？
>
> 　　點查清宮之結果，而知大宗古物多數業已抵賣，即歷代之金寶金冊皆在抵押中，雖以細人非至極窮，尚或不至賣其祠廟墳墓之碑額，奈何以煌煌歷代皇后金冊，亦落於大腹長袖者手？……吾敬為一班忠臣設計，應各激發忠義，為故主之遺嗣圖安寧，勿徒硜硜自詡，以供市井覓利者流大得其便宜貨，使來路不明之陳設品遍置堂室也。

看了這樣的文章，我已經不是像在宮裏時那樣，感到內務府人的不可信任，我對於這份《京報》和短評作者，只看成是我的敵人。至於那些指責文章，更不用說，在我心裏引起的反應唯有仇恨。

我在日本使館住着，有幾次由於好奇，在深夜裏帶上一兩名隨侍，騎自行車外遊（後來使館鎖了大門，不讓出去了）。有一次我騎到紫禁城外的筒子河邊上，望着角樓和城堞的輪廓，想起了我剛離開不久的養心殿和乾清宮，想起了我的寶座和明黃色的一切，復仇和復辟的欲望一齊湧到我的心頭，不由得心如火燒。我的眼睛噙着淚水，心裏發下誓願，將來必以一個勝利的君王的姿態，就像第一代祖先那樣，重新回到這裏來。「再見！」我低低地說了這兩個雙關

含意的字，然後跳上車子疾駛而去……

在使館的三個月裏，我日日接觸的，是日本主人的殷勤照拂，遺老們的忠誠信誓和來自社會的抗議。我的野心和仇恨，在這三種不同的影響下，日夜滋長着。我想到這樣呆下去是不行的，我應該為我的未來進行準備了，原先的打算又回到我的心中 —— 我必須出洋到日本去。

使館對我的想法表示了支持。公使正面不做甚麼表示，而池部書記官公開表現了極大的熱情。羅振玉在他的自傳《集蓼編》中提過這個池部，他說：「予自隨待入使館後，見池部君為人有風力，能斷言，乃推誠結納，池部君亦推誠相接，因密與商上行止，池部君謂：異日中國之亂，非上不能定，宜早他去，以就宏圖，於是兩人契益深。……」

關於鄭孝胥和羅振玉這兩位「寵臣」的事，這裏要補述一下。這時以我為目標的爭奪戰，在日使館中又進入了新的階段，這次是以鄭孝胥的失敗和羅振玉的勝利而收場的。

鄭孝胥曾經拍過胸脯，說以他和段的關係，一定可以把優待條件恢復過來，段的親信幕僚曾毓雋、梁鴻志都是他的同鄉，王揖唐等人跟他半師半友，這些人從旁出力，更不在話下。後來段祺瑞許下的空口願不能兌現，使鄭孝胥大為狼狽。對鄭孝胥的微詞就在我耳邊出現了。從天津來的舊臣昇允首先表示了對鄭的不滿，他向我說了不少鄭孝胥「清談誤國」、「妄談誑上」、「心懷叵測」、「一手遮天」之類的話。當時我並不知道，在前一個回合中失敗的羅振玉，和這些反鄭的議論，有甚麼關係。經過昇允這位先朝老臣的宣傳，我對鄭孝胥是冷淡下來了，而對羅振玉增加了好感。

羅振玉在我面前並沒有十分激烈地攻擊鄭孝胥，他多數時間是

講他自己，而這樣做法比攻擊別人的效果還大。我從他的自我表白中得到的印象，不僅他是這場風險中救駕的大功臣，而且相形之下，鄭孝胥成了個冒功取巧的小人。據羅振玉自己說，段祺瑞從天津發出反對馮玉祥趕我出宮的電報，乃是他的活動結果之一。他回到北京，找到了他的好朋友竹本大佐，因此才有了迎我入日本兵營的準備。後來北府門前國民軍的撤走，據他說也是他找執政府交涉的結果。甚至我到東交民巷前決定的「先隨便出入，示人以無他」的計策，也是他事先授給陳寶琛的。

羅振玉後來在《集蓼編》中，關於我進日本使館的這一段，對鄭孝胥一字未提，只是在敍述我進日本使館後的情形時，說了一句：「自謂能令段祺瑞恢復優待者，以不能實其言，亦不告而南歸矣！」事實上，那時我一心想出洋，鄭孝胥並沒有支持我，在莊士敦已經不宣傳去倫敦做客的情形下，主張「東幸」的羅振玉自然更受到我的重視，我對鄭孝胥因此不再感興趣。於是鄭孝胥終於有一天鬱鬱地向我請假，說要回上海料理私事去，我當時還不明白他的意思，所以沒挽留他，他一氣就跑了。

生日過後不多天，羅振玉來告訴我說：他和池部已商量妥當，出洋的事應該到天津去做準備，在這裏住着是很不方便的；到天津，最好還是在日本租界裏找一所房子，早先買好的那房子在英租界，地點很不合適。我聽他說得有理，也很想看看天津這個大都市，他的主意正中下懷，便立即同意了。我派「南書房行走」朱汝珍去天津日租界找房子，結果看中了張園。不多天，羅振玉又說，張園那裏已經準備好，現在國民軍在換防，鐵路線上只有少數的一些奉軍，正是個好機會，可以立即動身。我向芳澤公使談了，他表示同意我去天津。為了我這次轉移，他派人通知了段祺瑞。段表示同意，還

要派軍隊護送。芳澤沒有接受他的好意，他決定由天津日本總領事館的警察署長和便衣警察來京，由他們先護送我去，然後婉容她們再去。事情就這樣談妥了。

民國十四年二月二十三日下午七時，我向芳澤公使夫婦辭行。我們照了相，我向他們表示了謝意，他們祝我一路平安，然後由池部和便衣日警們陪着，出了日本公使館的後門，步行到了北京前門車站。我在火車上找到了羅振玉父子。火車在行進的一路上，每逢到站停車，就上來幾個穿黑便衣的日本警察和特務，車到了天津，車廂裏大半都被這樣的人佔滿了。日本駐天津總領事吉田茂和駐屯軍的軍官士兵們，大約有幾十名，把我接下了車。

第三天，《順天時報》上便出現了日本公使館的聲明：

　　本公使館滯在中之前清宣統皇帝，於二十三日夜，突然向天津出發，本館即於二十四日午後，將此旨通知段執政及外交總長，備作參考。原宣統皇帝懷有離京之意，早為執政之政府所熟知，而無何等干涉之意，又為本館所了解，但豫想迄實行之日，當尚有多少時日，不意今竟急遽離開北京，想因昨今一二新聞，頻載不穩之記事，致促其行云云。

第四章　在天津的活動

一、羅振玉的努力

　　到了天津，才知道並不像羅振玉所說的那樣，「住處準備妥當」，因此我先在大和旅館住了一天。次日婉容、文綉和日本使館裏的那一套人馬都來了，才一同搬進匆忙佈置起來的張園。

　　張園是一座佔地約有二十畝的園子，中間有一座天津人稱之為八樓八底的樓房。這是前清駐武昌第八鎮統制張彪做遊藝場用的地方。武昌起義時，張彪嚇得連官印也不要了，帶着他的金銀財寶和家眷溜到天津，在日本租界裏當了寓公。我剛住進了張園，這位前清的「名將」，堅決不收房錢，每天清晨都要帶着一把掃帚，親自來給我掃院子，大概是表示自己一貫矢忠之意。後來不知是經誰的勸阻，他才丟下那把掃帚。我在這裏住了五年。後來張彪死了，他的兒子拿出房東的面孔要房租，我也嫌他的房子不好，於是又搬到了陸宗輿的「靜園」。

　　我到天津來的目的原是為了出洋，結果卻一連住了七年。這是我在各派遣老、各種主意之間搖擺的七年。這時，王公們對我的左右力量，早已大為減弱；我父親起初不大來天津，後來雖然常來（住

在我原先買的英租界戈登路的房子裏），對我也不發生甚麼作用。在這期間，莊士敦老師離開了我，又到威海衞當專員去了。威海衞被中國政府收回後，一九二六年他與北洋政府辦理庚款問題時，到天津和我見過一次面。他曾為我奔走於吳佩孚等人之間，毫無結果。後來他回英國接受爵士爵位，做了倫敦大學的漢學教授兼英國外交部顧問。這七年間，在我身邊進行勾心鬥角的人物，大致可分為這幾派：起初把希望放在恢復優待條件方面，後來又退縮為維持原狀的，是以陳寶琛為首的一批「舊臣」，可以稱之為「還宮派」；把希望放在出洋以取得外國（主要是日本）援助上的，是以羅振玉為首，其中有遺老遺少，也有個別王公如溥偉之流，按當時的說法，可以稱之為「聯日」或「出洋」派；把希望放在聯絡、收買軍閥方面，即所謂「用武人」一派，這派人物頗複雜，有前清遺老，也有民國的政客，中心人物卻是我自己。後來又回到我身邊的鄭孝胥，起先並不屬於哪一派，好像哪一派的主張他都贊成過，也反對過，他更提出過任何一派不曾提過的如所謂「用客卿」（外國人）、「門戶開放」（同任何肯幫助復辟的國家勾結）等主張，因而也受過各派人的反對。當他後來一拿定了投靠日本這個主意，就戰勝了一切對手。他不但勝過了他們，而且連他的老對手、「聯日派」的老首領羅振玉，在這個階段的爭奪中又被他將多年經營來的成果，輕輕攫取到手。不過這也是後話，現在還是先把羅振玉說一說。

羅振玉到宮裏來的時候，五十出頭不多，中高個兒，戴一副金絲近視鏡（當我面就摘下不戴），下巴上有一綹黃白山羊鬍子，腦後垂着一條白色的辮子。我在宮裏時，他總是袍褂齊全，我出宮後，他總穿一件大襟式馬褂，短肥袖口露出一截窄袍袖。一口紹興官話，說話行路慢條斯理，節奏緩慢。他在清末做到學部參事，是原學部

侍郎寶熙的舊部，本來是和我接近不上的，在我婚後，由於昇允的推薦，也由於他的考古學的名氣，我接受了陳寶琛的建議，留作南書房行走，請他參加了對宮中古彝器的鑒定。和他前後不多時間來的當時的名學者，有他的姻親王國維和以修元史聞名的柯劭忞。陳寶琛認為南書房有了這些人，頗為清室增色。當然，羅振玉在復辟活動方面的名氣比他在學術上的名氣，更受到我的注意。他在辛亥革命那年東渡，在日本做了十年寓公，考古寫書，自名「仇亭老民」。昇允和善耆到日本活動，尋求復辟支援時，和他攪在一起，結了緣。後來，昇允灰了心，在青島住了一陣後，跑到天津日本租界裏當寓公；善耆定居在旅順大連，受日本人的豢養。羅振玉比他們都活躍，他一九一九年回國，先住在天津，結交日本人，後來在大連碼頭開設了一個叫墨緣堂的古玩舖，一邊走私販賣古玩、字畫，一邊繼續和日本人拉拉扯扯，廣泛尋求復辟的同情者。

羅振玉在古玩、字畫、金石、甲骨方面的騙錢行徑，是由來已久的。他出身於浙江上虞縣一個舊式書商之家，成年後在江西一個丘姓巨紳家教書。這位巨紳是個藏書家。羅振玉任西席的第三年，東翁突然去世，他利用女東家的無知，一方面裝作十分哀痛的樣子，拒絕接受這一年的束脩，要用以充做奠儀，另一方面表示，願留下東家的幾件舊書和字畫，作為紀念。女東家認為這位先生心眼太好，就請他自己到藏書樓任意挑選。於是這位書賈世子就精選出幾筐「紀念品」，內有百余卷唐人寫經，五百多件唐、宋元明的字畫，滿載而歸。在這個基礎上，他由刻三字經、百家姓的書舖變成了古玩字畫商，生意越做越好，古玩字畫的鑒賞家的名聲越來越大，後來更通過售賣古籍文物的路子，和日本人拉上了關係。他在日本的那些年，靠日本書商關係結交了一批朝野名流，有許多日本人把他看成了中

國古文物學術的權威，常拿字畫請他鑒定。他便刻了一些「羅振玉鑒定」、「羅振玉審定」的圖章，日本古玩商拿字畫請他蓋一次，付他三元日金，然後再拿去騙人。後來他竟發展到仿刻古人名章印在無名字畫上，另加上「羅振玉鑒定」章，然後高價出賣。他時常藉口忙，把人家拿來請他鑒定的珍貴銅器，拖壓下來，儘量多拓下一些拓片出賣。他的墨緣堂出售的宋版書，據說有一些就是用故宮的殿版《圖書集成》裏的扉頁紙偽造的。殿版紙是成化紙或羅紋紙，極像宋版書用紙。據說內務府把那批殿版書交羅振玉代賣時，他把那一萬多卷書的空白扉頁全弄了下來，用仿宋體的刻版印了「宋版」書。我當時對這事是根本不知道的。有人說，羅振玉人品固然不佳，才學還好。據我看，他的才學究竟有多少，也很值得懷疑。在偽滿時有一次他拿來一批漢玉請我觀賞。我對漢玉說不上有甚麼研究，只是因為十分愛好，收藏了不少，所謂不怕不識貨，就怕貨比貨。當然，所謂漢玉，並不是非漢朝的不可，這只不過是對古玉的慣稱。我看過羅振玉拿來的漢玉，不禁對他的「才學」暗吃一驚，因為全部都是假貨。

羅振玉並不經常到宮裏來，他的姻親王國維能替他「當值」，經常告訴他當他不在的時候，宮裏發生的許多事情。王國維對他如此服服貼貼，最大的原因是這位老實人總覺得欠羅振玉的情，而羅振玉也自恃這一點，對王國維頗能指揮如意。我後來才知道，羅振玉的學者名氣，多少也和他們這種特殊瓜葛有關。王國維求學時代十分清苦，受過羅振玉的幫助，王國維後來在日本的幾年研究生活，是靠着和羅振玉在一起過的。王國維為了報答他這份恩情，最初的幾部著作，就以羅振玉的名字付梓問世。羅振玉後來在日本出版，轟動一時的《殷墟書契》，其實也是竊據了王國維甲骨文的研究成果。羅、王二家後來做了親家，按說王國維的債務更可以不提了，

其實不然，羅振玉並不因此忘掉了他付出過的代價，而且王國維因他的推薦得以接近「天顏」，也要算做欠他的情分，所以王國維處處都要聽他的吩咐。我到了天津，王國維就任清華大學國文教授之後，不知是由於一件甚麼事情引的頭[1]，羅振玉竟向他追起債來，後來不知又用了甚麼手段再三地去逼迫王國維，逼得這位又窮又要面子的王國維，在走投無路的情況下，於一九二七年六月二日跳進昆明湖自盡了。

王國維死後，社會上曾有一種關於國學大師殉清的傳說，這其實是羅振玉做出的文章，而我在不知不覺中，成了這篇文章的合作者。過程是這樣：羅振玉給張園送來了一份密封的所謂王國維的「遺摺」，我看了這篇充滿了孤臣孽子情調的臨終忠諫的文字，大受感動，和師傅們商議了一下，發了一道「上諭」說，王國維「孤忠耿耿，深堪惻憫，……加恩謚予忠愨，派貝子溥忻即日前往奠醊，賞給陀羅經被並洋二千元……」。羅振玉於是一面廣邀中日名流、學者，在日租界日本花園裏為「忠愨公」設靈公祭，宣傳王國維的「完節」和「恩遇之隆，為振古所未有」，一面更在一篇祭文裏宣稱他相信自己將和死者「九泉相見，諒亦匪遙」。其實那個表現着「孤忠耿耿」的遺摺，卻是假的，它的翻造者正是要和死者「九泉相見」的羅振玉。

那時我身邊的幾個最善於勾心鬥角的人，總在設法探聽對手的行動，手法之一是收買對手的僕役，因而主人的隱私，就成了某些

1　我在特赦後，聽到一個傳說，因已無印象，故附記於此，聊備參考。據說紹英曾托王國維替我賣一點字畫，羅振玉知道了，從王手裏要了去，說是他可以辦。羅振玉賣完字畫，把所得的款項（一千多元）作為王國維歸還他的債款，全部扣下。王國維向他索要，他反而算起舊賬，王國維還要補給他不足之數。王國維氣憤已極，對紹英的催促無法答覆，因此跳水自盡。據說王遺書上「義無再辱」四字即指此而言。—— 作者

僕人的獲利資本。在這上面最肯下功夫的，是鄭孝胥和羅振玉這一對冤家。羅振玉假造遺摺的秘密，被鄭孝胥通過這一辦法探知後，很快就在某些遺老中間傳播開了。這件事情的真相當時並沒有傳到我耳朵裏來，因為，一則諡法業已賜了，誰也不願擔這個「欺君之罪」，另則這件事情傳出去實在難聽，這也算是出於遺老們的「愛國心」吧，就這樣把這件事情給壓下去了。一直到羅振玉死後，我才知道這個底細。近來我又看到那個遺摺的原件，字寫得很工整，而且不是王國維的手筆。一個要自殺的人居然能找到別人代繕絕命書，這樣的怪事，我當初卻沒有察覺出來。

羅振玉給王國維寫的祭文，很能迷惑人，至少是迷惑了我。他在祭文裏表白了自己沒有看見王國維的「封奏」內容之後，以臆測其心事的手法渲染了自己的忠貞，說他自甲子以來曾三次「犯死而未死」。在我出宮和進日本使館的時候，他都想自殺過，第三次是最近，他本想清理完未了之事就死的，不料「公竟先我而死矣，公死，恩遇之隆，為振古所未有，予若繼公而死，悠悠之口或且謂予希冀恩澤」，所以他就不便去死了，好在「醫者謂右肺大衰，知九泉相見，諒亦匪遙」。這篇祭文的另一內容要點，是說他當初如何發現和培養了那個窮書記 [2]，這個當時「黯然無力於世」的青年如何在他的資助指點之下，終於「得肆力於學，蔚然成碩儒」。總之，王國維無論道德、文章，如果沒有他羅振玉就成不了氣候。那篇祭文當時給我的印象，就是這樣。

但是，儘管我長久以來弄不清羅振玉的底細，而羅振玉在我身上所打的政治算盤，卻一直不能如願。在他最後敗給鄭孝胥之前，

2　王國維在光緒戊戌年為汪康年的司書，後入羅所辦的「東文學社」求學。

僅陳寶琛、胡嗣瑗一夥就弄得他難於招架。在那一連串的、幾起幾落的爭吵中，我自己則是朝三暮四，猶豫不決。

這兩夥人起初的爭論焦點，是出洋不出洋的問題。我從北京日本使館跑到天津日本租界後，社會上的抨擊達到一個新高潮。天津出現了一個「反清大同盟」專門和我作對。羅振玉這一夥人乘此機會便向我說，無論為了安全還是為了復辟，除了出洋別無他路可走。這一夥人的聲勢陣容，一時頗為浩大，連廣東一位遺老陳伯陶也送上奏摺說，「非外遊不足以保安全，更不足以謀恢復」，並主張遊歷歐美之後可定居日本，以待時機變化。陳寶琛這一夥則認為這完全是輕舉妄動。他們認為一則馮玉祥未必能站得住腳，危險並不那麼大；另則出洋到日本，日本未必歡迎。倘若在日本住不成，而國內又不能容，更不用想段祺瑞和張作霖之流會讓我回到紫禁城，恢復以前的狀況。我對陳寶琛等人的意見不感興趣，但他們提出的警告卻引起了我的注意，對羅振玉的主張犯了猶豫。

一九二六年，政局曾經一度像陳寶琛這一夥所希望的那樣發生了變動，張作霖轉而和吳佩孚聯合，張、馮終於發生衝突，馮軍遭到了奉軍的攻擊。馮玉祥撤走了天津的軍隊，北京的馮軍處於包圍之中。段祺瑞與張作霖勾結，被馮軍發現，段祺瑞逃走了，隨後馮軍也在北京站不住腳，退往南口，奉軍張宗昌進了北京。七月間，張、吳兩「大帥」在北京的會面，引起「還宮派」無限樂觀，還宮派活躍起來了。我身邊的陳寶琛親自到北京，找他的舊交，新任的內閣總理杜錫珪去活動，在外面的康有為也致電吳佩孚、張作霖、張宗昌等人，呼籲恢復優待條件。康有為給吳佩孚寫了一封長信，信中歷數清朝的「功德」，並以「中華之為民國，以清朝讓之，非民國自得之也」為理由，請吳佩孚乘機復辟。他對吳說，張作霖等人都沒問

題，外交方面也有同心，甚至「國民黨人私下亦無不以復辟為然」，「全國士大夫無不疑民國而主復辟」，因此，「今但待決於明公矣」！

其實，這時已到了北洋軍閥的迴光返照時期。雖然北方各系軍人忽然又合作了，張作霖又被公推為安國軍總司令了，但一九二四年開始了國共第一次合作，一九二五年開始了國民革命軍的北伐，到一九二六年，北伐軍前鋒勢如破竹，孫傳芳、吳佩孚、張作霖的前線軍隊，不住地潰敗下來，他們正自顧不暇，哪有心思管甚麼優待條件？陳寶琛沒有活動出甚麼結果，吳佩孚給康有為的回信也很簡單，敷衍說：「金石不渝，曲高無和必矣。」過了一年，康有為便抱着未遂之志死在青島了。

還宮希望破滅了，陳寶琛這一夥泄了氣，羅振玉這邊又活躍起來。一九二六年三月，當我正因北伐軍的迫近而陷入憂慮之際，溥偉派人從旅順給我送來奏摺和致羅振玉的一封信，說他已和日方官紳接洽好，希望我遷到旅順去住，「先離危險，再圖遠大」，「東巡西幸亦必先有定居」。我因為對羅振玉的閒話聽得多了，已經對他有些不放心，不過我對溥偉的印象頗好。我到天津不久，溥偉從旅順跑來給我請安，這位初次見面的「恭親王」，向我說了一句很令我感動的話：「有我溥偉在，大清就不會亡！」我看了他勸我到旅順的信，自然有些動心。因為他通過了羅振玉來勸我，所以我對羅的懷疑也消除了不少。後來，北伐軍佔領了武昌，北方軍隊全線動搖，羅振玉更向我宣傳革命軍全是「洪水猛獸」，「殺人放火」，倘若落在他們手裏，決無活路。我聽了這些話，已經決定隨他去大連了，但由於陳寶琛的勸告，又決定暫緩。陳寶琛從日本公使館得到的消息，事情似乎並不那麼令人悲觀。我觀望了不久，果然，國民黨的清黨消息來了，蔣介石在成批地屠殺被指做「洪水猛獸」的共產黨人，在這

前後時間裏，還接二連三地傳來了英國軍艦炮轟南京，日本出兵山東，阻擋南方軍隊北上的消息。這些消息讓我相信了陳寶琛那夥人的穩健，覺得事情確不像羅振玉這夥人說得那麼嚴重。蔣介石既然和袁世凱、段祺瑞、張作霖一樣的怕洋人，我住在外國租界，不是和以前一樣的保險嗎？

「還宮」和「出洋」這兩派人的最終理想，其實並不矛盾，他們是一致希望復辟的。陳寶琛這一夥人在還宮希望破滅之後，重彈起「遵時養晦」的老調，主張採取「靜待觀變」的政策，但是他們在「聯日」方面，也並非反對羅振玉那夥人的主張。例如一位南書房行走叫溫肅的遺老（張勳復辟時做過十二天的都察院副都御史），曾上奏說，「陳寶琛有曠世之才，與芳澤甚密」，「行在」設在天津，可由陳與芳澤就近聯繫「密商協助餉械，規定利權」，以「厚結外援，暗樹勢力」，「津京地近，往返可無痕跡」。有一個比溫肅更討厭羅振玉的張琨（前清順天府文安縣知縣，候補知州），他對於出洋之所以不太支持，原因不過如此：「出洋如為避禍，以俟復辟轉圜則可，若再以彼道義之門、治平之範，棄其學而學焉，則大不可也」。

可見他並不完全反對羅振玉的出洋理由。甚至陳寶琛也曾一度讓步說，倘若非要出洋不可，只望我選可靠的扈從人員。原來問題的真正焦點，還是在於反對羅振玉這個人。現在我能記得起的最堅決反對出洋的遺老，是極個別的，甚至也有人說過「日本推利是圖，不會仗義協助復辟」的話，他們認為復辟只能放在「遺臣遺民」身上，在他們的遺臣遺民裏，是要把羅振玉剔除出去的。

兩夥人既然不是甚麼主張、辦法上的爭執，而是人與人的爭執，因此在正面的公開條陳議論之外，暗地裏勾心鬥角就更為激烈。在這方面，羅振玉儘管花樣再多，結果仍是個失敗者。

　　有一天，羅振玉得到我的召見允許，到我的小召見室裏來了。他拿着一個細長的布包兒，對我說：

　　「臣罪該萬死，不當以此擾亂天心，然而臣若為了私交，只知隱惡揚善，則又不忠不義。」

　　「你說的甚麼呀？」

　　我莫名其妙地望着他，只見他慢慢騰騰，就像個老太監洗臉梳頭似地，動手解那個包兒。包兒打開了，裏面是一副對聯，他不慌不忙地把它展開，還沒展完，我就認出來，這是我寫給陳寶琛的。

　　「臣在小市上發現的宸翰御墨，總算萬幸，被臣請回來了……」

　　那時我還不知道，羅振玉這些人一貫收買敵對者的僕役，幹些卑鄙的勾當，我只想到陳寶琛居然對皇上的「恩賜」如此不敬，居然使我的御筆擺到小市的地攤上！我心中十分不快，一時煩惱之至，不知說甚麼是好，只好揮揮手，叫羅振玉趕快走開。

　　這時陳寶琛到北京去了。胡嗣瑗知道了這件事，他堅持說，這決不是陳寶琛的過失，他不相信陳家的僕人敢把它拿到小市上去，但又說陳家的僕人偷出去賣倒是可能。至於不賣給小市又賣給誰？為甚麼會到了羅振玉手裏？他卻不說出來。在我追問之下，他只說了一個叫我摸不着頭腦的故事。

　　「嘉慶朝大學士松筠，皇上必能知道，是位忠臣。松筠的故事，皇上願意聽，臣就講一講。嘉慶二十四年，仁宗睿皇帝要御駕巡幸出關，大學士松筠知道了，心中不安，一則仁宗聖躬違和，如何能經這番奔波？另則和珅雖然伏誅，君側依然未淨，只怕仁宗此去不吉。松筠心中有話不能向上頭明說，只好在奏摺上委婉其詞，托詞夜觀天象，不宜出巡。仁宗閱奏大怒，下諭一道，說自古以孝治天下，朕出關祭祀祖宗，豈有不吉之理？因此松筠奪官，降為驍騎校。仁宗

後來在熱河行宮龍馭上賓，宣宗（道光）即位還朝，一進西直門，看見了松筠，帶着兵丁潋街，想起了松筠進諫大行皇帝的那些話，明白了話中的含意，才知道這才是忠心耿耿的重臣，立即官復原職……」

說到這裏，胡嗣瑗停住了。我着急地問：

「你說的甚麼呀？這跟陳寶琛有甚麼關係？」

「臣說的是陳寶琛，跟松筠一樣，有話不好明說。」

「那麼我是仁宗還是宣宗？」

「不，不……」胡嗣瑗嚇得不知說甚麼是好了。我不耐煩地說：

「你是個乾脆人，別也學那種轉彎抹角的，乾脆說吧！」

「嘸，臣說的陳寶琛，正是忠心耿耿，只不過他對上頭進諫，一向是迂回的，皇上天稟聰明，自然是能體察到的。」

「行啦，我知道陳師傅是甚麼人。」

我雖然還不明白松筠的故事的含義，也樂意聽胡嗣瑗說陳師傅的好話，至少這可以除去那副對聯所引起我心裏的不舒服，但願它真是賊偷去的就好了。

羅振玉經過一連串的失敗，特別是在後面將要講到的另外一件事上，更大大失掉了我的信任，他終於在一九二八年末搬到旅順另覓途徑去了。

這裏暫且不敍遺老們之間的爭鬥，先談一談使我留津而不想出洋的另外的原因，這就是我對軍閥的希望。

二、我和奉系將領之間

八月初五日，早七時起，洗漱畢，蕭丙炎診脈。八時，鄭孝胥講《通鑑》。九時，園中散步，接見康有為。十時餘，

康辭去，適張憲及張慶昶至，留之早餐，賜每人福壽字一
張，在園中合攝一影。張憲為李景林部之健將，張慶昶為
孫傳芳部之驍將。十二時辭去。接見濟煦，少時即去。余
用果品並用茶點，適英國任薩姆女士至，與之相談。皇后
所召之女畫士亦至，余還寢室休息。在園中騎車運動，薄
暮乘汽車出園，赴新購房地，少時即返。八時餘晚餐，休
息，並接見結保川醫士。十一時寢[3]。

八月初六日，早八時餘起。十時召見袁勵準。十一時
早餐，並見結保川。十二時接見康有為，至一時康辭去，
陳師傅來見。三時休息。魯軍軍長畢庶澄及其內兄旅長常
之英來謁，少時辭去。少頃吳忠才至，托其南下時代向吳
佩孚慰問。六時畢翰章來謁，六時餘辭去。余在園內散步，
適榮源至，稍談，余即入室休息。

從這僅存的一九二七年的一頁日記中，可以看出當時我的日常
生活和接見的人物。從一九二六到一九二八年，畢庶澄、張宗昌等
人是張園的經常客人。除他們之外，我還接見過張學良、褚玉璞、
徐源泉、李景林等等奉系將領。第一個和我見面的是李景林。我到
天津時，正是剛戰勝吳佩孚的奉軍佔領着天津，奉系的直隸督辦李
景林立即以地方官的身份來拜訪我，表示了對我保護之意。儘管他
和當時任何的中國將軍一樣，他們的軍法政令是進不了「租界」的。

我在天津的七年間，拉攏過一切我想拉攏的軍閥，他們都給過
我或多或少的幻想。吳佩孚曾上書向我稱臣，張作霖向我磕過頭，

3　蕭丙炎是清末都察院御史，任薩姆女士是婉容的英文教師。

段祺瑞主動地請我和他見過面。其中給過我幻想最大的，也是我拉攏最力、為時最長的則是奉系將領們。這是由張作霖向我磕頭開始的。

我到天津的這年六月，榮源有一天很高興地向我說，張作霖派了他的親信闞澤溥，給我送來了十萬元，並且說張作霖希望在他的行館裏和我見一見。這件事叫陳寶琛知道了，立刻表示反對，認為皇上到民國將領家去見人，而且去的地方是租界外面，那是萬萬不可以的。我也覺得不能降這種身份和冒這個險，所以拒絕了。不料第二天的夜裏，榮源突然把闞澤溥領了來，說張作霖正在他住的地方等着我，並且說中國地界內決無危險，張作霖自己不便於走進租界，所以還是請我去一趟。經過榮源再三宣傳張作霖的忠心，加之我想起了不久前他對我表示過的關懷，我又早在宮裏就聽說過，除了張勳（二張還是兒女親家）之外，張作霖是對於清朝最有感情的。因此，我沒有再告訴別人，就坐上汽車出發了。

這是初夏的一個夜晚，我第一次出了日本租界，到了張作霖的「行館」曹家花園。花園門口有個奇怪的儀仗隊 —— 穿灰衣的大兵，手持古代的刀槍劍戟和現代的步槍，從大門外一直排列到大門裏。汽車經過這個行列，開進了園中。

我下了汽車，被人領着向一個燈火輝煌的大廳走去。這時，迎面走來了一個身材矮小、便裝打扮、留着小八字鬚的人，我立刻認出這是張作霖。我遲疑着不知應用甚麼儀式對待他 —— 這是我第一次外出會見民國的大人物，而榮源卻沒有事先指點給我 —— 出乎意外的是，他毫不遲疑地走到我面前，趴在磚地上就向我磕了一個頭，同時問：「皇上好？」

「上將軍好？」我就着勁，扶起他，一同走向客廳門。我心裏很

高興，而且多少 —— 雖然這已不像一個皇上的心理 —— 有點感激他剛才那個舉動，這把我從「降貴紆尊」中感到的不自在消除了。當然，我更高興的是，這個舉足輕重的人物看來是並不忘舊的。

客廳裏擺的是硬木桌椅、西式沙發、玻璃屏風，非常講究而又不倫不類。我們在一個圓桌邊對面坐下，張作霖一支接一支地抽着紙煙，打開了話匣子。他一張嘴先痛罵馮玉祥「逼宮」，說馮玉祥那是為了要拿宮中的寶物，而他是非常注意保護古代文化和財寶的，由於這個緣故，他不但把奉天的宮殿保護得很好，而且這次把北京的一套四庫全書也要弄去，一體保護。他帶着見怪的口氣說，我不該在他帶兵到了北京之後，還向日本使館裏跑，而他是有足夠力量保護我的。他問我出來之後的生活，問我缺甚麼東西，儘管告訴他。

我說，張上將軍對我的惦念，我完全知道，當時因為馮玉祥軍隊還在，實是不得已才進了日本使館的。我又進一步說，奉天的宗廟陵寢和宮殿，我早已知道都保護得很好，張上將軍的心意，我是明白的。

「皇上要是樂意，到咱奉天去，住在宮殿裏，有我在，怎麼都行。」

「張上將軍真是太好了，……」

但是這位張上將軍卻沒有接着再說這類話，就把話題轉到我的生活上去了：「以後缺甚麼，就給我來信。」

我缺的甚麼？缺的是一個寶座，可是這天晚上我無法把它明說出來，這是顯然的事。我們談話時，沒有人在場，和我們在一起的只有一屋子的蒼蠅。我立刻意識到，深夜裏還有蒼蠅飛，這在租界裏是沒有的現象。

後來，有個副官進來說：「楊參謀長（宇霆）求見。」張作霖揮揮手說：「不着忙，待會兒再說！」我忙站起來說：「上將軍很忙，我就

告辭了。」他連忙說：「不着忙，不着忙。」這時似乎有個女人的臉在屏風後問了一下（後來聽說是張作霖的五姨太太），我覺得他真是忙，再度告辭，這回他不攔阻了。

我每逢外出，駐張園的日本便衣警察必定跟隨着，這次也沒例外。我不知道張作霖看沒看見站在汽車旁邊的那個穿西服的日本人，他臨送我上車時，大聲地對我說：

「要是日本小鬼欺侮了你，你就告訴我，我會治他們！」

汽車又通過那個奇怪的儀仗隊，出了曹家花園，開回到租界上。第二天日本總領事有田八郎向我提出了警告：

「陛下如再私自去中國地界，日本政府就再不能保證安全！」

雖然張作霖說他會治日本小鬼，雖然日本領事提出這樣的抗議，但是當時任何人都知道日本人和張作霖的關係，如果不是日本人供給張作霖槍炮子彈，張作霖未必就能有這麼多的軍隊。所以由這次會見在我心裏所昇起的希望，並沒有受到這個抗議的影響，更不用說陳寶琛那一派的反對了。

我的復辟希望更被後來的事實所助長，這就是以提出「田中奏摺」[4] 出名的田中內閣，於一九二七年上台後所表現的態度。田中奏摺遲於一九二九年才揭發出來，其實它的內容在一九二七年就露出來了。這裏我引述一段《遠東國際軍事法庭判決書》上對當時情勢的敍述 [5]：

4　「田中奏摺」是田中上日本天皇的秘密奏摺，奏摺說：「吾人如欲征服中國，要先征服滿蒙，吾人如能征服中國，則其餘所有亞洲國家及南洋諸國，均將畏懼於我，投降於我。……當吾人得以支配中國全部資源之後，吾人將更能進而征服印度、南洋羣島、小亞細亞以至歐洲。」又說：「第一步征服台灣，第二步征服朝鮮，現皆實現，唯第三步的滅亡滿蒙以及征服中國全土，……則尚未完成。」

5　判決書於一九四八年公佈。

田中首相所提倡的「積極政策」是借着與滿洲當局、特別是與東北邊防軍總司令及滿洲、熱河的行政首長張作霖的合作，以擴大和發展日方認為已在滿洲取得了的特殊權益。田中首相還曾聲明說：儘管日本尊重中國對滿洲的主權，並願盡可能的實行對華「門戶開放政策」，但日本具有充分的決心，絕對不允許發生擾亂該地的平靜和損害日本重大權益的情勢。田中內閣強調必須將滿洲看做和中國其他部分完全不同的地方，並聲明如果爭亂從中國其他地方波及滿洲和蒙古時，日本將以武力來保護它在該地的權益。

給我磕頭的張作霖，在得到田中內閣的支持之後，成了北方各系軍人的領袖，做了安國軍總司令，後來又做了軍政府的大元帥。當蔣介石的軍隊北上的時候，「保護」滿蒙地區「權益」的日本軍隊，竟開到遠離滿蒙數千里的濟南，造成了驚人的「濟南慘案」。日本軍隊司令官岡村寧次還發了一份佈告警告過蔣介石。天津日本駐屯軍參謀官為表示對我的關切，曾特地抄了一份給我。蔣介石為了討好帝國主義，剛殺過了共產黨和工人、學生，看見了這份佈告，又恭恭敬敬地退出了濟南，並禁止民眾有任何反日行動。

在此同時，我和奉系將領之間也進入了緊張的接觸。

公開的酬酢往來，是從我見過張作霖之後開始的。我父親的大管家張文治，在奉軍將領中有不少的把兄弟，這時又和張宗昌換了帖，成了奉軍將領的引見人之一。前內城守衛隊軍樂隊長李士奎，這時也成了奉軍人物，褚玉璞和畢庶澄就是他引進的。胡若愚還給我帶來了張學良。這些將領們到張園來，已和從前進紫禁城時不同，他們不用請安叩頭，我不用賞朝馬肩輿，他們只給我鞠個躬，或握

一下手，然後平起平坐。我給他們寫信，也不再過分端皇帝架子。
我和奉軍將領交往的親疏，決定於他們對復辟的態度。最先使我發
生好感的是畢庶澄，因為他比別人更熱心於我的未來事業，甚麼「人
心思舊」、「將來唯有帝制才能救中國，現在是羣龍無首」，說的話跟
遺老遺少差不了多少。他是張宗昌的一名軍長，兼渤海艦隊司令，
曾請我到他的軍艦參觀過。我對他抱着較大的希望，後來聽到他被
褚玉璞槍斃的消息時，我曾大為傷感。他死後，我的希望便轉移到
了張宗昌身上。

　　張宗昌，字效坤，山東掖縣人。我在天津見到他的時候，他有
四十多歲，一眼看去，是個滿臉橫肉的彪形大漢，如果一細看，就會
發現這個彪形大漢的紫膛面皮上，籠着一層鴉片中毒的那種青灰色。
他十五六歲時流浪到營口，在「寶棚」當過賭傭，成天與地痞流氓賭
棍小偷鬼混，在關東當過鬍匪的小頭目，以後又流落到沙俄的海參
崴，給華商總會當門警頭目。由於他揮霍不吝和善於逢迎勾結，能
和沙俄憲兵警察緊密合作，竟成了海參崴流氓社會的紅人，成了包
娼、包賭、包庇煙館的一霸。武昌起義後，南方革命軍派人到中俄
邊境，爭取鬍子頭目劉彈子（玉雙）投效革命，雙方談判成功，將劉
部編為一個騎兵團，授劉為騎兵團長。張是中間的介紹人，一同到
了上海，不知道他怎麼一弄，自己成了革命軍的團長，劉彈子反而
成了他下面的一名營長。「二次革命」爆發，他投了反革命的機，以
屠殺革命軍人之功，得到了馮國璋的賞識，當上了馮的衛隊營營長，
以後層層運動，又得到了十一師師長的位置。不久在江蘇安徽戰敗，
逃亡出關，投奔張作霖，當了旅長。從此以後，他即借奉軍之勢，從
奉軍進關那天起，步步登高，由師長、軍長而山東軍務督辦、蘇皖
魯剿匪總司令，一直做到了直魯聯軍司令，成了割據一方的土皇帝。

由於他流氓成性，南方報紙曾給了他一個「狗肉將軍」的綽號，後來看他打仗一敗即跑，又給了他一個「長腿將軍」的別名。

一九二八年四月二日，在蔣介石和張學良夾擊之下，張宗昌兵敗灤河，逃往旅大，後來又逃到日本門司，受日本人的庇護。一九三二年他以回家掃墓的名義回到山東，暗地裏運動劉珍年部下倒戈，打算以倒戈隊伍為基礎，重整旗鼓，奪取當時山東省主席韓復榘的地盤，恢復其對山東的統治。一九三二年九月三日，他在濟南車站被一個叫鄭繼成的當場打死。這位兇手自首說是為叔父報仇（他的叔父是被張宗昌槍斃的馮玉祥部下軍長鄭金聲），實際是山東省主席韓復榘主使下的暗殺。據說張被打死後，他的屍首橫在露天地裏，他的秘書長花錢僱不到人搬運他的屍體，棺材舖的老闆也不願意賣給他棺材，後來還是主持謀殺的省當局，叫人收了屍。這個國人皆日可殺的惡魔，曾是張園的熟客，是一個被我寄托以重大希望的人物。

我在北府時，張宗昌就化裝來看過我，向我表示過關心。我到天津後，只要他來天津，必定來看我。每次來都在深夜，因為他白天要睡覺，晚上抽了大煙，精神特別足。談起來，山南海北，滔滔不絕。

一九二六年，張吳聯合討馮，與馮軍激戰於南口，馮軍退後，首先佔領南口的是張宗昌的隊伍。我一聽到這個好消息，立刻給張宗昌親筆寫了一封半信半諭的東西：

　　字問

　　效坤督辦安好

　　久未通信，深為想念，此次南口軍事業已結束，討赤之功十成八九，將軍以十萬之眾轉戰直魯，連摧強敵，當此炎夏，艱險備嘗，堅持討逆，竟於數日內，直搗賊穴，建

此偉大功業，挽中國之既危，滅共產之已成。今赤軍雖已
遠颺，然根株不除，終恐為將來之患，仍望本除惡務盡之
意，一鼓而蕩平之，中國幸甚，人民幸甚。現派索玉山贈
與將軍銀瓶一對，以為此次破南口之紀念，望哂納。

漢卿、芳宸、蘊山[6]均望致意

丙寅七月十三日

　　我得到張宗昌勝利的消息，並不慢於報紙上的報導，因為我有
自己的情報工作。有一些人為我搜集消息，有人給我翻譯外文報紙。
我根據中外報紙和我自己得到的情報，知道了張宗昌的勝利和聲勢，
簡直是令我心花怒放。我希望張宗昌得到全面勝利，為我復辟打下
基礎。但是這位「狗肉將軍」在飛黃騰達的時候，總不肯明確地談這
些事，好象只有變成了「長腿將軍」的時候，才又想起它來。

　　一九二八年，蔣介石、馮玉祥、閻錫山等人宣告合作，向北方
的地盤上撲了過來，津浦線的這一路，繞過了給張宗昌幫忙的日本
人，把張宗昌的根據地山東吞沒了。張宗昌兵敗如山倒，一直向山
海關跑。這時張作霖已被日本人炸死，「少帥」張學良拒絕張宗昌出
關。張宗昌的軍隊被困在蘆台、灤州一線，前後夾擊，危在旦夕。
這一天，他的參謀金卓來找我，帶來了他的一封信，向我大肆吹噓
他還有許多軍隊、槍炮，規復京津實非難事，唯尚無法善其後，須
先統籌兼顧，接着又說他正在訓練軍隊，月需餉銀二百五十萬元，
他「伏乞睿哲俯賜，巽令使疆場小卒，知所依附」。擔當聯絡的金卓，
一再陳說張宗昌勝利在望，只等我的支援。這時陳寶琛、胡嗣瑗聽

6　索玉山是前禁衞軍的團長，漢卿是張學良，芳宸是李景林，蘊山是褚玉璞。

說我又要花錢了，都來勸阻我，結果只寫了一個鼓勵性的手諭。不久，張宗昌完全垮台，到日本去了。他離我越遠越有人在我們中間自動地來遞信傳話，張宗昌的信也越來越表現了他矢忠清室之志，但都有一個特點，就是向我要錢。帶信人除了前面說過的金卓（後來在偽滿給我當侍從武官）之外，還有後來當了偽滿外交大臣的謝介石、德州知縣王繼興、津浦路局長朱耀、陳寶琛的外甥劉驤業、安福系政客費毓楷和自稱是張的秘書長的徐觀嶽等人。他們給我帶來關於張宗昌的各種消息。我已不記得給他們拿去了多少錢，我現在找到了一部分當時的來信和去信的底稿，挑兩件抄在下面：

　　朕自聞灤河熸師，苦不得卿消息，昕夕憂懸。昨據朕派遣在大連之前外務部右丞謝介石專人奏陳，悉卿安抵旅順，並聞與前俄謝米諾夫將軍訂彼此互助之約，始終討赤，志不稍挫，聞之差慰。勝負兵家之常，此次再起，務須籌備完密，不可輕率進取。謝米諾夫懷抱忠義與卿相同，彼此提挈呼應，必奏膚功。方今蒼生倒懸，待援孔亟，朕每念及，寢食難安，望卿為國珍重以副朕懷。今命謝介石到旅順慰勞，並賞卿巨鑑一部，其留心閱覽，追蹤古人，朕有厚望焉。

皇上聖鑒：敬陳者，宗昌月前觀光東京，得晤劉驤業，恭讀手諭，感激莫名，業經覆呈，計達天聰。宗昌自來別府，荏苒經年，對於祖國民生之顛頓，國事之蜩螗，夙夜焦灼，寢饋難安。一遵我皇上憂國愛民之至意，積極規劃，罔敢稍疏。唯凡舉大事，非財政充裕，不能放手辦理，即不能貫徹主張，一木難支，眾擎易舉，當在聖明洞鑒之中。去秋訂購槍械一批，價洋日金貳百壹拾佰萬元，當交十分之

五，不料金票陡漲，以中國銀幣折合約須叁佰萬元。目前
軍事方面籌劃妥協，確有徹底辦法，不動則已，動出萬全。
唯槍械一項，需款甚巨，四處張羅，緩不濟急。籌思再四，
唯有懇乞

俯鑒愚忱，頒發款項壹佰萬元。萬一力有不及，或先籌濟
叁伍拾萬，以資應用，而利進行。感戴鴻慈，靡有涯既。
茲派前德州知事王繼興，馳赴行宮，代陳一切。人極穩妥，
且系宗昌至戚。如蒙俞允，即由該知事具領攜回，一俟款
到，即行發動。此款回國後兩月內即可歸還。時機已迫，
望若雲霓，披瀝上陳，無任屏營待命之至，伏乞
睿鑒。恭請
聖安

張宗昌謹呈

　　上面說的那筆錢，我沒有給那位德州縣知事。經陳寶琛、胡嗣
瑗的勸止，我也沒有再去信。但同時，我仍不能忘情於奉系，雖然
這時張作霖已經死了。

　　張作霖之死[7]盡人皆知是日本人謀殺的。我後來聽說，日本人殺

7　關於張被殺經過及原因，參與這一陰謀的日本戰犯河本大佐有過一段供述。據河本
　稱，是他親自指揮關東軍參謀部人員，事先在京奉和南滿鐵路交接點皇姑屯車站布
　下了「必死之陣」：在交接點埋了三十麻袋黃色炸藥，以設在五百公尺外瞭望台上
　的電氣機控制爆炸；並在交接點以北裝置了脫軌機、在附近埋伏了一排衝鋒隊。
　一九二八年六月四日五時半，張所乘之藍色鐵甲列車開到，東宮大尉一按電鈕，張
　與列車同時被毀。事後關東軍為掩蓋真相，立調工兵趕修鐵路，同時殺了兩個中國
　人扔在肇事地點，口袋裏塞上偽造的北伐軍信件，並逮捕了十余名無辜居民，誣陷
　北伐軍所為。殺張之原因，河本說：「一切親日的軍閥，我們統統抓住。能利用的時
　候就援助；不能利用的時候就設法消滅！」一語道破了帝國主義的毒辣。

張，是由於張越來越不肯聽話，張的不聽話，是由於少帥的影響，要甩掉日本，另與美國結成新歡。因此日本人說他「忘恩負義，不夠朋友」。他的遇害雖然當時也把我嚇了一跳，有的遺老還提醒我注意這個殷鑒，但是後來我沒有理會那些遺老的話，因為我自認是與張作霖不同的人。張是個帶兵的頭目，這樣的人除了他還可以另外找得到。而我是個皇帝，這是日本人從中國人裏再找不出第二個來的。那時在我身邊的人就有這樣一個論點：「關東之人恨日本刺骨，日本禁關東與黨軍（指張學良與國民黨）協和，力足取之，然日本即取關東不能自治，非得皇上正位則舉措難施」。我深信日本是承認這一點的。「我欲借日本之力，必先得關東之心」，這是隨之而來的策略，因此，我就從奉系裏尋找張作霖的舊頭目們，為我復辟使用。有個叫商衍瀛的遺老，是廣東駐防旗人，從前做過翰林，當時是東北紅「卍」字會的名人，這時出來給我活動奉系的將領。因為張學良已明白表示了要與蔣介石合作，所以商衍瀛進行的活動特別詭密。簡要地說，這個最後的活動並沒有結果，只留下了下面一點殘跡：

上　諭

　　數日來肝火上昇，每於夜間耳鳴頭悶，甚感疲怠，是以未能見卿。卿此去奉，表面雖為地款，實則主要不在此耳，此不待言而明也。余備玉數種，分與相（張作相）、惠（張景惠）等人，到行帶去。

　　再如降乩時，可否一問，余身體常不適，及此次肝熱，久不能豫。

　　俟後為款事，自當隨時與辦事處來函。唯關於大局事，若有來函，務須格外慎密。

商衍瀛的奏摺及我的批語

臣商衍瀛跪

奏

皇上聖躬欠安，務求靜養，時局變幻不出三個月內。

今日

皇上之艱難，安知非他日之福？望

聖躬勿過憂勞，以待時機之復。奉

諭各節，臣當敬謹遵

諭辦理。古玉敬謹分

賜。臣擬明日出關。再往吉林，哈爾濱，如蒙

俞允，即當就道，臣恭請

聖安

宣統二十一年二月初九日

此去甚是。唯須借何題目，免啟學良之疑。卿孤忠奮發，極慰朕志。當此時局擾亂，甚易受嫌，卿當珍重勤密，以釋朕懷。

三、謝米諾夫和「小諸葛」

我在拉攏、收買軍人方面，花了多少錢，送了多少珠寶玉器，都記不起來了，只記得其中比較大的數目，是白俄謝米諾夫拿去的。

謝米諾夫是沙俄的一個將軍，被蘇聯紅軍在遠東擊潰以後，率殘部逃到中國滿蒙邊境一帶，打家劫舍，姦淫燒殺，無惡不作。這批土匪隊伍一度曾想侵入蒙古人民共和國，被擊潰後，想在中蒙邊

境建立根據地，又遭到中國當地軍隊的掃蕩。到一九二七年，實際上成了人數不多的股匪。這期間，謝米諾夫本人往來於京津滬旅順以及香港日本等地，向中國軍閥和外國政客活動，尋找主顧，終於因為貨色不行，變成了純粹的招搖撞騙。第二次世界大戰之後，謝米諾夫被蘇聯軍隊捉了去，我在蘇聯被拘留時期曾聽到過關於他被處絞刑的消息。我在天津的七年間，和這個雙手沾滿了中蘇蒙三國人民鮮血的劊子手一直沒有斷過往來。我在他身上花了大量的錢，對他寄托了無限的希望。

謝米諾夫起先由昇允和羅振玉向我推薦過，我由於陳寶琛的反對，沒有見他。後來，鄭孝胥經羅振玉的介紹，和謝會了面，認為謝是大可使用的「客卿」人才，給他「用客卿」的計劃找到了第一個目標。他向我吹噓了一通，主張不妨先把謝給張宗昌撮合一下。那時正是我對張宗昌抱着希望的時候，因此同意了鄭孝胥的辦法。就這樣，在鄭孝胥的直接活動下，張宗昌接受了謝米諾夫提供的外國炮灰，擴大了白俄軍隊。後來張、謝之間還訂了一項《中俄討赤軍事協定》。

經過鄭孝胥的慫恿，一九二五年的十月，我在張園和謝米諾夫會了面，由他帶來的蒙古人多布端（漢名包文淵）當翻譯。我當時很滿意這次談話，相信了他的「犯難舉事、反赤復國」的事業必能實現，立時給了五萬元，以助其行。後來鄭孝胥、謝米諾夫、畢瀚章、劉鳳池等人在一起照了相，結成盟兄弟，表示一致矢忠清室。

那時正是繼十四國進軍蘇聯失敗，世界上又一次出現大規模反蘇反共高潮之時。我記得謝米諾夫和鄭孝胥對我談過，英美日各國決定以謝米諾夫作為反蘇的急先鋒，要用軍火財力支持謝米諾夫，「俄國皇室」對謝米諾夫正抱着很大希望。皇室代表曾與鄭孝胥有過來往，但詳情我已不記得。我記得的是，謝米諾夫和多布端有個計

劃與我有莫大關係，是要使用他們在滿蒙的黨羽和軍隊，奪取滿蒙地區建立起「反赤」根據地，由我在那裏就位統治。為了供應謝米諾夫活動費，我專為他立了一個銀行存摺，由鄭孝胥經手，隨時給他支用。存款數位大約第一次是一萬元。謝米諾夫曾經表示，他本來並不需要我供給他活動費，因為他將要得到白俄僑民捐助的一億八千萬（後來又說是三億）盧布，以後還會有美英日各國的財政支援；但是，這些錢一時還拿不到手，故此先用一點我的錢。後來他屢次因為「錢沒到手」，總是找鄭孝胥支錢，而每次用錢都有一套動人的用途。記得有一次他說，日本駐津司令官高田豐樹給他聯絡好了張作霖，他急待去奉天商討大計，一時沒有川資；又一次說，蘇聯的駐滬領事奉上級命令找了他，為了取得妥協，表示願把遠東某個地區給他成立自治區，他因此需要一筆路費，以便動身到東京研究這件事。謝米諾夫究竟拿去了多少錢，我已經無法計算，只記得直到「九一八」事變前二三個月，還要去了八百元。

在謝米諾夫和我的來往期間，出現了不少的中間聯絡人物。其中有個叫王式的，據這個人自稱，不但謝米諾夫對他十分信賴，而且日本要人和中國軍閥都與他有密切關係。我從他嘴裏最常聽到的是這幾句話：「這是最緊要的關頭」，「這是最後的機會」，「此真千載一時之機，萬不可失」，「機不可失，時不再來」等等，總是把我說得心眼裏發癢。下面是他寫的兩個奏摺：

臣王式跪

奏為外交軍事，具有端倪，旋乾轉坤在此一舉，

恭摺仰祈

聖鑒事。竊臣於五月十二日面奉

諭旨，致書俄臣謝米諾夫，詢其近狀。臣行抵上海即馳書東京，並告以遣使赴德及聯絡軍隊二事，旋得其復函，言即將來華，不必東渡。既又接其電報，約會於大連。臣得電馳往與之晤見。據稱：自昔年面

奉

溫詔並賞厚帑，即感激

天恩，誓圖報稱。後在滬上與臣相見，彼此以至誠相感，而訂互助之口約，始終不渝。東旋以後，謀與彼邦士大夫游，漸復與被執政貴族日益親近，屢以言話之，迄不得其要領。至今年春末，始獲得蘇俄擾亂滿蒙及朝鮮日本之確據，出以示彼，日本方有所覺悟，毅然決然為其招募朝鮮子弟八千人，一切餉糈器械，悉已完備，更欲為其招募俄國白黨萬餘人，現散處於滿蒙一帶者，其餉糈器械等等亦已籌備。英人聞此更首先與蘇俄絕交，願以香港滙豐銀行所存八千萬元，俟調查實在即予提取，故特電英國政府派遣參謀部某官至奉天，候其同往察看。法意二國亦有同情均願加入；美國則願先助美金五百萬元，後再接濟，共同在滿蒙組織萬國反赤義勇團，推其為盟主，共滅赤俄。今聞臣張宗昌已歸順朝廷，曾遣臣金卓至大連，訂期面商，加入團中，兩月之間成軍可必，成軍之後即取東三省，迎鑾登極，或俟赤俄削平，再登

大寶。所擬如此，不敢擅專，囑臣請旨遵行。臣又同日臣田野豐云，彼國政府慮赤禍蔓延將遍中國，中國共和以來亂益滋甚，知中國必不能無君，張學良勾結南京偽政府，必不能保三省治安，必不能為中國之主，故朝野一致力助

謝米諾夫，使謝米諾夫力助皇上，光復舊物，戡定大亂，共享承平。臣聞其言，十七年積憤為之頓釋……臣道出大連，有沈向榮者現充張宗昌部下三十軍軍長，來見臣於逆旅之中，謂已糾集南北軍長十人，有眾十萬，槍炮俱全，佈列七省，願為皇上效力，待臣返大連共同討論，聽臣指揮。此真千載一時之機，萬不可失。伏願

皇上效法

太祖皇帝，羅舉七大恨，告

廟誓眾，宣佈中外，萬眾一心，掃蕩赤化。

皇上純孝格天，未始非天心厭亂，特造此機，使

皇上還踐帝宮，復億萬年有道之基也。不然此機一失，人心懈矣。……倘蒙皇上召見臣，更有謝米諾夫、周善培諸臣密陳之言，並臣與鄭孝胥、羅振玉、榮源諸臣所商籌款之法，謹當縷陳，請旨定奪，謹奏。

　　奏為興復之計，在此一舉，坐失時機，恐難再得，恭摺仰祈

聖鑒事。竊臣於本月初一日謹將俄臣謝米諾夫、日臣田野豐在大連所擬辦法及臣沈向榮在彼俟臣進行諸事，已恭摺具呈

御覽。唯謝米諾夫因英人在奉天久待，無可托辭，故需款至急，

皇上行在帑藏難支，臣斷不敢瀆請，連日商諸臣羅振玉願將其在津房產抵押，約可得洋四萬元以充經費，不足之數臣擬俟

皇上召見，面陳一切未盡之言，並有至密之事請旨定奪後，

即赴大連上海再行設法……不然田野豐已有微詞，倘日人
稍變初衷，謝米諾夫即萌退志，各國不能越俎，張宗昌即
不能支持，縱使謝米諾夫他日再起，我亦不能再責其踐盟，
九仞之山將全功盡棄。……更有日人要求之事，謝米諾夫
預定之謀，內部小有參商之處，均當面請乾斷，唯祈訓示
祇遵，謹奏。

宣統二十年八月初九日

　　王式寫這幾個奏摺的日子，正是鄭孝胥出門，不在張園的時候。
由於陳寶琛、胡嗣瑗這一派人的阻攔，他進不了張園的門，並且遇
到了最激烈的攻擊。

　　攻擊王式最激烈的是胡嗣瑗。胡嗣瑗在清末是個翰林，張勳復
辟時與萬繩栻同任內閣閣丞，在我到天津之後到了張園，被人起了
個外號叫「胡大軍機」，因為凡是有人要見我或遞甚麼摺子給我，必
先經他過濾一下，這是由於我相信他為人「老實」而給他的職務，名
義是管理「駐津辦事處」。他最反對我和鄭、羅等人接觸。他看見了
王式的摺子，就給我上奏摺，逐條分析王式和謝介石等的言行前後矛
盾之處，指出這純粹是一場騙局。陳寶琛向我搖頭歎氣，不滿意鄭
孝胥和這些人的來往，說：「蘇龕（鄭字），蘇龕，他真是疏忽不堪！」
我被他們說動了心，決定不理這個王式和謝米諾夫的任何代表了，
可是鄭孝胥一回到天津，經他三說兩說，我又信了他的話，又拿出
了錢供客卿們花用。記得後來鄭孝胥還推薦過一個叫阿克第的奧國
人和一個叫羅斯的英國人。阿克第是奧國從前的貴族，在天津奧國
租界工部局任過職，據他自稱在歐洲很有地位，可以為我在歐洲展
開活動，取得復辟的聲援。因此我派他做我的顧問，叫他到歐洲去

活動，並且一次支給了這位客卿半年俸金一千八百元。羅斯是個記者，說要復辟必得有報，要我拿二萬元給他辦報。我給了他三千元，後來報是出來了，叫做《誠報》，可是沒幾天就關了門。

事實就是如此，儘管有個「胡大軍機」攔關，還是有不少人只要是拿着「聯絡軍人、擁護復辟」這張「門票」，便可走進張園。特別是從一九二六年起，一批批的光杆司令和失意政客湧進了租界，我的門客更是有增無減。

這些人物裏最值得一說的是「小諸葛」劉鳳池。我和劉的相識，是由於張勳手下的奉系老軍閥許蘭洲的介紹。劉是許的舊部下，在許的嘴裏，劉是個「現代的諸葛亮，得此一人，勝於臥龍鳳雛，復辟大業，已有九成把握」。劉鳳池那年大約四十歲左右，他見了我，在吹噓了自己的通天手眼之後，立時建議我拿出些古玩字畫和金錶給他，去聯絡台上人物。「那些福壽字、春條，對這類人是不行的」，這句話我還是從他嘴裏第一個聽到，雖然有點不舒服，但又賞識這個人直率。我認為他敢於講別人不敢講的，可見他的話一定可靠。於是我慷慨解囊，叫他一批一批地拿去那些最值錢的東西。後來，他竟指名要這要那，例如有一次他說要去活動張作霖的部下鄒作華，給我來信說：

> 姓鄒者才甚大，張作霖勝，彼功甚大，張待之甚厚，小物品不能動其心也，應進其珍珠、好寶石或鑽石，按萬元左右貴重物予之，當有幾十倍之大利在也。

為了拉攏奉系的榮臻、馬占山、張作相，他指明要各送十顆朝珠；為了拉攏一個姓穆的，他指明要珠頂冠上的那顆珠子。這種信，

三五天必有一封，內中不少這類詞句：「要真才就得多花錢，求儉遭人輕，做大事不拘小節」，「應送端硯細瓷，外界不易得之物」。如果他報告的活動情況都如實的話，差不多奉系的旅長以上（甚至包括團長，如富雙英當團長時），以及擁有四十萬眾的紅槍會首領、佔山為王的草莽英雄等等，都拿到了我的珍珠古瓷鑽石，都在我「不拘小節」之下大受感動，只待我一聲令下，就可以舉事了。但是他拿了無數的東西，人馬卻總不見動靜。後來，我在陳寶琛勸阻之下，發生了動搖，錢給的就不太積極，於是小諸葛無論面談和來信中多了一種詞句：「已耗費若干，旅費及招待，尚不在數」，「已傾家蕩產，實難再代墊補」，「現在情況萬分緊急，成敗在此一舉，無論如何先接濟二萬元」，「需款萬分緊急，望無論如何將此款賜下，以免誤此良機」。我後來覺出了事情不對，不肯再給錢，不久便接到了他這樣的信：「皇上若每日不知研究，亦不十分注意時局，敢望其必成乎？若不猛進，亦不期望必成，又何必設此想乎？……試將中國史記打開，凡創業中興之主，有如此之冷淡者乎？……」

我已忘記這個「小諸葛」是如何離開我的了，只記得他後來向我哭窮，只要十塊錢救濟。後來聽說他在東北各地招搖，給奉系萬福麟槍斃了。

像劉鳳池這類人物，我還可以舉出一串名字，比如畢瀚章之類的人們，都用過差不多的手法，吊起了我的重登大寶的胃口，騙走了不少現款、古玩、珍珠、寶石等等。這些人最後和我的分手，是各式各樣的，有的不告而別，有的被「胡大軍機」或其他人硬給攔住，也有的是我自己不叫進門。其中有個綽號「費胖子」的安福系小政客費毓楷，他曾向我報告，他和炸死張作霖的日本河本大佐取上了聯繫，已組織好張學良的侍衛，即將舉行暴動，在東北實行武裝復辟，

迎我「正位」。這個動人的然而難於置信的大話叫陳寶琛知道了，自然又加勸阻，連我岳父榮源也反對我再和他來往。費胖子最後和張園分手時，比別人多了一場戲。他遭到拒絕進園，立刻大怒，氣勢洶洶地對攔門的榮源嚷：「我出這麼大的力，竟不理我了，好，我要到國民政府，去控告你們皇上顛覆民國的罪狀！」榮源和三教九流頗有來往，聽了毫不在乎，反而笑道：「我勸你算了吧，你寫的那些東西都還存在皇上的手裏呢！」費胖子聽了這話，只好悻悻而退。

這些人物在我身邊真正的絕跡，已經是接近「九一八」事變的時候，也就是在北方軍閥全換上了青天白日旗之後，再過了一段時間。這時我對他們已經真正放棄幻想，同時由於其他後面談到的原因，我已把希望放在別處去了。

四、東陵事件

一九二八年，對我是充滿了刺激的一年，也是使我憂喜不定的一年。在這一年裏，一方面日本的田中內閣發表了滿蒙不容中國軍隊進入的聲明，並且出兵濟南，攔阻南方的軍隊前進，另方面張作霖、吳佩孚、張宗昌這些和我有瓜葛的軍隊，由節節敗退而潰不成軍，為我聯絡軍閥們的活動家剛報來了動人的好消息，我馬上又讀到那些向我效忠的軍人逃亡和被槍斃的新聞。我聽說中國的南北政府都和蘇聯絕交了，英蘇也絕交了，國民黨大肆清黨，鄭孝胥、陳寶琛以及日本人和我談的那個「洪水猛獸」，似乎對我減少了威脅，但又據這些人說，危險正逼近到我的身邊，到處有仇恨我的人在活動。我看到了報紙上關於廣東有暴動的消息，同時，一直被我看成「過激」、「赤化」分子的馮玉祥，已和蔣介石合作，正從京漢線上打

過來。一九二八年下半年，使人灰心喪氣的消息越來越多，張作霖死了，美國的公使在給張學良和蔣介石撮合，……除了這些上面已說過的事件之外，這年還發生了最富刺激性的孫殿英東陵盜墓事件。

東陵在河北省遵化縣的馬蘭峪，是乾隆和西太后的陵寢。孫殿英是一個賭棍和販毒犯出身的流氓軍人，在張宗昌部當過師長、軍長。一九二七年孫受蔣介石的改編，任四十一軍軍長。一九二八年，孫率部到薊縣、馬蘭峪一帶，進行了有計劃的盜墓。他預先貼出佈告，說是要舉行軍事演習，封鎖了附近的交通，然後由他的工兵營營長顓孫子瑜帶兵挖掘，用三個夜晚的時間，把乾隆和慈禧的殉葬財寶，搜羅一空。

乾隆和慈禧是清朝歷代帝后中生活最奢侈的。我從一份文史資料中，看到過一段關於他們的陵墓的描述：

> 墓中隧道全用漢白玉砌成，有石門四進，亦全系漢白玉雕製，寢宮為八角形，上覆圓頂，雕塑着九條金龍，閃閃發光。寢宮面積約與故宮的中和殿相等。乾隆的棺椁是用陰沉木製成的，安放在一個八角井的上邊。兩座墳墓中的殉葬器物，除金、銀元寶和明器外，都是些罕見的珍寶。慈禧的殉葬物品，多是一些珠寶翠鑽之類，她的鳳冠是用很大的珍珠以金線穿製而成的；衾被上有大朵的牡丹花，亦全用珍珠堆製；手鐲系用大小鑽石鑲成一大朵菊花和六小朵梅花，澄澈晶瑩，光彩奪目；手裏握着一柄降魔杵，長約三寸餘，為翡翠製；她的腳上還穿着一雙珠鞋。另外，在棺中還放置着十七串用珠寶綴成的念珠和幾雙翠質手鐲。乾隆的殉葬品都是一些字畫、書劍和玉石、象牙、珊

瑚雕刻的文玩及金質佛像等物，其中絹、絲製品都已腐朽，
不可辨認。

　　我聽到東陵守護大臣報告了孫殿英盜掘東陵的消息，當時所受
到的刺激，比我自己被驅逐出宮時還嚴重。宗室和遺老們全激動起
來了。陳寶琛、朱益藩、鄭孝胥、羅振玉、胡嗣瑗、萬繩栻、景方
昶、袁勵准、楊鍾羲、鐵良、袁大化、昇允……不論是哪一派的，
不論已經消沉的和沒有消沉的，紛紛趕到我這裏，表示了對蔣介石
軍隊的憤慨。各地遺老也紛紛寄來重修祖陵的費用。在這些人的建
議和安排下，張園裏擺上了乾隆、慈禧的靈位和香案祭席，就像辦
喪事一樣，每天舉行三次祭奠，遺老遺少們絡繹不絕地來行禮叩拜，
痛哭流涕。清室和遺老們分別向蔣介石和平津衛戍司令閻錫山以及
各報館發出通電，要求懲辦孫殿英，要求當局賠修陵墓。張園的靈
堂決定要擺到陵墓修復為止。
　　起初，蔣介石政府的反應還好，下令給閻錫山查辦此事。孫殿
英派到北平來的一個師長被閻錫山扣下了。隨後不久，消息傳來，
說被扣的師長被釋放，蔣介石決定不追究了。又傳說孫殿英給蔣介
石新婚的夫人宋美齡送去了一批贓品，慈禧鳳冠上的珠子成了宋美
齡鞋子上的飾物。我心裏燃起了無比的仇恨怒火，走到陰陰森森的
靈堂前，當着滿臉鼻涕眼淚的宗室人等，向着空中發了誓言：
　　「不報此仇，便不是愛新覺羅的子孫！」
　　我此時想起溥偉到天津和我第一次見面時說的：「有溥偉在，大
清就一定不會亡！」我也發誓說：
　　「有我在，大清就不會亡！」
　　我的復辟、復仇的思想，這時達到了一個新的頂峰。

在那些日子裏，鄭孝胥和羅振玉是我最接近的人，他們所談的每個歷史典故和當代新聞，都使我感到激動和憤慨不已，都增強着我的復辟和復仇的決心。和國民黨的國民政府鬥爭到底，把靈堂擺到修復原墓為止，就是他們想出的主意。但是後來形勢越來越不利，盜墓的人不追究了，北京天津一帶面目全非，當權的新貴中再沒有像段祺瑞、王懷慶這類老朋友，我父親也不敢再住在北京，全家都搬到天津租界裏來了。於是我的心情也由激憤轉成憂鬱。蔣、宋兩家的結親，就使張園裏明白了英美買辦世家和安清幫兼交易所經紀人的這種結合，說明蔣介石有了比段祺瑞、張作霖、孫傳芳、吳佩孚這些倒台的軍人更硬的後台。這年年末，蔣介石的國民政府得到了包括日本在內的各國的承認，他的勢力和地位已超過了以往的任何一個軍閥。我覺得自己的前途已十分黯淡，認為在這樣一個野心人物的統治下，不用說復辟，連能否在他的勢力範圍內佔一席地，恐怕全成問題。

我在心裏發出了狠毒的詛咒，懷着深刻的憂慮，為蔣介石的政府和自己的命運，一次又一次地卜過卦，扶過乩。我曾卜占「國民政府能長久否？」得「天大同人變離，主申年化沖而散」的一個卦文，其意思是：蔣介石政府將眾叛親離，在一九三二年滅亡。當然，蔣介石的政府如果垮台，可以發泄我的仇恨，使我痛快。但是，我更關心的是我自己的命運。我屢次叫榮源扶乩，有一次他得到這樣一個乩文：

今上乃重興之主，清仍有天下，然予（按指榮源）乃朝廷勳戚大臣，必須直諫君，於致光武，務必勸戒奢華，彌閱世事，晦跡韜光，暗成事業，親君子，遠小人，去偽忠，此皆要圖，子忠實君子，吾所凤知，故願直言，將來再興，務

必改元，宣統二字，乃寧日一亂絲充滿天下盡，賊犯紫微，

務用隆武，隆若不用，可改興武，此天機也，國事且不洩。

　　但是任何一個欲望強烈和報仇心切的人，都不會只記得「成事在天」而忘了「求事在人」這句話。我自己幾年來的閱歷，特別是蔣介石的發家史，給了我一條重要的信念，這就是若求成事必須手握兵權，有了兵權實力，洋人自然會來幫助。像我這樣一個正統的「大清皇帝」，倘若有了軍隊，自然要比一個紅鬍子或者一個流氓出身的將帥更會受到洋人的重視。因此，我決定派我身邊最親信的親族子弟去日本學陸軍。我覺得這比我自己出洋更有必要。

　　促成我這個想法的，還有一個原因，就是溥傑正為了要投筆從戎，在家裏鬧得馬仰人翻。他從軍的動機本來也頗可笑，與其說是受到母親遺囑的影響，立志要恢復清朝，還不如說是由於他羨慕那些手握虎符的青年將帥，自己也想當軍官，出出風頭。張學良在張作霖死後，臨回奉天之前對溥傑說過：「你要當軍官，我送你進講武堂（奉軍的軍官學校）。」於是他便和張學良的家眷乘船離了天津。我父親看到了他留下的信，急得要命，要我無論如何想個辦法把他追回來。天津日本總領事答應了我的請求，發了電報給大連。在大連碼頭上，溥傑剛從船上走下來，就給日本警察截住了。他被我派去的人接回到天津，見了我就訴說他投軍的志向，是為了恢復祖業。他的話觸動了我送他去日本學陸軍的心思。

　　我決定了派溥傑和我的三妹夫潤麒一同到日本去學陸軍。為了準備他們的留學，我請天津日本總領事介紹了一位家庭教師，教他們日文。日本總領事推薦了一位叫遠山猛雄的日本人，後來知道，這是一個日本黑龍會的會員，認識不少日本政客。這個人後來也

為了我的復辟理想，替我到日本奔走過。我到東北以後，因為他不是軍部系統的，受到排擠，離開了我。這位遠山教師教了溥傑和潤麟不多日子的日文，就為他們的留學問題回到日本去活動了一趟，據說是暫時還不能入日本士官學校，但是可以先進專供日本貴族子弟讀書的學習院，並且還得到了日本的大財閥大倉喜八郎的幫助。一九二九年三月，即「東陵事件」發生後七個月，我這兩個未來的武將就和遠山一起到日本去了。

五、領事館、司令部、黑龍會

　　敬陳管見，條列於後：

　　……對日本宜暗中聯合而外稱拒絕也。關東之人恨日本刺骨，日本禁關東與黨軍和協，而力足以取之。然日本即取關東不能自治，非得

皇上正位則舉措難施。今其勢日漸緊張，關東因無以圖存，日人亦無策善後，此田中之所以屢示善意也。

我

皇上並無一城一旅，不用日本何以恢復？機難得而易失，天予不取，後悔莫追。故對日本只有聯合之誠，萬無拒絕之理。所難者我借日本之力而必先得關東之心。若令關東之人，疑我合日謀彼，則以後欲由東三省擁戴，勢有所難。此意不妨與日本當機要人明言之，將來皇上復位，日本於三省取得之權，尚須讓步方易辦理。……

　　這是一九二八年我收到的一份奏摺中的一段。這段話代表了張

園裏多數人的想法，也是我經過多年的活動後，日益信服的結論。

前面已經說過，我自從進了北府，得到了日本人的「關懷」以來，就對日本人有了某些信賴。我在日本公使館裏住了些日子，到了天津之後，我一天比一天更相信，日本人是我將來復辟的第一個外援力量。

我到天津的第一年，日本總領事古田茂曾請我參觀了一次日本僑民小學。在我往返的路上，日本小學生手持紙旗，夾道向我歡呼萬歲。這個場面使我熱淚滿眶，感歎不已。當軍閥內戰的戰火燒到了天津的邊緣，租界上的各國駐軍組織了聯軍，聲言要對付敢於走近租界的國民軍的時候，天津日本駐屯軍司令官小泉六一中將特意來到張園，向我報告說：「請宣統帝放心，我們決不讓中國兵進租界一步。」我聽了，大為得意。

每逢新年或我的壽辰，日本的領事官和軍隊的將佐們必定到我這裏來祝賀。到了日本「天長節」，還要約我去參觀閱兵典禮。記得有一次「天長節」閱兵，日本軍司令官植田謙吉邀請了日租界不少高級寓公，如曹汝霖、陸宗輿、靳雲鵬等人都去了。我到場時，植田司令官特意騎馬過來行致敬禮。當閱兵完畢，我們這些中國客人湊在一起，竟然隨着日本人同聲高呼「天皇萬歲」。

日軍司令部經常有一位佐級參謀來給我講說時事，多年來十分認真，有時還帶來專門繪製的圖表等物。第一個來講的大概是名叫河邊的參謀，他調走之後繼續來講的是金子定一，接金子的是後來在偽滿當我的「御用掛」的吉岡安直。這個人在偽滿與我相處十年，後面我要用專門的一節來談他。

日軍參謀講說的時事，主要是內戰形勢，在講解中經常出現這樣的分析：「中國的混亂，根本在於羣龍無首，沒有了皇帝。」並由

此談到日本的天皇制的優越性，談到中國的「民心」唯有「宣統帝」才能收拾。中國軍隊的腐敗無力是不可或缺的話題，自然也要用日本皇軍做對比。記得濟南慘案發生後，吉岡安直至少用了一個小時來向我描述蔣介石軍隊的無能。日本佈告的抄件，就是那次他給我拿來的。這些講話加上歷次檢閱日軍時獲得的印象，使我深信日本軍隊的強大，深信日本軍人對我的支持。

有一次我到白河邊上去遊逛，眺望停在河中心的日本兵艦。不知兵艦艦長怎麼知道的，突然親自來到岸上，虔敬地邀請我到他的艦上參觀。到了艦上，日本海軍將校列隊向我致敬。這次由於倉猝間雙方都沒有準備翻譯，我們用筆談了一陣。這條兵艦艦名「藤」，船長姓蒲田。我回來之後，蒲田和一些軍官向我回訪，我應他的請求送了他一張簽名照片，他表示這是他的極大的榮幸。從這件事情上，我覺得日本人是從心眼裏對我尊敬的。我拉攏軍閥、收買政客、任用客卿全不見效之後，日本人在我的心裏的位置，就更加重要了。

起初，「日本人」三個字在我心裏是一個整體。這當然不包括日本的老百姓，而是日本公使館、天津日本總領事館和天津日本「駐屯軍」司令部裏的日本人，以及和羅振玉、昇允來往的那些非文非武的日本浪人。我把他們看成整體，是因為他們同樣地「保護」我，把我當做一個「皇帝」來看待，同樣地鄙夷民國，稱頌大清，在我最初提出要出洋赴日的時候，他們都同樣地表示願意贊助。一九二七年，我由於害怕北伐軍的逼近，一度接受羅振玉勸告，決定赴日。經過日本總領事的接洽，日本總領事館向國內請示，田中內閣表示了歡迎，並決定按對待君主之禮來接待我。據羅振玉說，日本軍部方面已準備用軍隊保護我啟程。只是由於形勢的緩和，也由於陳寶琛、鄭孝胥的聯合勸阻，未能成行。後來，南京的國民黨政府成立了，

官方的「打倒帝國主義」、「廢除不平等條約」之類的口號消失了，我逐漸發現，儘管日本人的「尊敬」、「保護」仍然未變，但是在我出洋之類的問題上，他們的態度卻有了分歧。這種分歧甚至達到了令我十分憤慨的程度。

一九二七年下半年，有一天羅振玉向我說：「雖然日租界比較安全，但究竟是魚龍混雜。據日本司令部說，革命黨（這是一直保留在張園裏的對於國民黨和共產黨的籠統稱呼）的便衣（這是對於秘密工作者的稱呼，而且按他們解釋，都是帶有武器的）混進來了不少，聖駕的安全，頗為可慮。依臣所見，仍以暫行東幸為宜，不妨先到旅順。恭親王在那邊有了妥善籌備，日本軍方也願協助，擔當護駕之責。」這時我正被「革命黨便衣」的謠言弄得惶惶不安，聽了羅振玉的話，特別是溥偉又寫來了信，我於是再一次下了出行的決心。我不顧陳寶琛和鄭孝胥的反對，立刻命令鄭孝胥去給我找日本總領事，我要親自和他見面談談。

鄭孝胥聽了我的吩咐，怔了一下，問道：「皇上請加藤，由誰做翻譯呢？是謝介石嗎？」

我明白了他的意思。謝介石是個台灣人，由於昇允的引見，在北京時就出入宮中，張勳復辟時做了十二天的外務部官員，後來由日本人的推薦，在李景林部下當秘書官，這時跟羅振玉混在一起，不斷地給我送來甚麼「便衣隊行將舉事」，革命黨將對我進行暗殺等等情報。勸說我去旅順避難的，也有他一份。鄭孝胥顯然不喜歡羅振玉身邊的人給我當翻譯，而同時，我知道在這個重要問題上，羅振玉也不會喜歡鄭孝胥的兒子鄭垂或者陳寶琛的外甥劉驤業當翻譯。我想了一下，便決定道：「我用英文翻譯。加藤會英文。」

總領事加藤和副領事岡本一策、白井康都來了。聽完我的話，

加藤的回答是：「陛下提出的問題，我還不能立即答覆，這個問題還須請示東京。」

我心裏想：這本是日本司令部對羅振玉說沒有問題的事，再說我又不是到日本去，何必去請示東京？天津的高級寓公也有到旅順去避暑的，他們連日本總領事館也不用通知就去了，對我為甚麼要多這一層麻煩？我心裏的話沒完全說出來，加藤卻又提出了一個多餘的問題：

「請問，這是陛下自己的意思嗎？」

「是我自己的。」我不痛快地回答。我又說，現在有許多對我不利的消息，我在這裏不能安心。據日本司令部說，現在革命黨派來不少便衣，總領事館一定有這個情報吧？

「那是謠言，陛下不必相信它。」加藤說的時候，滿臉的不高興。他把司令部的情報說成謠言，使我感到很奇怪。我曾根據那情報請他增派警衛，警衛派來了，他究竟相信不相信那情報？我實在忍不住地說：

「司令部方面的情報，怎麼會是謠言？」

加藤聽了這話，半天沒吭氣。那兩位副領事，不知道他們懂不懂英文，在沙發上像坐不穩似地蠕動了一陣。

「陛下可以確信，安全是不會有問題的。」加藤最後說，「當然，到旅順的問題，我將遵命去請示敝國政府。」

這次談話，使我第一次覺出了日本總領事館和司令部方面之間的不協調，我感覺到奇怪，也感覺到很氣人。我把羅振玉、謝介石叫了來，又問了一遍。他們肯定說，司令部方面和接近司令部方面的日本人，都是這樣說的。並且說：

「司令部的情報是極其可靠的。關於革命黨的一舉一動，向來都

是清清楚楚的。不管怎麼說，即使暗殺是一句謠言，也要防備。」

過了不多幾天，我岳父榮源向我報告說，外邊的朋友告訴他，從英法租界裏來了馮玉祥的便衣刺客，情況非常可慮。我的「隨侍」祁繼忠又報告說，他發現大門附近，有些形跡可疑的人，伸頭向園子裏張望。我聽了這些消息，忙把管庶務的佟濟煦和管護軍的索玉山叫來，叫他們告知日警，加緊門禁，囑咐護軍留神門外閒人，並禁止晚間出入。第二天，我聽一個隨侍說，昨晚上還有人外出，沒有遵守我的禁令，我立刻下令給佟濟煦記大過一次，並罰扣違令外出者的餉銀[8]，以示警戒。總之，我的神經緊張起來了。

有一天夜裏，我在睡夢中忽然被一聲槍響驚醒，接着，又是一槍，聲音是從後窗外面傳來的。我一下從牀上跳起，叫人去召集護軍，我認為一定是馮玉祥的便衣來了。張園裏的人全起來了，護軍們被佈置到各處，大門上站崗的日本巡捕（華人）加強了戒備，駐園的日本警察到園外進行了搜索。結果，抓到了放槍的人。出乎我的意料，這個放槍的卻是個日本人。

第二天，佟濟煦告訴我，這個日本人名叫岩田，是黑龍會分子，日本警察把他帶到警察署，日本司令部馬上把他要去了。我聽了這話，事情明白了七八分。

我對黑龍會的人物，曾有過接觸。一九二五年冬季，我接見過黑龍會的重要人物佃信夫。事情的緣起，也是由於羅振玉的鼓吹。羅振玉對我說，日本朝野對於我這次被迫出宮和避難，都非常同情，日本許多權勢人物，連軍部在內，都在籌劃贊助我復辟，現在派來

8　這時張園管束「底下人」的辦法，根據師傅們的諫勸和佟濟煦的懇求，已經取消了鞭笞，改為輕者罰跪，重者罰扣餉銀。為了管束，我還親自訂了一套「規則」，內容見第六章。── 作者

了他們的代表佃信夫，要親自和我談一談。他說這個機會決不可失，應當立刻召見這位人物。佃信夫是個甚麼人，我原先並非毫無所聞，內務府裏有人認識他，說他在辛亥之後，常常在各王府跑出跑進，和宗室王公頗有些交情。羅振玉的消息打動了我，不過我覺得日本總領事是日本正式的代表，又是我的保護人，理應找他來一同談談，於是叫人通知了有田八郎總領事，請他屆時出席。誰知那位佃信夫來時一看到有田在座，立刻返身便走，弄得在座的陳寶琛、鄭孝胥等人都十分驚愕。後來鄭孝胥去責問他何以敢如此在「聖前非禮」，他的回答是：「把有田請來，這不是成心跟我過不去嗎？既然如此，改日再談。」現在看來，羅振玉這次的活動以及岩田的鳴槍製造恐怖氣氛，就是那次佃信夫的活動的繼續。這種活動，顯然有日軍司令部做後台。

後來我把陳寶琛、鄭孝胥找來，要聽聽他們對這件事的看法。鄭孝胥說：「看起來，日本軍政兩界，都想請皇上住在自己的勢力範圍之內加以保護。他們雖然不合作，卻也於我無損。不過羅振玉做事未免荒唐，他這樣做法，有敗無成，萬不可過於重用。」陳寶琛說：「不管日軍司令部也罷，黑龍會也罷，做事全不負責任。除了日本公使和總領事，誰的話也別聽！」我考慮了一下，覺得他們的話很有道理，便不想再向總領事要求離津了。從此，我對羅振玉也不再感興趣了。第二年，他便賣掉了天津的房子，跑到了大連。

說也奇怪，羅振玉一走，謠言也少了，連榮源和祁繼忠也沒有驚人的情報了。事隔很久以後，我才明白一點其中的奧妙。

這是我的英文翻譯告訴我的。他和榮源是連襟，由於這種關係，也由於他和日軍司令部翻譯有事務上的交往，探聽到一點內幕情況，後來透露了給我。原來，日軍司令部專門設了一個特務機關，長期

做張園的工作，和這個機關有關係的，至少有羅振玉、謝介石、榮源這幾個人。我的英文翻譯曾由這三個人帶到這個特務機關的一處秘密地方，這地方對外的名稱，叫做「三野公館」。

　　他是在那天我接見了加藤之後被他們帶去的。他的翻譯工作做完之後，被羅、謝、榮三人截住，打聽會談情況。羅振玉等人聽說加藤對我出行毫不熱心，立刻鼓噪起來。從他們的議論中，英文翻譯聽出了司令部方面有人對羅振玉他們表示的態度完全不同，是說好了要把我送到旅順去住的。為了向司令部方面的人彙報加藤的談話，羅振玉等三人把英文翻譯帶到「三野公館」去找那人，結果沒找見，而英文翻譯卻發現了這個秘密地方。以後他從榮源和別的方面探聽出，這是個有鴉片煙、女人、金錢的地方。榮源是這裏的常客，有一次他甚至侮辱過一個被叫做大熊的日本人的妻子，大熊把他告到司令部，也沒有能動他。至於榮源等人和三野公館有些甚麼具體活動，榮源卻不肯透露。

　　三野的全名是三野友吉，我認識這個人，他是司令部的一名少佐，常隨日軍司令官來張園做客。當時我絕沒想到，正是這個人，通過他的「公館」，與張園的某些人建立了極親密的來往，把張園裏的情形摸得透熟，把張園裏的榮源之流哄得非常聽話，以至後來能通過他們，把謠言送到我耳朵裏，弄得我幾次想往旅順跑。我聽到我的翻譯透露出來三野公館的一些情況後，只想到日軍司令部如此下功夫拉攏榮源等人，不過是為了和領事館爭奪我，他們兩家的爭奪，正如鄭孝胥所說，是於我有益無損的事。

　　事實上，我能看到的現象也是如此：司令部與領事館的勾心鬥角，其激烈與錯綜複雜，是不下於我身邊的遺老們中間所發生的。比如司令部派了參謀每週給我講說時事，領事館就介紹了遠山猛雄做

皇室教師；領事館每次邀請我必同時請鄭孝胥，司令部的邀請中就少不了羅振玉；領事館在張園派駐了日本警官，而司令部就有專設的三野公館，為榮源、羅振玉、謝介石等人預備了女人、鴉片，等等。

至於黑龍會，我了解得最晚，還是鄭孝胥告訴我的。這個日本最大的浪人團體，前身名為「玄洋社」，成立於中法戰爭之後，由日本浪人平岡浩太郎所創立，是在中國進行間諜活動的最早的特務組織，最初在福州、芝罘（煙台）、上海都有機關，以領事館、學校、照相館等為掩護，如上海的「東洋學校」和後來的「同文書院」都是。「黑龍會」這個名字的意思是「超越黑龍江」，出現於一九〇一年。在日俄戰爭中，這個團體起了很大作用，傳說在那時黑龍會會員已達幾十萬名，擁有巨大的活動資金。頭山滿是黑龍會最出名的領袖，在他的指揮下，他的黨羽深入到中國的各階層，從清末的王公大臣如昇允之流的身邊，到販夫走卒如張園的隨侍中間，無一處沒有他們在進行着深謀遠慮的工作。日本許多著名的人物，如土肥原、廣田、平沼、有田、香月等人都是頭山滿的門生。據鄭孝胥說，頭山滿是個佛教徒，有一把銀色長須，面容「慈祥」，平生最愛玫瑰花，終年不願離開他的花園。就是這樣的一個佛教徒，在玫瑰花香氣的氤氳中，捋着銀須，面容「慈祥」地設計出駭人的陰謀和慘絕人寰的兇案。

鄭孝胥後來能認識到黑龍會和日本軍部系統的力量，是應該把它歸功於羅振玉的。鄭、羅、陳三人代表了三種不同的思想。羅振玉認為軍部人物以及黑龍會人物的話全是可靠的（他對謝米諾夫和多布端的信任，也一半是出於謝、多二人和黑龍會的關係），陳寶琛則認為除了代表日本政府的總領事館以外，別的日本人的話全不可信。鄭孝胥公開附和着陳寶琛，以反對羅振玉。他心裏起初也對司

令部和黑龍會存着懷疑，但他逐漸地透過羅振玉的吹噓和黑龍會的胡作非為，看出了東京方面某種勢力的動向，看出了日本當局的實在意圖，最後終於看出了這是他可以仗恃的力量。因此，他後來決定暫時放下追求各國共管的計劃，而束裝東行，專門到日本去找黑龍會和日本參謀總部。

六、鄭孝胥的理想

鄭孝胥在北京被羅振玉氣跑之後，轉年春天回到了我的身邊。這時羅振玉逐漸遭到懷疑和冷淡，敵對的人逐漸增多，而鄭孝胥卻受到了我的歡迎和日益增長的信賴。陳寶琛和胡嗣瑗跟他的關係也相當融洽。一九二五年，我派他總管總務處，一九二八年，又派他總管外務，派他的兒子鄭垂承辦外務，一同做我對外聯絡活動的代表。後來他與我之間的關係，可以說是到了榮祿與慈禧之間的那種程度。

他比陳寶琛更隨和我。那次我會見張作霖，事前他和陳寶琛都表示反對，事後，陳寶琛鼓着嘴不說話，他卻說：「張作霖有此誠意表示，見之亦善。」他和胡嗣瑗都是善於爭辯的，但是胡嗣瑗出口或成文，只用些老古典，而他卻能用一些洋知識，如墨索里尼創了甚麼法西斯主義，日本怎麼有個明治維新，英國《泰晤士報》上如何評論了中國局勢等等，這是胡嗣瑗望塵莫及的。陳寶琛是我認為最忠心的人，然而講到我的未來，絕沒有鄭孝胥那種令我心醉的慷慨激昂，那種滿腔熱情，動輒聲淚俱下。有一次他在給我講《通鑒》時，話題忽然轉到了我未來的「帝國」：

「帝國的版圖，將超越聖祖仁皇帝一朝的規模，那時京都將有三座，一在北京，一在南京，一在帕米爾高原之上⋯⋯」

他說話時是禿頭搖晃，唾星四濺，終至四肢顫動，老淚橫流。

有時，在同一件事上說的幾句話，也讓我覺出陳寶琛和鄭孝胥的不同。在康有為賜諡問題上，他兩人都是反對的，陳寶琛在反對之餘，還表示以後少賜諡為妥，而他在發表反對意見之後，又添了這麼一句：「戊戌之獄，將來自然要拿到朝議上去定。」好像我不久就可以回紫禁城似的。

鄭孝胥和羅振玉都積極為復辟而奔走活動，但鄭孝胥的主張更使我動心。雖然他也是屢次反對我出洋和移居旅順、大連的計劃的。

鄭孝胥反對我離開天津到任何地方去，是七年來一貫的。甚至到「九一八」事變發生，羅振玉帶着關東軍的策劃來找我的時候，他仍然不贊成我動身。這除了由於他和羅振玉的對立，不願我被羅壟斷居奇，以及他比羅略多一點慎重之外，還有一條被人們忽視了的原因，這就是：他當時並不把日本當做唯一的依靠；他所追求的東西，是「列強共管」。

在天津時代，鄭孝胥有個著名的「三共論」。他常說：「大清亡於共和，共和將亡於共產，共產則必然亡於共管。」他把北伐戰爭是看做要實行「共產」的。這次革命戰爭失敗後，他還是唸不絕口。他說：「又鬧罷工了，罷課了，外國人的商業受到了損失，怎能不出頭來管？」他的「三共論」表面上看，好像是他的感慨，其實是他的理想，他的願望。

如果考查一下鄭、羅二人與日本人的結交歷史，鄭到日本做中國使館的書記官是一八九一年，羅賣古玩字畫、辦上海《農報》，由此結識了給《農報》譯書的日人藤田劍峰是在一八九六年，鄭結交日人比羅要早五年。但是羅振玉自從認識了日本方面的朋友，眼睛裏就只有日本人，辛亥後，他把復辟希望全放到日本人的身上，而

鄭孝胥卻在日本看見了「列強」，從那時起他就認為中國老百姓不用說，連做官的也都無能，沒出息，中國這塊地方理應讓「列強」來開發，來經營。他比張之洞的「中學為體，西學為用」更發展了一步，不但要西洋技術，西洋資本，而且主張要西人來做官，連皇家的禁衛軍也要由客卿訓練、統領。不然的話，中國永遠是亂得一團糟，中國的資源白白藏在地裏，「我主江山」遲早被「亂黨」、「亂民」搶走，以至毀滅。辛亥革命以後，他認為要想復辟成功，決不能沒有列強的幫忙。這種幫忙如何才能實現呢？他把希望寄託在「共管」上。

那時關於「列強」共管中國的主張，經常可以從天津外文報紙上看到。鄭孝胥對這類言論極為留意，曾認真地抄進他的日記、札記，同時還叫他的兒子鄭垂譯呈給我。這是一九二七年六月九日登在日文報紙《天津日日新聞》上的一篇：

英人提倡共管中國

聯合社英京特約通信。據政界某要人表示意見謂：中國現局，日形紛亂，旅華外國觀察家曾留心考察，以為中國人民須候長久時期，方能解決內部糾紛，外國如欲作軍事的或外交的干涉，以解決中國時局問題，乃不可能之事。其唯一方法，只有組織國際共管中國委員會，由英美法日德意六國各派代表一名為該會委員，以完全管理中國境內之軍事。各委員之任期為三年，期內擔任完全責任，首先由各國代籌二百五十兆元以為行政經費，外交家或政客不得充當委員，委員人才須與美國商（務）部長胡佛氏相仿佛。此外，又組織對該委員會負責之中外混合委員會，使中國人得在上述之會內受訓練。

　　鄭孝胥認為，這類的計劃如果能實現，我的復位的時機便到了。

　　那年夏天我聽了羅振玉的勸說，打算到日本去，鄭孝胥就根據那篇文章勾起的幻想，向我提出了「留津不動，靜候共管」的勸告。這是他記在日記裏的一段：

　　　　五月戊子二十四日（六月二十三日）。詣行在。召見，詢日領事約談情形（即去日事）。因奏曰：今乘輿狩於天津，皇帝與天下猶未離也。中原士大夫與列國人士猶得常接，氣脈未寒，若去津一步，則形勢大變，是為去國亡命，自絕於天下。若寄居日本，則必為日本所留，興復之望絕矣！自古中興之主，必借兵力。今則海內大亂，日久莫能安戢，列國逼不得已，乃遣兵自保其商業。他日非為中國置一賢主，則將啟爭端，其禍益大。故今日皇上欲圖中興，不必待兵力也，但使聖德令名彰於中外，必有人人欲以為君之日。

　　他提出過不少使「聖德令名彰於中外」的辦法，如用我的名義捐款助賑，用我的名義編纂《清朝歷代政要》，用我的名義倡議召開世界各國弭兵會議等等。有的我照辦了，有的無法辦，我也表示了贊許和同意。

　　我委任奧國亡命貴族阿克第男爵到歐洲為我進行遊說宣傳，臨行時，鄭孝胥親自向他說明，將來如蒙各國支持「復國」，立刻先實行這四條政策：「一、設責任內閣，閣員參用客卿；二、禁衛軍以客將統帥教練；三、速辦張家口 —— 伊犁鐵路，用借款包工之策；四、國內設立之官辦、商辦事業，限五年內一體成立。」

　　鄭孝胥的想法，以後日益體系化了。有一次，他說：「帝國鐵路，將四通八達，礦山無處不開，學校教育以孔教為基礎……。」我問他：「列強真的會投資嗎？」他說：「他們要賺錢，一定爭先恐後。臣當年承辦璦琿鐵路，投資承包的就是如此，可惜朝廷給壓下了，有些守舊大臣竟看不出這事大有便宜。」那時我還不知道，作為辛亥革命風暴導火線的鐵路國有化政策，原來就是鄭孝胥給盛宣懷做幕府時出的主意。假若我當時知道這事，就準不會再那樣相信他。當時聽他說起辦鐵路，只想到這樣的問題：「可是辛亥國變，不就是川、湘各地路礦的事鬧起來的嗎？」他附和說：「是的，所以臣的方策中有官辦有商辦。不過中國人窮，錢少少辦，外國人富，投資多多辦，這很公平合理。」我又曾問過他：「那些外國人肯來當差嗎？」他說：「待如上賓，許以優待，享以特權，絕無不來之理。」我又問他：「許多外國人都來投資，如果他們爭起來怎麼辦？」他很有把握地說：「唯因如此，他們更非尊重皇上不可。」

　　這就是由共管論引申出來的日益體系化的鄭孝胥的政策，也是我所贊許的政策。我和他共同認為，只有這樣，才能取回我的寶座，繼續大清的氣脈，恢復宗室覺羅、文武臣僚、士大夫等等的舊日光景。

　　鄭孝胥在我出宮後，曾向段祺瑞活動「復原還宮」，在我到天津後，曾支持我拉攏軍閥、政客的活動，但是，在他心裏始終沒忘掉這個理想。特別是在其他活動屢不見效的情況下，他在這方面的願望尤其顯得熱烈。這在使用謝米諾夫這位客卿的問題上，分外地可以看出來。

　　當我把接見謝米諾夫的問題提出來時，陳寶琛擔心的是這件事會引起外界的責難，鄭孝胥着急的卻是怕我背着他和羅振玉進行這

件事。他對陳寶琛說：「反對召見，反而使皇上避不諮詢，不如為皇上籌一妥善謹密之策，召見一次。」結果，謝米諾夫這個關係便叫他拉到手上了。

使他對謝米諾夫最感到興趣的，是謝和列強的關係。當謝米諾夫吹噓列強如何支持他，而各國干涉中國的政局之聲又甚囂塵上的時候，鄭孝胥認為時機來了，興高采烈地給張宗昌和謝米諾夫撮合，讓謝米諾夫的黨羽多布端到蒙古舉兵起事，並且親自跑上海，跑青島。他進行了些甚麼具體活動，我現在已記憶不清了，只記得他十分得意地寫了不少詩。他的日記裏有這樣自我欣賞的描寫：「晨起，忽念近事，此後剝極而復，乃乾旋坤轉之會，非能創能改之才，不足以應之也。」「如袁世凱之謀篡，張勳之復辟，皆已成而旋敗，何者？無改創之識則枘鑿而不合矣！」（一九二五年十一月）「諸人本極畏事，固宜如此！」「夜與謝米諾夫、包文淵、畢瀚章、劉鳳池同至國民飯店，……皆大歡暢，約為同志，而推余為大哥。」（一九二六年五月）

英國騙子羅斯，以辦報紙助我復辟為名，騙了我一筆錢，後來又托鄭孝胥介紹銀行貸款，鄭孝胥因羅是謝米諾夫和多布端的朋友，就用自己的存摺作押，給他從銀行借了四千元。鄭垂覺得羅斯不可靠，來信請他父親留心，他回信教訓兒子說：「不能冒險，焉能舉事？」後來果然不出他兒子所料，羅斯這筆錢到期不還，銀行扣了鄭的存款抵了賬。儘管如此，當羅斯底下的人又來向鄭借錢的時候，由於謝米諾夫的關係，經多布端的說情，他又掏出一千元給了那個騙子。當然，我的錢經他手送出去的，那就更多。被他譏笑為「本極畏事，固宜如此」的陳寶琛，後來在歎息「蘇龕（鄭宇），蘇龕，真乃疏忽不堪！」之外更加了一句：「慷慨，慷慨，豈非慷他人之慨！」

　　後來，他由期待各國支持謝米諾夫，轉而渴望日本多對謝米諾夫加點勁，他又由期待各國共管，轉而渴望日本首先加速對中國的干涉。當他的路線轉而步羅振玉後塵的時候，他的眼光遠比羅振玉高得多，甚麼三野公館以及天津日軍司令部和領事館，都不在他眼裏；他活動的對象是直接找東京。不過他仍然沒忘了共管，他不是把日本看做唯一的外援，而是第一個外援，是求得外援的起點，也可以說是為了吸引共管的第一步，為「開放門戶」請的第一位「客人」。

　　他提出了到東京活動的建議，得到了我的贊許，得到了芳澤公使的同意。和他同去的，有一個在日本朝野間頗有「路子」的日本人太田外世雄。他經過這個浪人的安排，和軍部以及黑龍會方面都發生了接觸，後來，他很滿意地告訴我，日本朝野大多數都對我的復辟表示了「關心」和「同情」，對我們的未來的開放政策感到了興趣。總之，只要時機一到，我們就可以提出請求支援的要求來。

　　關於他在日本活動的詳細情形，我已記不清了。我把他的日記摘錄幾段如後，也可以從中看出一些他在日本廣泛活動的蛛絲馬跡：

　　　　八月乙丑初九日（陰曆，下同）。八點抵神戶。福田與其友來迎。每日新聞記者攜具來攝影。偕太田、福田步至西村旅館小憩，忽有岩田愛之助者，投刺云：兵庫縣得芳澤公使來電囑招待，兵庫縣在東京未回，今備汽車唯公所用。遂同出至中華會館。又至楠公廟，復歸西村館，即赴汽車站買票，至西京，入京都大旅館。來訪者有：大阪時事報社守田耕治、太田之友僧足利淨圓，岩田之友小山內大六，為國粹社幹事。與岩田、福田、太田同至山東館午飯。夜竹本多吉來訪，談久之。去云：十點將復來，候至

十二點，竟不至。

丙寅初十日。……將訪竹本，遇於門外，遂同往。內藤虎來談久之。太田之友松尾八百藏來訪，密談奉天事。

丁卯十三日。福田以電話告：長尾昨日已歸，即與太田、大七走訪之。長尾猶臥，告其夫人今日勿來，遂乘電車赴大阪。……岩田愛之助與肅邸四子俱來訪。憲立（定之）密語余奉天事，消息頗急，欲余至東京日往訪藤田正實、宇垣一成。朝日、每日二社皆攝影，復與肅四子共攝一影，乃訪住友經理小倉君。……

庚午十四日。長尾來談，勸取奉天為恢復之基。……

壬申十六日。長尾雨山以電話約勿出，當即來訪，遂以汽車同游天滿宮、金閣寺而至嵐山。高峰峭立，水色甚碧，密林到頂，若無路可入者。入酒家，亦在林中，隱約見岩岫壓簷而已，飲酒食魚，談至三時乃去。

癸酉十七日。……長尾來贈畫扇，遂至圓山公園，左阿、嫛家、狩野、內藤、近重、鈴木皆至，頃之高瀨亦至，唯荒木、內村在東京未歸。……

丙子二十日。作字。雨。詣長尾辭行。……太田來云，東京備歡迎者甚眾，將先往約期。

辛巳廿五日。十一時至東京下火車。至車站投刺者數十人。小田切、高田豐村、岡野皆來帝國旅館。雨甚大。岩田、水野梅曉亦來。岡野自吳佩孚敗後遁而為僧。夜宿於此。

壬午二十六日。……水野談日政府近狀頗詳，謂如床次、後藤、細川侯、近衞公，皆可與談。

　　癸未二十七日。……遂過水野，復同訪床次。床次脫離民主黨而立昭和俱樂部，將為第三黨之魁。岩田來。小田切來。大田、白井、水野、佃信夫來。山田來。汪榮寶來。……夜赴近衛公之約，坐客十餘人，小田切、津田、水野、太田皆在坐。近衛詢　上近狀，且極致殷勤。……

　　甲申二十九日。……川田瑞穗者稱，長尾雨山之代理人，與松本洪同來約九月初八日會宴，坐客為：平沼騏一郎，樞密院副議長；樺山資英，前內閣秘書長；牧野謙次郎，能漢文，早稻田教授；松平康國，早稻田教授；

　　國分青崖，詩人；田邊碧堂，詩人；內田周平，能漢文。此外尚十餘人。……岩田與肅邸第十八子憲開來訪，今在士官學校。……津田靜枝海軍大佐邀至麻布區日本料理館，為海軍軍令部公宴。主席者為米內少將，坐客為：有田八郎，水野梅曉，中島少將，園田男爵（東鄉之婿），久保田久晴海軍中佐等。……

　　九月丙戌朔。太田來。參謀本部總長鈴木，次長南，以電話約十時會晤。與大七、太田同往。鈴木詢　上近狀，且云：有恢復之志否？南次長云：如有所求，可以見語。對曰：正究將來開放全國之策，時機苟至，必將來求。吉田茂外務次官約午飯，座中有：清浦子爵奎吾，岡部長景子爵，高田中將，池田男爵，有田，岩村，水野，太田等。……

　　丁亥初二日。……岩田偕憲開、李實琿、劉牧蟾來訪。李、劉皆在士官學校。……

庚寅初五日。……水野、太田來。與水野同訪後藤新
平，談俄事良久。…… 癸巳初八日。……工藤邀同至白井
新太郎宅，晤高山中將，野中、多賀二少將，田鍋、松平
皆在座，頻詢 行在情形。

戊戌十三日。太田送至神戶登長崎丸，長尾雨山自西
京來別。富岡、福田皆來。十一點半展輪。……

他在日本，被當做我的代表，受到各種熱心於恢復清朝的人物
的接待。其中有不少原是我的舊交，例如高田豐村是前天津駐屯軍
司令官，有田八郎和吉田茂做過天津總領事，白井是副領事，竹本
多吉是在北京時把我接進日本兵營的那位大任。岩田愛之助就是在
我窗外放槍的那位黑龍會會員，佃信夫則是不肯在總領事有田面前
談「機密」的那位黑龍會重要人物。不管他們在中國時怎樣不和，這
時卻彼此融洽無間地共同接待着「鄭大臣」。除了這些過去曾直接出
頭露面的以外，那些原居於幕後的大人物，如後來做過首相、陸相
等要職的近衛（文麿）、宇垣（一成）、米內（光政）、平沼（騏一郎）、
鈴木（貫太郎）、南（次郎），以及在第二次世界大戰後上台的吉田茂
等人，還有一些出名的政客、財閥，此時全都出了面。也許鄭孝胥
和這些人會談時，他的「開放全國之策」引起的反應使他太高興了，
所以在偽滿成立以後，第一批「客人」已經走進了打開的「門戶」，他
仍然沒有忘記共管的理想，一有機會便向外面宣傳「門戶開放，機會
均等」。這猶如給強盜做底線的僕人，打開了主人家的大門，放進了
一幫強盜，當了一幫強盜的大管事，尤感不足，一定還要向所有各
幫強盜發請帖，以廣招徠。這自然就惹惱了已經進了門的強盜，一
腳把他踢到一邊。

七、「行在」生活

我在張園裏住了一段時間以後，就覺得這個環境遠比北京的紫禁城舒服。我有了這樣的想法：除非復辟的時機已經成熟，或者發生了不可抗拒的外力，我還是住在這裏的好。這也是出洋念頭漸漸沖淡的一個原因。

張園（和後來的靜園）對我說來，沒有紫禁城裏我所不喜歡的東西，又保留了似乎必要的東西。在紫禁城裏我最不喜歡的，首先是連坐車、上街都不自由的那套規矩，其次是令我生氣的內務府那一批人。如今我有了任意行事的自由，別人只能進諫而無法干涉。在紫禁城裏，我認為必要的東西，是我的威嚴，在這裏也依然存在。雖然我已不穿笨拙的皇帝龍袍，經常穿的是普通的袍子馬褂，更多的是穿西裝，但是這並不影響別人來給我叩拜。我住的地方從前做過遊藝場，沒有琉璃瓦，也沒有雕樑畫棟，但還有人把它稱做「行在」（我也覺得抽水馬桶和暖氣設備的洋樓遠比養心殿舒服），北京的宗族人等還要輪流來這裏給我「值班」，從前張園遊藝場售票處的那間屋子，猶如從前的「乾清門侍衛處」。雖然這裏已沒有了南書房、懋勤殿、內務府這些名堂，但在人們的心目中，張園那塊「清室駐津辦事處」的牌子就是它們的化身。至於人們對我的稱呼，園子裏使用的宣統年號，更是一絲不苟地保留着，這對我說來，都是自然而必要的。

在張園時代，內務府大臣們只剩下榮源一個人，其餘的或留京照料，或告老退休。我到天津後最初發出的諭旨有這兩道：「鄭孝胥、胡嗣瑗、楊鍾羲、溫肅、景方昶、蕭丙炎、陳曾壽、萬繩栻、劉驤業皆駐津備顧問。」「設總務處，着鄭孝胥、胡嗣瑗任事，庶務

處着佟濟煦任事，收支處着景方昶任事，交涉處着劉驤業任事。」陳寶琛、羅振玉、鄭孝胥是每天必見的「近臣」，他們和那些顧問每天上午都要來一次，坐在樓外西邊的一排平房裏等着「召見」。在大門附近有一間屋子，是請求「覲見」者坐候傳喚的地方，曾經坐過的人，有武人、政客、遺老、各式「時新」人物、騷人墨客以及醫卜星相。像青年黨黨魁曾琦，網球名手林寶華，《新天津報》主筆劉冉公，國民黨監察委員高友唐，……都曾加入張宗昌、劉鳳池的行列，在這裏恭候過「奏事官」的「引見」。駐園的日警，天津人稱之為「白帽」的，駐在對面平房裏，每日登記着這些往來的人物。每逢我外出，便有一個日警便衣跟隨。

張園裏的經濟情況，和紫禁城比起來，自然差的多了，但是我還擁有一筆可觀的財產。我從宮裏弄出來的一大批財物，一部分換了錢，存在外國銀行裏生息，一部分變為房產，按月收租金。在關內外我還有大量的土地，即清朝入關後「跑馬圈地」弄來的所謂「皇產」，數字我不知道，據我從一種歷史刊物上看到的材料說，僅直隸省的皇產，不算八旗的，約有十二萬坰。即使把這數字打幾個折扣，也還可觀。為了處理這些土地的租賃與出售，民國政府直隸督辦和清室專設了一個「私產管理處」，兩家坐地分贓，賣一塊分一筆錢，也是一項收入。此外，前面我已說過，我和溥傑費了半年多功夫運出來的大批珍貴字畫古籍，都在我手裏。

我到天津之後，京、奉、津等地還有許多地方須繼續開支月費，為此設立了「留京辦事處」、「陵廟承辦事務處」、「駐遼寧辦事處」、「宗人府」、「私產管理處（與民國當局合組的）」、「東陵守護大臣」和「西陵守護大臣」等去分別管理。我找到了一份材料，這上面只算北京和東西陵這幾處的固定月費、薪俸、飯食，就要開支一萬

五千八百三十七元八角四分 [9]，至於天津一地的開支，每月大約需一萬多元 [10]，最大宗的開支即收買和運動軍閥的錢，尚不在此數。每月平均開支中的購買一項，約佔全月開支三分之二，也沒有包括汽車、鑽石之類項目。天津時期的購買用品的開支比在北京時大得多，而且月月增加，像鋼琴、鐘錶、收音機、西裝、皮鞋、眼鏡，買了又買，不厭其多。婉容本是一位天津大小姐，花錢買廢物的門道比我多。她買了甚麼東西，文繡也一定要。我給文繡買了，婉容一定又要買，而且花的錢更多，好像不如此不足以顯示皇后的身份。文繡看她買了，自然又嘰咕着要。這種競賽式的購買，弄得我後來不得不規定她們的月費定額，自然，給婉容定的數目要比文繡的大一些，記得起初是婉容一千，文繡八百，後來有了困難，減到三百與二百。至

9　這個數字包括以下各項：

敬懿、榮惠兩太妃 八千元	醇親王 二千八百 元
壽皇殿總管太監等飯食 七十二 元	太廟首領太監等錢糧 一九 · 四四 元
東陵奉祀 九百六十元	西陵奉祀 八百三十二 元
東西陵守護大臣 二百 元	醇賢親王園寢祭品每季 二百六六 · 四 元
園寢翼領官兵口分 一百四十四元	太妃邸內管領值班飯食 八十元
太妃邸內護軍住班飯食 三十二 元	
留京辦事處長官及留用司員薪水 一千三十二 元	
宗人府辦公經費 五百元	
以上共 一萬五千八百三十七 · 八四元	

10　員工薪資約為 四千元，婉容、文繡月銀 一千八百元，房租約 二百元，其他開支，據「駐津辦事處」的司房寫的一份「謹將各項用項繕呈御覽」的表格，其中核計出的每月平均開支如下：

膳房 五百三十六 · 五一一元	電燈 二百三十四 · 九四七元
番菜膳房 二百一十五 · 一一五元	郵費 一 · 八八七元
茶房 一百六十八 · 七八二元	自來水 六十一 · 三四一元
辦事人員飯食 二百三十六 · 一九四元	車費 一百一十 · 六四二元
電話 一百一十三 · 九四七元	旅費 三十八 · 三六四元
獎賞 一百四十二 · 九〇二元	購物 四千一百二十八 · 七五四元
馬乾 八十五元	雜費 二百三十六 · 八二五元
合計 六千三百一十一 · 二〇一元	

於我自己花錢，當然沒有限制。

由於這種昏天黑地的揮霍，張園又出現了紫禁城時代的窘狀，有時竟弄得過不了節，付不出房租，後來連近臣和「顧問」們的俸銀都開支不出來了。

我花了無數的錢，買了無數用不着的東西，也同時買來了一個比莊士敦給我的更強烈的觀念：外國人的東西，一切都是好的，而對照之下，我覺得在中國，除了帝制之外，甚麼都是不好的。

一塊留蘭香牌口香糖，或者一片拜耳的阿司匹靈，這幾分錢的東西就足夠使我發出嘖歎，認為中國人最愚蠢，外國人最聰明。當然，我想到的中國人，並沒有包括我自己，因為我自認自己是凌駕於一切臣民之上的。我認為就連那些聰明的外國人也是這樣看我的。

那時我在外國租界裏，受到的是一般中國人絕對得不到的待遇。除了日本人，美國、英國、法國、意大利等各國的總領事。駐軍長官、洋行老闆，對我也極為恭敬，稱我「皇帝陛下」，在他們的國慶日請我去閱兵，參觀兵營，參觀新到的飛機、兵艦，在新年和我的生日都來向我祝賀……

莊士敦沒走以前，給我介紹了英國總領事和英國駐軍司令，以後他們輾轉介紹，歷任的司令官都和我酬酢往還不斷。英王喬治五世的第三子過津時訪問過我，帶去了我送他父親的照片，後來英王來信向我致謝，並把他的照片交英國總領事送給我。通過意大利總領事，我還和意大利國王互贈過照片。

我看過不少兵營，參加過多次外國軍隊的檢閱。這些根據我的祖先——西太后承認的「庚子條約」而駐在中國土地上的外國軍隊，耀武揚威地從我面前走過的時候，我卻覺得頗為得意，認為外國人是如此的待我，可見他們還把我看做皇帝。

　　天津有一個英國人辦的名叫「鄉藝會」（Country Club）的俱樂部，是只准許外國大老闆進出的豪華遊樂場所，中國人是根本走不進那個大門的，只有對我是個例外[11]。我可以自由出入，而且可以帶着我的家人們，一起享受當「特殊華人」的滋味。

　　為了把我自己打扮得像個西洋人，我儘量利用惠羅公司、隆茂洋行等等外國商店裏的衣飾、鑽石，把自己裝點成《老爺雜誌》上的外國貴族模樣。我每逢外出，穿着最講究的英國料子西服，領帶上插着鑽石別針，袖上是鑽石袖釦，手上是鑽石戒指，手提「文明棍」，戴着德國蔡司廠出品的眼鏡，渾身發着密絲佛陀、古龍香水和樟腦精的混合氣味，身邊還跟着兩條或三條德國獵犬和奇裝異服的一妻一妾……

　　我在天津的這種生活，曾引起過陳寶琛、胡嗣瑗這派遺老不少的議論。

　　他們從來沒反對我花錢去買東西，也不反對我和外國人來往，但是當我到中原公司去理髮，或者偶爾去看一次戲，或者穿着西服到外面電影院看電影，他們就認為大失帝王威儀，非來一番苦諫不可了。有一次，胡嗣瑗竟因我屢諫不改，上了自劾的請求告退的奏摺（原文抬頭處，我都改成了空一格）：

　　　奏為微臣積年溺職，致聖德不彰，恐懼自陳，仰懇恩准即予罷斥事。竊臣粗知廉恥，本乏才能，國變以還，宦情都盡，只以　我朝三百年赫赫宗社，功德深入人心，又伏

11　在後期也准許中國人去，但僅限買辦資本家之流，由外國會員帶去。這個地方在解放後被人民政府接收，改為人民俱樂部了。── 作者

聞　皇上天亶聰明，同符　聖祖，雖賊臣幸竊成柄，必當有興復之一時。輒謬與諸遺臣密圖大計，丁巳垂成旋敗，良由策劃多歧。十年來事勢日非，臣等不能不屍其咎。而此心耿耿，百折莫回者，所恃我皇上聖不虞生，龍潛成德也。泊乘輿出狩，奔向北來，猥荷錄其狂愚，置之密勿，時遭多難，義不敢辭。受事迄今，愆尤山積，或劾其才力竭蹶矣，或斥其妒賢嫉能矣，或病其性情褊急矣，或詆其貪縻厚祿矣。經臣再三求退，用恧人言，乃承　陛下屢予優容，不允所請。臣即萬分不肖，具有天良，清夜捫心，能勿感悚？……前者臣以翠華俯臨劇場，外議頗形輕侮，言之不覺垂涕。曾蒙褒賚有加，奉　諭嗣後事無大小，均望隨時規益，等因，欽此！仰見　皇上如天之度，封菲不遺，宜如何披露腹心，力圖匡護。詎近來商場酒肆又傳不時游幸，羅振玉且揚言眾中，謂有人親見上至中原公司理髮，並購求玩具，動費千數百金等語。道路流傳，頗乖物聽。論者因疑左右但知容悅，竟無一效忠骨鯁之臣。臣既未能執奏於事前，更不獲弁明於事後，則臣之溺職者又一也。……是臣溺職辜恩，已屬百喙難解，誠如亮言，宜責之以彰其慢者也，若復靦顏不去，伴食浮沉，上何以弼　聖功，下何以開賢路？長此因循坐誤，更何以偷息於人間？如鯁在喉，彷徨無已，唯有披瀝愚悃，懇恩開去管理駐津辦事處一差，即行簡用勤能知大體人員，克日接管其事，則宗社幸甚！微臣幸甚！……

胡嗣瑗說的「俯臨劇場」，是指我和婉容到開明戲院看梅蘭芳先

生演《西施》的那一次。他老先生在戲園裏看見了我，認為我失了尊嚴，回來之後就向我辭職。經我再三慰留，以至拿出了兩件狐皮筒子賞他，再次表示我從諫的決心，他才轉嗔為喜，稱讚我是從諫如流的「英主」，結果雙方滿意，了事大吉。這次由中原公司理髮引起的辭職，也是叫我用類似辦法解決的。我初到天津那年，婉容過二十整壽生日的時候，我岳父榮源要請一洋樂隊來演奏，遺老丁仁長聞訊趕忙進諫，說「洋樂之聲，內有哀音」，萬不可在「皇后千秋之日」去聽。結果是罷用洋樂，丁仁長得到二百塊大洋的賞賜。以物質獎賞諫臣，大概就是由這次開的頭。

　　從此以後，直到我進了監獄，我一直沒有在外面看過戲，理過髮。我遵從了胡嗣瑗的意見，並非是怕他再鬧，而確實是接受了他的教育，把到戲園子看戲當做有失身份的事。有一個例子可證明我的「進步」。後來有一位瑞典王子到天津，要和我見面，我因為在報上看見他和梅蘭芳的合照，便認為他失了身份，為了表示不屑，我拒絕了他的要求，沒和他見面。

　　陳寶琛一派的胡嗣瑗、丁仁長這些遺老，到了後期，似乎對於復辟已經絕望，任何冒險的想法都不肯去試一試，這是他們和鄭孝胥、羅振玉等不同之處，但他們對於帝王的威嚴，卻比鄭孝胥等人似乎更重視，這也是使我依然信賴這些老頭子的原因。儘管他們的意見常常被我視為迂腐，遇到他們有矢忠表現的時候，我總還採納他們的意見。因此在那種十分新奇的洋場生活中，我始終沒忘記自己的身份，牢固地記住了「皇帝」的「守則」。

　　一九二七年，康有為去世，他的弟子徐良求我賜以謚法。按我起初的想法，是要給他的。康在去世前一年，常到張園來看我，第一次見到我的時候，曾淚流滿臉地給我磕頭，向我敘述當年「德宗皇

帝隆遇之恩」，後來他繼續為我奔走各地，尋求復辟支持者，叫他的弟子向海外華僑廣泛宣傳：「欲救中國非宣統君臨天下，再造帝國不可」。他臨死前不久，還向吳佩孚以及其他當權派呼籲過復辟。我認為從這些舉動上看來，給以諡法是很應當的。但是陳寶琛出來反對了。這時候在他看來，分辨忠奸不僅不能只看辮子，就連復辟的實際行動也不足為據。他說：「康有為的宗旨不純，曾有保中國不保大清之說。且當年忤逆孝欽太皇太后（慈禧），已不可赦！」胡嗣瑗等人完全附和陳寶琛，鄭孝胥也說光緒當年是受了康有為之害。就這樣，我又上了一次分辨「忠奸」的課，拒絕了賜諡給康有為。據說後來徐良為此還聲言要和陳、鄭等人「以老拳相見」哩。

一九三一年，文綉突然提出了離婚要求，在得到解決之後，遺老們還沒有忘記這一條：要發個上諭，貶淑妃為庶人。我自然也照辦了。

說起文綉和我離婚這一段，我想起了我的家庭夫婦間的不正常的生活。這與其說是感情上的問題，倒不如說是由於張園生活上的空虛。其實即使我只有一個妻子，這個妻子也不會覺得有甚麼意思。因為我的興趣除了復辟，還是復辟。老實說，我不懂得甚麼叫愛情，在別人是平等的夫婦，在我，夫婦關係就是主奴關係，妻妾都是君王的奴才和工具。

這裏是文綉在宮裏寫的一篇短文，這篇短文中多少流露出了她當時的心情：

哀苑鹿

春光明媚，紅綠滿園，余偶散步其中，遊目騁懷，信可樂也。倚樹稍憩，忽聞囿鹿，悲鳴宛轉，俛而視之，奄

奄待斃，狀殊可憐。余以此鹿得入御園，受恩俸奉養，永
保其生，亦可謂之幸矣。然野畜不畜於家，如此鹿在園內，
不得其自由，猶獄內之犯人，非遇赦不得而出也。莊子云：
寧其生而曳尾於塗中，不願其死為骨為貴也。

文綉從小受的是三從四德的教育，不到十四歲，開始了「宮妃」
生活，因此「君權」和「夫權」的觀念很深。她在那種環境中敢於提
出離婚，不能說這不是需要雙重勇敢的行為。她破除萬難，實現了
離婚的要求，離婚之後，仍受到不少壓力。有人說，她提出離婚是
受了家裏人的教唆，是為了貪圖一筆可觀的贍養費。事實上，她家
裏的人給她精神上的迫害不見得比外來的少。據說她拿到的五萬元
贍養費，經過律師、中間人以及家裏人的克扣、佔用、「求助」，剩
不了好多，而她精神上受的損害更大。她的一個哥哥曾在天津《商
報》上發表了一封公開信給她，其中竟有這樣的話：

> 我家受清帝厚恩二百餘載，我祖、我宗四代官至一
> 品。且慢云遜帝對汝並無虐待之事，即果然虐待，在汝亦
> 應耐死忍受。……汝隨侍遜帝，身披綾羅，口饜魚肉，使
> 用僕婦，工資由賬房開支，購買物品物價由賬房開支，且
> 每月有二百元之月費，試問汝一閨閣婦女，果有何不足？
> 縱中宮待汝稍嚴，不肯假以辭色，然抱衾與裯，自是小星
> 本分，實命不猶，抑又何怨……？

這封信曾在遺老們中間傳誦一時。文綉後來的情形不詳，只聽
說她在天津當了小學教師，歿於一九五〇年，終身未再結婚。

如果從表面現象上看，文綉是被「中宮」擠跑了的。這雖非全部原因，也是原因之一。婉容當時的心理狀態，可以從她求的乩辭上窺得一斑（文內金榮氏指婉容，端氏指文綉）：

婉容求的乩文

　　吾仙師叫金榮氏聽我勸，萬歲與榮氏真心之好並無二意，榮氏不可多疑，吾仙師保護萬歲，榮氏後有子孫，萬歲後有大望，榮氏聽我仙師話，吾保護爾的身體，萬歲與端氏並無真心真意，榮氏你自管放心好了。

順便提一下，這種令人發笑的扶乩、相面、算卦、批八字等等活動，在那時卻是不足為怪的社會現象，在張園裏更是日常生活不可少的玩意。在我後來住的靜園裏，就有房東陸宗輿設的「乩壇」。簡直可以說，那時乩壇和卜卦給我的精神力量，對我的指導作用，是僅次於師傅和其他近臣們對我的教育。我常常從這方面得到「某年人運」、「某歲大顯」之類預言的鼓舞。北京商會會長孫學仕自稱精通麻衣，曾預言我的「御容」何時將入運，何時又將握「大權」。日本領事館裏的一位日本相法家也說過我某某年必定成大事的話。這些都是我開倒車的動力。

第五章　潛往東北

一、不靜的「靜園」

一九二九年七月，我從日租界宮島街的張園，遷到協昌里的「靜園」。這是租的安福系政客陸宗輿的房子，原名「乾園」，我給它改了名字，是含有一層用意的。

北伐後，國民黨的勢力伸到了北方，和我有交情的軍閥紛紛垮台，被我寄託過希望的東三省，宣佈「易幟」。張園上下因此一度感到一片悲觀失望。一部分遺老門客作鳥獸散了，和我廝守着的近臣們，除了鄭孝胥和羅振玉等人之外，幾乎再沒有別人談論甚麼復辟。像陳寶琛這樣的人，從前嘴邊上掛着的「天與人歸」、「臥薪嚐膽」的話，也不說了。人們唯一考慮的問題，是得到了江山的新王朝，將會怎樣對待我這個末代皇帝。我自己陷入了深沉的憂慮之中。但是，這種情形並沒有繼續多久。我們很快就看到，五色旗才摘下來，打着青天白日旗的人又彼此廝殺起來，今天甲乙聯合反丙，明天乙丙又合作倒甲，情形和從前並沒有甚麼兩樣。蔣介石所達到的「統一」，越看越不像那麼回事，蔣介石腳底下的江山，越看越不像料想中的

那麼穩固。張園有了絕路逢生之感，不免漸漸重溫舊夢，覺得「定於一」的大業，似乎仍然非我莫屬。不但遺老和門客們後來恢復了這個論調，就連每週「進講」時局的日本參謀們，也不避諱這種觀點。我把新居取名「靜園」的意思，並非是求清靜，而是要在這裏「靜觀變化，靜待時機。」

靜園裏日日望着，月月盼着。一九三一年的夏天，真盼來了消息。

「九一八」事變前的兩個月，在日本東京「學習院」讀書的溥傑正待回國渡假，忽然接到鹿兒島來的一封信。鹿兒島駐軍某聯隊的吉岡安直大隊長，曾經是天津日軍司令部的參謀，常到張園來講說時局，與溥傑也認識，這時他向溥傑發出邀請，請溥傑到鹿兒島做幾天客，然後再回國。溥傑應邀到了鹿兒島，受到了吉岡少佐夫婦的殷勤招待。到了告別的時候，吉岡單獨對溥傑神秘而鄭重地說：「你到了天津，可以告訴令兄：現在張學良鬧的很不像話，滿洲在最近也許就要發生點甚麼事情。……請宣統皇帝多多保重，他不是沒有希望的！」七月十日溥傑到了天津，把這個消息告訴了我。七月二十九日，日本華族水野勝邦子爵前來訪問，在鄭孝胥和溥傑的陪侍下，我接見了他。在這次平常的禮貌的會見中，客人送了我一件不平常的禮物：一把日本扇子，上面題着一聯詩句：「天莫空勾踐，時非無范蠡」。

原來溥傑回國之前，水野子爵親自找過他，接洽送扇子的事，因此，溥傑明白了這兩句詩的來歷，並且立即寫信報告了我。這是發生在日本南北朝內亂中的故事。受控制於鎌倉幕府的後醍醐天皇，發動倒幕失敗，被幕府捕獲，流放隱歧。流放中，有個武士把這兩句詩刻在櫻樹幹上，暗示給他。後來，這位日本「勾踐」果然在一羣「范蠡」的輔佐下，推翻了幕府，回到了京都。以後即開始了「建武中興」。水野說的故事到此為止，至於後醍醐天皇回京都不過三年，

又被新的武士首領足利尊氏趕了出來，他就沒再說。當然，那時我也不會有心思研究日本歷史。重要的是，這是來自日本人的暗示。那時正當「山雨欲來風滿樓」之際，東北局勢日益緊張，我的「重登大寶」的美夢已連做了幾天晚上。這時來了這樣的暗示 —— 無論它是出於單純的私人關懷，還是出於某方的授意 —— 對我說來，事實上都是起着行動信號的作用。

「九一八」前後那幾天的靜園動態，鄭孝胥日記裏留下了一些記載：

乙亥初六日（九月十七日）。詣行在。召見，商派劉驤業、鄭垂往大連。……

丙子初七日（九月十八日）。詣行在。召見，諮詢出行事宜。

丁丑初八日（九月十九日）。日本《日日新聞》送來號外傳單云：夜三時二十三分奉天電云：中日交戰。召見劉驤業、鄭垂，命劉驤業先赴大連。作字。遇弢庵（陳寶琛），談預料戰事恐復成日俄之戰。午原（劉驤業）來，求作書二紙，遺滿鐵總裁內田及日軍司令本莊。大七（鄭垂）往行日領館。云：昨日軍已佔奉天，華軍自退，長春亦有戰事。……

戊寅初九日（九月二十日）。詣行在。進講。報言日軍據瀋陽，同時據長春、營口、安東、遼陽。東三省民報送致十八號，報中毫無知覺。……

己卯初十日（九月二十一日）。詣行在。進講。蔣介石返南京，對日本抗議，張學良令奉軍勿抵抗。……佟楫先

（濟煦）來，自言欲赴奉天，謀復辟事。余曰：若得軍人商

人百餘人倡議，脫離張氏，以三省、內蒙為獨立國，而向

日本上請願書，此及時應為之事也。……

　　我從一聽見事變的消息時起，每分鐘都在想到東北去，但我知道不經日本人的同意是辦不到的。鄭孝胥對我說，瀋陽情況還不明朗，不必太着忙，日本人遲早會來請皇上，最好先和各方面聯絡一下。因此我決定派劉驤業，去找日本人在東北的最高統治者內田和本莊。另叫我的管家頭目佟濟煦，去東北看看遺老們那邊的情形。這時商衍瀛也想去找那些有過來往的東北將領。這些辦理「及時應為之事」的人走後，過了不久，鄭孝胥的話應驗了，關東軍派人找我來了。

　　九月三十日下午，日本天津駐屯軍司令部通譯官吉田忠太郎來到靜園，說司令官香椎浩平中將請我到司令部談一件重要的事情。他告訴我不要帶隨從，單獨前往。我懷着喜事臨門的預感，到了海光寺日本兵營，香椎正立在他的住宅門外等着我。我進了他的客廳，在這裏我看見了兩個人恭恭敬敬地站着，一個是長袍馬褂的羅振玉，另一個是穿西服的陌生人，從他鞠躬姿勢上就可以看出是個日本人。香椎介紹說，他是關東軍參謀板垣大佐派來朝見我的，名叫上角利一。介紹了之後，香椎就出去了。

　　屋子裏只剩下我們三個人。羅振玉恭恭敬敬地給我請過安，拿出一個大信封給我。這是我的遠支宗室，東北保安副總司令張作相的參謀長熙洽寫來的。張作相是兼職的吉林省主席，因為到錦州奔父喪，不在吉林，熙洽便利用職權，乘機下令開城迎接日軍，因此，他的日本士官學校時代的老師多門師團長的軍隊，不費一槍一彈，就佔領了吉林。他在信裏說，他期待了二十年的機會，今天終於來

到了，請我勿失時機，立即到「祖宗發祥地」主持大計，還說可以在日本人的支持下，先據有滿洲，再圖關內，只要我一回到瀋陽，吉林即首先宣佈復辟。

羅振玉等我看完了信，除了重複了一遍信中的意思，又大講了一番他自己的奔走和關東軍的「仗義協助」。照他說，東北全境「光復」指日可待，三千萬「子民」盼我回去，關東軍願意我去復位，特意派了上角來接我。總之是一切妥善，只等我拔起腿來，由日本軍艦把我送到大連了。他說得興高采烈，滿臉紅光，全身顫動，眼珠子幾乎都要從眼眶子裏跳出來了。他的興奮是有來由的。他不僅有熙洽的欲望，而且有呂不韋的熱衷。他現在既相信不久可以大過其蟒袍補褂三跪九叩之癮，而且看到利潤千萬倍於「墨緣堂」的「奇貨」。他這幾年來所花費的「苦功」，後來寫在他的自傳《集蓼編》裏了：

予自辛亥避地海東，意中日脣齒，彼邦人士必有明輔車之相依，燎原之將及者，乃曆八年之久，竟無所遇，於是浩然有歸志。遂以己未（一九一九年）返國，寓天津者又十年，目擊軍人私鬥，連年不已，邪說橫行，人紀掃地，不忍見聞。事後避地遼東又三年。衰年望治之心日迫，私意關內麻亂，無從下手，唯有東三省尚未糜爛，莫如籲懇

皇上先拯救滿蒙三千萬民眾，然後再以三省之力，戡定關內。唯此事非得東三省有勢力明大義者，不能相期有成。乃以辛未（一九三一年）春赴吉林，與熙君格民（洽）密商之。熙君夙具匡復之志，一見相契合，勉以珍重待時。又以東三省與日本關係甚深，非得友邦諒解，不克有成。故居遼以後，頗與日本關東軍司令官相往還，力陳欲謀東

亞之和平，非中日協力從東三省下手不可；欲維持東三省，非請我

皇上臨御，不能洽民望。友邦當道聞之，頗動聽。

關於羅振玉在一九二八年末搬到旅順大連以後的活動，他曾來信大略向我說過，那時在鄭孝胥和陳寶琛等人的宣傳下，我對這個「言過其實，舉止乖戾」的人，並沒抱太大的希望。正巧在幾個月之前，他剛剛又給我留下了一個壞印象。幾個月以前，他忽然興沖沖地從大連跑來，拿着日本浪人田野豐寫的「勸進表」對我說，田野豐在日本軍部方面手眼通天，最近與一個叫高山公通的軍界宿耆共同活動，得到軍部的委託，擬定了一個計劃，要根據所謂「赤黨舉事」的情報，派謝米諾夫率白俄軍在日軍支援下乘機奪取「奉天」，同時將聯絡東北當地官吏「迎駕歸滿，宣詔收復滿蒙，復辟大清」。為了實現這個計劃，希望我拿出一些經費給他。我聽了這個計劃，很覺蹊蹺，未敢置信。過了兩天，日本駐北京的武官森赳忽然來找鄭孝胥，要我千萬不要相信田野豐的計劃，鄭孝胥連忙告訴了我，並且把羅振玉又攻擊了一頓。這件事情才過去不久，現在羅振玉又來和我談迎駕的問題，我自然不能不有所警惕。

我瞧瞧羅振玉，又瞧瞧生疏的上角利一，心中猶豫不定。顯然，羅振玉這次的出現，與以往任何一次不同，一則談話的地點是在日軍司令部，同來的還有關東軍板垣大佐的代表；二則他手裏拿着熙洽的親筆信；再則，前一天我從大連報紙上看到了「瀋陽各界準備迎立前清皇帝」的新聞，天津報上不斷登載的中國軍隊節節退讓，英國在國際聯盟祖護日本的消息。看來日軍對東北的統治是可能實現的，這一切都是我所希望的。但是，我覺得這件事還是和陳寶琛、鄭孝

胥他們商量一下的好。

我向羅振玉和上角說，等我回去考慮一下再答覆他們。這時，不知躲在哪裏的香椎出場了，他向我表示，天津的治安情形不好，希望我能考慮關東軍板垣大佐的意見，動身到東北去。他這幾句話，使我在坐進汽車之後，越想越覺得事情不像是假的。我的疑惑已經完全為高興所代替了。不料回到了靜園，馬上就碰見了潑冷水的。

頭一個表示反對的是陳寶琛，追隨他的是胡嗣瑗、陳曾壽（婉容的師傅）。他們聽了我的敍述，立即認為羅振玉又犯了魯莽乖戾的老病，認為對於關東軍的一個大佐的代表，並不能貿然置信。他們說，東北的局勢變化、國際列強的真正態度，以及「民心」的趨向等等，目前還未見分曉，至少要等劉驤業探得真相之後，才能決定行止。聽了這些泄氣話，我頗不耐煩地直搖頭：

「熙洽的信，決不會說謊。」

八十四歲的陳寶琛聽了我的話，樣子很難過，怔了一陣之後，很沉痛地說：

「天與人歸，勢屬必然，光復故物，豈非小臣終身之願？唯局勢混沌不分，貿然從事，只怕去時容易回時難！」

我看和這幾個老頭子說不通，叫人馬上催鄭孝胥來。鄭孝胥雖然七十一歲了，卻是勁頭十足的，他的「開門戶」、「借外援」、「三共論」以及「三都計劃」等等，已使我到了完全傾倒的程度。不久前，我按他的意思，給他最崇拜的意大利首相墨索里尼寫了一塊「國士無雙」的橫幅。他曾說：「意大利必將成為西方一霸，大清帝國必將再興於東方，兩國分霸東西，其天意乎？」為了嘉勉我未來的黑衣宰相，這年春天我特授意我的父親，讓我的二妹和鄭孝胥的長孫訂了親，給以「皇親」的特殊榮譽。我估計他現在聽到熙洽和關東軍請我

出關「主持大計」的消息，必定是與陳寶琛的反應不同，該是大大高興的。沒料到，他並沒表現出我所料想的那種興奮。

「輾轉相垂，至有今日。滿洲勢必首先光復，日本不迎聖駕，也不能收場。」他沉吟一下說，「不過，何時啟駕，等佟濟煦回來之後再定，更為妥貼。」

這意思，竟跟陳寶琛一樣，也以為時機未臻成熟。

其實，鄭孝胥腦袋裏所想的，並不是甚麼時機問題。這可以由他不多天前的一篇日記來證明：

報載美國羅斯安吉（洛杉磯）十月四日合眾社電：羅斯安吉之出版人畢德，為本社撰一文稱：世界恢復之希望（按資本主義世界從一九二九年起發生了經濟大恐慌，報上經常有談論如何把資本主義世界從危機中拯救出來之類的文章──作者）端賴中國。氏引英國著名小說家威爾斯之最近建議，「需要一世界之獨裁者將自世界經濟蕭條中救出」，氏謂此項計劃，無異幻夢，不能實現。畢德建議美政府，應考慮極端之獨裁辦法，以拯救現狀。第一步，應組一國際經濟財政銀行團，以美國為領袖，供給資金，唯一目的，為振興中國。氏主張美政府應速草一發展中國計劃。中國工業交通之需要如能應付，將成為世界之最大市場，償還美國之投資，當不在遠。此時集中注意於中國，美國社會經濟制度皆有改正，繁榮可以恢復，人類將受其福利云。

今年為民國二十年。……彼以雙十為國慶，這二十年整矣。此誠巧合，天告之也：民國亡，國民黨滅，開放之期已至！誰能為之主人者？計亞洲中有資格者，一為日

本天皇，一為宣統皇帝，然使日本天皇提出開放之議，各
國聞之者，其感念如何？安乎？不安乎？日本皇帝自建此
議，安乎？不安乎？若宣統皇帝，則已閒居二十年，其權
力已失，正以權力已失，而益增其提議之資格。以其無種
族國際之意見，且無逞強凌弱之野心故也。

可見，他不但看到滿洲，而且看到全中國，全國的「開放之期已
至」，更何論東北！那時他考慮的主要問題，不在於去東北的時機，
而在於如何應付羅振玉的新挑戰。

挑戰是從我去日軍司令部的前幾天就開始了的。那天，我接到
了從東北來的兩封信，一封是羅振玉的，一封是給溥偉當秘書的周
善培（在清末給岑春煊做過幕僚）的，都要求我「給以便宜行事」的
「手諭」，以便為我活動。照他們的話說，時機已至，各方面一聯絡
即成，

目前只差他們的代表身份證明了。我把這事告訴了鄭孝胥，他
慌忙攔阻道：「此事萬不可行！此類躁進之人見用，必有損令名！」

鄭孝胥怕我被羅振玉壟斷了去，對這一點，我當時自然理會不
到，我只覺得既然都主張等一下去東北的人，而去東北的人也快回
來了，不妨就等一等。這時的陳曾壽唯恐我變了主意，忙給我上了
一個奏摺。這個奏摺可說是代表了陳寶琛這派人當時思想的一個典
型材料：

奏為密規近日情勢，宜慎赴機宜，免誤本謀，恭摺仰
祈聖鑒事。竊聞凡事不密則害成。所當暗中着着進行，不
動聲色，使人無從窺其際。待機會成熟，然後一舉而起。

故不動則已，動則必期於成。若事未實未穩，已顯露於外，使風聲四播，成為眾矢之的，未有不敗者也。今　皇上安居天津，毫無舉動，已遠近傳言，多所揣測。若果有大連之行，必將中外喧騰，指斥無所不至，則日本縱有此心，亦將阻而變計。彼時進既不能，退又不可，其為危險豈堪設想。且事之進行，在人而不在地。苟機有可乘，在津同一接洽；若機無可圖，赴連亦屬罔濟。且在津則暗中進行，而易泯羣疑，赴連則舉世驚嘩，而橫生阻礙。在津則事雖不成，猶有餘地以自處；赴連則事苟無着，即將懸寄而難歸。事理昭然，有必至者。抑在今日局勢未定，固當沉機以觀變，即將來東省果有擁戴之誠，日本果有敦請　皇上復位之舉，亦當先察其來言者為何如人。若僅出於一部分軍人之意，而非由其政府完全諒解，則歧異可慮，變象難測。萬一其政府未能同意，中道改計，將若之何？是則斷不可冒萬險以供其軍人政策之嘗試。若來者實由其政府舉動，然後探其真意所在。如其確出仗義扶助之誠，自不可失此良機；如其懷有利用欺誘之意，則朝鮮覆轍具在，豈可明知其為陷阱而甘蹈之。應付之計，宜與明定約言，確有保障而後可往。大抵路、礦、商務之利，可以酌量許讓。用人行政之權，必須完全自主。對外可與結攻守之同盟，內政必不容絲毫之干預。此當預定一堅決不移之宗旨，以為臨事應付之根本者也。昔晉文公借秦力以復國，必有欒、郤、狐，先為之內主；楚昭王借秦兵以卻吳，亦有子西等舊臣收合餘燼，以為先驅。自古未有專恃外力，而可以立國者。此時局勢，亦必東省士紳將帥先有擁戴歸向之表示，

而後日本有所憑藉，以為其扶助之資。此其時機，似尚未至。今日東省人士猶懷觀望之心，若見日本與民國政府交涉決裂，當有幡然改圖者矣。今列強外相輩集於日內瓦，欲借國聯局面施其調停。日本不肯開罪於列強，聞已提出條款大綱，若民國政府應允，即許退兵。在民國政府雖高唱不屈之論，實則色屬內荏，恐終出於屈服之途。日本苟嘗所欲，必將藉以收場。若交涉不能妥協，則或別有舉動。此時形勢猶徘徊歧路之間，萬不可冒昧輕動，陷於進退維谷之地也。觀今日民國情形，南京與廣東雖趨合併，而彼此仇恨已深，同處一堂，互相猜忌，其合必不能久。彼等此時若與日本決裂，立將崩潰。如允日本要求，則與其平日誇示國人者完全背馳，必將引起內亂，無以自立。日本即一時撤兵，仍將伺隙而動。故此時我之所謀，即暫從緩動，以後機會甚多。若不察真相，輕於一試，一遭挫折，反永絕將來之望，而無以立足矣。皇上天縱英明，飽經憂患，必能堅持定見，動合機宜，不致輕為所搖。臣愚見所及，是否有當，理會恭摺密陳，伏祈聖鑒。謹奏。

在這各種不同的想法裏，靜園裏越加不能安靜了。與此同時，又發生了一件出乎意外的事情。

二、日本人意見分歧

還不等靜園裏商量出一致意見來，日本駐津總領事館的後藤副領事，第二天便找上了門。他們對我去日本兵營的事全知道了。總

領事館表示，他們對我的心情和處境是完全理解的，但我最好是慎重從事，現在不要離開天津；他們負有保護的責任，不得不作這個勸告。

從這天起，這位後藤副領事不是直接來見我，就是找陳寶琛舅甥或是鄭孝胥父子，進行勸阻。另方面，日本駐屯軍的通譯官吉田，卻一再向我宣傳，說日本軍方決心支持我上台，我最好立刻動身出行。

這時我對於日本軍政雙方有了新的看法，和陳寶琛那一夥人的看法有了分歧。陳寶琛一向認為文人主政是天經地義，所以他只肯聯絡日本芳澤公使，他的外甥只肯和領事館以及東京的政友會人物來往。這時他堅決主張，如果東京方面沒有表示，千萬別聽軍人們的話。我的看法則不同，認為現在能決定我的命運的不是日本政客，而是軍人。我並沒有甚麼高深的見解和情報，我是從當前擺着的事實上看出來的。我看到日本人一方面在外交上宣稱，準備和南京政府通過和平途徑解決「中日糾紛」，另方面關東軍卻一路不停地前進，攻擊退卻着的中國軍隊。我那時雖然還不太明白，這和蔣介石、汪精衛們一邊嚷着抵抗，一邊把國土讓給敵人，原都是用以欺世的兩面手法，但我能看出決定問題的還是日本軍人。陳寶琛指出國際列強的曖昧態度可慮，這也和我的感覺不同。我去過日本兵營後不多天，英國駐津軍隊司令官牛湛德准將忽然來到靜園訪問。他對「九一八」事變給我造成的機會，表示了「私人的祝賀」，並且說：「如果陛下能在偉大的滿洲重新登極，陛下的僕人牛湛德，願意充當龍旗下的一名士兵。」這話使我更加相信鄭孝胥說的英方袒日的消息。牛湛德來訪之後，莊士敦也突然和我久別重逢，據他說這回是代表英國外交部，來辦理庚款和歸還威海衛的餘留問題，順便前來看望看望我。他為我的「前途」表示高興，同時請我為他的著作《紫

禁城的黃昏》書稿作一篇序文，他說，他將在這書的最末添上一章，叫做「龍歸故里」。

劉驤業和佟濟煦先後從東北帶來的消息，對我也是一種鼓舞。佟濟煦先回來說，他和瀋陽的遺老袁金鎧等人見了面，都認為時機已至，不必遲疑。接著劉驤業也來了，雖然他沒有能見到內田康哉和本莊繁，這有點令人失望，但他見到了板垣和金梁，證實了羅振玉和上角利一並不是騙人的。金梁對他表示的尤其樂觀：「奉天一切完備，唯候乘輿臨幸。」他也去過吉林，證實羅振玉說的不錯，日本軍隊已控制了全省，熙洽等人隨時準備回應復辟。

除了這些之外，當時出現的一些謠言也在促使我急於動身。那時天津的新聞界消息非常靈通，我去日本兵營的事，很快就傳到了社會上，有的報紙甚至報導了我已乘輪到了東北。與此同時，不知從哪裏傳來謠言，說中國人要對我有不利的舉動。因此我更覺得不能在天津呆下去了。

我派鄭垂去拜會日本總領事桑島，說既然時機不至，我就不一定一直去奉天，不妨先到旅順暫住，這總比在天津安全一些。桑島立刻表示，到旅順去也不必要。他叫鄭垂轉告我，

滿鐵總裁內田康哉也不同意我現在動身，內田是日本政界的老前輩，日本軍部對他也是尊重的，因此還是慎重從事的好，至於安全，他願負完全責任。最後說，他要和駐屯軍司令官香椎交換一下意見。第二天，副領事來找鄭垂說，桑島和香椎商量過了，意見一致，都不主張我現在離開天津。

我聽了這消息覺得非常糊塗，為了弄清真相，不得不把那位司令部的通譯官請來。不料吉田的回答卻是，所謂總領事和司令官的會商，根本沒這麼回事，香椎司令官主張我立刻隨上角利一走。他

給我出了個主意，由我親筆寫信給司令部，把堅決要走的態度告訴他。我在糊裏糊塗中寫了這封信。可是不知怎麼弄的，日本總領事又知道了，連忙來找陳寶琛、鄭孝胥探聽有沒有這回事，那封信是真的還是假的？⋯⋯

我對日本軍政兩界的這種摩擦非常生氣，可是又沒甚麼辦法可想。這時二次去東北的劉驤業來了信，說是探得了關東軍司令官本莊的真正意思：現在東北三省尚未全部控制，俟「三省團結穩固，當由內田請上臨幸瀋陽」。既然決定命運的最高權威有了這樣的表示，我只好遵命靜候。

從那以後，我多少明白了一點，不僅天津的領事館與駐屯軍之間意見分歧，就連關東軍內部步調也不太一致。我對某些現象不由得有些擔心：前恭親王溥偉在日本人的保護下祭祀瀋陽北陵，遼寧省出現了「東北地方維持會」的組織，舊東北系重要人物臧式毅在受着關東軍的「優待」，前民國執政段祺瑞的行蹤消息，又出現於報端，傳聞日本人要用他組織北方政權。假如我當時知道日本人曾一度想用段祺瑞，又一度要用「東北行政委員會」的空架子，又一度要用溥偉搞「明光帝國」（這是很快就知道的），以及其他的一些可怕的主意，我的心情就更加難受了。

我給了羅振玉和上角利一「暫不出行」的答覆之後，度日如年地等着消息。在等待中，我連續發出「諭旨」，讓兩個剛從日本士官學校畢業的侄子憲原、憲基到東北宣撫某些蒙古王公，賞賜首先投靠日本佔領軍的張海鵬、貴福等人以美玉。我根據日本武官森糾的請求，寫信給正和張海鵬對抗的馬占山和具有民族氣節的另一些蒙古王公，勸他們歸降。我封張海鵬為滿蒙獨立軍司令官，馬占山為北路總司令，貴福為西路總司令，賜憲原、憲基等以大佐軍銜。我預

備了大批寫着各種官銜的空白封官諭旨，以備隨時填上姓名……

　　特別應當提到的一件事，是我按照鄭孝胥的意見，直接派人到日本去進行活動。自從羅振玉遭到我的拒絕，怏怏離去之後，鄭孝胥一變表面上的慎重態度，由主張觀望變成反對觀望，主張積極行動了。這時他認為在日本和鈴木、南次郎以及黑龍會方面所談的那個時機已經到來，是提出要求的時候了，同時，他大概也看出了有人在和我競爭着，所以主張派人到東京去活動。我對這種突然的變化不但不驚異，反而十分高興。我背着陳寶琛，採納了鄭孝胥的意見，派了日本人遠山猛雄去日本，找剛上台的陸相南次郎和「黑龍會」首領頭山滿進行聯絡。我根據鄭孝胥起的草，用黃絹親筆給這兩個大人物各寫了一封信。後來，一九四六年在東京國際法庭上南次郎拿出了這封信，給律師作為替他辯護的證據。我因為害怕將來回到祖國會受到審判，否認了這封信，引起了一場軒然大波。可惜此信的原文現在沒有得到，只好暫時從日本書籍上轉譯如下：

　　　　此次東省事變，民國政府處措失當，開釁友邦，塗炭生靈，予甚憫之。茲遣皇室家庭教師遠山猛雄赴日，慰視陸軍大臣南大將，轉達予意。我朝以不忍目睹萬民之疾苦，將政權讓之漢族，愈趨愈紊，實非我朝之初懷。今者欲謀東亞之強固，有賴於中日兩國提攜，否則無以完成。如不徹底解決前途之障礙，則殷憂四伏，永無寧日，必有赤黨橫行，災難無窮矣。

　　　　　　　　　　　　辛未九月一日（十月十一日）

　　宣統御璽

　　今上御筆　　　　　　　　　　鄭孝胥（簽字）

我就這樣地一邊等待，一邊活動着。這封信由遠山猛雄帶走了三個多星期之後，我終於等到了鄭孝胥在自己的日記裏所寫的這一天：

九月辛酉二十三日（十一月二日）。詣行在。召對。上云：「商衍瀛來見，言奉天、吉林皆望速幸；吉田來言，土肥原至津，與司令部秘商，謂宜速往。」對曰：「土肥原為本莊之參謀，乃關東軍中之要人，果來迎幸，則不宜遲。」明日以告領事館。夜召土肥原。

三、夜見土肥原

在這裏所處理的時期之初，土肥原是日本陸軍大佐，一九四一年四月昇到將官階級，在「九一八」事變前約十八年間居住中國，被視為陸軍部內的中國通。他對於在滿洲所進行的對華侵略戰爭的發動和進展，以及嗣後受日本支配的偽滿洲國之設立，都具有密切關係。日本軍部派對中國其他地區所採取的侵略政策，土肥原借着政治的謀略、武力的威脅、武力的行使，在促使事態的進展上擔任了顯著的任務。

土肥原當軍部派其他指導者設計、準備和實行將東亞及東南亞置於日本支配之下時，曾和他們保持密切聯絡而行動。

正當他的對華的特殊知識和他的在華行使陰謀的能力已無需要時，他就以現地將官的地位來擔當實現他本人曾經參預的陰謀目的。他不但曾參加對中國的侵略戰爭的

實行，並且也參加了對蘇聯以及對各國，即一九四一年至
一九四五年日本曾對其實行侵略戰爭的各國，除法國以外
的侵略戰爭的實行。

——《遠東國際軍事法庭判決書》

土肥原和板垣，在「遠東國際軍事法庭」審判的二十五名戰犯
中，是被判定犯罪條款最多的兩人。他們兩人罪狀相同，都犯了七
條「破壞和平罪」[1]，犯了「違反戰爭法規慣例及違反人道之犯罪」中
最重的一條，即「命令准許違約行為」之罪。遠東國際軍事法庭對這
批戰犯拖到一九四八年十一月才判決，土肥原與板垣和其他五名戰
犯都被判處了絞刑。

土肥原，是個完全靠侵略中國起家的日本軍人。他在陸軍士官
學校十六期步兵科和陸軍大學畢業後，做過日本參謀本部部員，第
十三步兵聯隊長，一九一三年起他來到中國，在關東軍中服務，給
東北軍閥的顧問阪西利八郎中將當了十多年的副官。他和張作霖的
關係特別深，一九二四年直奉戰爭中，他策動關東軍幫助過張作霖。
一九二八年關東軍決定消滅張作霖，在皇姑屯炸死張作霖的陰謀，
也有他參加。不久，他即因功晉級大佐，擔任了瀋陽特務機關長的
職務，從此開始了判決書上所述的那些罪行，開始了飛黃騰達。其
實土肥原的許多「傑作」《判決書》裏都沒有提到，例如一九三一年
十一月的天津騷動事件、一九三二年熱河戰爭的爆發、一九三五年

1　這七條是：十八年間一貫為控制東南亞及太平洋的陰謀、對華實行侵略戰爭、對美
　　實行侵略戰爭、對英實行侵略戰爭、對荷蘭實行侵略戰爭、對法實行侵略戰爭、製
　　造張鼓峰事件、製造諾門坎事件。

五月的豐台事變和冀東偽組織的成立、十一月香河流氓暴動和冀察的特殊政權的出現，都離不開土肥原的策劃活動。可以說，在那段時間裏，土肥原走到哪裏，災難就降臨哪裏。大約他的失敗只有過一次，即在他拉攏之下叛國的馬占山，後來反正抗日。但是這並沒有影響他後來的昇遷，他被調去當旅團長的時間不長，又調回任關東軍的特務機關長。一直到「七七」事變，日本人要成立的偽組織都成立起來了，騷亂、暴動等等手段也被武裝進攻代替了，土肥原才脫去了白手套，拿起了指揮刀，以師團長、軍團長、方面軍總司令等身份，統帥着日兵在中國大陸和東南亞進行屠殺和掠奪。就這樣，在屍骨和血泊中，他從「九一八」事變起不過十年間，由大佐昇到大將。

那時關於他有種種充滿了神秘色彩的傳說，西方報紙稱他為「東方的勞倫斯」[2]，中國報紙上說他慣穿中國服裝，擅長中國方言。根據我的了解，他在中國的活動如果都像鼓動我出關那樣做法，他並不需要傳說中的勞倫斯的詭詐和心機，只要有一副賭案上的面孔，能把謊話當真話說就行了。那次他和我會見也沒有穿中國服裝，只不過一套日本式的西服；他的中國話似乎並不十分高明，為了不致把話說錯和聽錯，他還用了吉田忠太郎充當我們的翻譯。

他那年四十八歲，眼睛附近的肌肉現出了鬆弛的跡象，鼻子底下有一撮小鬍子，臉上自始至終帶着溫和恭順的笑意。這種笑意給人的唯一感覺，就是這個人說出來的話，不會有一句是靠不住的。

他向我問候了健康，就轉入正題，先解釋日軍行動，說是只對付張學良一個人，說甚麼張學良「把滿洲鬧得民不聊生，日本人的權

2　著名的英國老特務。 ── 作者

益和生命財產得不到任何保證，這樣日本才不得已而出兵」。他說關東軍對滿洲絕無領土野心，只是「誠心誠意地，要幫助滿洲人民，建立自己的新國家」，希望我不要錯過這個時機，很快回到我的祖先發祥地，親自領導這個國家，日本將和這個國家訂立攻守同盟，它的主權領土將受到日本的全力保護；作為這個國家的元首，我一切可以自主。

他的誠懇的語調，恭順的笑容和他的名氣、身份完全不容我用對待羅振玉和上角利一的態度來對待他。陳寶琛所擔心的 —— 怕羅和上角不能代表關東軍，怕關東軍不能代表日本政府 —— 那兩個問題，我認為更不存在了。土肥原本人就是個關東軍的舉足輕重的人物，況且他又斬釘截鐵地說：「天皇陛下是相信關東軍的！」

我心裏還有一個極重要的問題，我問道：「這個新國家是個甚麼樣的國家？」

「我已經說過，是獨立自主的，是由宣統帝完全做主的。」

「我問的不是這個，我要知道這個國家是共和，還是帝制？是不是帝國？」

「這些問題，到了瀋陽都可以解決。」

「不，」我堅持地說，「如果是復辟，我就去，不然的話我就不去。」他微笑了，聲調不變地說：

「當然是帝國，這是沒有問題的。」

「如果是帝國，我可以去！」我表示了滿意。

「那麼就請宣統帝早日動身，無論如何要在十六日以前到達滿洲。詳細辦法到了瀋陽再談。動身的辦法由吉田安排吧。」

他像來時那樣恭敬地向我祝賀一路平安，行了禮，就告辭了。土肥原走後，我接見了和土肥原一齊來的金梁，他帶來了以袁金鎧

為首的東北遺老們的消息，說他們可以號召東北軍舊部歸服。總之，我認為完全沒問題了。

土肥原去後，吉田告訴我，不必把這件事告訴總領事館；關於動身去大連的事，自有他給我妥善安排。我當時決定，除了鄭孝胥之外，再不找別人商量。

但是，這回消息比上次我去日本兵營傳得還快，第二天報上登出了土肥原和我見面的新聞，而且揭露出了土肥原此行的目的。陳寶琛那幾天本來不在天津，得到了消息，匆匆地從北京跑回來，一下火車直奔鄭孝胥家裏，打探了消息，然後奔向靜園。這時正好劉驤業從日本東京發來一封電報，說日本軍部方面認為我出山的時機仍然未至。看了這個電報，我不得不把會見土肥原的情形告訴了他，並且答應和大夥再商量一下。

這天是十一月五日，靜園裏開了一個別開生面的「御前會議」。記得被我召來的除陳寶琛、鄭孝胥、胡嗣瑗之外，還有在天津當寓公的袁大化和鐵良（昇允此時剛剛去世）。在這次會議上，陳寶琛和鄭孝胥兩人展開了激烈的辯論。

「當前大局未定，輕舉妄動有損無益。羅振玉迎駕之舉是躁進，現在啟駕的主意何嘗不是躁進！」陳寶琛瞅着鄭孝胥說。

「彼一時，此一時。時機錯過，外失友邦之熱心，內失國人之歡心，不識時務，並非持重！」鄭孝胥瞅着陳寶琛說。

「日本軍部即使熱心，可是日本內閣還無此意。事情不是兒戲，還請皇上三思而定。」

「日本內閣不足道，日本軍部有帷幄上奏之權。三思再思，如此而已！」

「我說的請皇上三思，不是請你三思！」

「三思！三思！等日本人把溥偉扶上去，我們為臣子的將陷皇上於何地？」

「溥偉弄好弄壞，左不過還是個溥偉。皇上出來只能成，不能敗。倘若不成，更陷皇上於何地？更何以對得起列祖列宗？」

「眼看已經山窮水盡了！到了關外，又恢復了祖業，又不再愁生活，有甚麼對不起祖宗的？」

在鄭孝胥的飛濺的唾星下，陳寶琛臉色蒼白，顫巍巍地扶着桌子，探出上身，接近對面的禿頭頂，冷笑道：

「你，有你的打算，你的熱衷。你，有何成敗，那是毫無價值可言！……」

一言不發的袁大化，低頭不語的鐵良，以及由於身份夠不上說話只能在旁喘粗氣的胡嗣瑗，覺着不能再沉默了，於是出來打圓場。鐵良說了些「從長計議」的話，透出他是支持陳寶琛的，袁大化嘟囔了幾句，連意思都不清楚。胡嗣瑗想支持陳寶琛，可是說不明白。我在會上沒有表示態度，但心裏認為陳寶琛是「忠心可嘉，迂腐不堪」。

我覺得最好的辦法，還是不要表示自己的想法，不透露自己的意圖。對身邊的人如此，對社會上更要如此。在這裏我要插敍一下，大約是土肥原會見後的兩三天，我接見高友唐的一段事。

那幾天要求見我的人非常多，我認為全部加以拒絕，只能證實報紙上的推測，那對我會更加不利。至於這個高友唐，更有接見的必要。他以前也是張園的客人，張園把他看做遺老，因為他是清朝仕學館出身，做過清朝的官，後來辦過幾種報紙，當了國民黨的監察院委員，曾自動為我向南京要求過「歲費」（沒有結果）。我想他可能透點甚麼消息給我，所以接見了他。沒想到他是給蔣介石來做說

客的。他說國民黨政府給他來了電報，叫他告訴我，國民政府願意恢復優待條件，每年照付優待費，或者一次付給我一筆整數也可以，請我提出數目；至於住的地方，希望我選擇上海，我如果要出洋，或者要到除了東北和日本以外的任何地方，都可以。

聽了他的話，我冷笑說：

「國民政府早幹甚麼去了？優待條件廢了多少年，孫殿英瀆犯了我的祖陵，連管也沒有管，現在是怕我出去丟蔣介石他們的人吧，這才想起來優待。我這個人是不受甚麼優待的，我也不打算到哪兒去。你還是個大清的舊臣，何必替他們說話！」

高友唐是用遺老身分，以完全為我設想的口氣，向我說話的。他說國民政府的條件對我很有利，當然，他們常常說話不算數，但是，如果我認為有必要，可以由外國銀行做保。他說：「如果有外國人做保，蔣介石這回是決不敢騙人的。」他似乎頗能懂得我的心理，說優待條件恢復了，當然也恢復帝號，假使想回北京，也可以商量。

我對他的話並不相信。我早聽說蔣介石的手腕厲害，有人說他為了和英美拉攏而娶宋美齡，連他的髮妻都不要了，根本不講信義，這種人是專門欺軟怕硬的。因為他怕日本人，現在看見日本人和我接近，就甚麼條件都答應下來，等我離開了日本人，大概就該收拾我了。就算他說的都算數，他給了我一個帝號，又哪比得上土肥原答應的帝位呢？他能給我的款子，又怎麼比得上整個的東北呢？蔣介石再對我好，他能把江山讓給我嗎？想到這裏，我就不打算再跟高友唐說下去了。

「好吧，你的話我都知道了，這次談話可以告一段落。」

高友唐看我沉思之後說了這麼一句，卻誤認為事情有希望，連忙說：「好，好，您再想想，等過幾天我再來。」

「嗯，再來吧。」

他滿懷希望地走了。後來聽說他向我七叔活動之後從北京回來，遇上了「天津事變」，被截在租界外邊。等他設法進了日租界，我已經不在靜園了。

那兩天裏陸陸續續還來了些探聽消息的或提出忠告的人，我也收到了不少的來信。人們對我有忠告，有警告，甚至有姓愛新覺羅的勸我不要認賊作父，要顧惜中國人的尊嚴。我已經被復辟的美夢完全迷了心竅，任何勸告都沒有生效。我決定對外不說任何真心話。有個天津小報的記者，叫劉冉公的，也是張園和靜園常來的客人，時常在他的報上寫文章恭維我，這時跑來打聽我有沒有出關的意思。他見我極力否認，於是又替我盡了闢謠的義務。他卻沒想到，就在他的報上登出了為我闢謠新聞的同一天，我登上了去營口的日本輪船。

在我離津前兩天發生的一件事，不可不說。那天我正在唾星噴射之下聽着進講：

「勿失友邦之熱心，勿拒國人之歡心……此乃英雄事業，決非書生文士所能理解……」

「不好了！」我的隨侍祁繼忠，忽然慌慌張張地跑了進來，「炸彈！兩個炸彈！……」

我坐在沙發上，嚇得連站也站不起來了。在混亂中，好容易才弄明白，剛才有個陌生人送來一份禮品，附着一張原東北保安總司令部顧問趙欣伯的名片。來人放下了禮品，揚長而去。祁繼忠按例檢視了禮品，竟在水果筐子裏發現了兩顆炸彈。

靜園上下驚魂未定，日本警察和日軍司令部的軍官來了，拿走了炸彈。第二天，吉田翻譯官向我報告說，那兩顆炸彈經過檢驗，證明是張學良的兵工廠製造的。

「宣統帝不要再接見外人了。」吉田忠告我，「還是早些動身的好。」

「好！請你快些安排吧。」

「遵命！請陛下不要對不相干的人說。」

「不說。我這回只帶鄭孝胥父子和一兩個隨侍。」

那兩天我接到了不少恐嚇信。有的信文很短，而措詞卻很嚇人。有一封只有這麼一句話：「如果你不離開這裏，當心你的腦袋！」更驚人的，是祁繼忠接到了一個電話。據祁繼忠說，對方是維多利亞餐廳的一個茶房，他警告我這幾天不要去那裏吃飯，因為有些「形跡可疑的人」到那裏打聽我。這個關心我的朋友還說，他見那些形跡可疑的人，好像衣服裏面藏有電刀。更奇的是，他居然能認出那些人都是張學良派來的。

那個茶房是怎樣的人，我已說不清了，關於祁繼忠這人，我卻永遠忘不了他。他是我從北京帶到天津的男僕，宮裏遣散太監後，他來到宮裏，那時候還是個少年，很受我的寵信。在天津時代，他是我最喜歡的隨侍之一，在偽滿時，我送他到日本士官學校培養。可是後來，我發現了他竟是「內廷穢聞」中的人物，那時正巧聽說他在日本和同學吵架，我就借了個破壞日滿邦交的題目，請日本人把他開除出了學校。後來他經日本人介紹到華北當上偽軍軍官，以後又搖身一變成了華北偽軍少將，解放後因反革命案被鎮壓。我離開天津去東北，他是隨我同去的三個隨侍之一，我的舉動他無一不知。我到很晚才明白過來，日本人和鄭孝胥對我當時的動靜那麼清楚，對我的心情掌握的那麼準確及時，而演給我看的那出戲——雖然演員們演的相當笨拙——效果又是那麼好，祁繼忠實在是個很有關係的人。

　　緊接着炸彈、黑信、電話而至的，是「天津事件」的發生。日本人組織的漢奸便衣隊對華界大肆騷擾（這也是土肥原導演的「傑作」），日租界宣佈戒嚴，斷絕了與華界的交通。靜園門外開來擔任「保護」之責的鐵甲車。於是靜園和外界也隔絕了。能拿到通行證的，只有鄭氏父子二人。

　　後來我回想起來，土肥原這樣急於弄我到東北去，如果不是關東軍少壯派為了急於對付他們內部的反對派，或其他別的原因，而僅僅是怕我再變了主意的話，那就把外界對我的影響估計得太高了。事實上，不但我這時下定決心，就連陳寶琛影響下的胡嗣瑗、陳曾壽等人，態度上也起了變化。他們不再堅持觀望，開始打算主動和日本進行接觸。不過他們仍怕軍人靠不住，認為還是找日本政府的好。這些人的變化，和我一樣是既怕錯過機會，又怕羊肉沒吃成反而惹上一身膻。對於和日本人交涉的條件，他們關心的是能不能當上大官，因此主張「用人權」必須在我，至於甚麼民族榮譽、經濟利權等等，是完全可以當做換取自己地位的代價送出去的。陳曾壽在我會見土肥原後立刻遞上了這樣一個奏摺：

　　　　奏為速赴機宜，以策萬全，恭摺仰祈聖鑒事。今日本因列強反對而成僵局，不得不變動東三省局面以自解於列強，乃有此勸進之舉，誠千載一時之機會。遇此機會而無以赴之，則以後更有何機之可待？唯赴機若不得其宜，則其害有甚於失機者。今我所以自處之道，可兩言而決：能與日本訂約，酌讓路、礦、商務之利，而用人行政之權，完全自主，則可以即動，否則萬不可動，如是而已。現報紙喧騰，敵人疑忌，天津已有不能安處之勢。欲動則恐受

賺於日本，欲靜又失此良機，進退兩難，唯有請皇上密派
重臣徑赴日本，與其政府及元老西園寺等商洽，直接訂約
後再赴瀋陽，則萬全而無失矣。臣愚昧之見，是否有當，
伏祈聖鑒。

四、白河偷渡

動身日期是十一月十日。按照計劃，我必須在這天傍晚，瞞過
所有的耳目，悄悄混出靜園的大門。我為這件事臨時很費了一番腦
筋。我先是打算不走大門，索性把汽車從車房門開出去。我命令最
親近的隨侍大李去看看能不能打開車房門，他說車房門久未使用，
門外已經被廣告招貼糊住了。後來還是祁繼忠想出了個辦法，這就
是把我藏進一輛跑車（即只有雙座的一種敞篷車）的後箱裏，然後從
隨侍裏面挑了一個勉強會開車的，充當臨時司機。他自己坐在司機
旁邊，押着這輛「空車」，把我載出了靜園。

在離靜園大門不遠的地方，吉田忠太郎坐在一輛汽車上等着，
一看見我的汽車出了大門，他的車便悄悄跟在後面。

那時正是天津騷亂事件的第三天。日本租界和鄰近的中國管區
一帶整日戒嚴。這次騷亂和戒嚴，究竟是有意的佈置還是偶合，我不
能斷定，總之給我的出奔造成了極為順利的環境。在任何中國人的
車輛不得通行的情況下，我這輛汽車走到每個路口的鐵絲網前，遇到
日本兵阻攔時，經後面的吉田一打招呼，便立刻通過。所以雖然祁繼
忠找來的這個二把刀司機技術實在糟糕（一出靜園大門車就撞在電線
杆子上，我的腦袋給箱蓋狠狠碰了一下，一路上還把我顛撞得十分難
受），但是總算順利地開到了預定的地點——敷島料理店。

　　汽車停下之後，祁繼忠把開車的人支到一邊，吉田過來打開了車箱，扶我出來，一同進了敷島料理店。早等候在這裏的日本軍官，叫真方勛大尉，他拿出了一件日本軍大衣和軍帽，把我迅速打扮了一下，然後和吉田一同陪我坐上一部日軍司令部的軍車。這部車在白河岸上暢行無阻，一直開到一個碼頭。車子停下來之後，吉田和真方勛扶我下了車。我很快就看出來，這不是日租界，不覺有點發慌。吉田低聲安慰我說：「不要緊，這是英租界。」我在他和真方勛二人的夾扶下，快步在水泥地面上走了一段，一隻小小的沒有燈光的汽船出現在眼前。我走進船艙，看見了鄭孝胥父子倆如約候在裏面，心裏才穩定下來。坐在這裏的還有三個日本人，一個是上角利一，一個是從前在昇允手下做過事的日本浪人工藤鐵三郎，還有一個叫大谷的，現在忘了他的來歷。我見到了船長西長次郎，知道了船上還有十名日本士兵，由一個名叫諏訪績的軍曹帶領着，擔任護送之責。這條船名叫「比治山丸」，是日軍司令部運輸部的。為了這次特殊的「運輸」任務，船上堆了沙袋和鋼板。過了二十年之後，我從日本的《文藝春秋》雜誌上看到了工藤寫的一篇回憶錄。據他說當時船上暗藏了一大桶汽油，準備萬一被中國軍隊發現，無法脫逃的時候，日本軍人就放火燒，讓我們這幾個人證與船同歸於盡。那時我的座位距離汽油桶大概不會超過三米遠，我還認為離着「幸福」是越來越近了呢！

　　吉田和真方勛大尉離開了汽船，汽船離了碼頭。電燈亮了，我隔窗眺望着河中的夜景，心中不勝感慨。白天的白河我曾到過幾次，在東北海軍畢庶澄的炮艦上和日本的驅逐艦上，

　　我曾產生過幻想，把白河看做我未來奔向海洋彼岸，尋找復辟外援的通路。如今我真的航行在這條河上了，不禁得意忘形，高興得想找些話來說說。

可是我高興得未免太早，鄭垂告訴我：「外國租界過去了，前邊就是中國人的勢力。軍糧城那邊，可有中國軍隊守着哩！」

聽了這話，我的心一下子提到了嗓子眼。看看鄭氏父子和那幾個日本人，全都板着臉，一語不發。大家在沉默中過了兩個小時，突然間從岸上傳來一聲吆喝：「停 —— 船！」

像神經一下子被切斷了似的，我幾乎癱在地上。艙裏的幾個日本兵忽嚕忽嚕地上了甲板，甲板上傳來低聲的口令和零亂的腳步聲。我探頭到窗外，看見每個沙包後都有人伏着，端槍做出準備射擊的姿勢。這時我覺出船的行速在下降，航向好像是靠近河岸。我正不解其故，忽然電燈全熄了，岸上響起了槍聲，幾乎是同時，機器聲突然大作，船身猛然加速，只覺一歪，像跳起來似地掠岸而過，岸上的喊聲，槍聲，漸漸遠了。原來日本人早準備好了這一手，先裝作聽命的樣子，然後乘岸上不備，一溜煙逃過去了。

過了一會，燈光亮起來，艙裏又有了活氣。半夜時到了大沽口外。在等待着商輪「淡路丸」出口外接我們的時候，日本兵拿出了醬湯、鹹白菜和日本酒。鄭孝胥活躍起來了，高談其同文同種的謬論，把這一場驚險經歷描繪成「英雄事業」的一部分。他和日本兵乾杯，詩興大發，即興吟了一首詩道：

> 同洲二帝欲同尊，七客同舟試共論；
> 人定勝天非浪語，相看應在不多言。

因為這天晚上吃了大米和大麥合製的日本飯，鄭孝胥後來刻了兩個圖章給我，一個是「不忘在莒」，一個是「滹沱麥飯」。前者是借魯昭公奔莒的故事，暗示我安不忘危，別忘了我和他在一起的這一

晚；後者是借劉秀敗走滹沱河，大樹將軍馮異為他烤衣服、做麥飯充饑的故事。鄭孝胥把我比做劉秀，他自己自然是比做大樹將軍了。

鄭孝胥這天晚上的高興，除了由於他成了一個勝利者外，大概還有另一層不便說出的原因，這就是他從日本軍政的表面摩擦和分歧中，比任何人更早地看出了他們的一致。在我會見土肥原後的第二天（十一月三日），他的日記上寫道：

大七（即鄭垂）至日本領事館，後藤言：土肥原謂此來即為迎上赴奉天，領事館可佯為不知。

二次大戰後被發現的日本外務省的檔案，其中有十一月六日外相幣原給天津桑島總領事的一封密電稿，說明了白河偷渡的戲劇性：

關於擁戴宣統帝的運動。認為如果過度拘束皇帝的自由，對內、外的關係反會不好。曾把這種意見在外務方面協議過，外務方面雖然也同意，但關於滿洲目前的局勢，各方面都有擁戴皇帝的運動，因此，對於帝國國策的執行上，難保不受到連累。同時，皇帝身邊的保護也屬必要，所以做了相當的警備。再外務方面也表示，現在滿洲方面的政局，也稍安穩，東三省的民眾總的意志，也想擁戴皇帝。如果對於國策的執行沒有妨礙，聽其自然也無不可。

五、在封鎖中

在淡路丸上，鄭孝胥講了一整天治國平天下的抱負。十三日早晨，我們到達了遼寧省營口市的「滿鐵」碼頭。

　　為甚麼去瀋陽要從營口登陸，這個問題我根本不曾考慮過，我想到的只是東北民眾將如何在營口碼頭上來接我。在我的想像中，那裏必定有一場民眾歡呼的場面，就像我在天津日租界日僑小學裏看到的那樣，人們搖着小旗，向我高呼萬歲。但是船身越靠近碼頭，越不像那麼回事。那裏並沒有人群，更沒有甚麼旗幟。等到上了岸，這才明白，不但迎接的人很少，而且全是日本人。

　　經過上角利一的介紹，才知道這都是板垣派來的人，為首的叫甘粕正彥。此人在中國知道他的不多，在日本卻大有名氣。他原是個憲兵大尉。日本大地震時，日本軍部趁着震災造成的混亂，迫害進步人士，遭難的大杉榮夫婦和七歲的孩子就是死在他手裏的。震災後，這個慘案被人揭發出來，在社會輿論壓力之下，軍部不得不讓他充當替罪羊，交付軍事法庭會審，處以無期徒刑。過了不久，他獲得了假釋，被送往法國去唸書。他在法國學的是美術和音樂，幾年之後，這位藝術家回到日本，隨即被派到關東軍特務機關。據二次大戰後日本出版的一本書上說，作為「九一八」事變信號的柳條溝鐵道的爆炸，就是他的一件傑作。在營口碼頭上，我怎麼也不會想到，這個彬彬有禮的戴細腿近視眼鏡的人，會有這麼不平凡的經歷。如果沒有他的傑作，也許我還不會到東北來哩。

　　甘粕正彥把我和鄭氏父子讓進預備好的馬車，把我們載到火車站。坐了大約一個多鐘頭的火車，又換上了馬車。一路上沒聽到任何解釋，稀裏糊塗地到了湯崗子溫泉療養區。我懷着狐疑的心情走進了對翠閣溫泉旅館。

　　對翠閣旅館是日本「滿鐵」的企業，日本風格的歐式洋樓，設備相當華麗，只有日本軍官、滿鐵高級人員和中國的官僚有資格住。我被帶進了樓上的非常講究的客房，在這裏見着了羅振玉、商衍瀛

和佟濟煦。羅振玉給我請安後即刻告訴我，他正在和關東軍商洽復辟建國的事，又說在商談結束前，不宜把我到達這裏的消息洩露出去，而且除了他之外別人也不宜出頭露面。他這話的真正用意我沒有領會，我卻自以為弄清了一個疑團：怪不得沒有熱烈歡迎的場面，原來人們還都不知我來。我相信和關東軍的談判是容易的，不久就可以宣佈我這大清皇帝在瀋陽故宮裏重定的消息，那時就不會是這樣冷冷清清的了。我想得很高興，全然沒有注意到鄭氏父子的異樣神色。我痛痛快快地吃了一餐別有風味的日本飯菜，在窗口眺望了一會這個風景區的夜色，就心曠神怡地睡覺去了。

過了一宿，我才明白這次又樂得太早了。

漱洗之後，我招呼隨侍祁繼忠，說我要出去蹓躂一下，看看左近的風景。

「不行呵，不讓出去啦！」祁繼忠愁眉苦臉地說。

「怎麼不行？」我詫異地問。「誰說的？到樓下去問問！」

「連樓也不讓下呵！」

我這時才知道，對翠閣旅館已經被封鎖起來，不但外面的人不准進到旅館範圍裏來，就是住在樓下的人也休想上樓（樓上只有我們這幾個人住）。尤其令人不解的是，為甚麼連樓上的人也不許下去呢？找羅振玉，羅振玉已不知何往。鄭孝胥父子都很生氣，請我找日本人問問這是怎麼回事。陪我們住在這裏的日本人，帶頭的是上角利一和甘粕正彥。祁繼忠把上角找來了，他笑嘻嘻地用日本腔的中國話說：

「這是為了安全的，為了宣統帝安全的。」

「我們在這裏住到甚麼時候？」鄭孝胥問。

「這要聽板垣大佐的。」

「熙洽他們呢？不是羅振玉說熙洽要接我到奉天嗎？」

「這，也要聽板垣大佐的。」

「羅振玉呢？」鄭垂問。

「到瀋陽找板垣大佐去了。現在還在討論着新國家的問題，討論出一致的意見，就來請宣統帝去的。」

「糟！」鄭垂一甩手，憤憤地走到一邊去了。這個「君前失禮」的舉動很使我看不慣，不過這時更引起我注意的，卻是上角說的「新國家」問題還在討論。這可太奇怪了，不是土肥原和熙洽都說一切沒問題，就等我來主持大計了嗎？上角現在說「還在討論」，這是甚麼意思呢？我提出了這個問題，上角利一含糊其詞地回答說：

「這樣的大事，哪能說辦就辦的？宣統帝不要着急，到時候自然要請宣統帝去的。」

「到哪裏去呢？」鄭垂匆匆地走過來插嘴，「到奉天嗎？」

「這要聽板垣大佐的。」

我很生氣地躲開了他們，到另一間屋子叫來了佟濟煦，問他從瀋陽拍來電報說「萬事俱妥」是甚麼意思。佟濟煦說這是袁金鎧說的，不知這是怎麼鬧的。我又問商衍瀛，他對這件事怎麼看，他也沒說出個甚麼道理來，只抱怨這地方沒有「乩壇」，否則的話，他一定可以得到神仙的解答。

這時我還不知道，日本人正在忙亂中。日本在國際上處勢孤立，內部對於採取甚麼形式統治這塊殖民地，意見還不統一，關東軍自然還不便於立刻讓我出場。我只感覺出日本人對我不像在天津那麼尊敬了，這個上角也不是在天津駐屯軍司令部裏的那個上角了。我在不安的預感中，等待了一個星期，忽然接到了板垣的電話，請我搬到旅順去。

　　為甚麼不去瀋陽呢？上角利一笑嘻嘻地解釋說，這還要等和板垣大佐談過才能定。為甚麼要到旅順等呢？據上角說，因為湯崗子這地方附近有「匪」，很不安全，不如住旅順好，旅順是個大地方，一切很方便。我聽着有理，於是這天晚上搭上火車，第二天一早到了旅順。

　　在旅順住的是大和旅館。又是在對翠閣的一套做法，樓上全部歸我們這幾個人佔用，告訴我不要下樓，樓下的人也不准上來。上角和甘粕對我說的還是那幾句：新國家問題還在討論，不要着急，到時候就有人請我到瀋陽去。在這裏住了不多天，鄭孝胥父子便獲得了羅振玉一樣的待遇，不但外出不受阻攔，而且還可以到大連去。這時鄭孝胥臉上的鬱鬱不樂的神色沒有了，說話的調子也和羅振玉一樣了，說甚麼「皇上天威，不宜出頭露面，一切宜由臣子們去辦，待為臣子的辦好，到時候皇上自然就會順理成章地面南受賀」。又說在事成之前，不宜宣揚，因此也不要接見一切人員，關東軍目前是這裏的主人，我在「登極」之前，在這裏暫時還算是客人，客隨主便，也是理所當然。聽了他們的話，我雖然心裏着急，也只好捺下心等着。

　　事實上，這些口口聲聲叫我皇上的，這些絞着腦汁、不辭勞苦、為我奔波着的，他們心裏的我，不過是紙牌上的皇帝，這種皇帝的作用不過是可以吃掉別人的牌，以贏得一筆賭注而已。日本人為了應付西方的磨擦和國內外的輿論壓力，才準備下我這張牌，自然他們在需要打出去之前，要嚴密加以保藏。鄭、羅之流為了應付別的競爭者，獨得日本人的犒賞，也都想獨佔我這張牌，都費盡心機把持我。於是就形成了對我的封鎖，使我處於被隔離的狀態中。在湯崗子，羅振玉想利用日本人規定的限制來斷絕我和別人的來往，曾阻止我和鄭孝胥與日本關東軍的接觸，以保障他的獨家包辦。到了

旅順，鄭孝胥和日本人方面發生了關係，跟他唱上了對台戲，於是他只好亡羊補牢，設法再不要有第三個人插進來。在防範我這方面，羅和鄭聯合起來，這就出現了鄭、羅二人一方面聯合壟斷我，一方面又勾心鬥角地在日本人方面爭寵。

這些事實的內幕，我當時自然不明白。我只覺出了羅振玉和鄭孝胥父子跟日本人沆瀣一氣，要把我和別人隔離開。他們對於佟濟煦和只知道算卦求神的商衍瀛，不怎麼注意，對於從天津來的要見我的人，卻防範得很厲害，甚至連對婉容都不客氣。

我在離開靜園以前，留下了一道手諭，叫一名隨侍交給胡嗣瑗，命他隨後來找我，命陳曾壽送婉容來。這三個人聽說我在旅順，就來到了大連。羅振玉派人去給他們找了地方住下，說關東軍有命令，不許他們到旅順來。婉容對這個命令起了疑心，以為我出了甚麼岔子，便大哭大鬧，非來不可，這樣才得到允許來旅順看了我一次。過了大概一個月，關東軍把我遷到善耆（這時已死）的兒子憲章家裏去住，這才讓婉容和後來趕到的二妹、三妹搬到我住的地方來。

我本來還想讓胡嗣瑗、陳曾壽兩人也搬到我身邊，但鄭孝胥說關東軍規定，除了他父子加上羅振玉和萬繩栻這幾個人之外，任何人都不許見我。我請求他去和甘粕、上角商量，結果只准許胡嗣瑗見一面，條件是當天必須回大連。胡嗣瑗在這種情形下，一看見我就咧開大嘴哭起來了，說他真想不到在我身旁多年，今日落得連見一面都受人限制，說得我心裏很不自在。一種孤立無援的恐懼在壓迫着我，我只能安慰胡嗣瑗幾句，告訴他等我到了可以說話的時候，一定「傳諭」叫他和陳曾壽到我身邊來。胡嗣瑗聽了我的話，止住了哭泣，趁着室裏沒人，一五一十地向我敍說了鄭、羅二人對他們的多方刁難，攻擊他們是「架空欺罔，挾上壓下，排擠忠良」。

　　胡嗣瑗和陳曾壽住在大連，一有機會就托人帶奏摺和條陳來，在痛罵鄭、羅「雖秦檜、仇士良之所為，尚不敢公然無狀、欺侮挾持一至於此」之外，總要酸勁十足和焦急萬分地一再說些「當茲皇上廣選才俊，登用賢良之時，如此掣肘，尚有何希望乎？」這類的話。胡嗣瑗曾勸我向日本人要求恢復天津的形勢，身邊應有親信二三人，意思是他仍要當個代拆代行的大軍機。陳曾壽則對我大談「建國之道，內治莫先於綱紀，外交莫重於主權」，所謂「綱紀最要者，魁柄必操自上，主權最要者，政令必出自上」，總之一句話，我必須有權能用人，因為這樣他才能做大官。這些人自然鬥不過鄭、羅，在後來封官晉爵的時候，顯貴角色裏根本沒有他們。後來經我要求，給了陳曾壽一個秘書職務，但他不幹，請假走了，直到以後設立了內廷局叫他當局長，他才回來。胡嗣瑗曾和陳曾壽表示決不做官，「願以白衣追隨左右」，我給他弄上個秘書長的位置，他才不再提甚麼「白衣」。由於他恨極了當國務總理的鄭孝胥，後來便和羅振玉聯合起來攻鄭。結果沒有攻倒，自己反倒連秘書長也沒有做成，這是後話，暫且不提。

　　我到旅順的兩個月後，陳寶琛也來了。鄭孝胥這時成了關東軍的紅人，羅振玉眼看就要敗在他手裏，正當他接近全勝，他和關東軍的交易接近成熟的時候，看見威望超過他的「帝師」出現在大連，立刻引起了他的警惕。他生怕他這位同鄉會引起日本人更大的興趣，急忙想攛陳回去。所以陳寶琛在旅順一共住了兩宿，只和我見了兩面，就被鄭孝胥藉口日本人要在旅館開會給送走了。

　　同時，天津和北京的一些想做官的遺老們藉口服侍我，跑到旅順來，也都被鄭孝胥和甘粕正彥擋了駕。就連恭親王溥偉想見我也遇到攔阻。我過生日的時候，他們再找不到藉口，才無可奈何地讓

一部分人見了我，給我祝壽。其中有寶熙、商衍瀛、沈繼賢、金卓、王季烈、陳曾壽、毓善等人，後來在偽滿成立時都成了大小新貴。

當時互相傾軋、你爭我奪的不但有遺老，在日本浪人和特務之間也不例外，得勢的當然是板垣手下的上角和甘粕這一夥。當過我父親家裏家庭教師的遠山猛雄本想到我身邊沾沾光，由於不是軍部系統的，最後都給上角和甘粕擠走了。

發生在鄭與羅之間的鬥爭是最激烈的。這是這對冤家最後的殊死戰，因此都使用出了全身的力氣。羅振玉利用他和板垣、上角利一這些人的勢力，對鄭孝胥一到東北即行封鎖，是他的頭一「招」。他自恃有首倡「迎立」之功，相信只要能把我壟斷在手，用我這張牌去和日本人談判，一定可以達到位居首輔的目的。可是他在談判中，一上來就堅持要大清復辟。日本方面對他這個意見不感興趣。他跟我一樣地不明白，復辟的做法和日本人宣傳的「滿洲民眾要求獨立自治」的說法，是配不上套的。這時日本人在國際上十分孤立，還不能把這場傀儡戲立刻搬上台去，因此關東軍並不急於定案，暫時仍用甚麼「自治指導部」、「維持會」等名目支撐着。羅振玉認為鄭孝胥被他封鎖住，其他人更無法靠近我的身邊，無從代表我和日本人去說話，他大可用獨家經理的身分，不慌不忙地和日本人辦交涉。復辟大清和另立國家之爭正懸而未決，我和鄭孝胥到了旅順，出乎羅振玉的意外，他對鄭孝胥的封鎖失了效，關東軍方面請鄭孝胥去會談。羅振玉既不知道鄭孝胥和東京軍部的關係，也想不到鄭孝胥在離津之前就認識了上角利一。就像我出宮那年，羅振玉與日本竹本大佐的關係變成了鄭孝胥的關係一樣，這回羅振玉帶來的上角也很快變成了鄭孝胥的朋友，成了鄭與關東軍之間的橋樑。鄭氏父子到了營口、旅順，和甘粕正彥談了幾次心，關東軍因此了解到他父子遠比

羅振玉「靈活」，不像羅振玉那樣非有蟒袍補褂、三跪九叩不過癮，因此樂於以他為交易對手。鄭孝胥被看中了之後，第一次和板垣會面（一九三二年一月二十八日在旅順），聽到板垣要叫我當「滿、蒙共和國大總統」，先很驚訝，後來明白了日本軍方決不肯給我一頂皇帝帽子，便馬上改了主意，由他兒子鄭垂出面找軍方選中的殖民地總管駒井德三，表示日本如果認為「帝國」稱呼不適於這個新國家的話，只要同意他任未來的內閣首揆，一切沒有問題，他可負責說服「宣統帝」接受其他的元首稱號。順便說一句，這時搶這個首揆椅子的，卻大有人在。不但有羅振玉，還有張景惠、臧式毅、熙洽等人。熙洽幾次派人送錢給我，共有十幾萬元，求我授他「總理」之職。鄭孝胥自然很着急，所以忙不迭地叫鄭垂從旁搶先遞「價碼」。駒井德三把這袖筒裏來的價碼告訴了本莊和板垣，於是鄭孝胥便成了奉天關東軍司令官的客人。就這樣，關東軍的第一交易對手由羅振玉變成了鄭孝胥。

自然，這些真相是我在封鎖中所看不透的。我所見到的是另外一樣……

六、所見與所思

我到旅順以後，感到最惶惑不安的，倒不是因為受到封鎖。隔離，而是從上角這幾個日本人口中聽到，關東軍似乎連新國家的國體問題還沒定下來。

這對我說來，比沒有人在碼頭上迎接我更堵心。沒有人迎接，還可以用「籌備不及」、「尚未公佈」的話來解釋。「國體未定」又是怎麼回事呢？國體既然未定，土肥原幹麼要請我到滿洲來呢？

鄭孝胥和上角向我解釋說，土肥原沒有說謊，關東軍支持我復位和主持大計的話全不錯，不過這是滿洲的事，當然還要和滿洲人商量，沒有商量好以前，自然叫做「未定」。

我已經不像在湯崗子那樣容易相信這些人了，但我又找不到任何別人商議事情。這還是我第一次離開我的師傅。在沒師傅指點的情形下，我只好採取商衍瀛的辦法，找神仙幫忙來解答問題。我拿出從天津帶來的一本《未來預知術》，搖起了金錢神課。記得我搖出了一課「乾乾」卦，卦辭還算不壞。於是我就這樣的在鄭孝胥、羅振玉和諸葛亮[3]的一致勸導下，捺着性子等待下去。

有一天，上角來問我，是不是認識馬占山。我說在天津時，他到張園來過，算是認識吧。上角說，板垣希望我能寫一封信，勸馬占山歸順。我說在天津時已曾寫過一封，如果需要，還可以再寫。這第二封勸降書並沒有用上，馬占山就投降了。雖然我的信未發生作用，可是關東軍請我寫信這件事給了我一種安慰，我心裏這樣解釋：這顯然是日本人承認我的威信，承認這塊江山必須由我統治才行。我是誰呢，不就是大清的皇帝嗎？這樣一想，我比較安心了些。

這樣等了三個月，到我過生日的第二天，即一九三二年二月十九日，忽然來了一個消息，剛剛復會的「東北行政委員會」通過了一項決議，要在滿洲建立一個「共和國」。所謂東北行政委員會是二月十八日復會的，這個委員會由投降的原哈爾濱特區長官張景惠、遼寧（這時被改稱奉天）省主席臧式毅、黑龍江省代理主席馬占山和被這委員會追認的吉林省主席熙洽組成，張景惠為委員長。二月

3　《未來預知術》是香港出版的一本迷信書，偽稱是諸葛亮的著作，可是其中的卦辭中有漢代以後的詩文典故。

十九日，這個委員會在板垣導演下通過了那項決議，接着又發表了一個「獨立宣言」。這些消息傳來之後，除了鄭氏父子以外，我身邊所有的人，包括羅振玉在內無不大起恐慌，人人憤慨。

這時佔據着我全心的，不是東北老百姓死了多少人，不是日本人要用甚麼辦法統治這塊殖民地。它要駐多少兵，要採甚麼礦，我一概不管，我關心的只是要復辟，要他們承認我是個皇帝。如果我不為了這點，何必千里迢迢跑來這裏呢？我如果不當皇帝，我存在於世上還有甚麼意義呢？陳寶琛老夫子以八十高齡的風燭殘年之身來到旅順時，曾再三對我說：

「若非復位以正統系，何以對待列祖列宗在天之靈！」

我心中把土肥原、板垣恨得要死。那天我獨自在前肅親王的客廳裏像發了瘋似地轉來轉去，紙煙被我捏斷了一根又一根，《未來預知術》被我扔到地毯上。我一下子想起了我的靜園，想到假如我做不成皇帝，還不如去過舒適的寓公生活，因為那樣我還可以賣掉一部分珍玩字畫，到外國去享福。這樣一想，我有了主意，我要向關東軍表明態度，如果不接受我的要求，我就回天津去。我把這主意告訴了羅振玉和鄭孝胥，他們都不反對。羅振玉建議我先送點禮物給板垣，我同意了，便從隨身帶的小件珍玩中挑了幾樣叫他去辦。恰好這時板垣來電話請鄭、羅二人去會談，於是我便叫陳曾壽為我寫下必須「正統系」的理由，交給他們帶給板垣，叫他們務必堅持，向板垣說清楚我的態度。

我寫的那些理由共十二條（後四條是陳曾壽續上的）：

一、尊重東亞五千年道德，不得不正統系。

二、實行王道，首重倫常綱紀，不得不正統系。

三、統馭國家，必使人民信仰欽敬，不得不正統系。

四、中日兩國為兄弟之邦，欲圖共存共榮，必須尊崇固有之道德，使兩國人民有同等之精神，此不得不正統系。

五、中國遭民主制度之害已二十餘年，除少數自私自利者，其多數人民厭惡共和，思念本朝，故不得不正統系。

六、滿蒙人民素來保存舊習慣，欲使之信服，不得不正統系。

七、共和制度日熾，加以失業人民日眾，與日本帝國實有莫大之隱憂；若中國得以恢復帝制，於兩國人民思想上、精神上保存至大，此不得不正統系。

八、大清在中華有二百餘年之歷史，（入關前）在滿洲有一百餘年之歷史，從人民之習慣，安人民之心理，治地方之安靖，存東方之精神，行王政之復古，鞏固貴國我國之皇統，不得不正統系。

九、貴國之興隆，在明治大帝之王政。觀其訓諭羣工，莫不推揚道德，教以忠義。科學兼採歐美，道德必本諸孔孟，保存東方固有之精神，挽回濡染歐風之弊習，故能萬眾人心親上師長，保護國家，如手足之捍頭目。

此予之所敬佩者。為趨步明治大帝，不能不正統系。

十、蒙古諸王公仍襲舊號，若行共和制度，欲取消其以前爵號，則因失望而人心渙散，更無由統制之，故不能不正統系。

十一、貴國扶助東三省，為三千萬人民謀幸福，至可感佩。唯予之志願，不僅在東三省之三千萬人民，實欲以東三省為張本，而振興全國之人心，以救民於水火，推至

於東亞共存共榮，即貴國之九千萬人民皆有息息相關之理，兩國政體不得歧異。為振興兩國國勢起見，不得不正統系。

十二、予自辛亥遜政，退處民間，今已二十年矣，毫無為一己尊崇之心，專以救民為宗旨。只要有人出而任天下之重，以正道挽回劫運，予雖為一平民，亦所欣願。若必欲予承之，本個人之意見，非正名定分，實有用人行政之權，成一獨立國家，不能挽回二十年來之弊政。否則有名無實，諸多牽制，毫無補救於民，如水益深，如火益熱，徒負初心，更滋罪戾，此萬萬不敢承認者也。倘專為一己尊榮起見，則二十年來杜門削跡，一旦加之以土地人民，無論為總統，為王位，其所得已多，尚有何不足之念。實以所主張者純為人民，純為國家，純為中日兩國，純為東亞大局起見，無一毫私利存乎其間，故不能不正統系。

鄭孝胥知道，這次瀋陽之行是決定自己命運的關鍵。因為關東軍在叫東北行政委員會通過「國體」之前，要先排定一下「開國元勳」們的位置。因此，他在動身之前，對我儘量表示順從，以免引起我對他發生戒心。但是等到他的目的已經達到，從瀋陽返回來的時候，那情形就變了。他勸我不要和關東軍爭論，勸我接受共和制，出任「執政」。

「甚麼執政？叫我當共和國的執政？」我跳了起來。

「這事已成定局，臣再三向軍方爭論無效。軍方表示，執政即元首……」

我不理他，轉身問羅振玉，這是怎麼回事。羅振玉說：「臣就見

了板垣一面，是鄭孝胥跟板垣談的。」

後來據陳曾壽說，鄭孝胥父子根本沒把我的十二條「正統系」給板垣拿出來，而且還向板垣保證：「皇上的事，我全可以包下來」，「皇上如同一張白紙，你們軍部怎麼畫都行」，等等。當時我還不知道這回事，只認為他們不會辦事，都受了日本人的騙。

「你們都沒用！」我大聲喊道，「你們為甚麼不說，我的要求達不到，我就回天津！」

「皇上還是再三思考為好。」鄭孝胥說，「復辟必須依賴日本，眼前與日本反目，將來的希望也完了。將來復辟不是沒有希望啊！」

他又講了一些歷史故事，勸我答應，可是那些故事我早就聽夠了，再說無論是劉秀還是重耳，也都沒有放棄君主稱號的。最後他說：

「下午板垣就來覲見，請皇上對板垣說吧！」

「讓他來！」我氣呼呼地回答。

七、會見板垣

板垣征四郎是一九二九年調到關東軍當參謀的，據遠東國際軍事法庭揭露，他在一九三○年五月就對人說，他對解決「滿洲問題」已有了一個「明確的想法」，他認為必須以武力解決中日間的問題。至少在「九一八」事變前一年，他就主張驅逐張學良，在東北建立一個「新國家」。判決書上說：他「自一九三一年起，以大佐地位在關東軍參謀部參加了當時以武力佔領滿洲為直接目的的陰謀，他進行了支持這種目標的煽動，他協助製造引起所謂『滿洲事變』的口實，他壓制了若干防止這項軍事行動的企圖，他同意了和指導了這種軍

事行動。嗣後，他在鼓動『滿洲獨立』的欺騙運動中以及樹立傀儡偽『滿洲國』的陰謀中，都擔任了主要的任務。」

他於一九三四年任關東軍副參謀長，一九三七年「七七」事變後是師團長，一九三八年做了陸軍大臣，一九三九年任中國派遣軍的參謀長，以後做過朝鮮司令官、駐新加坡的第七方面軍司令官。在華北、內蒙樹立偽政權、進攻中國內地、樹立汪精衛偽政權、發動哈桑湖對蘇聯進攻等等重大事件中，他都是重要角色。

二月二十三日下午，我會見了板垣，由關東軍通譯官中島比多吉任翻譯。板垣是個小矮個，有一個剃光的頭，一張刮得很乾淨的青白色的臉，眉毛和小鬍子的黑色特別顯眼。在我見過的日本軍官中，他的服裝算是最整潔的了，袖口露出白得刺眼的襯衫，褲腿管上的圭角十分觸目，加上他的輕輕搓手的習慣動作，給了我一個頗為斯文和瀟灑的印象。板垣先對我送他禮物表示了謝意，然後表明，他奉關東軍本莊司令官之命，向我報告關於「建立滿洲新國家」的問題。

他慢條斯理地從甚麼「張氏虐政不得人心，日本在滿權益絲毫沒有保障」談起，大談了一陣日軍行動的「正義性」，「幫助滿洲人民建立王道樂土的誠意」。我聽着他的話，不斷地點頭，心裏卻希望他快些把我關心的答案說出來。好不容易，他總算談到了正題：

「這個新國家名號是『滿洲國』，國都設在長春，因此長春改名為新京，這個國家由五個主要民族組成，即滿族、漢族、蒙古族、日本族和朝鮮族。日本人在滿洲花了幾十年的心血，法律地位和政治地位自然和別的民族相同，比如同樣地可以充當新國家的官吏⋯⋯」

不等中島翻譯完，他從皮包裏又拿出了《滿蒙人民宣言書》以及五色的「滿洲國國旗」，放到我面前的茶几上。我氣得肺都要炸了。

我的手顫抖着把那堆東西推了一下，問道：

「這是個甚麼國家？難道這是大清帝國嗎？」

我的聲音變了調。板垣照樣地不緊不慢地回答：「自然，這不是大清帝國的復辟，這是一個新國家，東北行政委員會通過決議，一致推戴閣下為新國家的元首，就是『執政』。」

聽到從板垣的嘴裏響出個「閣下」來，我覺得全身的血都湧到臉上來了。這還是第一次聽日本人這麼稱呼我呢！「宣統帝」或者「皇帝陛下」的稱謂原來就此被他們取消了，這如何能夠容忍呢？在我的心裏，東北二百萬平方里的土地和三千萬的人民，全抵不上那一聲「陛下」呀！我激動得幾乎都坐不住了，大聲道：

「名不正則言不順，言不順則事不成！滿洲人心所向，不是我個人，而是大清的皇帝，若是取消了這個稱謂，滿洲人心必失。這個問題必須請關東軍重新考慮。」

板垣輕輕地搓着手，笑容滿面地說：

「滿洲人民推戴閣下為新國家的元首，這就是人心所歸，也是關東軍所同意的。」

「可是日本也是天皇制的帝國，為甚麼關東軍同意建立共和制呢？」

「如果閣下認為共和制不妥，就不用這個字眼。這不是共和制，是執政制。」

「我很感謝貴國的熱誠幫助，但是別的都可說，唯有這個執政制卻不能接受。皇帝的稱謂是我的祖宗所留下的，我若是把它取消了，即是不忠不孝。」

「所謂執政，不過是過渡而已，」板垣表示十分同情，「宣統帝是大清帝國的第十二代皇帝陛下，這是很明白的事，將來在議會成

立之後，我相信必定會通過恢復帝制的憲法，因此目前的執政，不過是過渡時期的方法而已。」

我聽到「議會」這兩字，像挨了一下火燙似的，連忙搖頭說：「議會沒有好的，再說大清皇帝當初也不是甚麼議會封的！」

我們爭來爭去，總談不到一起。板垣態度平和，一點不着急，青白臉上浮着笑容，兩隻手搓來搓去；我不厭其煩地重複着那十二條不得不正統系的道理，翻來覆去地表示，不能放棄這個皇帝的身份。我們談了三個多鐘頭，最後，板垣收拾起了他的皮包，表示不想再談下去了。他的聲調沒變，可是臉色更青更白了，笑容沒有了，一度回到他口頭上的宣統帝的稱呼又變成了閣下：「閣下再考慮考慮，明天再談。」他冷冷地說完，便告辭走了。

這天晚上，根據鄭氏父子和上角的意見，我在大和旅館裏專為板垣舉行了一個宴會。照他們的話說，這是為了聯絡感情。

我在宴會上的心情頗為複雜。我所以敢於拒絕執政的名義，多少是受了胡嗣瑗、陳曾壽這些人的影響，即認為日本人把東北弄成目前這種局面，非我出來就不能收拾，因此，只要我堅持一下，日本人就會讓步。但是，在我拒絕了板垣之後，鄭孝胥就提醒我，無論如何不能和日本軍方傷感情，傷了感情一定沒有好處，張作霖的下場就是殷鑒。我一聽這話，又害怕起來。我原來認為，土匪出身的張作霖和我這「自與常人殊」的「龍種」按理不能並列，現在我看出了，在日本人心裏並不把我當做「龍種」看待，因此我不得不時時注意着板垣的那張青白臉。那張臉竟是個沒有春夏秋冬的臉。他大口喝酒，對任何人的敬酒都表現十分豪爽，絕口不提白天的爭論，就好像根本不曾發生過甚麼似的。這天晚上猶如約定好了一樣，宴會上的人除了風花雪月，煙酒飲食，沒有人說別的。一直到晚上十點

鐘結束宴會，我還沒看出板垣臉上的氣候。

可是用不着我再費多少時間去試探，第二天早晨，板垣把鄭孝胥、羅振玉、萬繩栻和鄭垂都叫到大和旅館，讓他們向我傳達了他的「氣候」：

「軍部的要求再不能有所更改。如果不接受，只能被看做是敵對態度，只有用對待敵人的手段做答覆。這是軍部最後的話！」

聽到了這個回答，我怔住了。我的腿一軟，跌坐在沙發上，半晌說不出話來。

羅振玉垂頭喪氣，不發一言，萬繩栻驚慌不安地立在一旁，別人也都不言語。靜了一回，只聽見鄭孝胥說：「臣早說過，不可傷日本的感情……不過現在還來得及，臣已經在板垣面前極力擔承，說皇上必能乾綱獨斷。」

我沒有作聲。

「不入虎穴焉得虎子？」鄭垂走了過來，滿面春風地說，「識時務者為俊傑。咱君臣現在是在日本人掌心裏，不能吃眼前虧，與其跟他們決裂，不如索性將計就計，以通權達變之方，謀來日之宏舉。」

昨晚在宴會上鄭垂是最活躍的一個，他和板垣一再乾杯，宴會後又拉着板垣喝酒。今天他的通權達變、將計就計論說得如此娓娓動聽，我沒把它和昨晚的特殊舉動聯繫起來，只奇怪他和他老子去瀋陽之前，還說過非大清復辟不幹，怎麼變的這麼快呢？

鄭孝胥看我不作聲，又換上了激昂的聲調說：「日本人說得出做得出，眼前這個虧不能吃，何況日本人原是好意，讓皇上當元首，這和做皇帝是一樣。臣伺候皇上這些年，還不是為了今天？若是一定不肯，臣只有收拾舖蓋回家。」聽了他這話，我發了慌。他兒子接着說：「現在答應了日本軍部，將來把實力培植起來，不愁沒有辦法按

着咱的意思去辦。」這時羅振玉垂頭喪氣地說：「事已如此，悔之不及，只有暫定以一年為期，如逾期仍不實行帝制，到時即行退位，看以此為條件，板垣還怎麼說。」我再沒有辦法，歎一口氣，便叫鄭孝胥去和板垣說說看。

過了不多時，鄭孝胥頭頂閃着光回來了，說板垣已經同意，並且今晚要「為未來的執政舉行一個小規模的宴會！」

我就是這樣，一方面是渾身沒有一根骨頭是硬的，一方面還幻想着未來的「復位登極」，公開走上了這條卑鄙無恥的道路，確定了頭號漢奸的身份，給血腥的統治者充當了遮羞布。在這塊布底下，從一九三二年二月二十三日這天起，祖國的東北完全變成了殖民地，三千萬同胞開始了染滿血淚的苦難生活。同時，我也給本莊、板垣之流增添了信心，奠定了他們「發家」的基石。鄭孝胥日記裏這樣記下了本莊、板垣等人的命運關頭：

> 上乃決，復命萬繩栻往召板垣。遂改「暫為維持」四字。板垣退而大悅。昨日本莊兩次電話來詢情形，板垣今日十一時當去。暫許之議，十時乃定。危險之機，間不容髮。蓋此議不成，則本莊、板垣皆當引咎辭職，而日本陸軍援立之策敗矣。

第六章　僞滿十四年

一、傀儡戲開場

在板垣的宴會上，我的思想是紊亂而又矛盾的。我不知道對自己的命運是應該高興，還是應該憂愁。那天晚上，板垣召來了一大批日本妓女，給每個赴宴者配上一名，侑酒取樂。他自己左擁右抱，把斯文正經丟得一乾二淨。他時而舉杯豪飲，時而縱聲大笑，毫不掩飾其得意的心情。起初，在他還能矜持的時候，曾十分恭敬地向我祝酒，臉上帶着暗示的笑容，祝我「前途順利，達成宿願」，這時，我覺得似乎可以高興一點。到後來，隨着飲量的增加，他的臉色越來越發青，情形就不對了。有個日本妓女用生硬的中國話問了我一句：「你是做買賣的幹活！」板垣聽見了，突然怪聲大笑起來。這時我又想，我實在沒有甚麼值得高興的。

我這種憂喜不定、前途茫茫的心情，一直保持到胡嗣瑗、陳曾壽等人回到我身邊的時候。這些老頭子得到關東軍的准許，能回到我的身邊來，都是很高興的。這種高興與其說是由於君臣重聚，倒不如說是出於官爵財祿的熱衷。他們一面因我紆尊降貴屈為執政而表示悲憤，一面向我列舉歷史故事，說明創業的君王每每有暫寄籬

下，以求憑藉之必要。有了這些教導，加上商衍瀛拿來的「老祖降壇訓戒」，我的心情居然逐漸穩定下來。二月二十六日，我命隨侍們給我準備香案，對祖宗祭告了一番，祭文如下：

　　二十年來，視民水火，莫由拯救，不勝付托，叢疚滋深。今以東三省人民之擁戴，鄰邦之援助，情勢交迫，不得不出任維持之責。事屬創舉，成敗利鈍，非所逆睹。唯念自昔創業之君，若晉文之於秦穆，漢光武之於更始，蜀先主之於劉表、袁紹，明太祖之於韓林兒，當其經綸未展，不能不有所憑藉，以圖大舉。茲本忍辱負重之心，為屈蠖求伸之計，降心遷就，志切救民；兢兢業業，若履虎尾。敢訴愚誠，昭告於我列祖列宗之靈，伏祈默佑。

　　二月的最末一天，在關東軍第四課的導演下，瀋陽的所謂「全滿洲會議」通過決議，宣告東北獨立，擁我出任「新國家執政」。上角利一和鄭孝胥告訴我，這個會議的「代表」們就要來旅順向我請願，須先準備一下答詞。答詞要準備兩個，第一個是表示拒絕，等「代表」們二次懇請，再拿出第二個來表示接受。三月一日，張燕卿、謝介石等九人到達旅順。鄭孝胥先代我接見，拿出了第一個答詞：

　　予自經播越，退處民間，閉戶讀書，罕聞外事。雖宗國之阽危，時軫於私念，而拯救之方略未講。平時憂患餘生，才微德鮮。今某某等前來，猥以蒭蕘之躬，當茲重任，五中驚震，倍切慚惶。事未更則閱歷之途淺，學未裕則經國之術疏，加以世變日新，多逾常軌，際遇艱屯，百倍疇

昔。人民之疾苦已臻其極，風俗之邪議未知所屆。既不可以陳方醫變症，又不可以推助徇末流。所謂危急存亡之秋，一髮千鈞之會，苟非通達中外，融貫古今，天生聖哲，殆難宏濟，斷非薄德所能勝任。所望另舉賢能，造福桑梓，勿以負疚之身，更滋罪戾。

然後由我接見。彼此說了一通全是事先別人已囑咐好的話，無非是一方「懇請」，一方「婉辭」。歷時不過二十分鐘，各自退場。三月五日，按關東軍第四課的計劃，「代表」人數增到二十九名，二次出場「懇請」。這次「代表」們完成了任務。我的答詞最後是這樣的：

> 承以大義相責，豈敢以暇逸自寬，審度再三，重違羣望。……勉竭愚昧，暫任執政一年；一年之後，如多隕越，敬避賢路。儻一年之內，憲法成立，國體決定，若與素志相合，再當審慎，度德量力，以定去就。

走完「過場」，我於次日和婉容以及鄭孝胥等人回到湯崗子。張景惠、趙欣伯等人早已在此等候，表示「恭迎」。我們在此過了一夜，次日一同前往長春。

三月八日下午三時，火車到達長春站。車還未停，就聽見月台上響起軍樂聲和人們的呼叫聲。我在張景惠、熙洽、甘粕、上角等一幫人的簇擁下走上月台，看見到處是日本憲兵隊和各色服裝的隊列。在隊列裏，有袍子馬褂，有西服和日本和服，人人手中都有一面小旗。我不禁激動起來，心想我在營口碼頭上沒盼到的場面，今日到底盼來了。我在隊列前走着，熙洽忽然指着一隊夾在太陽旗之間

的黃龍旗給我看，並且說：「這都是旗人，他們盼皇上盼了二十年。」
聽了這話，我不禁熱淚盈眶，越發覺得我是大有希望的。

　　我坐上了汽車，腦子裏只顧想我的紫禁城，想我當年被馮玉祥
的國民軍趕出城的情形，也想到「東陵事件」和我發過的誓言，我的
心又被仇恨和欲望燃燒着，全然沒有注意到長春街道的景色是甚麼
樣子，被恐怖與另一種仇恨弄得沉默的市民們，在用甚麼樣的眼色
看我們。過了不多時間，車子駛進了一個古舊的院落。這就是我的
「執政府」。

　　這所房子從前是道尹衙門，在長春算不上是最寬敞的地方，而
且破舊不堪，據說因為時間過於倉猝，只好暫時將就着。第二天，
在匆忙收拾起的一間大廳裏，舉行了我的就職典禮。東北的日本「滿
鐵」總裁內田康哉、關東軍司令官本莊繁、關東軍參謀長三宅光治、
參謀板垣等等重要人物都來了。參加典禮的「舊臣」除了鄭、羅、胡、
陳等人外；還有前盛京副都統三多，做過紹興知府以殺害秋瑾出名
的趙景祺，蒙古王公貴福和他的兒子凌陞以及蒙古王公齊默特色木
丕勒等等。此外還有舊奉系人物張景惠、臧式毅、熙洽、張海鵬，
在天津給我辦過離婚案件的律師林廷琛、林棨。曾給張宗昌做過參
謀的金卓這時也跑來做了我的侍從武官。

　　那天我穿的是西式大禮服，行的是鞠躬禮。在日本要人的旁觀
下，眾「元勳」們向我行了三鞠躬，我以一躬答之。臧式毅和張景惠
二人代表「滿洲民眾」獻上了用黃綾包裹着的「執政印」。鄭孝胥代
唸了「執政宣言」，其文曰：

　　　人類必重道德，然有種族之見，則抑人揚己，而道德
　薄矣。人類必重仁愛，然有國際之爭，則損人利己，而仁

愛薄矣。今立吾國，以道德仁愛為主，除去種族之見，國
際之爭，王道樂土，當可見諸實事。凡我國人，望其勉之。

　　典禮完畢，接見外賓時，內田康哉致了「祝詞」，羅振玉代讀我
的「答詞」。然後到院子裏昇旗、照相。最後舉行慶祝宴會。

　　當天下午，在「執政辦公室」裏，鄭孝胥送上一件「公事」：

　　「本莊司令官已經推薦臣出任國務總理，組織內閣，」他微躬着
身子，禿頭發光，語音柔和，「這是特任狀和各部總長名單[1]，請簽上
御名。」

　　這原是在旅順時日本人甘粕正彥早跟我說好了的。我默默地拿
起筆，辦了就職後的第一件公事。

　　我走出辦公室，遇上了胡嗣瑗和陳曾壽。這兩個老頭臉色都不
好看，因為知道了特任官名單裏，根本沒有他們的名字。我對他們
說：我要把他們放在身邊，讓胡嗣瑗當我的秘書處長，陳曾壽當秘
書。胡嗣瑗歡着氣謝了恩，陳曾壽卻說他天津家裏有事，求我務必
准他回去。

　　第二天，羅振玉來了。他在封官中得的官職是一名「參議」，他
是來辭這個不稱心的官職的。我表示了挽留，他卻說：「皇上屈就執

1　偽滿大漢奸及其職務：國務總理鄭孝胥，民政部總長臧式毅，外交部總長謝介石，
　軍政部總長張景惠，財政部總長熙洽，實業部總長張燕卿，交通部總長丁鑒修，司
　法部總長馮涵清，文教部總長鄭孝胥（兼），奉天省長臧式毅（兼），吉林省長熙洽
　（兼），黑龍江省長程志遠（兼），立法院院長趙欣伯，監察院院長于沖漢，最高法院
　院長林棨，最高檢查廳廳長李槃，參議府議長張景惠（兼），參議府副議長楊玉麟，
　參議府參議張海鵬、袁金鎧、羅振玉、貴福，執政府秘書處處長胡嗣瑗，執政府秘
　書處秘書萬繩栻、商衍瀛、羅福葆。許寶衡、林廷琛，內務處處長寶熙，內務官特
　任張燕卿、金璧東、王季烈、佟濟煦、王大忠、商衍瀛，警備處處長佟濟煦，侍從
　武官長張海鵬，國務院秘書官鄭垂，國務院秘書官鄭禹。

政，按說君辱就該臣死，臣萬不能就參議之職。」後來他做了一任「監察院院長」，又跑回大連繼續賣他的假古董，一直到死。

但是我的思想反而跟他們不同了。長春車站上的龍旗和軍樂，就職典禮時的儀節，以及外賓接見時的頌詞，給我留下了深刻的印象，使我不禁有些飄飄然。另方面，我已公開露了頭，上了台，退路是絕對沒有了。即使板垣今天對我說，你不幹就請便吧，我也回不去了。既然如此，就只好「降心遷就」到底。再說，如果對日本人應付得好，或許會支持我恢復皇帝尊號的。我現在既然是一國的元首，今後有了資本，就更好同日本人商量了。由於我專往稱心如意的方面想，所以不僅不再覺着當「執政」是受委屈的事，而且把「執政」的位置看成了通往「皇帝寶座」的階梯。

在這樣自我安慰和充滿幻想的思想支配下，如何好好地利用這個「階梯」，順利地登上「寶座」，就成了我進一步思索的中心問題。我想了幾天之後，有一天晚上，把我思索的結果告訴了陳曾壽和胡嗣瑗：

「我現在有三個誓願，告訴你們：第一，我要改掉過去的一切毛病，陳寶琛十多年前就說過我懶惰輕佻，我發誓從今永不再犯；第二，我將忍耐一切困苦，兢兢業業，發誓恢復祖業，百折不撓，不達目的誓不甘休；第三，求上天降一皇子，以承繼大清基業。此三願實現，我死亦瞑目。」

典禮後一個月左右，「執政府」遷到新修繕的前吉黑榷運局的房子。為表示決心，我親自為每所建築命名。我把居住樓命名為「緝熙」，系取自《詩經·大雅·文王》「於緝熙敬止」句。我更根據祖訓「敬天法祖、勤政愛民」，以「勤民」命名我的辦公樓。我從此真的每天早早起來，進辦公室「辦公」，一直到天晚，才從「勤民樓」回到「緝

熙樓」來。為了誓願，為了復辟，我一面聽從着關東軍的指揮，以求憑藉，一面「宵衣旰食」，想把「元首」的職權使用起來。

然而，我的「宵衣旰食」沒有維持多久，因為首先是無公可辦，接着我便發現，「執政」的職權只是寫在紙上的，並不在我手裏。

二、尊嚴與職權

在《滿洲國組織法》裏，第一章「執政」共十三條，條條規定着我的權威。第一條是「執政統治滿洲國」，第二至第四條規定由我「行使立法權」、「執行行政權」、「執行司法權」，以下各條規定由我「頒佈與法律同一效力之緊急訓令」，「制定官制、任命官吏」，「統帥陸海空軍」，以及掌握「大赦、特赦、減刑及復權之權」，等等。實際上，我連決定自己出門行走的權力都沒有。

有一天，我忽然想到外面去逛逛，便帶着婉容和兩個妹妹來到以我的年號命名的「大同公園」。不料進了公園不久，日本憲兵隊和「執政府警備處」的汽車便追來了，請我回去。原來他們發現了我不在執政府裏，就告訴了日本憲兵司令部，憲兵司令部便出動了大批軍警到處搜尋，弄得滿城風雨。事後執政府顧問官上角利一向我說，為了我的安全和尊嚴，今後再不要私自外出。從那以後，除了關東軍安排的以外，我再沒出過一次大門。

我當時被勸駕回來，聽日本人解釋說，這都是為了我的安全和尊嚴，覺得很有道理。可是等我在勤民樓辦了一些日子的「公事」之後，我便對自己的安全和尊嚴發生了懷疑。

我自從發過誓願之後，每天早起，準時到勤民樓辦公。從表面上看來，我是真夠忙的，從早到晚，總有人要求謁見。謁見者之中，

除少數前來請安的在野舊臣或宗室覺羅之外，多數是當朝的新貴，
如各部總長、特任級的參議之流。這些人見了我，都表白了忠心，
獻納了貢物，可就是不跟我談公事。我每次問起「公事」時，他們不
是回答「次長在辦着了」，就是「這事還要問問次長」。次長就是日本
人，他們是不找我的。

胡嗣瑗首先表示了氣憤。他向鄭孝胥提出，各部主權應在總長
手裏，重要公事還應由執政先做出決定，然後各部再辦，不能次長
說甚麼是甚麼。鄭孝胥回答說：「我們實行的是責任內閣制，政務須
由『國務會議』決定。責任內閣對執政負責，每週由總理向執政報告
一次會議通過的案件，請執政裁可。在日本就是如此。」至於總長應
有主權問題，他也有同感。他說此事正準備向日本關東軍司令官提
出，加以解決。原來他這個總理與國務院的總務廳長官之間，也存
在着這個問題。

鄭孝胥後來跟關東軍怎麼談的，我不知道。但是胡嗣瑗後來對
我說的一次國務會議的情形，使我明白了所謂「責任內閣制」是怎麼
一回事，總長與次長是甚麼關係。

那是一次討論關於官吏俸金標準問題的國務會議。一如往昔，
議案是總務廳事先準備好了，印發給各部總長的。總長們對於歷次
的議案，例如接管前東北政府的財產、給日本軍隊籌辦糧秣、沒收
東北四大銀號以成立中央銀行等等，都是毫不費勁立表贊同的，但
是這次的議案關係到自己的直接利害，因此就不是那麼馬虎了。總
長們認真地研究了議案，立刻議論紛紛，表示不滿。原來在《給與令
草案》中規定，「日系官吏」的俸金與「滿系」的不同，前者比後者的
大約高出百分之四十左右。財政總長熙洽最沉不住氣，首先發表意
見說：「這個議案，簡直不像話。咱們既然是個複合民族國家，各民

族一律平等，為甚麼日本人要受特殊待遇？如果說是個親善國家的國民，就該表示親善，為甚麼拿特別高的俸金？」實業總長張燕卿也說：「本莊繁司令官說過，日滿親善，同心同德，有福同享，有難同當。假若待遇不同，恐非本莊司令官的本意。」其他總長，如交通總長丁鑒修等人，也紛紛表示希望一視同仁，不分薄厚。總務廳長官駒井德三一看情形不好，便止住了總長們的發言，叫議案起草人人事課長古海忠之為草案做解答。古海不慌不忙，談出了一番道理，大意是，要想講平等，就要先看能力平等不平等，日本人的能力大，當然薪俸要高，而且日本人生活程度高，生來吃大米，不像「滿」人吃高粱就能過日子。他又說：「要講親善，請日本人多拿一些俸金，這正是講親善！」總長們聽了，紛紛表示不滿。駒井不得不宣佈休會，改為明天再議。

　　第二天復會時，駒井對大家說，他跟次長們研究過，關東軍也同意，給總長們把俸額一律提高到與次長們同一標準。「但是，」他又補充說，「日系官吏遠離本鄉，前來為滿洲人建設王道樂土，這是應該感激的，因此另外要付給日籍人員特別津貼。這是最後決定，不要再爭執了。」許多總長聽了這番話，知道再鬧就討沒趣了，好在已經給加了錢，因此都不再做聲，可是熙洽自認為與本莊繁有點關係，沒把駒井放在眼裏，當時又頂了兩句：「我不是爭兩個錢，不過我倒要問問，日本人在哪兒建設王道樂土？不是在滿洲嗎？沒有滿洲人，能建設嗎？」駒井聽了，勃然大怒，拍着桌子吼道：「你知道滿洲的歷史嗎？滿洲是日本人流血換來的，是從俄國人手裏奪回來的，你懂嗎？」熙洽面色煞白，問道：「不讓說話嗎？本莊司令官也沒對我喊叫過。」駒並依然喊叫道：「我就是要叫你明白，這是軍部決定的！」這話很有效，熙洽果然不再說話，全場一時鴉雀無聲。

　　這件事情發生後，所謂「內閣制」和「國務會議」的真相，就瞞不住任何人了。

　　「國務院」的真正「總理」不是鄭孝胥，而是總務廳長官駒井德三。其實，日本人並不隱諱這個事實。當時日本《改造》雜誌就公然稱他為「滿洲國總務總理」和「新國家內閣總理大臣」。駒井原任職於「滿鐵」，據說他到東北不久即以一篇題為《滿洲大豆論》的文章，得到了東京軍部和財閥的賞識，被視為「中國通」。他被軍部和財閥選中為殖民地大總管，做了實際上的總理，他眼中的頂頭上司當然是關東軍司令官，並不是我這個名義上的執政。

　　我和鄭孝胥是名義上的執政與總理，總長們是名義上的總長，所謂國務會議也不過是走走形式。國務會議上討論的議案，都是「次長會議」上已做出決定的東西。次長會議又稱「火曜會議」，是總務廳每星期二召集的各部次長的會議，這才是真正的「內閣會議」，當然這是只對「太上皇」關東軍司令官負責的會議。每次會議有關東軍第四課參加，許多議案就是根據第四課的需要擬訂的。

　　這些事情，後來對誰都不是秘密了，按說我是應該能夠清醒過來的，但我卻不是這樣的人。我身邊有個愛說話的胡嗣瑗，由於他的時常提醒，我總也忘不了唯我獨尊的身份，更忘不了早在張園就確立的一種思想，即「日本非我皇上正位，則舉措難施」。日本人表面上對我的態度，也經常給我一種錯覺，使我時常信以為真，認為我畢竟不同於熙洽，日本人不尊重我不行。例如在「協和會」的建立問題上，我就是這樣想的。

　　我就職一個多月以後的一天，鄭孝胥向我做例行報告，提到關東軍決定要成立一個政黨，定名為「協和黨」。這個黨的任務是「組織民眾協力建國」，培育民眾具有「尊重禮教、樂聽天命」的精神。

我每逢聽到有人提到「黨」，總有談虎色變的感覺，因此聽了鄭孝胥的報告，比聽到駒井拍桌子的消息更緊張，連忙打斷他的話，搖手反對道：「要甚麼黨？要黨有甚麼好處？辛亥亡國不就是『黨』鬧的嗎？孔子說，君子矜而不爭，羣而不黨，難道這些你全忘了嗎？」鄭孝胥搭拉着臉說：「皇上的話很對，可是這是軍部決定的。」他以為這句話可以堵上我的嘴了，沒想到這次我把這件事看做生命攸關的問題，說甚麼也不肯同意。我對於他口口聲聲地說「軍部決定的」，早已厭煩之至，不願意再聽，就生氣地說：「你不去對日本人說，就給我把他們叫來！」

鄭孝胥走後，我把這件事告訴了胡嗣瑗。這位秘書處長對我的做法大加恭維，並且說：「依臣管見，不見得如鄭孝胥所說，事事皆軍部做主。羅振玉說過，鄭孝胥是依恃軍部，跋扈犯上。皇上若是向軍部據理而爭，軍部未必敢於專橫。何況黨之不利於我，猶不利於日本，日本軍方焉能不明此理？」

我聽他說得有理，就更有了主意。兩天后，關東軍第四課的參謀片倉衷、參謀長橋本虎之助、高參板垣征四郎先後來向我做解釋，都沒有說服我。事情就拖下來了。

過了三個月，即這年的七月間，我相信我是勝利了。關東軍決定不成立「協和黨」，只成立一個「協和會」，作為「翼贊」政府的組織。這個會包括所有居民在內，具體地說，凡年滿二十歲的男子均為會員，婦女均為其附屬的「婦女會」會員，十五至二十歲的青年均為附屬的「青年團」團員，十至十五歲的少年為附屬的「少年團」團員。

事實上，關東軍把「黨」改為「會」，並非是對我有甚麼讓步，而是認為這比弄個不倫不類的政黨更便於統治東北人民，通過這樣一個網羅一切人口的組織，更便於進行奴化宣傳、特務監視和奴役人

民。我眼中看不到這樣的事實，只覺得日本人畢竟是要聽我的。

有了這樣的錯覺，就無怪要再碰釘子了。這是訂立《日滿密約》以後的事。

三、訂立密約以後

早在旅順的時候，鄭孝胥就跟本莊繁談妥了由我出任執政和他出任國務總理的條件。這件事情，鄭孝胥直到本莊繁卸任前夕才讓我知道。

一九三二年八月日，鄭孝胥來到勤民樓，拿出一堆文件來對我說：「這是臣跟本莊司令官辦的一項協定，請上頭認可。」

我一看這個協定，就火了。「這是誰叫你簽訂的？」

「這都是板垣在旅順談好的條件，」他冷冷地回答，「板垣跟上頭也早說過。」

「板垣跟誰說過？我就沒聽他說過。就算他說過，你簽字之先也要告訴我呀！」

「這也是板垣囑咐的，說恐怕胡嗣瑗他們不識大局，早拿來反而添麻煩。」

「究竟是誰當家？是你，是我？」

「臣豈敢。這些協定實在是權宜之計，皇上欲求憑藉，豈能不許以條件？這原本是既成事實，將來還可以另訂條約，規定幾年將權益收回。」

他說的其實不錯，日本在協定中所要的權利，本來是它已到了手的東西。這個協定共有十二條款，另有附則、附表、附屬協定，主要內容是：「滿洲國」的「國防、治安」全部委托日本；日本管理「滿

洲國」的鐵路、港灣、水路、空路，並可增加修築日本軍隊所需各種
物資、設備由「滿洲國」負責供應；日本有權開發礦山、資源；日本
人得充任「滿洲國」官吏；日本有權向「滿洲國」移民等等。在這協
定中最後規定它將為日後兩國間正式條約的基礎。鄭孝胥說的道理
也不錯，既然要「憑藉」，豈可不付代價？但是儘管事情是如此明白，
我卻不能不感到氣惱。我惱的是鄭孝胥過於擅自專斷，竟敢任意拿
「我的」江山去跟日本人做交易，我也惱日本人的過分訛詐，「皇帝寶
座」沒給我，反而要去了這麼多的東西。

　　我在氣惱而又無可奈何之下，追認了既成的事實。鄭孝胥拿了
我簽過字的密約去了，胡嗣瑗照例就跟着走了進來。我把這件事告
訴了他，他立刻氣憤地說：

　　「鄭孝胥真不像話！陳寶琛早說過他慣於慷他人之慨！他如今竟
敢如此擅斷！」

　　「現在木已成舟！」我頹喪地說。

　　「或許並不儘然，且看東京方面的消息吧。」

　　許多天以前，我們便知道了關東軍司令官將要換人和日本要承
認「滿洲國」的消息。胡嗣瑗非常重視這件事，照他的看法，日本調
換關東軍司令官，很可能要改變一點態度，應該乘此機會派人到日
本去活動一下。他說，不給日本好處是不行的，像礦山、鐵路、資
源以及國防都可以叫日本經管，但是在官制方面，任免權必須在我。
我採納了他的主意，並且按他的推薦派出了當過律師的林廷琛和台
灣人蔡法平，到東京找他的台灣籍朋友許丙，通過許丙找軍部上層
人物去活動。林、蔡二人在東京見到了陸軍總參謀長真崎甚三郎、
前天津日本駐屯軍司令香椎浩平，還有即將繼任關東軍司令官的武
藤信義等人，向他們提出了我的具體要求：

一、執政府依組織法行使職權；

二、改組國務院，由執政另提任命名單；

三、改組各部官制，主權歸各部總長，取消總務廳長
　　官制度；

四、練新兵，擴編軍隊；

五、立法院克期召集議會，定國體。

　　這也是胡嗣瑗為我擬定的。照他的意思，並不指望日本全部接受，只要它同意定國體和由我決定官吏的任免，便算達到了目的。但是條件還是多提一些，以備對方還價。

　　過了兩天，胡嗣瑗興致勃勃地告訴我，東京來了好消息。據林、蔡二人的來信說，東京元老派和軍部中某些人都同情於我，不滿意本莊對我的態度；表示願意支持我的各項要求。胡嗣瑗說，由此看來，繼任的司令官到任後，情形會有變化，我將按規定行使自己的職權，治理自己的國家。但要治理好，非有個聽話的總理不能辦事。我聽他說的有理，便決定把鄭孝胥換掉。我和他研究了一下，覺得臧式毅比較合適，如果任命他為總理，他必定會感恩報德，聽我指揮的。商量已定，便命胡嗣瑗與許寶衡去找臧式毅談。

　　臧式毅的態度尚在猶豫，鄭孝胥的兒子鄭垂來了。

　　「聽說上頭派人到東京找武藤信義去了。」他站在我面前，沒頭沒腦地來了這麼一句。說罷，盯着我，看我的反應。不用說，他是看出了我不想承認這件事的，於是跟着又說下去：「東京在傳說着這件事，說上頭打算改組國務院。臣聽了，不得不跟上頭說說。但願是個謠傳。」

　　「你怎麼但願是謠傳？」

「但願如此。這個打算是辦不到的。即使辦到了，一切由滿人作主，各部長官也駕馭不了。不管是臧式毅還是誰，全辦不了。」

「你要說的就是這個嗎？」

「臣說的是實情……」

「說完了你就去吧！」

「是」

鄭垂走了，我獨自一人在辦公室裏生氣。過了一會，胡嗣瑗知道了，又翹起了鬍子。

「鄭氏父子，真乃一狼一狽。鄭垂尤其可恨。上回熙洽送來紅木傢俱，他勸上頭節儉，無非是嫉妒，怕熙洽獨邀天眷，這次他又提防起臧式毅來了！」

「真不是人！」我越聽越恨，決心也更大了，便問胡嗣瑗，臧式毅那邊說好了沒有。

「他不肯。」

事實上，臧式毅比我和胡嗣瑗都明白，沒有關東軍說話，他答應了只有找麻煩。

鄭孝胥知道了臧式毅不敢，就更有恃無恐，居然對我使起當年奕劻對付我父親的辦法，

以退為進，向我稱病請假了。不過他沒料到，我有了東京的好消息，也是有恃無恐的。我看他請假，就看做是個機會，毫不挽留地說：

「你也到了養老的時候了。我不勉強你，你推薦個人吧。」他的禿頭一下子黯然無光了。

「臣的意思，是養幾天病。"」

「那，也好。」

鄭孝胥一下去，我立即命胡嗣瑗去找臧式毅，讓他先代理總理
職務，以後再找機會去掉鄭孝胥。可是過了五天，不等臧式毅表示
態度，鄭孝胥就銷假辦公了。

胡嗣瑗知道了鄭孝胥已回到國務院，對我歎氣說：「他用密約換
的國務總理大印，自然是捨不得丟了。」言下頗為辛酸。

我也有辛酸處，這當然不為總理的那顆印，而是我這執政的權
威無論對誰都使不上。這次失敗給了我很重要的教訓。這是由胡嗣
瑗的那句辛酸話啟發的。

「鄭孝胥用密約換得總理大印，密約白白地變成了他的本錢，這
真太豈有此理了。密約為甚麼不能是我的本錢，向日本人換得我的
所需呢？」

我決定等新的關東軍司令官到任時，再親自提出那五項要求。
胡嗣瑗擁護這辦法，並且提醒我別忘了請日本人撤換鄭孝胥。他是
自從鄭孝胥上台當總理，就耿耿於懷地打了這個主意的。

這是九月上旬的事。九月中旬，日本新任關東軍司令官兼第一
任駐「滿」大使武藤信義來到了長春。十五日這天，在勤民樓內，武
藤與鄭孝胥簽訂了《日滿議定書》，這就是以那個密約為基礎的公開
協議。

因日本國確認滿洲國根據其住民之意旨，自由成立而
成一獨立國家之事實，因滿洲國宣言中華民國所有之國際
約款，其應得適用於滿洲國者為限，即應尊重之。滿洲政
府及日本政府為永遠鞏固滿日兩國間善鄰之關係，互相尊
重其領土權，且確保東洋之和平起見，為協定如左：

（一）滿洲國將來滿日兩國間，未另訂約款之前，在滿

洲國領土內，日本國或日本國臣民依據既存之日中兩國間
之條約協定，其他約款及公私契約所有之一切權利利益，
即應確認尊重之。

　　（二）滿洲國及日本國確認對於締約國一方之領土，及
治安之一切之威脅，同時亦為對於締約國他方之安寧及存
立之威脅，相約兩國協同當防衛國家之任，為此所要之日
本國軍駐紮於滿洲國內。

　　……[2]

　　舉行完了儀式，喝過了香檳酒，我就急不可待地跟武藤單獨進
行了會談。我這時是信心十足的。因為林廷琛和蔡法平不多天前剛
從日本回來，他們告訴我，武藤在東京不但已經同意了我的要求，
而且連恢復我的尊號都答應予以考慮哩。

　　武藤是日本大正時代晉昇的陸軍大將，做過參謀本部次長。教
育總監、軍事參議官，第一次世界大戰率日軍佔領過蘇聯的西伯利
亞。他這次以大將資格來東北，身兼三職 —— 關東軍司令長官（從
前都是中將銜）、關東廳長官（「九一八」事變前日本設在遼東半島
的殖民總督）和「駐滿洲國大使」，到任不久就晉昇為元帥，是這塊
土地上的事實上的最高統治者，「滿洲國」的太上皇。日本報紙稱他
為「滿洲的守護神」。在我的眼裏，這個六十五歲的白髮老頭，確
實像一個神似的那麼具有威靈。當他十分有禮貌地向我鞠躬致敬
時，我就有了一種得天獨厚的感覺。等我把話說完，他很禮貌地回
答道：

2　我手頭無原件，這是引用《東方雜誌》第二十九卷第四號上的。 —— 作者

「對於閣下的意見，我必帶回去認真地加以研究。」

他帶走了胡嗣瑗寫的那幾條要求。可是一天一天過去，不見他的研究結果。

按規定，我每月有三次和關東軍司令兼大使會見。十天后，我和他第二次會見時，催問他研究的結果，他仍是說：「研究研究。」

他每次跟我見面，禮貌總是周到的，向我深深鞠躬，微笑，一口一個「閣下」，並且用一種崇敬神情談起我的每位祖先，不過就是對我的各項要求絕口不提。如果我把話題轉到這方面來，他則顧左右而言他。我被這樣置之不理的應付了兩次，就再沒有勇氣問他了。

一直到一九三三年七月武藤去世時為止，我和他每次見面只能談佛學，談儒學，談「親善」。在這期間，我的權威在任何人眼裏都沒增加，而他的權威在我心裏則是日增一日，有增無已。

四、《國聯調查團報告書》

一九三二年五月，國聯調查團來到了東北。十月，發表了所謂「滿洲問題」的調查報告。鄭氏父子對於這個調查團曾抱有很大幻想，報告書公佈的時候，他們簡直以為實現國際共管的理想是指日可待的。他父子倆後來失寵於日人，終於被拋棄，與這種熱衷於共管有很大關係。我當時並沒有他們想的那麼多，沒有他們那樣興奮，但卻從他們的議論中，知道了不少國際上的事情。我與他們的感受也不同。他們因調查團的態度而發生了共管的幻想，而我卻由此發生了對日本強大的感覺。由於這種感覺，我越發認為自己的命運是無法跟它分開了。

關於西方列強在「滿洲事件」上的態度，我早就聽鄭氏父子等人不斷說過這類的話：「別看日內瓦、巴黎（國聯）開會開得熱鬧，其實哪一國也不打算碰日本，歐戰以後有實力的是美國，可是連美國也不想跟日本動硬的。」精通英文、日文的鄭垂不時地把外國報紙上的輿論告訴我，說美國不少報紙言論是袒日的。他曾有根有據地說了一些非公開消息，例如美日曾有密約，美對日本在東北的行動有諒解，等等。他還很具體地告訴我，早在事變前美國方面的重要人物就勸過蔣介石，把滿洲賣給日本，讓日本去碰蘇聯，以收其利[3]。

「調查團要來了，」鄭孝胥是這樣告訴我的，「國民黨請他們來調查，想請他們幫忙對付日本，其實他們是不對付日本的。他們關心的一是門戶開放、機會均等，二是對付赤俄。他們在東京跟內田康哉（這時已出任日本外相）談的就是這個。用不着擔心，到時候應付幾句就行了。依臣看來，國民黨也明知道調查團辦不了甚麼事，說不定國民黨看到了國際共管滿洲的好處。」

後來事實證明，鄭氏父子說的話大部正確。

3　事實上，喜歡吹牛的鄭氏父子並沒有撒謊。在當時的《東方雜誌》上，就可以找到《紐約論壇報》、《紐約日日新聞》等報紙上的袒日言論的譯文。比如，前者有這樣的話：「日人軍事行動，乃對中國廢除不平等條約政策所不能免之反響」，後者：「日本繼承俄國在滿洲開發，至於今日，其功績之偉大，為世人公認。」國聯通過派遣調查團的決議，確曾遭受到美國的反對，理由是：「此種行動足以刺激日本國民的情緒」，國聯在一次會議上，打算做出要求日軍退出滿洲的決議時，美國國務卿凱塞爾就公開表示，對此並未附議。這些事實的記載可以從當時的許多報刊上看到。後來美國國務院發表了一些秘密檔，其中《一九三一年美國外交檔》一書，公佈了那年十一月二十七日美駐日大使福白斯交給日本外務大臣幣原的一份覺書，透露了美國政府當時「曾勸中國政府採取妥協步調」。至於美日對東北問題的秘密談判，則在一九三五年十二月號的《國際事件》(International Affairs, 1935 Dec.) 上據西·萊特的一篇文章《美國人對遠東問題的觀點》(Q. Wright: American View of the Far Eastern Problem) 中揭露了出來。—— 作者

　　瀋陽事變發生後，蔣介石一再電張學良轉命東北駐軍：「為免事件擴大，絕對不抵抗。」四天后，即九月日，蔣在南京全市國民黨員大會上宣稱：「以公理對強權，以和平對野蠻，忍辱含憤，暫取逆來順受態度，以待國際公理之判斷。」同時，對內卻毫無和平與公理，用最野蠻的辦法加緊進行內戰。九月三十日，國民黨向國聯請求派中立委員會到滿洲調查。經過幾番討論，到十二月十日才得到日本同意，做出組織調查團的決議。調查團由五國委員組成，即英國的李頓爵士、美國的佛蘭克洛斯・麥考益少將、法國的亨利・克勞德中將、意大利的格迪伯爵和德國的恩利克希尼博士。團長是李頓。一九三二年二月三日調查團啟程，先在日本、上海、南京、漢口、九江、宜昌、重慶等地轉了一圈，又在北平住了十天，到東北的時候已是五月份了。在這期間，南京政府宣傳着「等待公理的判斷」，而日軍則攻佔了錦州，發動了淞滬戰爭，成立了「滿洲國」。除了這些被「等待」來的結果之外，還有一個在各國干預下產生的《淞滬停戰協定》。根據這個協定，南京政府的軍隊從此不得進駐淞滬地區。

　　五月三日這天，我和調查團的會見，用了大約一刻鐘左右的時間。他們向我提出了兩個問題：我是怎麼到東北來的？「滿洲國」是怎麼建立起來的？在回答他們的問題之前，我腦子裏閃過一個大概他們做夢也沒想到的念頭。我想起當年莊士敦曾向我說過，倫敦的大門是為我打開着的，如果我現在對李頓說，我是叫土肥原騙來又被板垣威嚇着當上「滿洲國元首」的，我要求他們把我帶到倫敦，他們肯不肯呢？我這個念頭剛一閃過，就想起來身邊還坐着關東軍的參謀長橋本虎之助和高參板垣征四郎。我不由地向那青白臉瞄了一眼，然後老老實實按照他預先囑咐過的說：「我是由於滿洲民眾的推

戴才來到滿洲的，我的國家完全是自願自主的……」

調查團員們一齊微笑點頭，再沒問甚麼。然後我們一同照相，喝香檳，祝賀彼此健康。調查團走後，板垣的青白臉泛滿了笑意，讚不絕口地說：「執政閣下的風度好極了，講話響亮極了！」鄭孝胥事後則晃着禿頭說：「這些西洋人跟臣也見過面，所談都是機會均等和外國權益之事，完全不出臣之所料。」

這年十月，日本《中央公論》上刊出了駒井的一篇文章，鄭垂把譯文送來不久，《調查團報告書》也到了我手裏，這兩樣東西，給了我一個統一的印象，正如鄭氏父子所判斷的，調查團所關心的是「機會」與「門戶」問題。

駒井的文章題為《滿洲國是向全世界宣稱着》，內容是他與李頓等人會見的情形。現在鄭垂的譯文已不可得，只有借助於一篇不高明的譯文，是陳彬龢編印的《滿洲偽國》裏的。文章中說，李頓第一個向他提出問題：「滿洲國的建設不稍嫌早些麼？」他回答了一大套非但不早，且嫌其晚的鬼道理，然後是 ——

其次參考益將軍問：「滿洲國宣揚着門戶開放主義，果真實行了麼？」我立即回答說：「門戶開放和機會均等是滿洲立國的鐵則。門戶開放政策，在昔圍繞着中國的諸國中，美國是率先所說的精神。但這主義政策是列國之所倡，中國本身是抱着門戶閉鎖主義，我們果在中國的何處可以看到門戶開放的事實？現在我們以極強的鑰匙使滿洲國門戶開放，我們只有受諸君感謝，而沒有受抗議的道理。……不過我須附帶聲明的，就是關於國防事業斷不能門戶開放，即在世界各國亦斷無此例。」

李頓再詢問：「滿洲國實行着機會均等麼？」

我略不躊躇地説：「機會均等，貴國在中國已有其先例，即前清末葉，中國內政極度糜爛，幾全失統一之際，羅浮脱 ● 赫德提議清廷説，倘然長此以往，中國將完全失其作用於國際間，不如依賴西洋人，海關行政，亦有確定之必要。於是清朝立即任命羅浮脱 ● 赫德為總税司，海關行政方得確立。由於海關上使用着許多英、法、日等國人，在中國被認為是最確實的行政機關，因此列強借款給中國，中國遂得在財政上有所彌補。英國人曾以海關為施行機會均等之所，但是我們日本人，要想做這海關的事務員，則非受等於拒絕的嚴格的英語試驗不可。」

「……我們滿洲國，是滿洲國人和日本人協力而建設的國家，因之新國家的公文，均以滿洲國語和日本語發表。所以任何國人，僉能完全使用滿日兩國語言，並能以滿洲國所給與之待遇為滿足，則我們當大大的歡迎。這就是我所説的機會均等。」

我繼續着問：「你們各位還有旁的詢問麼？」

旁的人都説：「此外已無何等詢問的必要了，我們已能充分理解了滿洲國的立場，愉快之至！」

國聯調查委員在離開新京時，我送到車站上，那時候李頓握了我的手小聲地説：「恭祝新滿洲國之健全的發達！」同時用力地握了下手就分別了。

這次談話，使鄭孝胥父子感到了極大的興奮，鄭垂甚至估計到，國聯很可能做出一個國際共管滿洲的決議來。後來調查團的報告書

公佈出來，使鄭氏父子更有了信心。調查團的報告書中所代表的國聯，正是以鄭氏父子所希望的那種中國的管理者的態度出現的。報告書明白地說：「目前極端之國際衝突事件，業經中國再度要國聯之干涉。……中國遵循與國際合作之道，當能得最確定及最迅速之進步，以達到其國家之理想。」這位管理者明確地表示：日本「為謀滿洲之經濟發展，要求建設一能維持秩序之鞏固政權，此項要求，我等亦不以為無理」。但是，這位管理者認為最重要的是，「唯有在一種外有信仰內有和平，而與遠東現有情形完全不同之空氣中，為滿洲經濟迅速發展所必要之投資始可源源而來」。這就是說，要有列強各國共同認定的那種「信仰」才行，這就是鄭氏父子所嚮往的由各國共同經營，利益均沾的局面。

　　鄭氏父子關於反蘇問題的估計，也得到了證實。調查團說，它理解日本稱滿洲為其生命線之意義，同情日本對「其自身安全之顧慮」，因此，「日本之欲謀阻止滿洲被利用為攻擊日本之根據地，以及為在某種情形之下滿洲邊境被外國軍隊衝過時，日本欲有採取適當軍事行動之能力，吾人均可承認」。不過調查團又認為，這樣做法日本的財政負擔必大，而且日本在滿軍隊受時懷反側之民眾包圍，其後又有包含敵意之中國，日本軍隊能否不受重大困難，亦殊難言。因此可以考慮另外的辦法，則「日本甚或又因世界之同情與善意，不須代價而獲安全保障較現時以巨大代價換得者為更佳」。調查團於是提出意見說，問題的解決，恢復原狀和維持現狀都不是令人滿意的辦法，認為只要「由現時（滿洲國）組織毋須經過極端之變更或可產生一種滿意之組織」，這就是實行「獲得高度自治權」的「滿洲自治」，由各國洋人充當這個自治政府的顧問；由於日本人在東北的權益大些，日本人比例也大些，但其他外國也要有一定比例。為實現這個

新政體，「討論和提出一種特殊制度之設立，以治理東三省之詳密議案」，要先成立一個由國聯行政院掌握最高決定權的、由中日雙方和「中立觀察員」組成的顧問委員會。調查團並且認為「國際合作」的辦法不但適於「滿洲」，也適於對全中國使用。其根據理由也是鄭氏父子屢次表示過的，是因為中國只有勞動力，而資本、技術、人才全要靠外國人，否則是建設不起來的。

在剛看到報告書的那幾天，鄭孝胥曾興致勃勃地告訴過我，「事情很有希望」，說胡適也在關內發表論文，稱譽報告書為「世界之公論」。可是後來日本方面的反響到了，他父子大為垂頭喪氣。儘管調查團再三談到尊重日本在滿洲的權益，甚至把「九一八」事變也說成是日本的自衛行為，日本的外務省發言人卻只表示同意一點，就是：「調查團關於滿洲的建議，大可施於中國與列強間的關係而獲得研益，如制定國際共管計劃者，是也！」至於對「滿洲」本身的共管方案，根本不加理睬。鄭孝胥後來的失寵和被棄，即種因在對於「門戶開放、機會均等」的熱衷上。

在國聯調查團的報告書發表之前，我曾經設想過，假如真的像鄭氏父子希望的那樣，將東北歸為國際共管，我的處境可能比日本獨佔情形下好得多。但是，我還有兩點不同的考慮；一是怕「共管」之中，南京政府也有一份，如果這樣，我還是很難容身；另一點是，即使南京管不上我，國際共管也未必叫我當皇帝，如果弄出個「自治政府」來，那還有甚麼帝制？更重要的是，日本的橫蠻，在國際上居然不受一點約束，給我的印象極為深刻。因此，事後我一想起了調查團會見時我心裏閃過的那個念頭，不禁暗暗想道：「幸虧我沒有傻幹，否則我這條命早完了。……現在頂要緊的還是不要惹翻了日本人，要想重登大寶，還非靠日本人不可呀！」

五、第三次做「皇帝」

> 京津舊臣，聞皇上就任執政，疑尊號自此取消，同深
> 悲憤。即曾任民國官吏如曹汝霖、汪榮寶等，亦以名義關
> 係甚重為言。臣以皇上屢次堅拒，及最後不得已允許之苦
> 心，詳為解釋，聞者始稍知此中真相，而終無以盡祛其疑。

這是我就任執政一個月後，請假回天津的陳曾壽寄來的「封奏」中的一段。從京津寄來的這類封奏還有好幾件，都曾給了我無限煩惱。

按照約定，我當執政一年期滿，如果關東軍不實行帝制，我是可以辭職的。但是我沒有這樣幹。我沒有這樣的膽量，而且即便關東軍讓我辭職，我能到哪裏去呢？

在就職一周年的頭幾天，出乎我的意料，在一次例行會見中，武藤先向我提起了這個問題。他說，日本現在正研究着滿洲國國體問題，到時機成熟，這個問題自然會解決的。

過了不久，即三月二十七日，日本為了更便於自由行動，退出了國際聯盟。同時，攻入長城各口的日軍加緊軍事行動，形成了對平津的包圍形勢。五月末，忙於打內戰的南京政府進一步對日本妥協，簽訂了「塘沽協定」，將長城以南、冀東地區劃為非武裝區，撤走中國軍隊，使日本勢力進一步控制了華北。在這種形勢下，熱心復辟的人們得到了巨大的鼓舞，都以為時機已成熟了，紛紛活動起來。熙洽在三月間曾指使他的心腹林鶴皋，邀集了一批滿族「遺民」和前東三省的議員們，在長春聚會，打算弄出一個「勸進表」來，當時被日本憲兵制止了，這時又恢復了活動。華北一些前直系人物和

一些日本特務浪人醞釀「擁戴」吳佩孚出山，平津某些與謀的遺老為此派了人來跟鄭孝胥聯絡，研究在華北、東北實現復辟。七月間，總務廳長官駒井德三下台，拿了一百萬元退職金，另又要去了一筆巨額機密費，去找 黃郛活動華北獨立。他臨走時向鄭孝胥表示還要到上海，為我將來在全國復辟之事進行活動。總之，在那些日子裏，經常可以聽見關於復辟或帝制的傳說，這些傳說鼓舞着我，鼓舞着跟我一樣的野心家們。鄭孝胥這年重陽節寫了一首詩，其中有這樣的句子：「燕市再遊非浪語，異鄉久客獨關情；西南豪傑休相厄，會遣遺民見後清。」他這種將在「燕市」恢復「後清」的「志氣」，使我對他減弱不少惡感。

我的「皇帝夢」又做起來了。我非常關心各方面的消息，我進一步把希望放在屠殺自己同胞的日本軍隊身上。日軍全部佔領了熱河之後，我曾大擺慶功宴席，慰問武藤和參加作戰的日軍將領們，祝他們「武運長久」，「再接再厲」。後來有一路日本軍隊佔領了距北京只有百里之遙的密雲，即按兵不動，我對此不禁大感失望。這時鄭孝胥告訴我，日軍佔領華北以至華南只是遲早間的事，當務之急還是應該先辦滿洲國體問題。他又說，此事之決定，不在關東軍而在東京方面，他已聽說東京元老派許多人都是主張我正位的。聽了他的話，我覺得應該派個人到東京從側面去活動一下，至少應該打探些消息來。

接受這個使命的是我的警衛官工藤忠。此人即陪我從天津到東北來的工藤鐵三郎。他在清末時即跟隨昇允，在昇允後來的復辟活動中，他是積極的贊助者。我在旅順時，他不像上角和甘粕那樣以軍方代理人的面目出現，而是處處站在我一邊說話，甚至背地裏還表示過對關東軍的不滿。有一次，我看到杯子裏的茶水似乎顏色不

對，怕有人下了毒，要叫人拿去化驗一下，這時工藤立即端起杯子把茶喝了一口。我當了執政之後，他是唯一呼我為「皇上」的日本人，並且時常表示不滿意關東軍的跋扈，時常表示相信我定能恢復「大清皇帝」的名位。他所表現出的忠心，簡直不下於最標準的遺老，因此我賜他改名為「忠」，拿他當自己家裏人看待。他也感激涕零地表示誓死效忠，永世不變。他接受了我的使命，去了不多時間就回來了。他在日本見到了南次郎和黑龍會的重要人物，探聽出軍部方面當權人物是同意實行帝制的。根據他的消息，我相信時機是快到了。

一九三三年的十月間，工藤的消息得到了證實。繼任的關東軍司令官菱刈隆正式通知說，日本政府準備承認我為「滿洲帝國皇帝」。

我得到了這個通知，簡直樂得心花怒放。我考慮到的第一件事情，就是必須準備一套龍袍。

龍袍從北京的太妃那裏拿來了，但是關東軍卻對我說，日本承認的是「滿洲國皇帝」，不是「大清皇帝」，因此我不能穿清朝龍袍，只能穿關東軍指定的「滿洲國陸海空軍大元帥正裝」。

「這怎麼行？」我對鄭孝胥說，「我是愛新覺羅的後人，怎能不守祖制？再說北京的宗室覺羅都要來，看着我穿洋式服裝登極算甚麼？」

「皇上說的是。」鄭孝胥不住地點頭，望着攤在桌上的龍袍。這位一心想做「後清」丞相的人，大概正盤算着正一品珊瑚頂和三眼花翎，最近以來對我順從得多了。他點頭說：「皇上說的是，可是關東軍方面怎麼說？」

「給我交涉去。」

鄭孝胥走後，我獨自欣賞着榮惠太妃保存了二十二年的龍袍，心中充滿了感情。這是光緒皇帝穿過的，真正的皇帝龍袍。這是

我想了二十二年的龍袍。我必須穿它去登極，這是恢復清朝的起點。……

我的頭腦還沒冷過來，鄭孝胥就回來了。他報告說，關東軍堅持登極時要穿元帥正裝。「你是不是交涉過？」

「臣豈敢不去。這是板垣親自對臣說的。」

「這怎麼行？」我跳起來，「登極之前要行告天禮，難道叫我穿元帥服磕頭祭天嗎？」

「臣再去跟板垣說說。」

鄭孝胥走後，胡嗣瑗過來提醒我，要爭的不是服制，更重要的是跟軍部說，要任免官吏的決定權。如果這問題解決了，趙武靈王的胡服騎射，也沒甚麼不好。

其實胡嗣瑗同我一樣，都不明白日本要這個帝制，不過為了使我更加傀儡化，為了更便利於統治這塊殖民地。皇帝的名義哪裏會給我帶來甚麼權力，我這樣的人又哪裏會學甚麼騎射？除了依附在日本關東軍的皮靴上，我簡直甚麼也不會，甚麼也不想。所以後來關東軍同意了我穿龍袍去祭天，我也就不再去爭甚麼別的了。

一九三四年三月一日的清晨，在長春郊外杏花村，在用土壘起的「天壇」上，我穿着龍袍行了告天即位的古禮。然後，回來換了所謂大元帥正裝，舉行了「登極」典禮。這時執政府改稱為「宮內府」，我住的地方因要避開日本天皇的「皇宮」稱呼，稱為「帝宮」。其中的房屋後來除增建了一所「同德殿」之外，其餘的只是修繕了一下，樓名依舊未變。登極典禮是在勤民樓舉行的。

那天勤民樓的大廳裏鋪着大紅地毯，在北牆跟用絲帷幕裝設成一個像神龕似的地方，中間放一特製的高背椅，上刻有作為徽號的蘭花，所謂「御紋章」。我立在椅前，兩旁站列着宮內府大臣寶熙、

侍從武官長張海鵬、侍從武官石丸志都磨和金卓、侍衞處長工藤忠、侍衞官熙侖奐（熙洽之子）和潤良（婉容之兄）等人，以「總理大臣」鄭孝胥為首的文武百官列隊向我行三鞠躬禮，我以半躬答之。接着是日本大使菱刈隆向我呈遞國書和祝賀。這些儀式完了，北京來的宗室覺羅（載、溥、毓字輩差不多全來了），以及前內務府的人又向我行三跪九叩之禮。當然，我是坐在椅子上受禮的。

關內各地遺老，如陳夔龍、葉爾愷、劉承幹、朱汝珍、蕭丙炎、章梫、黎湛枝、溫肅、汪兆鏞等等，都寄來祝賀的表章。上海的大流氓頭子常玉清，也寄來奏摺向我稱臣。

六月六日，日本天皇的兄弟秩父宮雍仁代表天皇前來祝賀，贈我日本大勳位菊花大綬章，贈婉容寶冠章。

胡嗣瑗再三提醒我去要的權利一樣也未到手，而我已經昏昏然了。七月間，我父親帶着弟、妹們來長春看我。我對他的接待，足可以說明我的自我陶醉程度。

他到達長春的時候，我派出了宮內府以寶熙為首的官員和由佟濟煦率領的一隊護軍，到長春車站列隊迎接。我和婉容則在「帝宮」中和門外立候。婉容是宮裝打扮，我是身穿戎裝，胸前掛滿了勳章。我的勳章有三套：一套是日本贈的；一套是「滿洲帝國」的；另一套則是我偷着派人到關內定製的「大清帝國」的。後一套當然不能當着關東軍的面使用，只能利用這個機會佩戴。

我父親的汽車來了，我立正等着他下了車，向他行了軍禮，婉容行了跪安。然後我陪他進了客廳，此時屋內沒有外人，我戎裝未脫，給他補請了跪安。

這天晚上，大擺家宴。吃的是西餐，位次排列完全是洋規矩，由我與婉容分坐在男女主人位子上。另外，又按照我的佈置，從我

進入宴會廳時起，樂隊即開始奏樂。這是宮內府的樂隊，奏的甚麼曲子我已忘了，大概是沒有做出甚麼規定，他們愛奏甚麼就奏甚麼，反正喇叭一吹起來，我就覺得夠味。

在宴會進行到喝香檳的時候，溥傑按我的佈置，起立舉杯高呼：「皇帝陛下萬歲，萬歲，萬萬歲！」我的家族一起隨聲附和，連我父親也不例外。我聽了這個呼聲，到了酒不醉人人自醉的地步了。

第二天，宮內府大臣寶熙告訴我，關東軍司令部派了人來，以大使館名義向我提出抗議，說昨天武裝的護軍去車站，是違反「滿洲帝國」已承擔義務的前東北當局與日本簽訂的協定的，這個協定規定，鐵路兩側一定範圍內是「滿鐵」的附屬地，除日本外任何武裝不准進入。關東軍司令官 —— 不，日本大使要求保證今後再不發生同類事件。

這件事本來是足以令我清醒過來的，可是日本人這時還很會給我面子，首先是沒有公開抗議，其次是在我派人道歉和做了保證之後，就沒再說甚麼。但更主要的是它給我規定的許多排場，很能滿足我的虛榮心，以致我又陷入了昏迷之中。

最使我陶醉的是「御臨幸」和「巡狩」。

按照關東軍的安排，我每年要到外地去一兩次，謂之「巡狩」。在「新京」（長春），我每年要去參加四次例行儀式，一次是去「忠靈塔」祭祀死於侵略戰爭的日軍亡魂，一次是到「建國忠靈廟」祭祀偽滿軍亡魂，一次是到關東軍司令部祝日皇壽辰「天長節」，一次是到「協和會」參加年會。這樣的外出都稱之為「御臨幸」。就以去「協和會」為例，說說排場。

先說「鹵簿」—— 即所謂「天子出，車駕次第」，是這樣的：最先頭的是軍警的「淨街車」，隔一段距離後是一輛紅色的敞篷車，車

上插一小旗，車內坐着「警察總監」，再後面，是我坐的「正車」，全紅色，車兩邊各有兩輛摩托伴隨，再後面，則是隨從人員和警衛人員的車輛。這是平時用的「略式鹵簿」。

在出門的前一天，長春的軍警、憲兵先借題逮捕「可疑分子」和「有礙觀瞻」的「遊民」。市民們根據這個跡象就可以判斷是我要出門了。到了正日子，沿途預先佈滿了軍警，面向外站着，禁止路人通行，禁止兩旁店舖和住家有人出入，禁止在窗口上探頭張望。在「協和會」的大門內外全鋪了黃土。車駕動身前，廣播電台即向全市廣播：「皇帝陛下啟駕出宮。」用中國話和日本話各說一遍。這時「協和會」裏的人全體起立，自「總理」以下的特任官們則列隊樓外「奉迎」。車駕到達，人們把身子彎成九十度，同時樂隊奏「國歌」。我進入屋內，先在便殿休息一下，然後接見大臣們。兩邊侍立着宮內府大臣、侍從武官長、侍衛處長、掌禮處長和侍從武官、侍衛官等，後來另添上「帝室御用掛」吉岡安直。用的桌椅以及桌布都是從宮內府搬來的，上有特定的蘭花「御紋章」。自總理以下有資格的官員們在我面前逐個行過禮，退出。走完這個過場，我即起身離便殿，此時樂聲大作，一直到我進入會場，走上講台為止。在這段時間內，會場上的人一直是在台下彎成九十度的姿勢。關東軍司令官此時在台上的一角，見我上台，向我彎身為禮，我點頭答禮。我上台後，轉過身來向台下答過禮，台下的人才直起身子來。此時宮內府大臣雙手捧上「敕語」，我接過打開，向全場宣讀。台下全場的人一律低頭站着，不得仰視。讀完，在我退出會場時，又是樂聲大作，全體九十度鞠躬。我回到便殿稍息，這時特任官們又到樓外準備「奉送」。把我送走後，全市街道上的擴音器則又放出「皇帝陛下啟駕還宮」的兩國話音。我到了家，擴音器還要說一次：「皇帝陛下平安歸宮。」

　　據說，這是仿效用於日本天皇的辦法。在我照片上做的文章也是從日本搬來的。我的照片被稱做「御容」，後來推廣適應日本人習慣的那種不中不日的「協和語」，改稱之為「御真影」。按規定，在機關、學校、軍隊和一切公共團體的特定處所，如機關的會議室，學校的校長室裏，設立一個像神龕似的東西，外垂帷幕，裏面懸着我的照片和「詔書」。任何人走進了這間屋子，都必須先向這個掛帷幕的地方行禮。在居民家裏，雖無強制懸御真影的法令規定，但協和會曾強行派售過我與婉容的照片，並指定要懸在正堂上。

　　這種偶像崇拜教育的施行重點，是在軍隊和學校裏。每天早晨，偽滿各地的軍隊與學校都須舉行朝會，要行兩次遙拜禮，即先面向東方的「皇居」（東京日本天皇的地方），再向長春或帝宮方向，各行一個九十度鞠躬的最敬禮。此外逢到「詔書奉戴日」即頒佈每個詔書的日子，還要讀詔書。關於詔書我在後面還要談到。

　　此外還有其他許多規定，還有外地「巡狩」時的種種排場，在這裏我不一一贅述了。總之，日本軍國主義者把這一套玩意做得極為認真。據我的體驗，這不僅是為了訓練中國人，養成盲目服從的習慣和封建迷信思想，就是對下層的日本人也是一樣。日本關東軍曾經幾次利用我去鼓勵它的臣民。有一次我到阜新煤礦，日本人曾把日本工頭召來，讓我對他說幾句勉勵話。這工頭受此「殊榮」，竟感動得流出眼淚。當然，我這時更覺得有身價了。

　　使我終於產生最大的錯覺，自認有了極高的權威的，是在一九三五年四月訪問日本之後。

　　其實這次訪日，全是關東軍安排的。他們說，為了答謝日本天皇派御弟秩父宮來對我「即位」的祝賀，也是為了對「日滿親善」的躬親示範，需要這樣辦一辦。

日本政府以樞密顧問官林權助男爵為首組織了十四人的接待委員會，派了戰艦比睿丸來迎接，白雲、叢雲、薄雲等艦護航。我從大連港起艦時，有球摩、第十二、第十五驅逐艦隊接受我的檢閱，到達橫濱港時，有百架飛機編隊的歡迎。記得我在這次暈頭轉向、受寵若驚的航程中，寫下了一首諂媚的四言詩：

> 海平如鏡，萬里遠航。
> 兩邦攜手，永固東方。

在航行的第四日，看了一次七十條艦艇的演習，又在暈船嘔吐之中寫了一首七言絕句：

> 萬里雄航破飛濤，碧蒼一色天地交，
> 此行豈僅覽山水，兩國申盟日月昭。

總之，還未上岸，我已受寵若驚。我不僅對日本所示之威力深感驚異，我還把這看做是對我的真心尊敬，真心幫助。過去的一些不愉快，只怪自己誤會了。

到了日本東京，裕仁親自到車站迎接我，並為我設宴。在我拜會他們後他又回拜了我。我接見了日本元老重臣，受了祝賀，又同裕仁一起檢閱了軍隊。我還參拜了「明治神宮」，慰問了日本陸軍醫院那些侵略中國挨了打的傷兵傷官。我到裕仁的母親那裏，獻了殷勤。日本報紙曾報導過我和她散步的情形，說有一次上土坡，我用手攙扶了日本皇太后，這和我在長春宮內府中，攙我父親上台階有着同樣的心情。其實，我還從來沒有攙扶過自己的父親，如果問到

我攙扶裕仁的母親的心情，坦白地說，那純粹是為了巴結。

最後一天，雍仁代表他哥哥裕仁到車站向我送別，他致歡送詞說：

「皇帝陛下這次到日本來，對於日滿親善，是有重大貢獻的。我國天皇陛下對此感到非常滿意。務請皇帝陛下抱定日滿親善一定能做到的確實信念而回國，這是我的希望。」

我又十分巴結地回答道：

「我對這次日本皇室的隆重接待和日本國民的熱誠歡迎，實是感激已極。我現在下定決心，一定要盡我的全力，為日滿的永久親善而努力。我對這件事，是抱有確實信心的。」

臨登船出發時，我請擔任接待的林權助代向日本天皇和裕仁母親致謝，這時我居然兩眼含滿了無恥的眼淚，這樣一弄，把那個老頭子也給逗哭了。回想起來，我連一點中國人味也沒有了。

日本皇室這次對我的招待，使我頭腦更加發熱，感到自從當了皇帝之後，連空氣都變了味。我腦子裏出現了一個邏輯：天皇與我平等，天皇在日本的地位，就是我在滿洲國的地位。日本人對我，當如對其天皇者同。

在這種昏昏然中，我一回到長春，立即發表了充滿諛詞的「回鑾訓民詔書」，同時請來新任的關東軍司令長官南次郎大將，向他發表了我的感想。次日（即四月二十九日），興高采烈地參加了裕仁的生日的慶祝會，再次日，便急不可待地下諭，把在長春的所有簡任職以上的官吏，不論中國人、日本人全召來，聽我訓話，發表訪日感想。我在事先完全沒有和日本人商議，也沒預備講話稿，到了時候卻口若懸河。我講了訪日的經過，繪形繪聲地描述了日本天皇對我的招待，講了日本臣民對我的尊敬。然後大發議論。

「為了滿日親善，我確信：如果日本人有不利於滿洲國者，就是不忠於日本天皇陛下，如果滿洲人有不利於日本者，就是不忠於滿洲國的皇帝；如果有不忠於滿洲國皇帝的，就是不忠於日本天皇，有不忠於日本天皇的，就是不忠於滿洲國皇帝……」

我想的實在太天真了。

我回到長春不到一個月，關東軍司令官南次郎在一次例行會見中，告訴我「鄭孝胥總理倦勤思退」，需要讓他養老，換一位總理大臣。關於日本不滿意鄭孝胥的事，我已略有所聞，正想找機會趕走他，現在南次郎提出這事，我立時不假思索地說，讓鄭退休，我完全同意，總理之職可以由臧式毅繼任。我以為聽了我兩次「日滿親善論」的南次郎一定會遵命的，誰知竟碰了釘子，他向我搖頭說：「不，關東軍已考慮妥了合適的人選，皇帝陛下不必操心，就讓張景惠當總理大臣好了。」

鄭孝胥不久前在他主辦的「王道書院」裏發了一次牢騷。他向聽課的人說：「滿洲國已經不是小孩子了，就該讓它自己走走，不該總是處處不放手。」這話惹惱了日本主子，因此就把他一腳踢開。他後來連存在銀行裏的「建國功勞金」也取不出來，想遷離長春也不得准許，在憲兵隊的監視下，只能在家裏寫寫字，做做詩。這個連骨頭都被「共管」蟲子蛀透了的「詩人兼書法家」，三年之後，終於懷着未遂之願暴死於長春。他的兒子鄭垂也是暴卒的，早於他三年。據傳說，他父子都是死於日本人的暗害。即使傳聞不確，他的下場也足以打破我的恢復祖業的幻想了，而我到一年之後，即日本全面侵華的前夕，才漸漸明白過來。

六、幻想的破滅

日本自一九三三年初退出國際聯盟之後，更加肆無忌憚地進行擴軍備戰，特別是加緊了全面侵華的部署和後方的準備。在「七七」事變之前，日本在華北連續使用武力和製造事變，國民黨南京政府步步屈服，簽訂了出讓華北控制權的「何（應欽）梅（津）協定」、「秦（德純）土（肥原）協定」等密約，聽任「冀東防共自治政府」、「內蒙自治軍政府」等等偽組織的存在和活動，再三地向日本表白「不但無排日之行動與思想，亦本無排日必要的理由」，並且對國人頒佈了「敦睦鄰邦命令」，重申抗日者必嚴懲之禁令。這樣，日本在關內的勢力有了極大的加強，人人可以看出，只要時間一到，五省即可徹底變色。我在前面說過，這正是關內關外復辟迷們躍躍欲試的時候，正是我第三次「登極」前後得意忘形的時候。然而，日本在張牙舞爪於關內的同時，它在「滿洲國」內也正採取着步步加緊的措施，這些措施終於臨到我這「皇帝」的頭上。

在東北徹底殖民地化的過程中，公平地說，漢奸們是得到不少便宜的。例如改帝制，這個措施不僅使復辟迷們得到了一定心理滿足，而也成了一次發財的機緣，自鄭孝胥以下的大漢奸都得到一筆自五萬至六十萬不等的「建國功勞金」，總數共為八百六十萬元（以後每逢一次大規模的掠奪，如「糧穀出荷」、「獻金報國」等等，必有一次「獎金」分給上自「總理大臣」下至保甲長）。我現在不想對日本的各種措施做全面的敘述，只把我恢復祖業思想的幻滅以及深感恐懼的事情說一說。

按情理說，日本關東軍在決定帝制時正式告訴我不是恢復清朝，在「登極」時不准我穿龍袍，在決定「總理大臣」人選時根本不

理睬我的意見，我就該明白了我的「尊嚴」的虛假性，但是我卻由於過分「陶醉」，竟沒有因此而清醒過來。使我開始感到幻滅滋味的，還是「凌昇事件」。

凌昇是清末蒙古都統貴福之子，原為張作霖東三省保安總司令部和蒙古宣撫使署顧問。他是在旅順的「請願代表」之一，因此被列入「建國元勳」之內。事件發生時他是偽滿興安省省長。一九三六年春天，他突然遭到了關東軍的拘捕。拘捕的原因，據關東軍派來的吉岡安直說，他有反滿抗日活動，但是據佟濟煦聽來的消息，卻是他在最近一次省長聯席會上發過牢騷，以致惹惱了日本人。據說他在這次會上，抱怨日本關東軍言行不一，說他在旅順時曾親耳聽板垣說過，日本將承認「滿洲國」是個獨立國，可是後來事實上處處受關東軍干預，他在興安省無權無職，一切都是日本人做主。開過這個會，他回到本省就被抓去了。我聽到這些消息，感到非常不安，因為半年前我剛剛與他結為親家，我的四妹與他的兒子訂了婚。我正在猶豫着，是不是要找關東軍說說情的時候，新任的司令官兼第四任駐「滿」大使植田謙吉先找我來了。

「前幾天破獲了一起案件，罪犯是皇帝陛下認得的，興安省省長凌昇。他勾結外國圖謀叛變，反對日本。軍事法庭已經查實他的反滿抗日罪行，宣判了死刑。」

「死刑？」我吃了一驚。

「死刑。」他向他的翻譯點頭重複一遍，意思是向我說清楚。然後又對我說：「這是殺一儆百，陛下，殺一儆百是必需的！」

他走後，關東軍吉岡安直參謀又通知我，應該立刻跟凌昇的兒子解除四妹的婚約。我連忙照辦了。

凌昇被處決時，使用的是斬首之刑。一同受刑的還有他的幾個

親屬。這是我所知道的第一個被日本人殺害的顯要官員，而且還是剛跟我做了親家的。我從凌昇跟我攀親的舉動上，深信他是最崇拜我的，也是最忠心於我的人，而關東軍衡量每個人的唯一標準卻是對日本的態度。不用說，也是用這統一標準來看待我的。想到這裏，我越發感到植田「殺一儆百」這句話的陰森可怕。

　　我由此聯想到不久前的一件事。一九三五年末，有一些人為圖謀復辟清朝而奔波於關內關外，如康有為的徒弟任祖安，我從前的奏事官吳天培等，引起了關東軍的注意。關東軍曾就此向我調查。「凌昇事件」提醒了我，日本人是不喜歡這類事的，還是要多加小心為是。

　　日本人喜歡甚麼？我自然地聯想到一個與凌昇命運完全不同的人，這就是張景惠。這實在是日本人有意給我們這夥人看的兩個「榜樣」。一福一禍，對比鮮明。張景惠之所以能得日本人的歡心，代替了鄭孝胥，是有他一套功夫的。這位「鬍子」出身的「總理大臣」的為人，和他得到日本人的賞識，可以從日本人傳誦他的「警句」上知道。有一次總務廳長官在國務會議上講「日滿一心一德」的鬼道理，作為日本掠奪工礦原料行為的「道義」根據，臨末了，請「總理大臣」說幾句。張景惠說：「咱是不識字的大老粗，就說句粗話吧：日滿兩國是兩隻螞螂（蜻蜓）拴在一根繩上。」這「兩隻螞螂一根繩」便被日本人傳誦一時，成為教訓「滿」籍官員的「警句」。日本在東北實行「拓殖移民」政策的時候，在「國務會議」上要通過法案，規定按地價四分之一或五分之一的代價強購東北農田，有些「大臣」如韓雲階等一則害怕造成「民變」，另則自己擁有大量土地，不願吃虧，因此表示了反對。這時張景惠卻出來說話了：「滿洲國土地多的不得了，滿洲人是老粗，沒知識，讓日本人來開荒教給新技術，兩頭都便

宜。」提案就此通過了。「兩頭便宜」這句話於是又被日本人經常引用着。後來，「糧穀出荷」加緊推行，東北農民每季糧食被徵購殆盡，有些「大臣」們因為徵購價過低，直接損害到他們的利益，在「國務會議」上藉口農民鬧饑荒，吵着要求提高收購價格。日本人自然又是不幹，張景惠於是對大家說：「日本皇軍賣命，我們滿洲出糧，不算甚麼。鬧饑荒的勒一下褲腰帶，就過去了。」「勒腰帶」又成了日本人最愛說的一句話，當然，不是對他們自己說的。關東軍司令官不斷地對我稱讚張景惠為「好宰相」，是「日滿親善身體力行者」。我當時很少想到這對我有甚麼意義，現在有了凌昇的榜樣，在兩者對比之下，我便懂得了。

「凌昇事件」過去了，我和德王的一次會見造成了我更大的不安。

德王即由日本操縱成立了「內蒙自治軍政府」偽組織的德穆楚克棟魯普。他原是一個蒙古王公。我在天津時，他曾送錢給我，送良種蒙古馬給溥傑，多方向我表示過忠誠。他這次是有事找關東軍，乘機取得關東軍司令官的允許，前來看望我的。他對我談起這幾年的經歷和成立「自治軍政府」的情形，不知不覺地發開了牢騷，埋怨他那裏的日本人過分跋扈，說關東軍事先向他許了很多願，到頭來一樣也不實現。尤其使他感到苦惱的是自己樣樣不能做主。他的話勾起了我的牢騷，不免同病相憐，安慰了他一番。不想第二天，關東軍派到我這裏專任聯絡的參謀，即以後我要談到的「帝室御用掛」吉岡安直，走來板着臉問我：

「陛下昨天和德王談了些甚麼？」

我覺得有些不妙，就推說不過是閒聊而已。

他不放鬆我，追問道：「昨天的談話，對日本人表示不滿了沒有？」

我心裏砰砰跳了起來。我知道唯一的辦法就是堅不承認，而更好的辦法則是以進為退，便說：「那一定是德王故意編排出甚麼假話來了吧？」

吉岡雖然再沒窮追下去，我卻一連幾天心驚肉跳，疑慮叢生。我考慮這件事只有兩個可能，不是日本人在我屋裏安上了甚麼偷聽的機器，就是德王在日本人面前說出了真話。我為了解開這個疑團，費了好大功夫，在屋裏尋找那個可能有的機器。我沒有找到甚麼機器，又懷疑是德王成心出賣我，可是也沒有甚麼根據。這兩種可能都不能斷定，也不能否定，於是都成了我的新魔障。

這件事發生之後，我懂得的事就比「凌昇事件」告訴我的更多了。我再不跟任何外來人說真心話，我對每位客人都有了戒心。事實上，自從我訪日回來發表講演之後，主動來見的人即逐漸減少，到德王會見之後，更近於絕跡。到了一九三七年，關東軍更想出了一個新規矩，即每逢我接見外人，須由「帝室御用掛」在旁侍立。

進入了一九三七年，我一天比一天感到緊張。

在「七七」事變前這半年間，日本加緊了準備工作。為了鞏固它的後方基地的統治，對東北人民的抗日愛國活動，進行了全面的鎮壓。一月四日，以「滿洲國皇帝敕令」頒行了「滿洲帝國刑法」，接着便開始了「大檢舉」、「大討伐」，實行了「保甲連坐法」，「強化協和會」，修「警備道」，建「碉堡」，歸屯併村。日本這次調來大量隊伍，用大約二十個日本師團的兵力來對付擁有四萬五千餘人的抗日聯軍。與此同時，各地大肆搜捕抗日救國會會員，搜捕一切被認做「不穩」的人。這一場「大檢舉」與「大討伐」，效果並不理想，關東軍司令官向我誇耀了「皇軍」威力和「赫赫戰果」之後不到一年，又以更大的規模調兵遣將（後來知道是七十萬日軍和三十萬偽軍），舉行了

新「討伐」，同時據我的親信、警衞處長佟濟煦告訴我，各地經常有人失蹤，好像反滿抗日的分子老也抓不完。

我從關東軍司令官的談話中，從「總理大臣」的例行報告中，向來是聽不到甚麼真消息的，只有佟濟煦還可以告訴我一些。他曾經告訴過我，關東軍司令官對我談的「討伐」勝利消息，不一定可靠，消滅的「土匪」也很難說是甚麼人。他說，他有個被抓去當勞工的親戚，參加修築過一件秘密工程，據這個親戚說，這項工程完工後，勞工幾乎全部遭到殺害，只有他和少數幾個人倖免於難，逃了出來。照他看來，報紙上有一次吹噓某地消滅了多少「土匪」，說的就是那批勞工。

佟濟煦的故事說過不久，給我當過英文翻譯的吳沆業失蹤了。有一天溥傑來告訴我，吳是因為在駐東京大使館時期與美國人有來往被捕的，現在已死在憲兵隊。還說，吳死前曾托看守帶信給他，求他轉請我說情，但他當時沒有敢告訴我。我聽了，趕緊叫他不要再說下去。

在這段時間裏，我經手「裁可」的政策法令，其中有許多關於日本加緊備戰和加強控制這塊殖民地的措施，但無論是「第一五年開發產業計劃」，還是「產業統制法」，也無論是為適應進一步控制需要而進行的「政府機構大改組」，還是規定日本語為「國語」，都沒有比溥傑的結婚更使我感到刺激的。

溥傑在日本學習院畢業後，就轉到士官學校學陸軍。一九三五年冬他從日本回到長春，當了禁衞軍中尉，從這時起，關東軍裏的熟人就經常向他談論婚姻問題，甚麼男人必須有女人服侍啦，甚麼日本女人是世界上最理想的妻子啦，不斷地向他耳朵裏灌。起初，我聽他提到這些事時不過付之一笑，並沒拿它當回事。不料後來關

東軍派到我身邊來的吉岡安直果真向我透露了關東軍的意思，說為了促進日滿親善，希望溥傑能與日本女人結婚。我當時未置可否，心裏卻十分不安，趕忙找我的二妹一起商量對策。我們一致認為，這一定是一項陰謀，日本人想要籠絡住溥傑，想要一個日本血統的孩子，必要時取我而代之。為了打消關東軍的念頭，我們決定趕快動手，搶先給溥傑辦親事。我把溥傑找來，先進行了一番訓導，警告他如果家裏有了個日本老婆，自己就會完全處於日本人監視之下，那是後患無窮的，然後告訴他我一定要給他找一個好妻子，他應該聽我的話，不要想甚麼日本女人。溥傑恭恭敬敬地答應了，我便派人到北京去給他說親。後來經我岳父家的人在北京找到一位對象，溥傑也表示滿意，可是吉岡突然找到溥傑，橫加干涉地說，關東軍希望他跟日本女子結婚，以增進「日滿親善」，他既身為「御弟」，自應做出「親善」表率，這是軍方的意思，本莊繁大將在東京將要親自為他做媒，因此他不可再去接受北京的親事，應該等着東京方面的消息。結果，溥傑只得服從了關東軍。

　　一九三七年四月三日，溥傑與嵯峨勝侯爵的女兒嵯峨浩在東京結了婚。過了不到一個月，在關東軍的授意下，「國務院」便通過了一個「帝位繼承法」，明文規定：皇帝死後由子繼之，如無子則由孫繼之，如無子無孫則由弟繼之，如無弟則由弟之子繼之。

　　溥傑和他的妻子回東北後，我拿定了一個主意：不在溥傑面前說出任何心裏話，溥傑的妻子給我送來的食物我一口也不吃。假若溥傑和我一起吃飯，食桌上擺着他妻子做的菜，我必定等他先下箸之後才略動一點。

　　後來，溥傑快要做父親的時候，我曾提心吊膽地為自己的前途算過卦，我甚至也為我的弟弟擔憂。我相信那個帝位繼承法，前面

的幾條都是靠不住的，靠得住的只是「弟之子繼之」這句話。關東軍要的是一個日本血統的皇帝，因此我們兄弟兩個都可能做犧牲品。後來聽說他得的是個女兒，我這才松了一口氣。

當時我曾想過，假若我自己有了兒子，是不是會安全？想的結果是，即使真的有了兒子，也不見得對我有甚麼好處，因為關東軍早叫我寫下了字據：若有皇子出生，五歲時就必須送到日本，由關東軍派人教養。

可怕的事情並沒有就此終結。六月二十八日，即「七七」事變九天前，又發生了一起有關「護軍」的事件。

所謂護軍，是我自己出錢養的隊伍，它不同於歸「軍政部」建制的「禁衛軍」。我當初建立它，不單是為了保護自己，而是跟我當初送溥傑他們去日本學陸軍的動機一樣，想借此培養我自己的軍事骨幹，為建立自己所掌握的軍隊做準備。我這支三百人的隊伍全部都是按照軍官標準來訓練的。負責管理護軍的佟濟煦早就告訴過我，關東軍對這支隊伍是不喜歡的。我對佟濟煦的預感，過去一直未能理解，直到出了事情這才明白。六月二十八日那天，一部分護軍到公園去遊玩，因租借遊艇，與幾個穿便衣的日本人發生了口角。這時一羣日本人一擁而上，不容分說，舉手就打。他們被逼急了，便使出武術來抵抗。日本人見不能奈何他們，就放出狼狗來咬。他們踢死狼狗，衝出重圍，逃回隊裏。他們沒想到，這一來便闖下了禍。過了不大時間，宮內府外邊便來了一些日本憲兵，叫佟濟煦把今天去公園的護軍全部交出來。佟濟煦嚇得要命，忙把那些護軍交日本憲兵帶走。日本憲兵逼他們承認有「反滿抗日」活動，那些護軍不肯承認，於是便遭到了各種酷刑虐待。到這時那些護軍才明白過來，這一事件是關東軍有意製造的：那些穿便衣的日本人原是關東軍派

去的，在雙方鬥毆中受傷者有兩名關東軍參謀，被踢死的狼狗即關東軍的軍犬。我聽到護軍們被捕，原以為是他們無意肇禍，忙請吉岡安直代為向關東軍說情。吉岡去了一趟，帶口來關東軍參謀長東條英機的三個條件，即：一、由管理護軍的佟濟煦向受傷的關東軍參謀賠禮道歉；二、將肇事的護軍驅逐出境；三、保證以後永不發生同類事件。我按照東條的條件一一照辦之後，關東軍接着又逼我把警衛處長佟濟煦革職，由日本人長尾吉五郎接任，把警衛處所轄的護軍編制縮小，長武器一律換上了短槍。

從前，我為了建立自己的實力，曾送過幾批青年到日本去學陸軍，不想這些人回來之後，連溥傑在內，都由軍政部派了差，根本不受我的支配。現在，作為骨幹培養的護軍已完全掌握在日本人手裏，我便不再做這類可笑的美夢了。

「七七」事變爆發，日軍佔領了北京之後，北京的某些王公。遺老曾一度躍躍欲試，等着恢復舊日冠蓋，但是我這時已經明白，這是決不可能的了。我這時的唯一的思想，就是如何在日本人面前保住安全，如何應付好關東軍的化身 —— 帝室御用掛吉岡安直。

七、吉岡安直

關東軍好像一個強力高壓電源，我好像一個精確靈敏的電動機，吉岡安直就是傳導性能良好的電線。

這個高顴骨、小鬍子、矮身材的日本鹿兒島人，從一九三五年起來到我身邊，一直到一九四五年日本投降，和我一起被蘇軍俘虜時止，始終沒有離開過我。十年間，他由一名陸軍中佐，步步高昇到陸軍中將。他有兩個身份，一個是關東軍高級參謀，另一個是「滿洲

國帝室御用掛」。後者是日本的名稱，據說意思好像是「內廷行走」，又像是「皇室秘書」，究竟應當譯成甚麼合適，我看這並沒有甚麼關係，因為它的字面含意無論是甚麼，都不能說明吉岡的實際職能。他的實際職能就是一根電線。關東軍的每一個意思，都是通過這根電線傳達給我的。我出巡、接見賓客、行禮、訓示臣民、舉杯祝酒，以至點頭微笑，都要在吉岡的指揮下行事。我能見甚麼人，不能見甚麼人，見了說甚麼話，以及我出席甚麼會，會上講甚麼，等等，一概聽他的吩咐。我要說的話，大都是他事先用日本式的中國話寫在紙條上的。

日本發動了全面侵華戰爭，要偽滿出糧、出人、出物資，我便命令張景惠在一次「省長會議」上，按吉岡的紙條「訓勉」省長們「勤勞奉仕，支持聖戰」。日本發動了太平洋戰爭，兵力不足，要偽滿軍隊接替一部分中國戰場上的任務，我便在軍管區司令官宴會上，按紙條表示了「與日本共生共死，一心一德，斷乎粉碎英美勢力」的決心。

此外，日本在關內每攻佔一個較大的城市，吉岡必在報告了戰果之後，讓我隨他一同起立，朝戰場方向鞠躬，為戰死的日軍官兵致默哀。經他幾次訓練，到武漢陷落時我就再用不着他提醒，等他一報告完戰果我就自動起立，鞠躬靜默。

隨着「成績」不斷進步，他也不斷給我加添功課。例如這次武漢陷落，他又指示我給攻佔武漢的大劊子手岡村寧次寫親筆祝詞，讚頌他的武功，並指示我給日本天皇去賀電。

後來修建了「建國神廟」，我每月去那裏為日本軍隊禱告勝利，也是在這「電線」的授意下進行的。

在「七七」事變前，我的私事、家事，關東軍還不多過問，可是

事變後，情形不同了。「七七」事變前，我在關內的家族照例每年要來一些人，為我祝壽，平時也不免來來往往。「七七」事變後，關東軍做出規定，只准列在名單上的幾個人在一定時間到長春來。而且規定除了我的近支親族之外，其餘的人只能向我行禮，不准與我談話。同時，外面給我寄來的信件，也一律先送吉岡的嘍囉——宮內府的日系官吏看，最後由吉岡決定是否給我。

當然，關東軍也了解我不致於反滿抗日，但是，他們仍舊擔心我會跟關內勾結起來恢復清朝，而這是不符合他們的要求的。

在那時，要想瞞過吉岡私自會見外人或收一封信，簡直是辦不到的。那時在宮內府設有「憲兵室」，住有一班穿着墨綠色制服的日本憲兵，不僅一切出入的人都逃不出他們的視線，就連院子裏發生甚麼事也逃不過他們的耳朵。加之宮內府自次長以下所有的日本人都是吉岡的爪牙，這就造成了對我的嚴格控制。

吉岡之所以能作為關東軍的化身，幹了十年之久，是有他一套本領的。

有的書上說，吉岡原是我在天津時的好友，後來當了關東軍參謀，正好這時關東軍要選一名帝室與關東軍之間的「聯絡人」，以代替解職的侍從武官石丸志都磨，於是便選上了他。其實在天津時，他不過有一段時間常給我講時事，談不上是我的甚麼好友。他被派到我這裏當「聯絡人」，也不是當了關東軍參謀才恰逢其時的。如果說他是溥傑的好友，倒有一半是真的。偽滿成立之後，溥傑進了日本陸軍士官學校，吉岡正在這個學校擔任戰史教官。他幾乎每個星期日都請溥傑去他家做客，殷勤招待。他們兩人成了好友之後，他即向溥傑透露，關東軍有意請他到滿洲，擔任軍方與我個人之間的聯絡人。溥傑來信告訴了我，後來又把我回信表示歡迎的意思告訴

了他。他這時表示，這是他的榮幸，不過假如他不能得到關東軍高級參謀的身份，就不想幹，因為從前幹這差事的中島比多吉和石丸志都磨沒在滿洲站住腳，就是由於沒有在關東軍裏扎下根。

後來，不知他怎麼活動的，他的願望實現了，關東軍決定任他為高級參謀，派他專任對我的聯絡職務。他在動身來滿洲之前，請溥傑寫信把這消息告訴我，同時說：「如果令兄能預先給我準備好一間辦公的屋子，我就更感到榮幸了。」我知道了這件事，滿足了他的「榮幸」感。過了許久我才明白，原來他這是有意給關東軍看的。他在關東軍的眼裏既有與我的不平凡關係，在我的眼中又有關東軍高參這張老虎皮，自然就左右逢源，得其所哉了。

吉岡很喜歡畫水墨畫。有一次他畫了一幅墨竹，請鄭孝胥題詩，請我題字（甚麼字，早已忘了），然後帶到日本，送給裕仁的母親日本皇太后。不久，日本報紙上刊登了這幅畫，並稱譽吉岡為「彩筆軍人」。吉岡的藝術聲名是否由此出現的，我不知道，但我敢斷定他指望這幅畫帶給他的，並不是甚麼藝術上的稱號，卻是比這稱號更值錢的身價。我從日本訪問回來，日本皇太后和我有了經常的往來，不斷互相饋贈些小禮物，中間人就是這位吉岡。從那次他送了墨竹之後，東京與長春的往來就更頻繁了。

他大約每年都要往返東京幾次，每次臨走之前，總要叫我做點點心之類的食品，由他帶去送給日本皇太后，回來時，再帶回日本皇太后的禮物，其中必不可少的是日本點心。好在那位老太太和我都有現成的做點心師傅，彼此送來送去，都不費甚麼事。不過由於我的疑心病，吉岡每次帶回來的點心，我總是叫別人先吃了才敢動。

當然，吉岡每年一次往返於日滿皇室之間，這決不是他的擅自專斷，但每次往返的內容，我相信主要是他的獨創設計。比如有一

次，他看見了我的四用聯合收音機，忽然像發現了奇跡似地問我：

「這個機器能 Record（錄音）？」

他的中國話不大好，但我們交談起來還不困難，因為他還會點英文。我們兩人的英文程度差不多，平時說話中國話夾着英文，加上筆談幫忙，倒也能把意思說清楚。

「Record 是大大的好。」我說，並且拿出一片錄音片試給他看。

「好，好！」他高興地笑着，看我安好片子，便說：「我教陛下幾句日本話吧！嗯！」接着就用日本話說出：「我祝天皇陛下身體健康！」

我照他說的日本話說一遍：「我祝天皇陛下身體健康……」，這句話錄到唱片上了。他把那唱片放送了兩遍，滿意地拿了起來。

「好，這次我到東京，嗯！把它貢給天皇陛下！」

吉岡說話，總帶幾個「嗯！哈！」眼眉同時挑起。這個毛病，越到後來越多，我也覺着越不受用。和這種變化同時發生的，還有他對於我們之間的關係的解釋。

一九三四年我訪問日本，日本皇太后給我寫了幾首和歌，那時吉岡的話是我最順耳的時候。

「皇太后陛下等於陛下的母親，我如同陛下的準家屬，也感到榮耀！」

他那時對溥傑說：「我和你有如手足的關係。我和皇帝陛下，雖說不能以手足相論，也算是手指與足指關係。咱們是準家族呀！」

但是到了一九三六年前後，他的話卻有了變化：

「日本猶如陛下的父親，嗯，關東軍是日本的代表，嗯，關東軍司令官也等於是陛下的父親，哈！」

日本軍隊前線景況越壞，我在關東軍和吉岡面前的輩份也越

低，後來他竟是這樣說的：「關東軍是你的父親，我是關東軍的代表，嗯！」

吉岡後來每天進「宮」極為頻繁，有時來了不過十分鐘，就走了，走了不到五分鐘，又來了。去而復返的理由都是很不成道理的，比如剛才忘了說一句甚麼話，或者忘了問我明天有甚麼事叫他辦，等等。因此我不能不擔心，他是否在用突然襲擊的辦法考查我。

為了使他不疑心，我只好一聽說他到，立即接見，盡力減少他等候的時間。甚至正在吃飯，也立刻放下飯碗去見他。對於他，我真算做到了「一飯三吐哺、一沐三握髮」的程度。

八、幾個「詔書」的由來

在偽滿學校讀過書的人，都被迫背過我的「詔書」。在學校、機關、軍隊裏，每逢頒佈一種詔書的日子，都要由主管人在集會上把那種詔書唸一遍。聽人講，學校裏的儀式是這樣的：儀式進行時，穿「協和服」[4]的師生們在會場的高台前列隊肅立，教職員在前，學生在後。戴着白手套的訓育主任雙手捧着一個黃布包，高舉過頂，從房裏出來。黃布包一出現，全場立即低下頭。訓育主任把它捧上台，放在桌上，打開包袱和裏面的黃木匣，取出捲着的詔書，雙手遞給戴白手套的校長，校長雙手接過，面向全體展開，然後宣讀。如果這天是五月二日，就唸一九三五年我第一次訪日回來在這天頒佈的「回鑾訓民詔書」（原無標點）：

4　協和服是偽滿公教人員統一的制服，墨綠色，薦任官以上還有一根黃色的繩子套在頸間，稱為「協和帶」。學校裏的校長和訓育主任，一般都有這根所謂「協和帶」。 ── 作者

　　朕自登極以來，亟思躬訪日本皇室，修睦聯歡，以伸積慕。今次東渡，宿願克遂。日本皇室懇切相待，備極優隆，其臣民熱誠迎送，亦無不殫竭禮敬。衷懷銘刻，殊不能忘。深維我國建立，以達今茲，皆賴友邦之仗義盡力，以奠丕基。茲幸致誠悃，復加意觀察，知其政本所立，在乎仁愛，教本所重，在乎忠孝；民心之尊君親上，如天如地，莫不忠勇奉公，誠意為國，故能安內攘外，講信恤鄰，以維持萬世一系之皇統。朕今躬接其上下，咸以至誠相結，氣同道合，依賴不渝。朕與日本天皇陛下，精神如一體。爾眾庶等，更當仰體此意，與友邦一心一德，以奠定兩國永久之基礎，發揚東方道德之真義。則大局和平，人類福祉，必可致也。凡我臣民，務遵朕旨，以垂萬禩。

　　欽此！

詔書共有六種，即：

一九三四年三月一日的「即位詔書」；

一九三五年五月二日的「回鑾訓民詔書」；

一九四〇年七月十五日的「國本奠定詔書」；

一九四一年十二月八日的「時局詔書」；

一九四二年三月一日的「建國十周年詔書」；

一九四五年八月十五日的「退位詔書」。

「即位詔書」後來為第五個即「建國十周年詔書」所代替。一九四八年八月十五日的「退位詔書」，那是沒有人唸的。所以主要的是四個詔書。學生、士兵都必須背誦如流，背不來或背錯的要受一定懲罰。這不但是日本在東北進行奴化的宣傳材料，也是用以鎮

壓任何反抗的最高司法根據。東北老百姓如果流露出對殖民統治有一絲不滿，都可能被藉口違背詔書的某一句話而加以治罪。

從每一種詔書的由來上，可以看出一個人的靈魂如何在墮落。前兩個我在前面說過了，現在說一下第三個，即「國本奠定詔書」是怎麼出世的。

有一天，我在緝熙樓和吉岡呆坐着。他要談的話早已談完，仍賴在那裏不走。我料想他必定還有甚麼事情要辦。果然，他站起了身，走到擺佛像的地方站住了，鼻子發過了一陣嗯嗯之聲後，回頭向我說：

「佛，這是外國傳進來的。嗯，外國宗教！日滿精神如一體，信仰應該相同，哈？」然後他向我解釋說日本天皇是天照大神的神裔，每代天皇都是「現人神」，即大神的化身，日本人民凡是為天皇而死的，死後即成神。

我憑着經驗，知道這又是關東軍正在通過這條高壓線送電。但是他說了這些，就沒電了。我對他的這些神話，費了好幾天功夫，也沒思索出個結果來。

事實是，關東軍又想出了一件事要叫我做，但由於關東軍司令官植田謙吉正因發動的張鼓峰和諾門坎兩次戰事不利，弄得心神不寧，一時還來不及辦。後來植田指揮的這兩次戰役都失敗了，終於被調回國卸職。臨走，他大概想起了這件事，於是在辭行時向我做了進一步的表示：日滿親善，精神如一體，因此滿洲國在宗教上也該與日本一致。他希望我把這件事考慮一下。

「太上皇」每次囑咐我辦的事，我都順從地加以執行，唯有這一次，簡直叫我啼笑皆非，不知所措。這時，胡嗣瑗已經被擠走，陳曾壽已經告退回家，萬繩栻已經病故，佟濟煦自護軍出事以後膽小如

鼠，其他的人則無法靠近我。被視為親信並能見我的，只有幾個妹夫和在「內廷」唸書的幾個侄子。那時，在身邊給我出謀獻策的人沒有了，那些年輕的妹夫和侄子們又沒閱歷，商量不出個名堂來，我無可奈何地獨自把植田的話想了幾遍。還沒想出個結果，新繼任的司令官兼第五任大使梅津美治郎來了。他通過吉岡向我攤了牌，說日本的宗教就是滿洲的宗教，我應當把日本皇族的祖先「天照大神」迎過來立為國教。又說，現在正值日本神武天皇紀元二千六百年大慶，是迎接大神的大好時機，我應該親自去日本祝賀，同時把這件事辦好。

　　後來我才聽說，在日本軍部裏早就醞釀過此事，由於意見不一，未做出決定。據說，有些比較懂得中國人心理的日本人，如本莊繁之流，曾認為這個舉動可能在東北人民中間引起強烈的反感，導致日本更形孤立，故擱了下來。後來由於主謀者斷定，只要經過一段時間，在下一代的思想中就會扎下根，在中年以上的人中間，也會習以為常，於是便做出了這個最不得人心的決定。他們都沒有想到，這件事不但引起了東北人民更大的仇恨，就是在一般漢奸心裏，也是很不受用的。以我自己來說，這件事就完全違背了我的「敬天法祖」思想，所以我的心情比發生「東陵事件」時更加難受。

　　我當了皇帝以後，曾因為祭拜祖陵的問題跟吉岡發生過爭執。登極即位祭祖拜陵，這在我是天經地義之事，但是吉岡說，我不是清朝皇帝而是滿蒙漢日朝五民族的皇帝，祭清朝祖陵將引起誤會，這是不可以的。我說我是愛新覺羅的子孫，自然可以祭愛新覺羅的祖先陵墓。他說那可以派個愛新覺羅的其他子孫去辦。爭論結果，當然是我屈服，打消了北陵之行，然而我卻一面派人去代祭，一面關上門在家裏自己祭。現在事情竟然發展到不但祭不了祖宗，而且還要換個祖宗，我自然更加不好受了。

自從我在旅順屈服於板垣的壓力以來，儘管我每一件舉動都是對民族祖先的公開背叛，但那時我尚有自己的綱常倫理，還有一套自我寬解的哲學：我先是把自己的一切舉動看做是恢復祖業、對祖宗盡責的孝行，以後又把種種屈服舉動解釋成「屈蟻求伸之計」，相信祖宗在天之靈必能諒解，且能暗中予以保佑。可是現在，日本人逼着我拋棄祖宗，調換祖宗，這是怎麼也解釋不過去的。

然而，一種潛於靈魂深處的真正屬我所有的哲學，即以自己的利害為行為最高準則的思想提醒了我：如果想保證安全、保住性命，只得答應下來。當然，在這同時我又找到了自我寬解的辦法，即私下保留祖先靈位，一面公開承認新祖宗，一面在家裏祭祀原先的祖宗。因此，我向祖宗靈位預先告祭了一番，就動身去日本了。

這是我第二次訪問日本，時間在一九四〇年五月，呆了一共只有八天。

在會見裕仁的時候，我拿出了吉岡安直給我寫好的台詞，照着唸了一遍，大意是：為了體現「日滿一德一心、不可分割」的關係，我希望，迎接日本天照大神，到「滿洲國」奉祀。他的答詞簡單得很，只有這一句：

「既然是陛下願意如此，我只好從命！」

接着，裕仁站起來，指着桌子上的三樣東西，即一把劍、一面銅鏡和一塊勾玉，所謂代表天照大神的三件神器，向我講解了一遍。我心裏想：聽說在北京琉璃廠，這種玩意很多，太監從紫禁城裏偷出去的零碎，哪一件也比這個值錢，這就是神聖不可侵犯的大神嗎？這就是祖宗嗎？

在歸途的車上，我突然忍不住哭了起來。

　　我回到長春之後，便在「帝宮」旁修起了一所用白木頭築的「建國神廟」，專門成立了「祭祀府」，由做過日本近衞師團長、關東軍參謀長和憲兵司令官的橋本虎之助任祭祀府總裁，沈瑞麟任副總裁。從此，就按關東軍的規定，每逢初一、十五，由我帶頭，連同關東軍司令和「滿洲國」的官員們，前去祭祀一次。以後東北各地也都按照規定建起這種「神廟」，按時祭祀，並規定無論何人走過神廟，都要行九十度鞠躬禮，否則就按「不敬處罰法」加以懲治。由於人們都厭惡它，不肯向它行禮，因此凡是神廟所在，都成了門可羅雀的地方。據說有一個充當神廟的「神官」（即管祭祀的官員），因為行祭禮時要穿上一套特製的官服，樣子十分難看，常常受到親友們的恥笑，有一次他的妻子的女友對他妻子說：「你瞧你們當家的，穿上那身神官服，不是活像《小上墳》裏的柳錄景嗎？」這對夫妻羞愧難當，悄悄丟下了這份差事，跑到關內謀生去了。

　　關東軍叫祭祀府也給我做了一套怪模怪樣的祭祀服，我覺着穿着實在難看，便找到一個藉口說，現值戰爭時期，理應穿戎服以示支援日本盟邦的決心，我還說穿軍服可以戴上日本天皇贈的勳章，以表示「日滿一德一心」。關東軍聽我說得振振有詞，也沒再勉強我。我每逢動身去神廟之前，先在家裏對自己的祖宗磕一回頭，到了神廟，面向天照大神的神龕行禮時，心裏唸叨着：「我這不是給它行禮，這是對着北京坤寧宮行禮。」

　　我在全東北人民的恥笑、暗罵中，發佈了那個定天照大神為祖宗和宗教的「國本奠定詔書」。這次不是鄭孝胥的手筆（鄭孝胥那時已死了兩年），而是「國務院總務廳」囑托一位叫佐藤知恭的日本漢學家的作品。其原文如下：

朕茲為敬立

建國神廟，以奠國本於悠久，張國綱於無疆，詔爾眾
庶曰：我國自建國以來，邦基益固，邦運益興，烝烝日躋
隆治。仰厥淵源，念斯丕績，莫不皆賴天照大神之神庥，
天皇陛下之保佑。是以朕向躬訪日本皇室，誠悃致謝，感
戴彌重，詔爾眾庶，訓以一德一心之義，其旨深矣。今茲
東渡，恭祝紀元二千六百年慶典，親拜
皇大神宮，回鑾之吉，敬立
建國神廟，奉祀
天照大神，盡厥崇敬，以身禱國民福祉，式為永典，令朕
子孫萬世祗承，有孚無窮。庶幾國本奠於唯神之道，國綱
張於忠 孝之教。仁愛所安，協和所化，四海清明，篤保神
庥。爾眾庶其克體朕意，培本振綱，力行弗懈，自強勿息。
欽此！

詔書中的「天照大神之神庥，天皇陛下之保佑」，以後便成了每
次詔書不可少的諛詞。

為了讓我和偽大臣們接受「神道」思想，日本關東軍不怕麻煩，
特地把著名神道家筧克彥（據說是日本皇太后的神道講師）請來，給
我們講課。這位神道家講課時，總有不少奇奇怪怪的教材。比如有
一幅掛圖，上面畫着一棵樹，據他講，這棵樹的樹根，等於日本的神
道，上面的枝，是各國各教，所謂八紘一宇，意思就是一切根源於日
本這個祖宗。又一張紙上，畫着一碗清水，旁邊立着若干醬油瓶子、
醋瓶子，說清水是日本神道，醬、油、醋則是世界各宗教，如佛教、
儒教、道教、基督教、回教等等。日本神道如同純淨的水，別的宗

教均發源於日本的神道。還有不少奇譚，詳細的已記不清了。總之，
和我後來聽到的關於一貫道的說法，頗有點相像。我不知日本人在
聽課時，都有甚麼想法，我只知道我自己和偽大臣們，聽課時總忍
不住要笑，有的就索性睡起覺來。綽號叫於大頭的偽軍政部大臣于
深澂，每逢聽「道」就歪着大頭打呼嚕。但這並不妨害他在自己的故
鄉照樣設大神廟，以示對新祖宗的虔誠。

　　一九四一年十二月八日，日本對美英宣戰，在關東軍的指示下，
偽滿又頒佈了「時局詔書」。以前每次頒發詔書都是由國務院辦的，
但這次專門召開了「御前會議」，吉岡讓我親自宣讀。這是十二月八
日傍晚的事。這詔書也是佐藤的手筆。

　　　　　　　奉

　　天承運大滿洲帝國皇帝詔爾眾庶曰：

　　　　盟邦大日本帝國天皇陛下茲以本日宣戰美英兩國，明
　　詔煌煌，懸在天日，朕與日本天皇陛下，精神如一體，爾
　　眾庶亦與其臣民咸有一德之心，夙將不可分離關係，固結
　　共同防衛之義，死生存亡，斷弗分攜。爾眾庶成宜克體
　　朕意，官民一心，萬方一志，舉國人而盡奉公之誠，舉國
　　力而援盟邦之戰，以輔東亞戡定之功，貢獻世界之和平，
　　欽此！

　　這些恭維諂媚的詞令，和「天照大神之神庥，天皇陛下之保佑」
一樣，以後都成了我的口頭禪。

　　我每逢見來訪我的關東軍司令官，一張嘴便流利地說出：

　　「日本與滿洲國乃是一體不可分的關係，生死存亡的關係，我一

定舉國力為大東亞聖戰的最後勝利，為以日本為首的大東亞共榮圈奮鬥到底。」

一九四二年，做了日本首相的前關東軍參謀長東條英機，到偽滿作閃電式的訪問。我見了他，曾忙不迭地說：

「請首相閣下放心，我當舉滿洲國之全力，支援親邦日本的聖戰！」

這時已經把「盟邦」改稱為「親邦」。這是偽滿「建國十周年」所帶來的新屈辱，是寫在「建國十周年詔書」裏的。

在這個「十周年」（一九四二年）的前夕，吉岡曾和我說：

「沒有日本，便不會有滿洲國，嗯，所以應該把日本看成是滿洲國的父親。所以，嗯，滿洲國就不能和別的國家 5 一樣，稱日本國為盟邦友邦，應稱做親邦。」

與此同時，國務院最末一任總務廳長官武部六藏，把張景惠和各部偽大臣召到他的辦公室裏，講了一番稱日本為親邦的道理。接着「建國十周年詔書」就出來了：

> 我國自肇興以來，曆茲十載，仰賴
> 天照大神之神庥，
> 天皇陛下之保佑，國本奠於唯神之道，政教明於四海之民
> 崇本敬始之典，萬世維尊。
> 奉天承運之作，垂統無窮。
> 明明之鑒如親，穆穆之愛如子。夙夜乾惕，唯念昭德，勵

5　偽滿於一九三九年，參加了日德意三國於一九三一年訂的「防共協定」，這就是所謂盟邦。太平洋戰爭爆發後，又增添了與偽滿建交的日本統治的南洋各傀儡國家。

精自懋，弗敢豫逸。爾有司眾庶，亦咸以朕心為心，忠誠
任事，勤勉治業，上下相和，萬方相協。自創業以至今日，
始終一貫，奉公不懈，深堪嘉慰。宜益砥其所心，勵其所
志，獻身大東亞聖戰，奉翼親 邦之天業，以盡報本之至
誠，努力國本之培養，振張神人合一之綱紀，以奉答建國
之明命。

　　欽此！

從此「親邦」二字便成了「日本」的代名詞。

我自認是它的兒子還嫌不夠，武部六藏和吉岡安直竟又決定，
要我寫一封「親書」，由總理張景惠代表我到日本去「謝恩」。我在這
裏把「謝恩」二字加引號，並非是杜撰，而是真正引用原文的。張景
惠的正式身分，乃是「滿洲帝國特派赴日本帝國謝恩大使」，這也是
寫在「親書」裏的。

到了一九四四年，日本的敗象越來越清楚，連我也能察覺出來，
日本軍隊要倒霉了。有一次吉岡跑來，轉彎抹角地先說了一通「聖戰
正在緊要關頭，日本皇軍為了東亞共榮圈各國的共存共榮，作奮不
顧身的戰爭，大家自應儘量供應物資，特別是金屬……」最後繞到正
題上，「陛下可以率先垂範，親自表現出日滿一體的偉大精神……」

這回他沒有嗯、哈，可見其急不可待，連裝腔作勢也忘了。而
我是渾身毫無一根硬骨頭，立即遵命，命令首先把偽宮中的銅、鐵
器具，連門窗上的銅環、鐵掛鉤等等，一齊卸下來，交給吉岡，以支
持「親邦聖戰」。過了兩天，我又自動地拿出許多白金、鑽石首飾和
銀器交給吉岡，送關東軍。不久吉岡從關東軍司令部回來，說起關
東軍司令部裏連地毯都捐獻了，我連忙又命把偽宮中所有地毯一律

卷起來送去。後來我去關東軍司令部，見他們的地毯還好好地鋪在那裏，究竟吉岡為甚麼要捲我的地毯，我自然不敢過問。

以後我又自動地拿出幾百件衣服，讓他送給山田乙三，即最末一任的關東軍司令長官。

當然，經我這一番帶頭，報紙上一宣揚，於是便給日偽官吏開了大肆搜刮的方便之門。聽說當時在層層逼迫之下，小學生都要回家去搜斂一切可搜斂的東西。

吉岡後來對溥傑和我的幾個妹夫都說過這樣的話：「皇帝陛下，在日滿親善如一體方面，乃是最高的模範。」然而，這位「最高模範」在無關緊要之處，也曾叫他上過當。例如捐獻白金的這次，我不捨得全給他們，但又要裝出「模範」的樣兒，於是我便想出這樣一個辦法，把白金手錶收藏起來，另買了一塊廉價錶帶在手腕上。有一天，我故意當着他的面看錶，說：「這隻錶又慢了一分鐘。」他瞅瞅我這隻不值錢的錶，奇怪起來：「陛下的錶，換了的，這個不好……」「換了的，」我說，「原來那隻是白金的，獻了獻了的！」

一九四五年，東北人民經過十幾年的搜刮，已經衣不蔽體。食無粒米，再加上幾次的「糧穀出荷」、「報恩出荷」的掠奪，弄得農民們已是求死無門。這時，為了慰問日本帝國主義，又進行了一次搜刮，擠出食鹽三千擔，大米三十萬噸，送到日本國內去。

本來這次關東軍是打算讓我親自帶到「親邦」進行慰問的。日本這時已開始遭受空襲，我怕在日本遇見炸彈，只得推說：「值此局勢之下，北方鎮護的重任，十分重大，我豈可以在這時離開國土一步？」不知道關東軍是怎麼考慮的，後來決定派一個慰問大使來代替我。張景惠又輪上這個差使，去了日本一趟。他此去死活，我自然就不管了。

九、家門以內

　　我不能過問政事，不能隨便外出走走，不能找個「大臣」談談，所以當關東軍那邊的電流通不過來的時候，我就無事可幹。我發展了遲眠晏起的習慣，晚上總要在後半夜，甚至過三點才睡，早晨要十一點才起。每日兩餐，早餐在中午十二點至一二點，晚飯在九至十一點，有時是十二點。四點到五六點睡中覺。我的日常生活，除了吃睡之外，用這八個字就可以概括了，即：打罵、算卦、吃藥、害怕。

　　這四樣東西是相互有着關聯的。隨着日本崩潰的跡象越來越明顯，我越是恐怖，就怕日本在垮台之前，會殺我滅口。在這種心理支配下，我對日本人是伺候顏色、諂媚逢迎，對家門以內則是脾氣日趨暴躁，動輒打人、罵人。我的迷信思想也更加發展，終日吃素唸經，占卜打卦，求神佛保佑。在這種精神不寧和不正常的生活習慣下，本來就糟踏壞了的身體，這時越發虛弱，因此又拼命打針吃藥。總而言之，這四樣東西構成了我昏天昏地、神神顛顛的生活。

　　我的殘暴多疑，早在紫禁城時代就種下了根子，到了天津，向前發展了一步。在天津，我給傭人們立下了這樣的「家規」：

　　　一、不准彼此隨便說話，以防結黨營私。

　　　二、不准互相包庇袒護。

　　　三、不准舞弊賺錢。

　　　四、當同事犯有過錯時須立即報告。

　　　五、上級對下級犯過的人，須在發現之後立即加以責打。如果放鬆看管。罪加一等。

到東北後，又附加了一項誓詞：

「如有違背，甘心承受天罰，遭受天打雷轟。」

在我的大門內，我的殘忍暴虐行為，後來發展到經常打人，甚至於使用刑具。打人的花樣很多，都是叫別人替我執行。受到這種委派的人往往不是一個兩個，而是全體在場的人。他們在動手的時候，必須打得很重，否則便可能引起我的疑心，認為他們朋比為奸，因此臨時轉移目標，改打不肯使勁打人的人。

我的打罵對象除了我的妻子、弟弟和妹夫之外，幾乎包括家裏的一切人。那時我有幾個侄子，在宮裏唸書，同時又是陪我說話、伺候我的人，是我培養的親信，可是我一樣地打罵他們。他們那時最怕我說的一句話，就是：「叫他下去！」意思就是到樓下去挨打。

我這些舉動，除了說明我的蠻橫、狂妄、暴虐和喜怒無常的可恥性格之外，實在不能說明別的問題。有一次，一個童僕在我的椅子上坐了一下，別人根據我訂立的家規，把他告發了。我認為這是冒犯了我，立即命人重重責打了他一頓。其實這個寶座，不是我也坐得心驚肉跳嗎？

在長春，我因患痔瘡，買了不少坐藥。有個小侄子見到這種藥很稀奇，無意中說了一句，「很像個槍彈」，立刻觸了我的忌諱，「這不是咒我吃槍彈嗎！」在我的授意之下，其他的侄子們給了他一頓板子。

在我這種統治下，境遇最慘的是一批童僕。這是從長春的一個所謂慈善團體要來的孤兒，大約有十幾個，他們大都是父母被日本人殺害之後遺下來的。日本人怕這些後代記仇，便叫漢奸政權用慈善團體名義收養起來，並給他們改了姓名，進行奴化教育，用奴役勞動摧殘他們。當他們聽說被送到我這裏來的時候，有的還抱過很大希望，認為生活一定比在慈善會裏好些，事實上不但沒有甚麼改善，

反而更糟。他們在這裏，吃的是最壞的高粱米，穿的是破爛不堪的衣服，每天要幹十五六小時的活，晚上還要坐更守夜。冬天，因為又冷又餓，又累又困，有的在打掃工作中，不知不覺地伏在暖氣上睡去，以致烤得皮焦肉爛。他們挨打更是經常的。幹活睡覺要挨打，掃地不乾淨要挨打，說話大聲要挨打。心裏不高興的隨侍，還常拿他們出氣。為了處罰他們，負責管理他們的隨侍，特地設了禁閉室。這些孤兒在種種折磨下，長到十七八歲，還矮小得像十來歲的孩子。

有一個叫孫博元的童僕，就是被生生折磨死的。這孩子在偽宮裏實在受不了，他幻想着外面世界也許好些，屢次想找機會逃走。第一次逃走被發覺抓回來，挨了一頓毒打。第二次又逃走，他以為通暖氣管的地道通到外面，便鑽了進去，可是在裏面轉來轉去，轉了兩天兩夜也沒找到出口。他又渴又餓，不得不出來找水喝，因此被人發現又抓住了。我聽到了隨侍的報告，便命令：「讓他先吃點東西，然後再管教他！」可是這時他早被隨侍們管教得奄奄一息了。我聽說他快死了，嚇得要命，怕他死了變成冤鬼前來索命，便命令把醫生叫來搶救，可是已經來不及了。這孩子終於在我的「家規」下，喪失了幼小的生命！

這件事發生後，我並沒有受到良心的責備，只是由於害怕因果報應，花了幾天功夫在佛壇前磕頭唸經，超渡亡魂，同時責令打過他的隨侍們，在半年以內，每天要用竹板打自己的手心，以示懺悔。好像這樣措置之後，我就可以擺脫一切干係似的。

我對僕人們的苛刻待遇，後來竟因神經過敏而發展到極無聊的地步。我經常像防賊似地防備廚子買菜時賺我幾角錢。我甚至於派人秘密跟蹤，看他是怎麼買的，或者向我的妹妹們調查，肉多少錢一斤，雞多少錢一隻。有時候認為菜做的不好，或者發現有點甚麼

髒東西，立刻下令罰錢。當然有時因為做的好，也賞錢。我在自己的屋子外面無權無力，只能在日本人決定的法令上劃可，在自己的屋子裏面，卻作威作福，我行我法。

到了偽滿末期，日本的敗象越來越明顯。無論是無線電中的盟國電台消息，還是吉岡安直流露出的頹喪心情，都逐日加深着我的末日情緒。我的脾氣變得更壞了，在家門裏發的威風也更凶了。一九四四年初，一位按例來給我祝壽的長輩，竟平白無辜地成了我發威風的對象。

那天為了慶祝我的生日，宮內府弄了一個滑冰晚會，找了些會滑冰的人來表演。在大家看滑冰的時候，這位關內來的長輩看見了吉岡安直和日本官吏們，為了表示禮貌，在我的面前跟他們招呼為禮。這樣的事在一般人看來本是極為平常的，可是在當時我那一輩人眼中卻成了「大不敬」的失儀行為。因為「天子」乃是「至尊」，在「天子」面前沒有誰更尊貴的，所以任何人不能有互相致敬、受禮的表示。家裏的人都知道我是絕對不容許有這類事發生的，而且按照我的教誨，如有人發現任何不敬行為，不向我報告就要算做不忠。因此，這件當時並未被我發現的「不敬」行為，過了不大功夫，即在滑冰表演結束後舉行家宴的時候，就有個侄子在宴席上報告了我。我這時正在高興，加以想到他是個老人，不想深究，便示意叫這忠心的侄子退下。卻不料那位剛犯了「大不敬」的老人，現在又犯了好奇心，想知道那個侄子俯在我耳邊說甚麼，便探過頭去問那個侄子，又一次犯了「大不敬」。我不禁勃然大怒，猛地拍了一下桌子，喝道：「給你臉，不作臉，你還有個夠嗎？」這位老人這才明白了他的「過失」，嚇得面如土色，身不由己地向我雙膝跪倒，誠惶誠恐地低下頭來。而我卻越想越氣，索性離了席，對他嚷叫起來：「你的眼裏還

有我嗎？你眼裏沒有我，就是沒有德宗景皇帝，就是沒有穆宗毅皇帝！……」弄得全場鴉雀無聲，可謂大煞風景。

　　我所以如此氣惱，說穿了不過是因為被傷害了虛榮心。我甚至覺得這個老人竟不如日本人。連日本人對我使顏色都是背着人進行的，可他倒當着人的面冒犯我！

　　到長春之後，我看了大量的迷信鬼神書，看得入了迷。我在書上看了甚麼六道輪回，說一切生物都有佛性，我就生怕吃的肉是死去的親人變的，所以除了每天早晚唸兩次經外，每頓飯又加唸一遍「往生咒」，給吃的肉主超生。開頭是在開飯的時候，當着人面，我自己默默地唸，後來我索性讓人先出去，等我一個人嘟嘟囔囔地唸完，再讓他們進來。所以後來每逢吃飯，他們便自動等在外面，聽我嘟囔完了才進來。記得有一次，我正在同德殿的地下防空洞裏吃飯，忽然響起了空襲警報，我唸了咒還不算，還把要吃的一個雞蛋拿起來，對它磕三個頭，才敢把這個「佛性」吃下肚去。這時，我已經索性吃素，除雞蛋外，葷腥一概不動。我不許人們打蒼蠅，只許向外轟。我知道蒼蠅會帶病菌傳病給人，蒼蠅落過的飯菜，我一律不吃，如果在我的嘴唇上落一下，我就拿酒精棉花擦一下（我身上總帶着一個盛酒精藥棉的小鐵盒），如果發現菜裏有蒼蠅腿要罰廚師的錢，儘管如此，我卻不准任何人打死一隻蒼蠅。有一次我看見一隻貓抓住了一隻老鼠，為了救這只老鼠，我就下令全體家人一齊出動去追貓。

　　我越看佛書越迷，有時做夢，夢見遊了地獄，就越發相信。有一次，我從書上看到，唸經多日之後，佛就會來，還要吃東西。我便佈置出一間屋子，預備了東西。在唸過經之後，對眾人宣佈道：佛來了！我便跪着爬進屋去。當然裏面是空的，可是因為我自己也相信了自己的胡說八道，所以戰戰兢兢地向空中磕起頭來。

我家裏的人都叫我弄得神神顛顛的。在我的影響下，家中終日佛聲四起，木魚銅磬響聲不絕，像居身於廟裏一樣。

我還常常給自己問卜算卦，而且算起來就沒完，不得上吉之卦，決不罷休。後來我日益害怕關東軍害我，發展到每逢吉岡找我一次，我要打卦卜一次吉兇。避兇趨吉，幾乎成了支配我一舉一動的中心思想。弄得行路、穿衣、吃飯，腦子裏也是想着哪樣吉，哪樣不吉。至於吉兇的標準，也無一定之規，往往是見景生情，臨時自定。比如走路時，前面有塊磚頭，心裏便規定道：「從左面走過去，吉祥，從右邊，不吉祥。」然後便從左面走過去。甚麼邁門檻用左腿右腿，夾菜是先夾白先夾綠，真是無窮無盡。婉容也隨我入了迷，她給自己規定，對於認為不吉的，就眨巴眨巴眼，或是吐吐唾沫。後來弄成了習慣，時常無緣無故地眨巴一陣眼，或者是嘴裏「啐啐啐」連着出聲，就像患了精神病似的。

在我的教育管制之下，我的侄子們 —— 二十左右歲的一羣青年，個個像苦修的隱士，有的每天「入定」，有的新婚之後不回家，有的在牀頭上懸掛「白骨圖」，有的終日搖訣唸咒，活像見了鬼似的。

我還每天「打坐」。「打坐」時，不准有一點聲音。這時所有的人連大氣都不敢出。我的院子裏養了一隻大鶴，它不管這套，高起興來就要叫一下子。我交代給僕人負責，如果鶴叫一聲，就罰他五角錢。僕人們被罰了不少錢之後，研究出一個辦法：鶴一抻脖子他就打它脖子一下，這樣就不叫了。

因為怕死，所以最怕病。我嗜藥成癖，給了我的家人和僕人不少罪受，也給自己找了不少罪受。我嗜藥不僅是吃，而且還包括收藏。中藥有藥庫，西藥有藥房。我有時為了菜的口味差一些，硬叫扣出廚子幾角錢來，但為買些用不着的藥品，可以拿出幾千元、幾

萬元去向國外訂購。我的一些侄子，上學之外要為我管藥房、藥庫。他們和我專僱的醫生每天為我打補針，總要忙上幾小時。

從前我在紫禁城裏時常「疑病」，現在用不到疑心，我真的渾身是病了。記得有一次例行「巡幸」，到安東去看日本人新建的水力發電站。到了那裏，由於穿着軍服，還要在鬼子面前撐着架子，走了不多遠，我就喘得透不過氣來，回來的時候，眼看就要昏過去了，隨行的侄子們和醫生趕快搶着給我打強心劑和葡萄糖，這才把我搶救過來。

這種虛弱的身體，加上緊張的心情，讓我總覺得死亡迫在眉睫。

有一天，我到院子裏去打網球，走到院牆邊，忽然看到牆上有一行粉筆寫的字：「日本人的氣，還沒受夠嗎？」

看到這行粉筆字，我連網球也忘記打了，趕緊叫人擦了去。我急忙回到我的臥室，心裏砰砰跳個不停，覺得虛弱得支持不住了。

我怕日本人發現這行粉筆字之後，會不分青紅皂白地在我這「內廷」來個「大檢舉」，那不定會鬧成甚麼樣子。令我更驚慌的是，顯然在我這內廷之中，有了「反滿抗日分子」。他敢於在大庭廣眾之下寫字，就不敢殺我嗎？

由於我整天昏天黑地、神神顛顛，對家庭生活更沒有一點興趣。我先後有過四個妻子，按當時的說法，就是一個皇后，一個妃，兩個貴人。如果從實質上說，她們誰也不是我的妻子，我根本就沒有一個妻子，有的只是擺設。雖然她們每人的具體遭遇不同，但她們都是同樣的犧牲品。

長時期受着冷淡的婉容，她的經歷也許是現代新中國的青年最不能理解的。她如果不是在一出生時就被決定了命運，也是從一結婚就被安排好了下場。我後來時常想到，她如果在天津時能像文繡

那樣和我離了婚，很可能不會有那樣的結局。當然，她究竟和文繡不同。在文繡的思想裏，有一個比封建的身份和禮教更被看重的東西，這就是要求有一個普通人的家庭生活。而婉容，卻看重了自己的「皇后」身份，所以寧願做個掛名的妻子，也不肯丟掉這塊招牌。

自從她把文繡擠走之後，我對她便有了反感，很少和她說話，也不大留心她的事情，所以也沒有從她嘴裏聽說過她自己的心情、苦悶和願望。只知道後來她染上了吸毒（鴉片）的嗜好，有了我所不能容忍的行為。

「八一五」後她和我分手時，煙癮已經很大，又加病弱不堪，第二年就病死在吉林了。

一九三七年，我為了表示對婉容的懲罰，也為了有個必不可少的擺設，我另選了一名犧牲品 —— 譚玉齡，她經北京一個親戚的介紹，成了我的新「貴人」。她原姓他他拉氏，是北京一個初中的學生，和我結婚時是十七歲。她也是一名掛名的妻子，我像養一隻鳥兒似地把她養在「宮」裏，一直養到一九四二年死去為止。

她的死因，對我至今還是一個謎。她的病，據中醫診斷說是傷寒，但並不認為是個絕症。後來，我的醫生黃子正介紹市立醫院的日本醫生來診治。吉岡這時說是要「照料」，破例地搬到宮內府的勤民樓來了。就這樣，在吉岡的監督下，日本醫生給譚玉齡進行了醫治，不料在進行治療的第二天，她便突然死去了。

令我奇怪的是，日本醫生開始治療時，表現非常熱心，在她身邊守候着，給她打針，讓護士給她輸血，一刻不停地忙碌着。但是在吉岡把他叫到另外一間屋子裏，關上門談了很長時間的話之後，再不那麼熱情了，他沒有再忙着注射、輸血，變成了沉默而悄悄的。住在勤民樓裏的吉岡，這天整夜不住地叫日本憲兵給病室的護士打

電話，訊問病況。這樣過了一夜，次日一清早，譚玉齡便死了。不由我不奇怪，為甚麼吉岡在治療的時候，找醫生談那麼長時間的話呢？為甚麼談過話之後，醫生的態度便變了呢？

我剛聽到了她的死訊，吉岡就來了，說他代表關東軍司令官向我弔唁，並且立即拿來了關東軍司令官的花圈。我心裏越發奇怪，他們怎麼預備的這樣快呢？

由於我犯了疑心，就不由得回想起譚玉齡的生前。在生前她是時常和我談論日本人的。她在北京唸過書，知道不少關於日本人在關內橫行霸道的事。自從德王那件事發生後，我有時疑心德王亂說，有時疑心日本人偷聽了我們的談話。譚玉齡的死，我不由得又想起了這些。

吉岡在譚玉齡死後不久的一個舉動，更叫我聯想到，即使不是吉岡使了甚麼壞，她的死還是和關東軍有關的。譚玉齡剛死，吉岡就給我拿來了一堆日本姑娘的相片，讓我挑選。

我拒絕了。我說譚玉齡遺體未寒，無心談這類事。他卻說，正是因為要解除我的悲痛，所以他要早日為我辦好這件大事。我只得又說，這確是一件大事，但總得要合乎自己的理想，不能草率從事，況且語言不通，也是個問題。

「語言通的，嗯，這是會滿洲語言的，哈！」

我怕他看出我的心思，忙說：「民族是不成問題的，但習慣上、興趣上總要合適才好。」我拿定了主意，決不要日本妻子，因為這就等於在我牀上安上了個耳目。但這話不好明說，只得推三阻四，找各式借題來抵擋。

不想這個「御用掛」，真像掛在我身上一樣，死皮賴臉，天天糾纏。我怕惹惱他，又不好完全封口。後來，也許是他明白我一定不

要日本人，也許關東軍有了別的想法，又拿來了一些旅順日本學校的中國女學生的相片。我二妹提醒我說，這是日本人訓練好的，跟日本人一樣。可是我覺得這樣總拖也不是個辦法，因為如果關東軍硬給我指定一個，我還是得認可。我最後決定挑一個年歲幼小的，文化程度低些的。在我看來，這樣的對象，即使日本人訓練過，也還好對付；而且只要我功夫作好，也會把她訓練回來。決定後，我向吉岡說了。

就這樣，一個後來被稱做「福貴人」的十五歲的孩子，便成了我的第四名犧牲品。她來了不到兩年，也就是她還不到成年的年歲，偽滿就垮了台。在大崩潰中，我成了俘虜，她被遣送回長春老家去了。

十、大崩潰

在戰犯管理所的時候，有個前偽滿軍的旅長對我說過一個故事。太平洋戰爭發生的那一年冬天，他在關東軍的指揮下，率偽滿軍前去襲擊抗聯部隊。他的隊伍在森林裏撲了一個空，只找到了一個藏在地下小屋裏的生病的抗聯戰士。這個人衣服破爛，頭髮、鬍子挺長，就像關了很久的囚犯似的。他望見這俘虜的外貌，不禁嘲弄地說：

「看你們苦成這副模樣，還有甚麼幹頭！你知道不知道，大日本皇軍把新加坡、香港都佔領啦……」

「俘虜」突然笑起來。這位「滿洲國」少將拍着桌子制止道：「笑甚麼？你知道你這是受審判嗎？」那戰士對他的回答，叫他大吃一驚──

「誰審判誰？你們的末日不遠了，要不了多長時候，你們這羣人，都要受人民的審判！」

偽滿的文武官員，一般說來都知道東北人民仇恨日寇和漢奸，但卻不理解他們何以有這麼大的膽量，何以那麼相信自己的力量，同時又確信強大的統治者必敗無疑。我從前一直把日本帝國主義的力量看做強大無比，不可動搖。在我心裏，能拿來和日本做比較的，連大清帝國、北洋政府和國民黨的中華民國都夠不上，至於「老百姓」，我連想也沒想過。

究竟是誰強大無比，是誰軟弱無力？其實早有無數的事實告訴過我，但是我極不敏感，一直到從吉岡嘴裏透露了出來的時候，我還是模模糊糊。

有一次，關東軍安排我外出「巡幸」（一年有一次），去的地點是延吉朝鮮族地區。我的專車到達那裏，發現大批的日本憲兵和六個團的偽軍，把那裏層層圍了起來。我問吉岡這是甚麼意思，他說是「防土匪」。「防土匪何用這麼多兵力？」「這土匪可不是從前那種土匪，這是共產軍哪！」「怎麼滿洲國也有共產軍？共產軍不是在中華民國嗎？」「有的，有的，小小的有的，……」吉岡含含混混回答着，轉移了話題。

又一次，關東軍參謀在例行的軍事形勢報告之外，特地專門向我報告了一次「勝利」。在這次戰役中，抗聯的領袖楊靖宇將軍犧牲了。他興高采烈地說，楊將軍之死，消除了「滿洲國的一個大患」。我一聽「大患」二字，忙問他：「土匪有多少？」他也是這麼說：「小小的，小小的有。」

一九四二年，華北和華中的日本軍隊發動了「大掃蕩」，到處實行三光政策，製造無人區。有一次，吉岡和我談到日軍對華北「共產

軍」的種種戰術，如「鐵壁合圍」、「梳篦掃蕩」等等，說這給「大日本皇軍戰史上，增添了無數資料」。我聽他說的天花亂墜，便湊趣說：「共產軍小小的，何犯上用這許多新奇戰術？」不料這話引起了他的嘲弄：

「皇帝陛下倘若有實戰體驗，必不會說這話。」

我逢迎道：「願聞其詳。」

「共產軍，這和國民黨軍不一樣。軍民不分，嗯，軍民不分，舉例說，嗯，就像赤豆混在紅砂土裏，……」他看我茫然無知的樣子，又舉出中國的「魚目混珠」的成語來做比喻，說日本軍隊和八路軍、新四軍作戰時，常常陷入四面受敵的困境。後來，他竟不怕麻煩，邊說邊在紙上塗抹着解釋：「共產軍」不管到哪裏，百姓都不怕他；當兵一年就不想逃亡，這實在是大陸上從來沒有的軍隊；這樣隊伍越打越多，將來不得了。「可怕！這是可怕的！」他不由自主地搖頭感歎起來。看見這位「大日本皇軍」將官居然如此評論「小小的」敵人，我惶惑得不知說甚麼才合適，拼命地搜索枯腸，想起了這麼兩句：

「殺人放火，共產共妻，真是可怕！」

「只有鬼才相信這個！」他粗暴地打斷了我的話。過了一會兒，他又用嘲弄的眼神看着我說：

「我這並不是正式評論，還是請陛下聽關東軍參謀長的報告吧。」

說着，他把剛才塗抹過的紙片都收了起來，放進口袋。

我逐漸地覺出了吉岡的「非正式評論」，比關東軍司令官和參謀長的「正式評論」比較近乎事實。植田謙吉發動諾門坎戰役時，為了證實他的「正式評論」，曾把我和張景惠等都請了去，參觀日本飛機超過蘇聯飛機的速度表演。事實上，那次日軍被打得落花流水，損

失了五萬多人，植田也因之撤職。吉岡在非正式評論時說：「蘇軍的大炮比皇軍的射程遠多了！」

藏在吉岡心底的隱憂，我漸漸地從收音機裏，越聽越明白。日軍在各個戰場失利的消息越來越多，報紙上的「赫赫戰果」、「堂堂入城」的協和語標題，逐漸被「玉碎」字樣代替。物資匱乏情況嚴重，我在封鎖重重中也能覺察出來。不但是搜刮門環、痰桶等廢銅爛鐵的活動，伸進「帝宮」裏來，而且「內廷」官員家屬因缺乏食物，也紛紛來向我求助了。「強大無比」的日本統治者開始露餡，「無畏的皇軍」變成樣樣畏懼。因為怕我知道軍隊供應品質低劣，關東軍司令官特地展覽了一次軍用口糧請我去參觀；因為怕我相信從收音機裏聽到的海外廣播，送來宣傳日軍戰績的影片給我放映……。不用說我不相信這些，就連我最小的侄子也不相信。

給我印象最深的，是日本軍人流露出來的恐懼。

佔領了新加坡之後到東北來任關東軍某一方面軍司令長官的山下奉文，當時趾高氣揚不可一世的狂態還留在我的記憶裏，可是到了一九四五年，當他再次奉調南洋，臨行向我告別時，卻對我捂着鼻子哭了起來，說：「這是最後的永別，此一去是不能再回來了！」

在一次給「肉彈」舉行餞行式時，我又看到了更多的眼淚。肉彈是從日本軍隊中挑選出來的士兵，他們受了「武士道」和「忠君」的毒素教育，被挑出來用肉體去和飛機坦克碰命，日本話叫做「體擋」。吉岡從前每次提到這種體擋，都表示無限崇敬。聽那些事跡，我確實很吃驚。這回是關東軍叫我對這批中選的肉彈鼓勵一下，為他們祝福。那天正好是陰天，風沙大作。餞行地點在同德殿的院裏，院裏到處是一堆堆的防空沙袋，更顯得氣象頹喪。肉彈一共有十幾個人，排成一列站在我面前，我按吉岡寫好的祝詞向他們唸了，然後

向他們舉杯。這時我才看見，這些肉彈個個滿臉灰暗，淚流雙頰，有的竟哽咽出聲。

儀式在風沙中草草結束了，我心慌意亂，又急着要回屋裏去洗臉，吉岡卻不離開，緊跟在我身後不去。我知道他一定又有話說，只好等着他。他清了清嗓子，嗯了幾聲，然後說：

「陛下的祝詞很好，嗯，所以他們很感動，嗯，所以才流下了日本男子的眼淚……」聽了這幾句多餘的話，我心說：「你這也是害怕呵！你怕我看出了肉彈的馬腳！你害怕，我更害怕啦！」

一九四五年五月，德國戰敗後，日本四面受敵的形勢就更明顯了，蘇聯的出兵不過是個時間上的問題。日本過去給我的印象不管如何強大，我也明白了它的孤立劣勢。

最後崩潰的日子終於來了。

一九四五年八月九日的早晨，最末一任的關東軍司令官山田乙三同他的參謀長秦彥三郎來到了同德殿。向我報告說，蘇聯已向日本宣戰了。

山田乙三是個矮瘦的小老頭，平時舉止沉穩，說話緩慢。這天他的情形全變了，他急促地向我講述日本軍隊如何早有十足準備，如何具有必勝之信心。他那越說越快的話音，十足的證明連他自己也沒有十足的準備和信心。他的話沒說完，忽然響起了空襲警報。我們一齊躲進了同德殿外的防空洞，進去不久，就聽見不很遠的地方響起了爆炸聲。我暗誦佛號，他默不作聲。一直到警報解除，我們分手時為止，他再沒提到甚麼信心問題。

從這天夜裏起，我再沒有脫衣服睡覺。我的袋裏總放着一支手槍，並親自規定了內廷的戒嚴口令。

次日，山田乙三和秦彥三郎又來了，宣佈日軍要退守南滿。「國

都」要遷到通化去，並告訴我必須當天動身。我想到我的財物和人口太多，無論如何當天也搬不了。經我再三要求，總算給了三天的寬限。

從這天起，我開始受到了一種新的精神折磨。這一半是由於吉岡態度上有了進一步的變化，一半是由於我自己大大地犯了疑心病，自作自受。我覺出了吉岡的變化，是由於他在山田乙三走後，向我說了這麼一句話：

「陛下如果不走，必定首先遭受蘇聯軍的殺害！」

他說這句話的時候，樣子是惡狠狠的。但是讓我更害怕的，是我從他的話裏猜測到，日本人正疑心我不想走，疑心我對他們懷有貳心。

「他們怕我這個人證落在盟軍手裏，會不會殺我滅口？」這個問題一冒頭，我的汗毛都豎起來了。

我想起了十多年的故技，我得設法在吉岡面前表現「忠誠」。我靈機一動，叫人把國務院總理張景惠和總務廳長官武部六藏找來。我向他們命令道：

「要竭盡全力支援親邦進行聖戰，要抗拒蘇聯軍到底，到底……」

說完，我回頭去看吉岡的臉色。但這個形影不離的「御用掛」，卻不知道甚麼時候出去了。

我莫名其妙地起了不祥的預感，在屋子裏轉來轉去。這樣過了一會兒，我忽然看見窗外有幾個日本兵端着槍，向同德殿這邊走來。我的魂簡直飛出了竅，以為是下毒手來了。我覺着反正沒處可躲，索性走到樓梯口，迎上了他們。這幾個日本兵看見了我，卻又轉身走了。

我認為這是來查看我，是不是跑了。我越想越怕，就拿起電話找吉岡，電話怎麼也叫不通。我以為日本人已經扔下我走了，這叫我同樣的害怕。

後來我給吉岡打電話，電話通了，吉岡的聲音很微弱，說他病了。我連忙表示對他的關懷，說了一堆好話，聽他說了「謝謝陛下」，我放了電話，鬆了一口氣。這時我感到肚子很餓，原來一天沒吃一點東西了。我叫剩下來的隨侍大李給我「傳膳」，大李說廚師全走了。我只好胡亂吃點餅乾。

十一日晚上九點多，吉岡來了。這時我的弟弟、妹妹、妹夫和侄子們都已先去了火車站，家裏只剩下我和兩個妻子。吉岡對我和隨行的一些隨侍們用命令口氣說：

「無論是步行，或是上下車輛，由橋本虎之助恭捧『神器』走在前面。無論是誰，經過『神器』，都須行九十度鞠躬禮。」

我知道這真到了出發的時候了。我恭恭敬敬地站着，看祭祀長橋本虎之助捧着那個盛着『神器』的包袱，上了頭輛汽車，然後自己進了第二輛。汽車開出了「帝宮」，我回頭看了一眼，在「建國神廟」上空，昇起了一股火苗。

在通往通化大栗子溝的路上，火車走了三夜兩天。本來應從瀋陽走，為了躲避空襲，改走了吉林 —— 梅河口的路線。兩天裏只吃了兩頓飯和一些餅乾。沿途到處是日本兵車，隊伍不像隊伍，難民不像難民。在梅河口，車停下來，關東軍司令官山田來到了車上。他向我報告日軍打了勝仗，擊毀了多少蘇軍飛機和坦克。但是在吉林站上，我卻看到一幅相反的景象：成批的日本婦女和孩子叫嚷着擁向火車，向攔阻她們的憲兵哀求着，哭號着……在月台盡頭處，日本士兵和憲兵廝打着……

　　大栗子溝是一座煤礦，在一個山彎裏，與朝鮮一江之隔，清晨，白霧彌漫着羣山，太陽昇起之後，青山翠谷，鳥語花香，景色極美，在當時，這一切在我的眼裏卻都是灰暗的。我住的地方是日本礦長的住宅，有七八間房，這種日本式的房間隔音不好，所以成天鬧哄哄的。

　　八月十三日到了這裏，過了兩天驚惶不安的生活，八月十五日日本就宣佈投降了。

　　當吉岡告訴了我「天皇陛下宣佈了投降，美國政府已表示對天皇陛下的地位和安全給以保證」，我立即雙膝跪下，向蒼天磕了幾個頭，唸誦道：「我感謝上天保佑天皇陛下平安！」吉岡也隨我跪了下來，磕了一陣頭。

　　磕完頭，吉岡愁眉苦臉地說，日本關東軍已和東京聯繫好，決定送我到日本去。「不過，」他又說，「天皇陛下也不能絕對擔保陛下的安全。這一節要聽盟軍的了。」

　　我認為死亡已經向我招手了。

　　張景惠、武部六藏和那一羣「大臣」、「參議」找我來了。原來還有一場戲要演，他們拿來了那位漢學家的新手筆——我的「退位詔書」。我站在猶如一羣喪家犬的大臣、參議面前，照着唸了一遍。這個第六件詔書的字句已不記得了，只記得這件事：這篇詔書原稿上本來還有那少不了的「仰賴天照大神之神庥，天皇陛下之保佑」，可是叫橋本虎之助苦笑着給劃掉了。橋本擔任過守護天皇的近衞師團長，後來又做了守護天照大神的祭祀長，可算是最了解天皇和天照大神的人了。

　　我假如知道，我這時的身價早已降在張景惠那一批人之下，心情一定更糟。日本人在決定我去東京的同時，佈置了張景惠和武部六藏回到長春，安排後事。他們到了長春，由張景惠出面，通過廣播

電台和重慶的蔣介石取得了聯繫，同時宣佈成立「治安維持會」，準備迎接蔣介石的軍隊接收。他們打算在蘇軍到達之前，儘快變成「中華民國」的代表。但沒有料到蘇軍來得如此神速，而共產黨領導的抗聯軍隊也排除了日軍的抵抗，逼近了城市。蘇軍到了長春，蘇聯指揮官對他們說了一句：「等候吩咐吧。」張景惠他們以為維持會被承認了，不禁對蘇聯又生了幻想，張景惠回家對他老婆說：「行啦，這又撈着啦！」第二天，偽大臣們應邀到達了蘇軍司令部，等着蘇軍司令的委派，不料蘇聯軍官宣佈道：「都到齊啦，好，用飛機送你們到蘇聯去！」

　　八月十六日，日本人聽說在長春的禁衛軍已和日軍發生了衝突，就把隨我來的一連禁衛軍繳了械。這時吉岡通知我，明天就動身去日本，我當然連忙點頭稱是，裝出高興的樣子。

　　吉岡叫我挑選幾個隨行的人。因為飛機小，不能多帶，我挑了溥傑、兩個妹夫、三個侄子、一個醫生和隨侍大李。「福貴人」哭哭啼啼地問我：「我可怎麼辦呢？」我說：「飛機太小，你們坐火車去吧。」「火車能到日本嗎？」我不假思索地說：「火車能到。頂多過三天，你和皇后他們就見着我了。」「火車要是不來接呢？我在這裏一個親人也沒有呀！」「過兩天就見着了，行了行了！」

　　我心亂如麻，反復思索着如何能逃脫死亡，哪還有心顧甚麼火車不火車呢？

　　飛機飛行的第一個目標是瀋陽，我們要在那裏換乘大型飛機。從通化出發，和我在一起的是吉岡、橋本、溥傑和一名日本神官（隨橋本捧「神器」的），其他人和一名日本憲兵在另一架飛機上。這天上午十一時，我先到了瀋陽機場，在機場休息室裏，等候着那另一架飛機。

　　等候了不久，忽然響起了一片震耳的飛機馬達聲。原來是蘇軍飛機來着陸了。一隊隊手持衝鋒槍的蘇聯士兵，走下飛機，立即將機場上的日本軍隊繳了械。不大的時間，機場上到處是蘇聯的軍人。這是蘇軍受降的軍使來到了。

　　由於這個變化，我沒有能夠到日本去。第二天，便被蘇聯飛機載往蘇聯去了。

第七章 蘇聯

一、疑懼和幻想

飛機飛到赤塔，天差不多快黑了。我們是第一批到蘇聯的偽滿戰犯，和我同來的有溥傑、兩個妹夫、三個侄子、一個醫生和一個傭人。我們這一家人乘坐蘇軍預備好的小汽車，離開了機場。從車中向外瞭望，好像是走在原野裏，兩邊黑忽忽的看不到盡頭。走了一陣，穿過幾座樹林，爬過幾道山坡，道路變得崎嶇狹仄，車子速度也降低下來。忽然間車停了，車外傳來一句中國話：

「想要解手的，可以下來！」

我不覺大吃一驚，以為是中國人接我們回去的。其實說話的是一位中國血統的蘇聯軍官。在我前半生中，我的疑心病可把自己害苦了，總隨時隨地無謂地折磨自己。明明是剛剛坐着蘇聯飛機從中國飛到蘇聯來，怎麼會在這裏向中國人移交呢！這時我最怕的就是落在中國人手裏。我認為落在外國人手裏，尚有活命的一線希望，若到了中國人手裏，則是準死無疑。

我們解完手，上了汽車，繼續走了大約兩小時，進入一個山峽間，停在一座燈火輝煌的樓房面前。我們這一家人下了車，看着這

座漂亮的建築，有人小聲嘀咕說：「這是一家飯店呵！」大家都高興起來了。

走進了這座「飯店」，迎面走過來一位四十多歲穿便服的人，後面跟着一羣蘇聯軍官。他莊嚴地向我們宣佈道：

「蘇聯政府命令：從現在起對你們實行拘留。」

原來這是赤塔市的衛戍司令，一位蘇聯陸軍少將。他宣佈完了命令，很和氣地告訴我們說，可以安心地住下，等候處理。說罷，指着桌上一個盛滿了清水的瓶子說：

「這裏是有名的礦泉，礦泉水是很有益於身體健康的飲料。」

這種礦泉水乍喝有點不大受用，後來卻成了我非常喜歡的東西。我們就在這個療養所裏開始了頗受優待的拘留生活。每日有三頓豐盛的俄餐，一次俄式午茶。有服務員照顧着，有醫生、護士經常檢查身體，治療疾病，有收音機，有書報，有各種文娛器材，還經常有人陪着散步。對這種生活，我立刻感到了滿意。

住了不久，我便生出一個幻想：既然蘇聯和英美是盟邦，我也許還可以從這裏遷到英美去做寓公。這時我還帶着大批的珠寶首飾，是足夠我後半生花用的。要想達到這個目的，首先必須確定我能在蘇聯住下來。因此，我在蘇聯的五年間，除了口頭以外，共三次上書給蘇聯當局，申請准許我永遠留居蘇聯。三次上書，一次是在赤塔，兩次是在兩個月以後遷到離中國不遠的伯力。這三次申請，全無下文。

偽滿的其他「抑留者」[1]，在這個問題上，自始至終與我採取了完全相反的態度。

1　拘留中的偽滿文官身份是抑留者，武官是戰犯。

我到赤塔後不幾天，張景惠、臧式毅、熙洽等這批偽大臣便到了。大約是第二天，張、臧、熙等人到我住的這邊來看我。我以為他們來給我請安的，不料卻是向我請願。張景惠先開的口：

「聽說您願意留在蘇聯，可是我們這些人家口在東北，都得自己照料，再說，還有些公事沒辦完。請您跟蘇聯人說一說，讓我們早些回東北去，您瞧行不行？」

他們有甚麼「公事」沒辦完，我不知道，也不關心，因此對於他們的請求，毫無興趣。

「我怎麼辦得到呢？連我是留是去，還要看人家蘇聯的決定。」

這些傢伙一聽我不管，就苦苦哀求起來：「您說說吧，您一定做得到。」「這是大夥兒的意思，大夥推我們做代表來請求溥大爺的。」「大夥的事，不求您老人家，還能求誰呢？」

他們現在不能再叫我「皇上」、「陛下」，就沒口地亂叫起來。我被纏的沒法，只好找負責管理我們的蘇聯中校渥羅闊夫。

渥羅闊夫聽了我告訴他的偽大臣們的要求，便說：「好吧，我代為轉達。」

在我提出要求留蘇申請的時候，他也是這樣回答的。以後的情況也相同，沒有下文。但是這些大臣和我一樣的不死心，遷到伯力市郊之後，我申請留在蘇聯，他們就申請回到東北，還是逼着我替他們說話。

那時我還不明白，他們比我了解國民黨的政治內幕，知道國民黨那些人對他們的特殊需要，因此相信回去不僅保險，還能撈一把。也許這個誘惑太大了，便有人想回去想得幾乎發了瘋。在伯力市郊的時候，有一次，一個充當打掃職責的偽滿俘虜，大約是發羊角瘋之類的病，倒在地下胡說八道。有一位崇信乩壇的偽大臣，認定這

是大神附體，便立刻跪在這個俘虜面前大叩其頭，並且嘴裏還唸唸叨叨，恭請「大神」示知，他甚麼時候能離蘇回家。

在蘇聯，除了蘇聯翻譯人員經常給大家講新聞，我們還可以經常看到旅順蘇軍發行的中文《實話報》，聽到國內的戰事消息。我對這些很不關心，認為無論誰勝誰敗對我反正是一樣，都會要我的命。我唯一的希望就是永遠不回國。那些偽大臣們卻很留心國內的形勢。他們把希望放在蔣介石的統治上，他們相信，有美國的幫助，蔣介石是可以打敗人民解放軍的，所以起初聽到人民解放軍的勝利消息，誰也不相信。到後來，事實越來越真，於是他們又發起慌來。新中國宣告成立時，有個自認為經驗豐富的人，提出打個賀電的意見，這個意見得到了廣泛的回應。

二、放不下架子

在蘇聯的五年拘留生活中，我始終沒有放下架子。我們後來移到伯力收容所，這裏雖然沒有服務員，我照樣有人服侍。家裏人給我疊被、收拾屋子、端飯和洗衣服。他們不敢明目張膽地叫我「皇上」，便改稱我為「上邊」。每天早晨，他們進我的屋子，照例先向我請安。

剛到伯力郊外的時候，有一天，我想散散步，從樓上下來。樓梯底下椅子上坐着一個從前的「大臣」，他見了我，眼皮也沒抬一下。我心裏很生氣，從此就不想下樓了。每天呆在樓上，大部分時間都花在唸經上。不過一般說起來，那些偽大臣大多數對我還是保持尊敬的。舉例說，在蘇聯的五年，每逢過舊曆年，大家包餃子吃，第一碗總要先盛給我。

我自己不幹活，還不願意我家裏這些人給別人幹活。有一次吃飯，我的弟弟和妹夫給大家擺枱子，就叫我給禁止住了。我的家裏人怎麼可以去伺候別人！

一九四七 —— 四八年間，我家裏的人一度被送到同一城市的另一個收容所裏，這是我第一次跟家裏人分開，感到了很大的不方便。蘇聯當局很照顧我，容許我單獨吃飯。可是誰給我端飯呢？幸而我的岳父自告奮勇，他不僅給我端飯，連洗衣服都願替我代勞。

為了使我們這批寄生蟲，做些輕微的勞動，收容所給我們在院子裏劃出了一些地塊，讓我們種菜。我和家裏人們分得一小塊，種了青椒、番茄、茄子、扁豆等等。看到青苗一天天在生長，我很覺得新奇，於是每天提個水壺接自來水去澆，而且澆得很有趣味。這是以前從來沒有過的。但主要的興趣，還是在於我很愛吃番茄和青椒。當然，我常常想到，這到底不如從菜舖裏買起來方便。

為了我們學習，收容所當局發給了我們一些中文書籍，並且有一個時期，叫我的弟弟和妹夫給大家照着本子講《列寧主義問題》和《聯共黨史》。講的人莫名其妙，聽的人也糊裏糊塗。我自己心裏只是納悶，這和我有甚麼關係？假如不讓我留在蘇聯，還要把我送回去，我就是能背下這兩本書，又有甚麼用？

「學習」這兩個字，那時對我說起來，還不如青椒、番茄現實一些。每次學習，我坐在講桌旁邊一個特殊的座位上，總是一邊聽「教員」結結巴巴地講我不懂而且也不想懂的「孟什維克」、「國家杜馬」，一邊胡思亂想：「如果能住在莫斯科，或者倫敦，這些珠寶首飾夠我用幾年？」「蘇聯人不吃茄子，這回收下的茄子，怎麼個吃法？」……

不過，我還能裝出很像用心聽的樣子，可有的人就不同了，他們索性打起鼾來。晚飯後，是自由活動時間，卻另是一個樣：走廊

的一頭是幾桌麻將；另一頭靠窗的地方，有人向窗外天空合掌，大聲唸着「南無阿彌陀佛！觀世音菩薩！」樓上日本戰犯那裏傳來「烏烏烏」的日本戲調子；更稀奇的是有人擺起測字攤，四面圍着一羣人，訊問甚麼時候可以回家，家裏發生甚麼事沒有。還有些人在臥室裏偷着扶乩，問的全是有關回家的問題。最初幾天，門外的蘇聯哨兵被吵聲驚動，曾經十分驚奇地瞅着這羣人，直搖腦袋，後來連他們也習慣了。

在這種時候，我多半是在自己的屋子裏，搖我的金錢課，唸我的金剛經。……

三、我不認罪

既然放不下架子，又不肯學習，我的思想根本不起變化，認罪自然更談不到。

我知道，在法律面前，我是犯有叛國罪的。但我對這件事，只看做是命運的偶然安排。「強權就是公理」和「勝者王侯敗者寇」，這就是我那時的思想。我根本不去想自己該負甚麼責任，當然更想不到支配我犯罪的是甚麼思想，也從來沒有聽說過甚麼思想必須改造。

為了爭取擺脫受懲辦的厄運，我採取的辦法仍然是老一套。既然在眼前決定我命運的是蘇聯，那麼就向蘇聯討好吧。於是我便以支援戰後蘇聯的經濟建設為詞，向蘇聯獻出了我的珠寶首飾。

我並沒有獻出它的全部，我把其中最好的一部分留了下來，並讓我的侄子把留下的那部分，藏進一個黑色皮箱的箱底夾層裏。因為夾層小，不能全裝進去，就又往一切我認為可以塞的地方塞，以致連肥皂裏都塞滿了，還是裝不下，最後只好把未裝下的扔掉。

有一天，蘇聯的翻譯和一個軍官走進大廳，手裏舉着一個亮晃晃的東西向大家問道：「這是誰的？誰放在院子裏的廢暖氣爐片裏的？」

大廳裏的抑留者們都圍了過去，看出軍官手裏的東西是一些首飾。有人說：「這上面還有北京銀樓的印記呢，奇怪，這是誰擱的呢？」

我立刻認出來，這是我叫姪子們扔掉的。這時他們都在另一個收容所裏，我也就不去認賬，連忙搖頭道：

「奇怪，奇怪，這是誰擱的呢？……」

不料那翻譯手裏還有一把舊木梳，他拿着它走到我跟前說：「在一塊的還有這個東西。我記得，這木梳可是你的呢！」

我慌張起來，連忙否認說：「不是不是！木梳也不是我的！」

弄得這兩個蘇聯人沒辦法，怔了一陣，最後只好走了。他們可能到現在還沒弄清楚，我這個人到底是甚麼心理。其實我只有一個心理，這就是怕承認了這件事會引起他們對我的猜疑，所以我採取了一推二賴的辦法。我推得竟這樣笨，不由得不使他們發怔了。

我不但扔了一些首飾，還放在爐子裏燒了一批珍珠。在臨離開蘇聯之前，我叫我的傭人大李把最後剩下的一些，扔進了房頂上的煙囪裏。

我對日本人是怨恨的。蘇聯向我調查日寇在東北的罪行時，我以很大的積極性提供了材料。後來我被召到東京的「遠東國際軍事法庭」去作證，我痛快淋漓地控訴了日本戰犯。但我每次談起那段歷史，從來都不談我自己的罪過，而且盡力使自己從中擺脫出來。因為我怕自己受審判。

我到東京「遠東國際軍事法庭」去作證，是在一九四六年的八月

間。我共計出庭了八天，據說這是這個法庭中作證時間最長的一次。那些天的法庭新聞，成了世界各地某些以獵奇為能事的報紙上的頭等消息。

證實日本侵略中國的真相，說明日本如何利用我這個清朝末代皇帝為傀儡，以進行侵略和統治東北四省，這是對我作證的要求。

今天回想起那一次作證來，我感到很遺憾。由於那時我害怕將來會受到祖國的懲罰，心中顧慮重重，雖然說出了日本侵略者的一部分罪惡事實，但是為了給自己開脫，我在掩飾自己的罪行的同時，也掩蓋了一部分與自己的罪行有關的歷史真相，以致沒有將日本帝國主義的罪行，予以充分的、徹底的揭露。

日本帝國主義者和以我為首的那個集團的秘密勾結，這本是在「九一八」以前就開始了的。日本人對我們這夥人的豢養、培植，本來也是公開的秘密。「九一八」事變後我們這夥人的公開投敵，就是與日本人長期勾結的結果。我為了開脫自己，卻回避了這個問題，只顧談了我怎麼被逼和受害。

外邊的帝國主義和裏邊的反動勢力的勾結，跟任何黑幫搭夥一樣，內部摩擦是不可避免的，而我卻把這類事說成好像是善與惡的衝突。

我在法庭上曾有幾次表現了激動。談到了迎接「天照大神」那回事時，一個日本律師向我提出，我攻擊了日本天皇的祖宗，這很不合乎東方的道德。我激昂地大聲咆哮：「我可是並沒有強迫他們，把我的祖先當他們的祖先！」這引起了哄堂大笑，而我猶憤憤不已。提起了譚玉齡之死，我把自己的懷疑也當做了已肯定了的事實，並且悲憤地說：「連她，也遭到了日本人的殺害！」固然，這時我的心情是激動的，但同時，我更願意人人把我看成是一個被迫害者。

　　被告的辯護人為了減輕被告的罪，曾使用了許多辦法來對付我，企圖降低我的證言價值，甚至想否定我的證人資格。當然，他們是失敗了；即使他們真把我全否定了，也無法改變被告者的命運。但是如果他們是在利用我的畏懼懲罰的心理，使我少談真相，那麼他們是達到了部分目的。我還記得在我歷數日本戰犯的罪行之後，一個美國律師對我大嚷大叫：「你把一切罪行都推到日本人身上，可是你也是罪犯，你終究要受中國政府的裁判的！」他這話確實打中了我的要害，說到了我最害怕的地方。我就是出於這種心理，才把投敵叛國說成是被綁架的結果的。我把我與日本的勾結，一律否認，甚至在法庭上拿出了我給南次郎寫的信時，我也堅決否認，說成是日本人偽造的。我掩蓋了這件事，也掩蓋了日本軍國主義的種種陰謀手段，所以到頭來還是便宜了日本軍國主義者。

第八章　由疑懼到認罪

一、我只想到死

押送偽滿戰犯的蘇聯列車，於一九五〇年七月三十一日到達了中蘇邊境的綏芬河車站。負責押送的阿斯尼斯大尉告訴我，向中國政府的移交，要等到明天早晨才能辦。他勸我安心地睡一覺。

從伯力上車時，我和家裏的人分開了，被安置在蘇聯軍官們的車廂裏。他們給我準備了啤酒、糖果，一路上說了不少逗趣的話。儘管如此，我仍然覺得他們是在送我去死。我相信只要我一踏上中國的土地，便沒有命了。

在對面臥鋪上，阿斯尼斯大尉發出了均勻的呼吸聲。我睜着眼睛，被死亡的恐懼攪得不能入睡。我坐起來，默誦了幾遍《般若波羅蜜多心經》，剛要躺下，月台上傳來了越來越近的腳步聲，好像走來了一隊士兵。我湊近車窗，向外張望，卻看不見人影。皮靴步伐聲漸漸遠去了，只剩下遠處的燈光在不祥地閃爍着。我歎了口氣，縮身回到臥鋪的犄角上，望着窗桌上的空酒杯出神。我記起了阿斯尼斯喝酒時說的幾句話：「天亮就看見你的祖國了，回祖國總是一件值

得慶賀的事。你放心，共產黨的政權是世界上最文明的，中國的黨和人民氣量是最大的。」

「欺騙！」我惡狠狠地瞅了躺在對面臥鋪上的阿斯尼斯一眼，他已經打起鼾來了。「你的話，你的酒，你的糖果，全是欺騙！我的性命跟窗外的露水一樣，太陽一出來便全消失了！你倒睡得瓷實！」

那時在我的腦子裏，只有祖宗而無祖國，共產黨只能與「洪水猛獸」聯繫着，決談不上甚麼文明。我認為蘇聯雖也是共產黨國家，對我並無非人道待遇，但蘇聯是「盟國」之一，要受到國際協議的約束，不能亂來。至於中國，情況就不同了。中國共產黨打倒了蔣介石，不承認任何「正統」，對於我自然可以為所欲為，毫無顧忌。我在北京、天津、長春幾十年間聽到的宣傳，所謂「共產黨」不過全是「殘酷」、「兇惡」等等字眼的化身，而且比蔣介石對我還仇恨百倍。我到了這種人手裏，還有活路嗎？「好死不如賴活」的思想曾支配了我十來年，現在我認為「賴活」固然是幻想，「好死」也是奢望。

我在各種各樣恐怖的設想中渡過了一夜。當天明之後，阿斯尼斯大尉讓我跟他去見中國政府代表的時候，我只想着一件事：我臨死時有沒有勇氣喊一聲「太祖高皇帝萬歲」？

我昏頭脹腦地隨阿斯尼斯走進一間廂房。這裏坐着兩個中國人，一位穿中山裝，一位穿草綠色的沒有銜級的軍裝，胸前符號上寫着「中國人民解放軍」七個字。他們倆站起身跟阿大尉說了幾句話，其中穿中山裝的轉過身對我打量了一下，然後說：

「我奉周恩來總理的命令來接收你們。現在，你們回到了祖國。……」

我低頭等着那軍人給我上手銬。可是那軍人對我瞅着，一動不動。

「他知道我跑不了的。」一個多小時之後，我這樣想着，跟阿斯尼斯走出車廂，上了站台。月台站着兩排持槍的兵，一邊是蘇聯軍隊，一邊是個個都佩戴着那種符號的中國軍隊。我們從中間走過，上了對面的列車。在這短暫的片刻時間內，我想起了蔣介石的八百萬軍隊，就是由戴這種符號的人消滅的。我現在在他們眼裏，大概連個蟲子也不如吧？

進了車廂，我看見了偽滿那一夥人，看見了我家裏的人。他們規規矩矩地坐着，身上都沒有鐐銬和繩索。我被領到靠盡頭不遠的一個座位上，有個兵把我的皮箱放上行李架。我坐下來，想看看窗外的大兵們在幹甚麼，這時我才發現，原來車窗玻璃都被報紙糊上了；再看看車廂兩頭，一頭各站着一個端衝鋒槍的大兵。我的心涼下來了。氣氛如此嚴重，這不是送我們上刑場又是幹甚麼呢？我看了看左近的犯人，每個人的臉上都呈現出死灰般的顏色。

過了不大功夫，有個不帶任何武器的人，看樣子是個軍官，走到車廂中央。

「好，現在你們回到祖國了。」他環視着犯人們說，「中央人民政府對你們已經做好安排，你們可以放心。……車上有醫務人員，有病的就來報名看病……」

這是甚麼意思呢？祖國，安排，放心，有病的看病？呵，我明白了，這是為了穩定我們的心，免得路上出事故。後來，幾個大兵拿來一大筐碗筷，發給每人一副，一面發一面說：「自己保存好，不要打了，路上不好補充。」我想，看來這條通往刑場的路還不短，不然為甚麼要說這個呢。

早餐是醬菜、鹹蛋和大米稀飯。這久別的家鄉風味勾起了大家的食欲，片刻間一大桶稀飯全光了。大兵們發現後，把他們自己正要

吃的一桶讓給了我們。我知道車上沒有炊事設備，他們要到下一個車站才能重新做飯，因此對大兵們的這個舉動，簡直是百思不得一解，最後只能得出這樣一個結論：反正他們對我們不會有甚麼好意。

吃過這頓早飯之後，不少人臉上的愁容舒展了一些。後來有人談起，他們從大兵們讓出自己的早飯這件事上，覺出了押送人員很有修養、很有紀律，至少在旅途中不會虐待我們。我當時卻沒有這種想法，我想的正相反，認為共產黨人對我是最仇恨的，說不定在半路上就會對我下手，施行報復。就像中了魔一樣，我往這上頭一想，就覺得事情好像非發生不可，而且就像是出不了這天夜裏似的。有的人吃過早飯打起盹來，我卻坐立不安，覺得非找人談談不可。我要向押送人員儘早地表白一下，我是不該死的。

坐在我對面的是個很年輕的公安戰士。這是我面前最現成的談話對象。我仔細地打量了他一番，最後從他的胸章上找到了話題。我就從「中國人民解放軍」這幾個字談起。

「您是中國人民解放軍（我這是頭一次使用「您」字），解放，這兩個字意思好極了。我是唸佛的人，佛經裏就有這意思。我佛慈悲，發願解放一切生靈……」

年輕的戰士瞪起兩隻大眼，一聲不響地聽着我叨叨。當我說到我一向不殺生，連蒼蠅都沒打過的時候，他臉上的表情，是令人捉摸不透的。我不由得氣餒下來，說不下去了。我哪裏知道，這位年輕的戰士對我也是同樣的摸不着頭腦呢！

我的絕望心情加重了。我聽着車輪軋着鐵軌的鬧聲，覺着死亡越來越近了。我離開了座位，漫無目的地在通道上走着，走到車的另一頭，在廁所門邊站了幾秒鐘，又轉身往回走。

我走到中途，聽見旁邊的侄子小秀在和甚麼人低聲說話，好像

說甚麼「君主」、「民主」。我忽然站住向他嚷道：

「這時候還講甚麼君主？誰要說民主不好，我可要跟他決鬥！」

人們全給我弄呆了。我繼續歇斯底裏地說：「你們看我幹甚麼？反正槍斃的不過是我，你們不用怕！」

一位戰士過來拉我回去，勸我說：「你該好好休息一下。」我像鬼迷了似地拉住這位戰士，悄悄對他說：「那個是我的侄子，思想很壞，反對民主。還有一個姓趙的，從前是個將官，在蘇聯說了不少壞話……」

我回到座位上，繼續絮叨着。那戰士要我躺下來，我不得已，躺在椅子上，閉上眼，嘴裏仍停不下來。後來，大概是幾夜沒睡好的緣故吧，不知道是從甚麼時候起，我竟睡着了。

一覺醒來，已是第二天的清晨。我想起了昨天的事，很想知道被我檢舉的那兩個人命運如何。我站起來尋找了一下，看見小秀和姓趙的還都坐在原來的位子上，小秀神色如常，姓趙的卻似乎有點異樣。我走近他，越看越覺得他的神色淒慘；他正端詳着自己的兩手，翻來覆去地看。我斷定他自知將死，正在憐惜自己。這時我竟又想起了死鬼報冤的故事，生怕他死後找我算賬。想到這裏，我身不由己走到他面前，跪下來給他磕了一個頭。行過這個「禳災」禮，我一面往回走，一面嘟嘟囔囔唸起「往生神咒」。

列車速度降低下來，終於停了。不知是誰低低說了一聲：「長春！」我像彈簧似地一下子跳起，撲向糊着報紙的窗戶，恨不得能鑽個窟窿看看。我甚麼也看不見，只聽到不遠的地方有許多人唱歌的聲音。我想，這就是我死的地方了。這裏曾是我做皇帝的地方，人們已經到齊，在等着公審我了。我在蘇聯曾從《實話報》上看到過關於鬥爭惡霸的描寫，知道公審的程式，首先是民兵夾着被審者上場。

這時正好車門那邊來了兩個大兵，讓我受了一場虛驚。原來他們是來送早餐稀飯的。與此同時，列車又開動了。

列車到了瀋陽。我想這回不會再走了，我一定是死在祖宗發祥的地方。車停下不久，車廂裏進來一位陌生的人，他拿着一張字條，當眾宣佈說：「天氣太熱，年紀大些的現在隨我去休息一下。」然後念起名單來。我聽到那名單裏不僅有我，而且裏面還有我的侄子小秀，我奇怪了。我今年四十四歲，如果勉強可以算是年紀大的，可是三十幾歲的小秀是怎麼算進去的呢？我斷定，這必是一個騙局。我是皇帝，其他的都是大臣，小秀則是叫我檢舉連累的，全都完了。我同名單上的人們一起坐進了一部大轎車，隨車的也是端衝鋒槍的大兵。我對小秀說：「完啦！我帶你見祖宗去吧！」小秀臉色一下子變得煞白。拿名單的那個人卻笑道：「你怕甚麼呀？不是告訴過你這是休息嗎？」我沒有理他，心裏只顧說：「騙局！騙局！騙局！」

汽車在一座大樓門前停下了，門口又是端着衝鋒槍的大兵。一個不帶武器的軍人迎着我們，領我們進了大門，說了一聲：「上樓！」我已經是豁出去了，既然得死，那就快點吧。我把上衣一團，夾在胳臂下就上了樓。我越走越快，竟超過了帶頭的那位，弄得他不得不趕緊搶到我前面去。到了樓上，他快步走到一個屋門口，示意叫我進去。這是間很大的屋子，當中擺着長桌、椅子，桌上是些水果、紙煙、點心。我把衣服往桌上一扔，隨手拿起一個蘋果，咬了一口，心裏說，這是「送命宴」，快吃快走。我咬了一半蘋果，後面的人才陸續到達。

片刻間，屋裏坐滿了人，除了點名來的我們十幾個之外，還來了不少穿中山服和軍裝的人。

在離我身邊不遠的地方，出現了一位穿中山裝的中年人，開始講話了。我費勁地嚼着嘴裏的東西，他的話竟一句也沒聽見。我好

容易吃完那個蘋果，便站起來打斷了他的話：

「別說了，快走吧！」

有些穿中山裝的笑了起來。那講話的人也笑道：

「你太緊張了。不用怕。到了撫順，好好休息一下，老老實實地學習……」

聽清了這幾句話，我怔在那裏了。難道是不叫我死嗎？這是怎麼回事？這時正好帶我們來的那人走了過來，手裏拿着那張點名的名單，向剛才講話的那人彙報說，除熙洽因病未到外，其餘需要休息的都來了。我一聽，這更不是瞎猜了。為了證實這一點，我不顧一切地，上前一把將那個名單搶了過來。這個舉動雖然引起了一陣哄堂的笑聲，但是我卻弄明白了那確實是個名單，不是甚麼死刑判決書之類的東西。正在這時，張景惠的兒子小張也來了。他是跟另一批偽滿戰犯首先回國的，他把那一批人的現狀告訴了我們，又把一些人的家屬情況說了。大家聽說先來的一批人都活着，而且家裏情況很好，子女們讀書的讀書，工作的工作，每個人的臉上都放了光。這時我的眼淚有如泉水，洶湧而至……

固然，我所得到的這種輕鬆感，歷時並沒有多久，只不過是從瀋陽到撫順這段路上的一個小時，但它畢竟是起了鬆弛神經的作用，否則我真會發起瘋來的。因為從伯力上火車以後，五天來我想到的只是死。

二、初到撫順

火車到達撫順以前，一路上可以聽到各式各樣關於美妙前景的估計。車上的氣氛全變了，大家抽着從瀋陽帶來的紙煙，談得興高采

烈。有人說他到過撫順最豪華的俱樂部，他相信那裏必定是接待我們的地方；有人說我們在撫順不會住很久，休息幾天，看幾天共產黨的書，就會回家；有人說，他到了撫順首先給家裏拍個平安電報，叫家裏給準備一下；還有人說，可能在撫順的溫泉洗個澡就走。形形色色的幻想，不一而足。說起原來的恐懼 —— 原來大家都跟我一樣 —— 又不禁哈哈大笑。可是，當到了撫順，下了火車，看見了四面的武裝哨兵時，誰的嘴角也不再向上翹了。

　　下了車，我們在武裝哨兵的監視戒備下，被領上了幾輛大卡車。從這時起，我的頭又發起昏來。在糊裏糊塗中，不知道過了多少時間，只知道後來車停下時，我已置身在一座深灰色大磚牆的裏面。又是大牆！而且是上面裝着鐵絲網、角上矗立着崗樓。我下了車，隨着人們列隊走了一小段路，停在一排平房的面前。這排房子的每個窗口，都裝着鐵欄。我明白了，這是監獄。

　　我們被大兵領進了平房的入口，經過一條狹長的甬道，進了一間大屋子。我們在這裏經過檢查，然後由不帶武器的軍人分批領出去。我和另外幾個人跟着一個軍人在南道裏走了一大段，進了一間屋子。我還沒看清楚屋裏的形勢，身後就響起了門外拉鐵門的刺耳聲。這間屋子裏有一條長長的板炕，一條長桌和兩條長凳。跟我一起進來的是偽滿的幾名將官，當時還不熟悉。我不想跟他們說話，不知道他們是同我一樣的恐慌，還是由於在我面前感到拘謹，也一律一聲不響，低着腦袋站在一邊。這樣怔了一陣，忽然那刺耳的鐵門聲又響了，房門被拉開，一位看守人員走進來，讓我跟他到另一間屋子去。我沒想到在這間屋子裏又看見了我的三個侄子、二弟溥傑和我的岳父榮源。原來還是讓我們住在一起的。他們剛剛領到新被新褥和洗漱用具，而且給我也帶了一套來。

最先使我受到安慰的，是榮源憑着他的閱歷做出的一番分析。

「這是一所軍事監獄，」他摸着窗欄說，「全是穿軍裝的，沒有錯。不像馬上……出危險，不然何必發牙刷、毛巾呢。剛才檢查的時候，留下了金銀財物，給了存條，這也不像是對……，這是對待普遍犯人的。再說伙食也不錯。」

「伙食不錯，別是甚麼催命宴吧？」侄子小固毫無顧忌地說。

「不，那種飯有酒，可是這裏並沒有酒。」他很有把握地說，「我們看下頓，如果下頓仍是這麼好，就不是了。沒聽說連吃幾頓那個的。」

第二天，我開始有點相信岳父的話了，倒不是因為伙食和昨天不相上下，而是因為軍醫們給我們進行了身體檢查。檢查非常仔細，連過去生過甚麼病，平常吃甚麼、忌甚麼都問到了。同時還發了新的黑褲褂和白內衣，令人更驚異的是還給了紙煙。顯然，這不像是對待死囚的。

過不多天，一個粗短身材、年在四十上下的人走進我們的屋子。他問了我們每個人的名字，在蘇聯都看過甚麼書，這幾夜睡的好不好。聽了我們的回答之後，他點點頭，說：「好，馬上就發給你們書籍、報紙，你們好好學習吧。」幾個鐘頭之後，我們便收到了書籍、報紙，還有各類的棋和紙牌。從這天起，我們每天聽兩次廣播，廣播器就設在甬道裏，一次是新聞，一次是音樂或戲曲節目。除此之外，每天下午還有一個半小時的院中散步。就在第一次外出散步時，侄子小固打聽出這個叫我們「好好學習」的人是這個戰犯管理所的所長。

給我們送書來的那人姓李，後來知道是位科長。

那時我們除了對所長之外，管所方人員一律叫「先生」（因為那時不知道別的稱呼）。這位李先生給我拿來了三本書——《新民主主

義論》、《中國近百年史》和《新民主主義革命史》。他說現在書還不夠，大家可以輪流看，或者一人唸大家聽。這些書裏有許多名詞，我們感到很新鮮，然而更新鮮的則是叫我們這夥犯人唸書。

對這些書最先發生興趣的是小固，他看的比誰都快，而且立刻提出了疑難問題要別人解答。別人答不上來，他就去找管理所的人問。榮源譏笑了他，說：「你別以為這是學校，這可是監獄。」小固說：「所長不是說要我們學習嗎？」榮源說：「學習，也是監獄。昨天放風時我聽人說，這地方從前就是監獄。從前是，現在有書有報還是。」溥傑跟着說，日本監獄據說也給書看，不過還沒聽說過中國有這麼「文明的監獄」。榮源仍是搖頭晃腦地說：「監獄就是監獄，文明也是監獄。學那行子，還不如唸唸佛。」小固要和他爭辯，他索興閉上眼低聲唸起佛來。

這天我們從院子裏散步回來，小固傳播了剛聽來的一條新聞：前偽滿總務廳次長老谷拿一塊錶送給看守員（這時我們還不知道這個職務名稱，我們當面稱先生，背後叫「管人的」），結果挨了一頓訓。這條新聞引起了幾個年輕人的議論。小秀說，上次洗澡的熱水，並不是熱水管子裏的；鍋爐還沒修好，那水是「管人的」先生們用水桶一擔一擔挑來的。「給犯人挑水，還沒聽說過。」小瑞也認為這裏「管人的」跟傳說中的「獄卒」不同，不罵人、不打人。榮源這時正為吃晚飯做準備剛唸完「往生神咒」，冷笑了一下，低聲說：

「你們年輕人太沒閱歷，大驚小怪！那送錶的一定送的不是時候，叫別人看見了，當人面他怎麼能要？不打、不罵，你就當他心裏跟咱沒仇？瞧着吧，受罪在後頭！」

「挑水又怎麼說？」小固頂撞地說，「給咱挑水洗澡，就是叫咱受罪？」「不管怎麼說，」榮源的聲音壓得更低了，「共產黨，不會喜

歡咱這種人！」

說着，他摸了一陣口袋，忽然懊惱地說：「我把煙忘在外邊窗台上了。真可惜，從瀋陽帶回來的只剩這一包了。」他不情願地打開一包所裏發給的低級煙，還嘟囔着，「這裏『管人的』大都吸煙，我那包算白送禮了！」

真像戲裏所說的，「無巧不成書」，他的話剛說完，房門被人拉開了，一個姓王的看守員手裏舉着一樣東西問道：「這屋裏有人丟了煙沒有？」大家看得清楚，他手裏的東西正是榮源那包瀋陽煙。

榮源接過了煙，連聲地說：「謝謝王先生，謝謝王先生！」聽看守員的腳步聲遠了，小固先禁不住笑起來，問他剛才唸的是甚麼咒，怎麼一唸就把煙給唸回來了。榮源點上了煙，默默地噴了一陣，恍然大悟似地拍了一下大腿：

「這些『管人的』準是專門挑選來的！為了跟咱們鬥心眼兒，自然要挑些文明點兒的！」

小固不笑了，溥傑連忙點頭，另外兩個侄子也被榮源的「閱歷」鎮住了。我和溥傑一樣，完全同意榮源的解釋。

過了不多天，發生了一件事，使榮源的解釋大為遜色。這天我們從院子裏散步回來，溥傑一面急急忙忙地找報紙，一面興奮地說，他剛聽見別的屋子裏的人都在議論今天報上登的一篇文章，這篇文章使他們猜透了新中國叫我們學習的意思。大家一聽，都擁到了他身邊，看他找的是甚麼文章。文章找着了，我忘了那文章的題目，只記得當溥傑唸到其中新中國迫切需要各項人才，必須大量培養、大膽提拔幹部的一段時，除了榮源之外，所有的腦袋都擠到了報紙上面。據溥傑聽到別的屋子裏的人判斷，政府讓我們學習，給我們優待，就是由於新國家缺少人才，要使用我們這些人。今天想起來，

這個判斷要多可笑有多可笑，可是在當時它確實是多數人的想法。在我們這間屋子裏，儘管榮源表示了懷疑，其他人卻越想越覺着像是這麼回事。

我記得從那天起，屋裏有了一個顯著的變化，大家都認真地學習起來。從前，除了小固之外，別人對那些充滿新名詞的小冊子都不感興趣，每天半天的讀書，主要是為了給甬道裏的看守人員看。現在，不管看守人員在不在，學習都在進行着。那時還沒有所方幹部給講解，所謂學習也只不過是摳摳名詞而已。當然，榮源仍舊不參加，在別人學習的時候，他閉着眼唸他的經。

這種盲目的樂觀，並沒有持續多久，當所方宣佈調整住屋，把我和家族分開時，它就像曇花一現似地消失了。

三、我離開了家族

為甚麼把我和家族分開？我到很晚才明白過來，這在我的改造中，實在是個極其重要的步驟，可是在當時，我卻把這看做是共產黨跟我勢不兩立的舉動。我認為這是要向我的家族調查我過去的行為，以便對我進行審判。

我被捕之後，在蘇聯一貫把自己的叛國行為說成是迫不得已的，是在暴力強壓之下進行的。我把跟土肥原的會談改編成武力綁架，我把勾結日本帝國主義的行為和後來種種諂媚民族敵人的舉動全部掩蓋起來。知道底細的家族成員們一律幫我隱瞞真相，哄弄蘇聯人。現在回到了中國，我更需要他們為我保密，我必須把他們看管好，免得他們失言，說出不該說的話來。特別是小秀，更需加意防範。

到撫順的第一天，我就發現小秀因為火車上的那點「睚眦之仇」，態度有些異樣。那天我進了監房不久，忽然覺着有甚麼東西在脖子上爬，忙叫小秀給我看看。要是在以往，他早就過來了，可是那天他卻裝作沒聽見，一動不動。不但如此，後來小瑞過來，從我脖子後頭找到一個小毛蟲，扔在地上，小秀在旁邊還哼了一聲：「現在還放生，放了生叫它害別人！」我聽了，渾身都覺着不是勁。

過了幾天，小瑞給我整理被褥，我叫他把被子抖一抖。這個舉動很不得人心，把屋裏抖得霧氣騰騰。溥傑鼓着嘴，躲到一邊去了，小固搗着鼻子對小瑞說：「行行好吧。嗆死人啦！」小秀則一把抓過被子，扔到鋪上說：「這屋子裏不只你們住着，別人也住着！為了你們就不顧別人，那可不行。」我沉下了臉，問道：「甚麼你們我們？你還懂規矩嗎？」他不回答我，一扭頭坐在桌子旁，悶着頭不說話。過了一會兒，我看見他噘着嘴使勁在紙上畫，想看看他畫甚麼，不料剛走過去，他拿起紙來就扯了。恍惚之間，我看到了一行字：「咱們走着瞧！」

我想起了火車上的那回事，嘗到了自作自受的後悔滋味。從這天起，我盡力向他表示好感，拿出和顏悅色對他。我找了個機會，單獨向他解釋了火車上那回事，並非出於甚麼惡意，我對他一向是疼愛的。此後，一有機會我就對三個侄子大談倫常之不可廢，大難當前，和衷共濟之必要。當小秀不在跟前的時候，我更囑咐別人：「對小秀多加小心！注意別讓他有軌外行動！多哄哄他！」

經過一番努力，小秀沒發生甚麼問題，後來報上那篇文章在我們腦子裏引起了幻想，小秀的態度也完全正常了。可是我對他剛放下心，就調整監房了，看守員叫我一個人搬到另一間屋子裏去。

小瑞和小固兩人替我收拾起鋪蓋、皮箱，一人替我拿一樣，把

我送到新屋子。他們放下東西走了。我孤零零地站在一羣陌生人面前，感到非常彆扭，簡直坐也不是，站也不是。這屋子裏原來住着八個人，見我進來，都沉默不語，態度頗為拘謹。後來，大概是經過一致默契，有人把我的舖蓋接過去，安放在靠近牆頭的地方。以後我才明白，這個地方是冬暖夏涼的地方，冬天得暖氣，夏天有窗戶。我當時對這些好意連同他們的恭敬臉色全沒注意，心裏只想着這次分離對我的危險。我默默地坐了一會兒，覺得這裏連板炕都似乎特別硬。我站起來，抱着胳臂踱開了。

　　我踱了一陣，想出一個主意，就走到房門前，敲了幾下門板。「甚麼事？」一位矮墩墩的看守員打開門問。

　　「請問先生，我能不能跟所長先生談一件事？」

　　「哪類的事？」

　　「我想說說，我從來沒跟家裏人分開過，我離開他們，非常不習慣。」他點點頭，叫我等一等。他去了一會兒，回來說所長准許我搬回去。

　　我高興極了，抱起舖蓋，看守員幫我提上箱子，便往回裏走。在甬道裏，我碰見了所長。

　　「為照顧你和年歲大些的人，所裏給你們定的伙食標準比較高些，」所長說，「考慮到你們住一起用不同的伙食，恐怕對他們有影響，所以才……」

　　我明白了所長原來是這樣考慮的，不等他說完，就連忙說：「不要緊，我保險他們不受影響。」我差點說出來：「他們本來就該如此！」

　　所長微微一笑：「你想的很簡單。你是不是也想過，你自己也要學一學照顧自己？」

「是的，是的，」我連忙說，「不過，我得慢慢練，一點一點地練……」

「好吧，」所長點頭說，「你就練練吧。」

我回到家裏人住的那間屋子，覺得分別了半天，就像分別了一年似的。見了面，大家都很高興。我告訴了他們所長說要我「練一練」的話，大家從這句話裏覺出政府似乎不急於處理我的意思，就更高興了。

然而家裏人並沒有讓我去練，我自己也不想去練。我只考慮所長那番話的意思，遲早還會叫我們分開，因此必須好好地想出個辦法來應付這個問題。我竟沒想到，所長給的時間是這樣短，才過了十天，我的辦法還沒想好，看守員就又來叫我收拾舖蓋了。

我決定趁小瑞給我收拾東西的時間，對家族囑咐幾句。因為怕門外的看守員聽見，不好用嘴說，就寫了一個紙條；又因屋子裏這時多了兩個汪偽政權的人，所以紙條寫得特別含蓄。大意是：我們相處得很好，我走後仍要和衷共濟，我對你們每人都很關懷。寫罷，我交給溥傑，叫他給全體傳閱。我相信他們看了，必能明白「和衷共濟」的意思是不要互相亂說。我相信兩個汪偽政權的人對我的舉動並沒有發生懷疑。

我的侄子又給我抱着舖蓋提着箱子，把我送進上次那間屋子，人們又把我的舖蓋接過去，安放在那個好地方。跟上次一樣，我在炕上坐不住，又抱着胳臂踱了一陣，然後去敲門板。

還是那個矮墩墩的看守員打開了門。我現在已知道他姓劉，而且對他有了一些好感。這是由吃包子引起的。不久前，我們第一次吃包子，大家吃得特別有味，片刻間全吃光了。劉看守員覺着這件事很新鮮，笑着走過來，問我們夠不夠。有人不說話，有人吞吞吐

吐地說「夠了」。他說：「怎麼忸忸怩怩的，要吃飽嘛！」說着，一陣風似地走了，過了一會兒，一桶熱騰騰包子出現在我們的房門口。我覺得這個人挺熱心，跟他說出我的新主意，諒不至於出岔子。

「劉先生，我有件事……」

「找所長？」他先說了。

「我想先跟劉先生商量一下，我，我……」

「還是不習慣？」他笑了。這時我覺出背後也似乎有人在發笑，不禁漲紅了臉，連忙辯解說：

「不，我想說的不是再搬回去。我想，能不能讓我跟家裏人每天見一面。只要能見見，我就覺着好得多了。」

「每天在院裏散步，不是可以見嗎？這有甚麼問題？」

「我想跟他們在一起說說話兒，所長准許嗎？」按照規定，不同監房是不得交談的。

「我給你問問去。」

我得到了准許。從這天起，我每天在院子裏散步時都能和家裏人見一次面，說一會兒話兒。幾個侄子每天都告訴我一點關於他們屋裏的事情，所裏的人跟他們說了甚麼，他們也照樣告訴我。從接觸中，小固還是那樣滿不在乎，小秀也沒甚麼異樣，小瑞仍然恭順地為我洗衣服、補襪子。

我所擔心的問題得到了解決，不想新的問題出現了。這就是，過去四十多年的「飯來張口、衣來伸手」的生活習慣，現在給我帶來極大的苦惱。

四十多年來，我從來沒疊過一次被，鋪過一次牀，倒過一次洗臉水。我甚至沒有給自己洗過腳，沒有給自己繫過鞋帶。像飯勺、刀把、剪子、針線這類東西，從來沒有摸過。現在一切事都要我親

自動手，使我陷入了十分狼狽的境地。早晨起來，人家早已把臉洗完了，我才穿上衣服，等到我準備去洗臉了，有人提醒我應該先把被疊好；等我胡亂地捲起被子，再去洗臉，人家早洗完了；我漱口的時候，已經把牙刷放進嘴裏，才發現沒有蘸牙粉，等我把這些事情都忙完了，人家早飯都快吃完了。我每天總是跟在別人後面，忙得昏頭脹腦。

僅僅是忙亂，倒還罷了，更惱人的是同屋人的暗笑。同屋的八個人，都是偽滿的將官，有「軍管區司令」、「旅長」，也有「禁衛軍團長」，他們從前在我面前都是不能抬頭的人物。我初到這間屋子的時候，他們雖然不像我的家族那樣偷着叫我「上邊」，但「你」字還不敢用，不是稱我為「先生」，就是索性把稱呼略掉，以表示對我的恭敬。這時他們的恥笑雖不是公然的，但是他們那種故做不看、暗地偷看的表情，常常讓我感到格外不好受。

讓我感到很不好受的還不僅限於此。我們從到撫順的第一天起，各個監房都建立了值日制度，大家每天輪流打掃地板、擦洗桌子和倒尿桶。沒跟家族分開時，這些事當然用不着我來幹。我搬進了新屋之後，難題就來了，輪到我值日那天該怎麼辦呢？我也去給人倒尿桶？我跟日本關東軍訂立密約的時候，倒沒覺得怎樣，而現在把倒尿桶卻當成了上辱祖宗、下羞子侄的要命事。幸好所方給我解了圍，第二天，所方一位姓賈的幹部走來對大家說：「溥儀有病，不用叫他參加值日了！」我聽到這句話，猶如絕路逢生，心中第一次生出了感激之情。

值日的事解決了，不想又發生了一件事。有一天，我們正在院子裏三三兩兩地散步，所長出現了。我們每次散步他必定出現，而且總要找個犯人談幾句。這次我發現他注意到了我。他把我從上到

下打量了一陣，打量得我心裏直發毛。

「溥儀！」他叫了一聲。我從回國之後，開始聽別人叫我的名字，很覺不習慣，這時仍感到刺耳，覺得還不如聽叫號碼好受。來這裏的初期，看守員一般總是叫號碼的（我的號碼是「981」）。

「是，所長。」我走了過去。

「你的衣服是跟別人一塊發的，怎麼你這一身跟別人的不一樣？」他的聲調很和氣。我低頭看看自己的衣服，再看看別人，原來別人身上整整齊齊，乾乾淨淨，而我的卻是褶褶囊囊，邋裏邋遢：口袋扯了半邊，上衣少了一隻釦子，膝蓋上沾了一塊藍墨水，不知怎麼搞的，兩隻褲腿也好像長短不一，鞋子還好，不過兩隻鞋只有一根半鞋帶。

「我這就整理一下，」我低聲說，「我回去就縫口袋、釘釦子。」

「你衣服上的褶子是怎麼來的呢？」所長微笑着說，「你可以多留心一下，別人怎麼生活。能學習別人的長處，才能進步。」

儘管所長說得很和婉，我卻覺得很難堪，很氣惱。我這是第一次被人公開指出我的無能，這是我第一次不是被當做尊嚴的形象而是作為「廢物」陳列在眾目注視之下。「我成了大夥研究的標本啦！」我難受地轉過身，避開「大臣」和「將官」們的目光，希望天色快些暗下來。

我溜到牆根底下，望着灰色的大牆，心中感慨萬千：我這一生一世總離不開大牆的包圍。從前在牆裏邊，我還有某種尊嚴，有我的特殊地位，就是在長春的小圈子裏，我也保持着生活上的特權，可是如今，在這個牆裏，那一切全沒有了，讓我跟別人一樣，給我造成了生存上的困難。總之一句話，我這時不是因感到自己無能而悲哀，而是由於被人看做無能而氣惱。或者說，我不是怪自己無能，

而是怨恨我一向認為天生應該由人來服侍的特權的喪失。我因免於
值日而對所方發生的感激之情，這時一下子全消失了。

　　這天晚上，我發現了別人臨睡時脫下衣服，都整整齊齊地疊好、
放在枕頭底下，而我卻一向是脫下來順手一團，扔到腳底下的。我
想起所長說的話，確有幾分道理，應該注意一下別人的長處，——
我如果早知道這點的話，今天不是就不會碰到這種難堪了嗎？我對
夥伴們產生了不滿，他們為甚麼對我這樣「藏奸」，不肯告訴我呢？

　　其實，那些偽將官們連向我說話還感到拘謹，我既然不肯放下
架子去請教，誰還敢先向我指指點點呢？

　　我就是這樣的在撫順度過了兩個多月。十月末，管理所遷往哈
爾濱，我們便離開了撫順。

四、搬到哈爾濱

　　在開往哈爾濱的列車上，只有幾個年輕些的人還有點興趣談天
說笑，願意跟看守員打打「百分」，其他的人則很少說話，即使說起
來聲調也不高。車廂裏大部分時間都是沉寂的。有不少人夜裏睡不
着，白天吃不下。我雖然不像回國時那樣恐怖，卻仍是比任何人都
緊張。這時，正是朝鮮戰場上的美國軍隊逼近了鴨綠江，中國人民
志願軍出國抗美援朝不久。有一天夜裏，我見溥傑跟我一樣睡不着
覺，便悄悄地問他對戰局的看法。他死陰活氣地回答說：「出國參
戰，簡直是燒香引鬼。眼看就完啦！」我領會他所謂「完啦」的意思：
一方面指中國必然吃敗仗，至少東北要被美國軍隊佔領；一方面擔
心共產黨看到「大勢已去，江山難保」，先動手收拾我們這批人，免
得落到美國人手裏去。後來才知道，這是當時犯人們的共同想法。

　　到了哈爾濱，看到管理所的房子，我越發絕望了。管理所的房子原是偽滿遺留下來的監獄，看見了它，大有「以其人之道，還治其人之身」的滋味。這所監獄是經日本人設計，專門關押「反滿抗日犯」的地方，共兩層，中心是崗台，圍着崗台的是兩層扇面形的監房，監房前後都是直徑一寸的鐵欄杆。由洋灰牆隔成一間間小屋，每屋可容七八人。我這屋裏住了五個人，不算擁擠，不過由於是日本式的，只能睡地舖。我在這裏住了大約兩年，後來聽說拆掉了。剛住進去的時候，我還不知道偽滿時關在這裏的「犯人」很少有活着出去的，不過單是聽到那鐵欄杆的開關聲，就已經夠我受的了，這種金屬響聲總讓我聯想到酷刑和槍殺。

　　我們受到的待遇仍和撫順一樣，看守員仍舊那樣和善，伙食標準絲毫沒有變化，報紙、廣播、文娛活動一切如常。看到這些，我的心情雖然有了緩和，卻仍不能穩定下來。記得有一天夜裏，市區內試放警報器，那淒厲的響聲，在我腦裏久久不能消失。一直到我相信了中朝人民軍隊確實連獲勝利之前，我總認為自己不死於中國人之手，就得死在美國飛機的轟炸中。總之，我那時只想到中國必敗、我必死，除此以外，別無其他結果。

　　我還清清楚楚地記得，我們從報上看到了中國人民志願軍在朝鮮前線取得第一次戰役勝利的消息，當時誰也不相信；到了年末，第二次戰役大捷的消息來了，中朝人民軍隊把美國軍隊趕到三八線附近，我們還抱有很大的懷疑。過了年，有一天一位所方幹部站在崗台上，向大家宣讀了中朝軍隊光復漢城的新聞號外，各監房爆發出激烈的掌聲。那時我心中仍舊半信半疑。二月間，報上公佈了「懲治反革命條例」，所方恐怕引起我們驚慌不安，停止我們閱報，我們不了解內情，便斷定是在朝鮮前線打了敗仗，懷疑以前的捷報全是

假的。我由此認為自己的厄運快來了。

一天半夜，我突然被鐵門聲驚醒，見欄杆外來了好些人，從隔壁監房裏擁着一個人走出去。我認為這必是美國軍隊逼近了哈爾濱，共產黨終於對我們下手了，不由地渾身戰慄起來。

好容易渡過了這一夜，天亮後聽同屋子的人議論，才明白這是個天大的誤會。原來前「四平省長」老曲半夜小腸疝氣病發作，看守員發現後，報告了所長，所長帶着軍醫和護士們來檢查了一下，最後送他進了醫院。我當時由於恐懼和聯想，弄得神魂顛倒，所以只看見軍裝的褲腿，竟沒看見醫生和護士們的白衣衫。

這個誤會的解除並沒給我帶來多大的安慰。我怕聽的除了夜裏的鐵門聲之外，還有白天的汽車聲。每逢聽見外面有汽車響，我就疑心是來裝我們去公審的。

我白天把精力放在傾聽、觀察鐵欄杆外邊的一切動靜上，夜裏時常為噩夢驚醒。和我同屋的四個偽滿「將官」，情形不比我好多少。他們跟我一樣，飯量越來越小，聲氣越來越低。我記得那些日子，每逢樓梯那邊有響聲，大家都一齊轉頭向欄杆外窺探，如果樓梯上出現一個陌生面孔，各個監房裏一定自動停止一切聲息，好像每個人都面臨着末日宣判一樣。正在大家最感絕望的時候，公安機關的一位首長來到監獄，代表政府向我們講了一次話。聽了這次講話我們才重新看到了生機。

這位首長站在崗台前對着各個監房講了一個多小時。他代表政府明確地告訴我們，人民政府並不想叫我們死，而是要我們經過學習反省，得到改造。他說共產黨和人民政府相信在人民的政權下，多數的罪犯是可能改造成為新人的。他說共產主義的理想，是要改造世界，就是改造社會和改造人類。他說完，所長又講了一會兒。

記得他說過這樣一段話：

「你們只想到死，看甚麼都像為了讓你們死才安排的。你們可以想想，如果人民政府打算處決你們，又何必讓你們學習？」

「你們對於朝鮮戰爭有很多奇怪的想法。有人可能認為，志願軍一定打不過美國軍隊，美國軍隊一定會打進東北，因此擔心共產黨先下手殺了你們；有人還可能迷信美國的武力，認為美國侵略者是不可戰勝的。我可以明確地告訴你們：中朝人民一定會打敗美帝國主義，中國共產黨的改造罪犯的政策也一定得到勝利。共產黨人從來不說空話，事實就是事實！」

「你們也許會說，既然不想殺我們，就把我們放出去不好嗎？不好！如果不經改造就放你們出去，不僅你們還會犯罪，而且人民也不答應，人民見了你們不會加以饒恕。所以，你們必須好好地學習、改造。」

我對那位首長和所長的話雖然不完全懂，甚至不完全相信，但關於政府不想處決我們的這段話，卻是越想越有道理。是呵，如果是存心殺掉我們，在撫順時何必為我們擴建監獄的澡堂？到哈爾濱又何必搶救垂危的病人？又何必一直對我和年紀大的給以伙食方面的照顧？

對於像治病、洗澡之類的這些生活待遇，後來才知道，在新中國的監獄裏不是甚麼稀奇事，但在當時，我們確實感到很新奇，把它看做是對我們的特殊照顧。因此聽到了政府人員正面說出不想消滅我們的話來，我們頓時覺得輕鬆了不少。

關於首長和所長說的學習、改造，在當時我們沒有一個人加以理睬。在我看來，叫我們看書看報不過是為了讓我們消磨時間，免得胡思亂想。說看幾本書就可以改變一個人的思想，我覺得實在不

可思議。對於美國軍隊可以打敗的話，我更不相信。同屋的四個自命懂得軍事的「將官」，則一致認為，美國或許沒有膽量冒天下之大不韙，不敢拿出原子彈，然而美國僅僅用常規武器就足以稱霸世界、無敵於天下；說可以打敗美國軍隊，只不過是句空話。可是後來，我們漸漸覺得，共產黨人不大像是說空話的人。過了不久我們重新看到了報紙，覺得那些有關朝鮮戰場的消息不像是假的。那些「將官」們也說，歷來編造戰報，雙方死傷人數可以造假，而地域的得失卻不能做長時間的謊報，特別是美軍總司令表示願意談判的消息，更是不能編造的。美國軍隊也要談判停戰問題，還能說是無敵的嗎？「將官」懷疑起來了，不用說，我更解釋不通了。

「兵不厭詐，」一個當過「旅長」的戰犯說，「也許這裏面還有問題呢！我不相信美國是『紙老虎』。」

可是不管怎麼不信，朝鮮戰爭越來越不像我們原先那樣想的，美國越弄越不像個真老虎。這種出乎意料的情況越明顯，我反而越感到了安心，因為我認為如果共產黨沒有潰敗，就不至於急於消滅我這個累贅。

這時的學習也與以前不同了。以前的學習是自流的，所方並不過問，現在是所方管學習的幹部親自領導我們學習。他給我們做了「甚麼是封建社會」的專題講話，然後由我們討論。每人還要寫學習筆記。

有一天，講課的幹部對我們說：

「我已經講過，改造思想首先要了解自己原來是甚麼思想。每個人的思想是跟他的出身、歷史分不開的，因此，要從自己的出身、歷史上去研究。為了進行思想改造，每個人要客觀地無保留地反省一下自己的歷史，寫一份自傳。……」

我心裏對自己說：「這就是改造嗎？這是不是藉口改造來騙我的供詞呢？共產黨看戰局穩定下來，大概就要慢慢收拾我了吧？」

這就是我當時的思想。我正是在這種對立的思想支配下，寫下了我的第一份自傳的。

五、寫自傳與獻「寶」

我認為寫自傳是審判的前奏。既然要審判，那就是說生死尚未定局，在這上面我要力爭一條活路。

對於應付審判，我早有了既定的打算。剛到哈爾濱那天，我們走下汽車，還沒進入監房，這時侄子小固湊近我，在我耳邊悄悄地說：「問起來，還是在蘇聯那套說法！」我略略點了一下頭。

所謂在蘇聯的那套說法，就是隱瞞我投敵的行徑，把自己說成是一個完全善良無辜的、愛國愛民的人。我明白現在的處境與在蘇聯時不同，我必須編造得更加嚴密，決不能有一點點漏洞。

小固那天的話，是代表同他住在一起的侄子們和隨侍大李的。那幾句話說明了他們早已有了準備，同時也說明了他們對我的忠心，一如往昔。不過要想不出漏洞，光是忠心還不夠，我覺得還必須再囑咐一下。特別是要囑咐一下大李，因為他是我的自傳中最關鍵的部分 —— 我從天津怎樣到的東北 —— 的實際見證人。我從靜園溜走前，事先他給我準備的行李衣物，我鑽進汽車的後箱後，是他給我蓋的箱蓋。這些事一旦被泄漏出去，那個土肥原強力綁架的故事就不會有人相信了。

這件事只能在休息時間，利用我和我的家族合法的見面機會去辦。這時情況與以前已經有些不同了，一些年紀較輕的犯人開始幹

起雜活，如挑水、送飯、幫廚之類。我的家族除了榮源這時已死，黃醫生因風濕性關節炎經常休息外，其餘都參加了這種服務性的勞動。我在休息時間，不大容易全看到他們，不是這個在幫廚，就是那個在送開水。不過，也有個好處，這就是他們行動比較自由，可以為我傳話找人。我就是利用這種便利讓小瑞把大李給我悄悄找來的。

大李來了，恭順地走近了我，帶着聽候吩咐的樣兒。我壓低嗓音問他：「你還記得從天津搬家的事嗎？」

「是說到關外吧？是我收拾的東西，是吧？」

「如果所方問起我是怎麼從天津走的，你就說全不知道。你收拾東西，是在我走後，知道嗎？」

「走後？」

「對啦，走後，你是聽了胡嗣瑗的吩咐，把我用的衣物行車送到旅順的。」大李點點頭，表示心領神會，悄悄走了。

第二天，小瑞在院子裏告訴我，大李請他轉報，昨天晚上他和所方賈科員談天，他告訴賈科員我在東北時待底下人很厚道，從不打人罵人。又說我在旅順時，成天鎖門，不見日本人。我聽了這話，覺着這個大李做得太過分了，為甚麼提旅順的事呢！我叫小瑞告訴他：別多嘴，如果問起旅順的情形，就說甚麼也不知道。

我對大李的忠誠很滿意。我對重要的問題有了把握，又向侄子們分別囑咐過了，這才動手寫起我的自傳。在這份自傳裏，我寫下了我的家世，寫下了西太后如何讓我做了皇帝，我在紫禁城如何渡過了童年，我如何「完全不得已」地躲進了日本公使館，我如何在天津過着「與世無爭」的生活，然後是按外界傳說寫成的「綁架」和「不幸的」長春歲月。記得我在最後是這樣結束的：

　　　　我看到人民這樣受苦受難，自己沒一點辦法，心中十

　　分悲憤。我希望中國軍隊能打過來，也希望國際上發生變

　　化，使東北得到解救。這個希望，終於在一九四五年實現了。

　　這份自傳經過再三地推敲和修改，最後用恭楷繕清，送了上去。從這篇文字上我相信任何人都可以看出，我是個十分悔罪的人。

　　送出自傳之後，我又想，僅僅這篇文字還不夠，還必須想個辦法讓政府方面相信我的「誠實」和「進步」才行。怎麼辦呢？依靠大李他們替我吹噓嗎？這顯然不夠，最重要的是我自己還必須有實際上的成績。

　　一想到成績，我不禁有些泄氣。自從回國以來，即使火車上的那段不算，撫順的那段也不算，單說自從到了哈爾濱，我參加了監房內的值日以來，那成績就連我自己也不滿意，更不用說所方了。

　　原來犯人們自從聽了公安機關的首長和所長的講話之後，每個人都在設法證明自己有了「覺悟」，都把所謂的「覺悟」看做活命的手段。現在回想起來，感到非常可笑，人們當時竟把事情看得那麼簡單：好像只要做假做得好，就可以騙得過政府。在我存有這種妄想的時候，最使我引為悲哀的，就是我處處不如別人。

　　當時大家都從學習、值日和生活這三方面，努力表現自己，希圖取信所方。我們這個組，在學習方面「成績」最好的要算我們的組長老王。他原是偽滿軍法少將，在北平學過幾年法政，文化程度比較高，對新理論名詞懂得比較快。其他三名「將官」起初跟我一樣，連「主觀」「客觀」都鬧不清，可是「進步」也比我快。在開討論會時，他們都能說一套。最要命的是學完「甚麼叫封建社會」的專題後，每人要寫一篇學習心得（或稱學習總結），把自己對這個問題的領會、

感想，用自己的話說出來。在討論時，我還可以簡單地說一說，知道多少說多少，寫心得可就不這麼容易了。老實說，這時我對於學習還沒感到有甚麼需要，學習對於我，非但沒解決甚麼認識上的問題，反而讓我對於書上關於封建社會的解釋感到害怕。例如，封建帝王是地主頭子，是最大的地主，這些話都像是對我下判決似的。如果我是最大的地主，那麼不但從叛國投敵上說該法辦，而且從土地改革的角度上說也赦不了，那不是更沒活路了嗎？我在這種不安的情緒中，簡直連一個字也寫不下去。在我勉強安下心東抄西湊地寫完這篇心得後，又看了看別人寫的，覺得我的學習成績是決不會使所方滿意的。

到哈爾濱後，我自動地參加了值日，這是唯一可以證明「進步」的地方。在這裏，所方再沒有人宣佈我「有病」，而我也發現這裏每間屋的屋角上都有抽水馬桶，沒有提馬桶這個難題了。值日工作只是接遞外面送來的三頓飯、開水和擦地鋪，我不再感到怵頭，當輪到我的時候，就動手幹起來了。我有生以來第一次為別人服務，就出了一個岔子，在端飯菜的時候，幾乎把一碗菜湯全灑在人家頭上。因此，以後每逢輪到我，總有人自動幫忙。他們一半是好意，一半也是不甘再冒菜湯澆頂的危險。

生活上的情形，就更不能跟別人比了。我的服裝依舊不整潔，我的衣服依舊靠小瑞給我洗縫。自從所長當眾指出我的邋裏邋遢以後，我心裏總有一種混雜着羞恥和怨恨的感情。我曾試着練習照顧自己，給自己洗衣服，可是當我弄得滿身是水，仍然制服不了肥皂和搓板的時候，心中便充滿了怨氣；而當我站在院裏等待小瑞，別人的目光投向我手中待洗的衣襪時，我又感到羞恥。

交上自傳不久，我忽然下定決心，再試一次。我覺得這件事再

困難也要幹，否則所方看我一點出息都沒有，還怎麼相信我呢？我以滿頭大汗的代價，洗好了一件白襯衣。等晾乾了一看，白襯衣變成了花襯衣，好像八大山人的水墨畫。我對着它發了一陣呆，小瑞過來，把「水墨畫」從晾衣繩上拉下來，夾在懷裏悄悄地說：「這不是上頭幹的事，還是給瑞幹吧。」

他的話很順耳，——我邊散步邊思索着，不錯，這不是我幹的，而且也幹不好。可是，我不幹這個，幹甚麼才能向所方表現一下自己呢？我必須找一件可以幹、而且幹得出色的事情才行。

我正苦苦地思索着，忽然旁邊幾個人的議論引起了我的注意。

這是我五妹夫老萬那屋裏的幾個。他們正談論着關於各界人民捐獻飛機大炮支援志願軍的事。那時按規定，不同監房的人不得交談，但聽別人的談話並不禁止。那堆人裏有個姓張的前偽滿大臣，在撫順時曾跟我同過屋，他有個兒子從小不肯隨他住在偽滿，反對他這個漢奸父親，連他的錢也不要。他現在估計這個兒子一定參加了抗美援朝。他每提起兒子，總是流露出不安的心情，現在又是如此。

「如果政府還沒有沒收我的財產，我要全部捐獻給抗美援朝。我兒子既然不要，我只好這樣。」

有人笑道：「這豈不是笑話！我們的財產本來就該沒收的。」

「那怎麼辦呢？」老張愁眉苦臉地說，「也許我那孩子就在朝鮮拚命呢！」

「你想的太多，毫無根據。」另一個說，「你以為漢奸的兒女可以參軍嗎？」

這句話別人聽了顯然不是味兒，一時都不再作聲，可是老張還想他的主意：

「咱們隨身帶的財物，政府並沒充公，是代為保存的。我把它捐出去好不好！」

「那有多一點？」又有人笑他，「除了皇上和總理大臣，誰的東西都值不了多少錢！……」

這句話把我提醒了。不錯，我還有許多珠寶首飾呢，這可是任何人都無法跟我較量的。不說藏在箱子底的那些，就說露在外面的一點也是很值錢的。其中那套乾隆皇帝當太上皇時用的「寶」，就是無價之寶。這是用田黃石刻的三顆印，由三條田黃石鏈條連結在一起，雕工極為精美。我不想動用藏在箱底的財寶，決定把這三顆印拿出來以證明我的「覺悟」。

決定了就趕快做。我記得從前有一次，所方人員在崗台上宣佈志願軍取得第五次戰役勝利的消息時，不知是哪個犯人聽完之後立刻向幹部要求到朝鮮去參戰，接着有好些人都提出這個要求，還有人立時扯本子寫申請書。當然，所方沒有接受。我後來不免有些嫉妒地想：這些人既表現了「覺悟」，又實際擔不上甚麼風險，心眼真是不少。我想起那回事，決定這回不能落後於人，不要讓他們搶先辦了，顯得我是跟着學的。正好，這天政府負責人員來巡視，我透過欄杆，看出來人正是在瀋陽叫我不要緊張的那位。根據所長陪伴的形勢，我斷定他必是所長的上級，雖然他並沒穿軍裝。我覺得向這樣人拿出我的貢品，是效果更好的。等他巡視到我們監房跟前的時候，我向他深鞠一躬，說道：

「請示首長先生，我有件東西，想獻給人民政府……」

我拿出了乾隆的田黃石印給他，他卻不接過去，只點點頭：「你是溥儀吧？好，這件事你跟所方談吧。」

他又問了幾句別的話，就走開了。我想，他如果看到我的東西，

知道它的價值，就不會如此冷淡了。沒有辦法，我只好找所方辦這件事。我寫了一封信，連同那套石印，交給看守員請他轉送給所長。

這套田黃石印送出之後，猶如石沉大海，一連多日沒有消息。我不禁起了疑心，是不是看守員偷着匿起來了呢？

我犯了老毛病，疑心甚麼就相信是甚麼。這天晚上，別人下棋的下棋，打撲克的打撲克，我卻獨自尋思田黃石印的去向，已經完全肯定是被貪污了。我考慮着是否直接問一下所長。這時矮墩墩的劉看守員從外面經過，站住了。

「你怎麼不玩？」他問。

「我不會。」我答。這是實話。

「你學嘛，打百分一學就會。」

「我學也學不會。」這也是實話。

「哪裏的話！我不信還有學不會打撲克的。等一等，」他熱情地說，「我交了班來教你。」

過了一會兒，他果真帶着一副撲克牌來了。他一屁股坐在欄杆外面，興致勃勃地洗起牌來。我那套田黃石印就是交給他的。我心裏對他原有的好印象全沒有了。我當時的心情——
現在想起來還是難受的——竟是充滿了厭惡。

「我就不相信這個學不會，」劉看守員發着牌說，「再說，不會玩怎麼行？你將來重新做人，重新生活，不會玩那可怎麼生活！」

我心想：「你可真會說，裝的真像呵！」

「溥儀並不笨，」高個子老王也湊過來，嘴裏叼着個小煙袋，笑着說。這就是在撫順給榮源找回瀋陽煙的那個看守員，他的煙癮很大，終日不離煙袋，那煙袋只有一拃長。他到痰盂那裏敲掉了煙灰，又開

始裝新的一袋，一邊裝一邊說：「溥儀不笨，只要學，甚麼都學的會。」

他點上了煙。隔壁有個人對他說：「王先生，你的煙挺香呵！」

「怎麼，大概你的煙捲又沒啦？」他挪過一步對隔壁看看。不知是誰笑着又說：「我抽煙太沒計劃。」王看守員笑笑，解下了小煙荷包，扔了過去：「好吧，拿紙捲一支過過癮。」

王看守員每逢犯人抽光了規定的紙煙，總要解下煙荷包讓人捲煙過癮。這種舉動原來使我很不理解，而現在則有了解釋：「你們全是騙人！我就不信你們這一套！」

事實上，一心想騙人的不是別人，正是我自己，而弄得別人不能相信的，也是我自己。過了不久，所長在院子裏對我說：

「你的信和田黃石的圖章，我全看到了。你從前在蘇聯送出去的那些東西，現在也在我們這裏。不過，對於人民說來，更有價值的是人，是經過改造的人。」

六、小家族起變化

所長這段話的含意，我是過了許多年以後才明白的。當時我只是想，他既然說「需要改造」，那麼我眼前就沒有甚麼危險。

可是萬沒想到，在我覺得已經沒了危險的時候，危險就來了。

有一天，我的眼鏡腿掉了，我請看守員代我送到大李那裏去修理。大李是個很巧的人，他常給人修理些小玩意，像眼鏡、鐘錶、自來水筆等等，到他手裏都能整舊如新。我的眼鏡每逢有了毛病，他總是很認真地給我修好。沒想到，這一次他的態度變了。

我們這個管理所的建築有個特點，樓上樓下的聲響可以互相聽到。看守員拿了我的眼鏡下樓不久，我就聽見了大李嘟嘟囔囔的聲

音。語音雖不清楚，但可以聽出是不高興。過了一會兒，看守員把眼鏡帶回來了，無可奈何地對我說：「你是不是自己想想辦法？他說沒辦法修。」

我聽到大李的嘟囔聲時，就滿肚子是氣，心想他竟然敢對我端架子，太可惡了。我倒要看看他是不是敢端下去。我對看守員說：「我自己會就不找他了。上次就是他修好的，還是請江先生跟他再說說吧。」這位江看守員年紀很輕，個子瘦小，平常很少說話。我們同屋的人都說他為人老實。他果然很老實，聽了我的話又下樓去了。

這回大李沒推，給我修理了。可是拿回來一看，修得非常馬虎，只是用一根線繫了一下，連原來的螺絲都不見了。

我仔細地琢磨了一下，終於明白了大李是變了，而且不是從今天開始的。我記起了不久前的一天，我因為多日不見大李，散步時想問他在忙甚麼，就叫小瑞去找，不料小瑞回來說：「大李說他忙，沒功夫。」剛才從他拒絕修眼鏡的嘟囔聲音裏，我模糊地聽到這樣一句話：「我不能老伺候他，我沒功夫！」

修眼鏡的事過去不久，便到了一九五二年的新年。所方讓我們組織一個新年晚會，自己演唱一些小節目，作為娛樂。舞台就是崗台前的空地。我在「三人快板」這個節目上，又發現了不祥之兆。

這是小秀、小固和大李三個人自編自演的。他們那間屋子裏，除了小瑞，全都上了台。他們三個人用問答的形式，數說着發生在犯人中的引人發笑的故事，諷刺了某些犯人不得人心的行為。比如被人們稱做大下巴的前偽滿司法大臣張煥相，他最愛對人發脾氣，吵起來弄得四鄰不安，他在吃飯時常灑一地飯粒，別人如果給他指出來，他就灑得更多。又比如有些人當看守員經過的時候拚命提高嗓門讀書，其實不是為自己讀，而是做給所方看。他們一面唸着快

板，一面模仿着被諷刺者的姿態，引起了一陣陣的笑聲。我一聽就知道這主要是小固編的。起初我也覺得很好笑，可是聽到後來就笑不起來了。他們諷刺起一些迷信鬼神的人。他們說，這種人不明白從前算卦、求神並沒有挽救了自己，進了管理所還偷偷地唸咒求神。這段快板的諷刺對象，顯然也把我包括了進去，因為我這時還沒有完全停止唸咒求神的活動。這段快板，說的雖然並非毫無道理，可是，我怎麼可以被諷刺呢？不錯，從前我確實是上過卦、乩、經、咒的當，我們現在關在監獄裏，漸漸明白了求神不如求人的道理，可是又何必當眾影射我？這簡直是「沒上沒下」了！

問題還不僅限於此。接着，他們又諷刺了一種人，這種人進了監獄，明白了許多道理，政府拿他當人看待，「但是他仍要給別人當奴才」，「百依百順地伺候別人」，結果不能幫助「別人」改造，只能「幫助別人維持主人架子，對抗改造」。我一聽立刻就明白了這個被諷刺的人是誰，這個「別人」又是誰。同時也明白了小瑞不參加這個節目演出的原因。我心裏疼惜起小瑞來，我更擔心小瑞會撐不下去。

事實上，小瑞跟別人一樣，也有了一些變化。最近大李、小秀和小固在院子裏不露面了，小瑞也減少了露面的次數，我的髒衣服逐漸積壓起來，多日送不出去。

開過這次晚會，小瑞索性不來拿我的衣服去洗了。緊接着，又出了一件大事。

這天該我值日，我蹲在欄杆邊上等着接飯菜。送飯菜的是小瑞。他把一樣樣飯菜遞完，最後拿出一張疊成小塊的紙條，放在我手裏。我怔了一下，忙悄悄地藏起來，然後回身送飯，盡力不動聲色。飯後，我裝作上廁所，在屋角矮牆後的馬桶上，偷偷地打開紙條。只見那上面寫着：

　　　我們都是有罪的，一切應該向政府坦白。我從前給您
藏在箱底的東西，您坦白了沒有？自己主動交代，政府一
定寬大處理。

　　一股怒火，陡然在我胸中昇起。但是過了不大時間，這股怒火
就被一股冷氣壓熄了。我看到了眾叛親離的預兆。

　　紙條扔到馬桶裏被水沖走了，紙條所帶來的心思卻去不掉。我
默默地回想着這幾個青年人的過去和現在，覺得他們的變化簡直不
可思議。小秀不必說了，其餘的幾個是怎麼變的呢？

　　大李，他的父親原在頤和園當差，侍奉過西太后，由於這個關
係，在宮裏裁汰太監時，他得以進宮當差，那年他才十四歲。後來隨
我到天津，和另外幾個童僕一起，在我請來的漢文教師教導下唸書。
他正式做了我的隨侍，是我認為最可靠的僕人之一。我離大栗子溝
時，挑了他做跟隨。在蘇聯，他曾因一個日本人不肯讓路而動過拳
頭，對我卻始終恭順，俯首帖耳地聽我訓斥。他為我銷毀珠寶，做
得涓滴不留，一絲不苟。對這樣的一個人，我實在想像不出他發生
變化的理由。現在事實就是如此，在他的眼裏，已經沒有了「上邊」
和「下邊」了。

　　小固，是恭親王溥偉的兒子，溥偉去世後，我以大清皇帝的身
份賜他襲爵，把他當做未來「中興」的骨幹培養，他也以此為終身志
願，到了蘇聯還寫過述志詩以示不忘。他在我的教育下，篤信佛教，
曾入迷到整天對着骷髏像參「白骨禪」，而且剛到哈爾濱那天，還不
忘表示過忠誠。沒想到這樣的人，竟會編出那樣的快板來諷刺我，
顯然，他的忠誠是不存在了。

　　最不可思議的是小瑞的變化。如果說大李是「非我族類，其心

必異」，小秀是由於「睚眦之仇」，小固是看穿了「白骨禪」之類的欺騙，那麼小瑞是為了甚麼呢？

小瑞是清朝惇親王的後人，他家這一支自從他祖父載濂、叔祖父載漪和載瀾被列為「庚子肇禍諸臣」之後，敗落了下來。他十九歲那年被我召到長春，與其他的貧窮「宗室子弟」一起唸書。在那批被稱為「內廷學生」的青年中，他被我看做是最聽話、最老實的一個。我覺得他天資低些，心眼少些，而服侍我卻比心眼多的更好。在蘇聯，他表現出的忠誠，五年如一日。記得我曾經試驗過他一次，我對他說：「你如果真的忠於皇上，心裏有甚麼，都該說出來。你有沒有不敬的想頭？」他聽了，立刻滿臉通紅，連聲說「有罪有罪」，經我一追問，這老實人說出了一件使他不安已久的事。原來有一次我為了一件事不稱心，叫幾個侄子一齊跪了一個鐘頭，他那時心裏喊了一聲冤枉，埋怨我不好伺候。他說出了這個秘密，滿臉流汗，恐惶萬狀。如果我這時下令叫他痛打自己一頓，他必是樂於執行的。我只點點頭說：「你只要知罪就行了，姑且寬赦你這一回！」他忙磕頭謝恩，好像從地獄回到天堂一樣的快樂。從蘇聯臨回國時，我斷定性命難保，曾和妹夫、弟弟們商量「立嗣」問題，決定叫小瑞做我的承繼人。他聽到這個決定後的表現就更不用說了。如果說，在蘇聯時我有時還叫別人幹點甚麼，那麼回國之後，別人就不用想插手，因為我身邊的事全被他包辦下來了。這樣的一個人，今天卻教訓起我來，說我「有罪」了！

這些不可思議的變化，其實只要細想一下，是可以看出一些端倪來的。新年晚會那天，小固有一段快板詩，裏面反映了他們的思想變化。大概意思是說他從少年時期到了偽滿，終日在「內廷」裏聽着反宣傳，受着奴化教育，久而久之認為日本人是天底下最強大的，

中國老百姓是天生無能、該受擺佈的，以及人是生來要分等級的等等。他們回國之後，才明白過去是受了騙。回國的第一天，在綏芬河車站上發現火車司機是中國人，這就大大出乎他們的意料之外。以後，幾乎天天發現有出乎意料的事情。他們最感到意外的，是所方人員的態度和抗美援朝的勝利。……

　　小固的這段唱詞，我當時只當做是一般的開場白，未加注意。然而這不正是他們對我「背叛」的原因嗎？他們不是發現被我欺騙了嗎？但這都不是我當時能理解的。我最不明白的是，他們離開了我以後，與所方人員——所長、幹部、看守員、炊事員、醫生、護士們接觸時，都強烈感覺出與前不同的地位：在這裏，雖然是個犯人，卻是個有人格的人，而從前雖然被看做是個貴族，被看做是「一人之下、萬人之上」的人，實際上卻是個不折不扣的奴才。他們越想越覺得自己的青春時代過得不光彩。我們回國，列車在瀋陽站停下時，正趕上與我們同車的一位女工[2]下車，這位女工因保護祖國財產而負傷，在站上她受到了各界人士們的熱烈歡迎。他們聽車上的公安戰士們講述了那位青年女工的故事，第一次知道了原來還有這樣不同的青年生活在人間。以後，他們又聽到了志願軍的英雄事跡，祖國建設事業中的英雄事跡，這給他們打開了視野。他們經過不斷的對比，不由得不開始思索起許多問題：為甚麼從前不知道世界上還有這樣的人？為甚麼同樣是青年人，人家會那樣生活，而自己卻只知參禪、磕頭？為甚麼人家那樣尊嚴地、光榮地生活着，而自己卻受到無理打罵還要謝恩認罪？為甚麼人家這樣有本事，而自己卻甚麼也不懂？……

2　即大連化工廠女工趙桂蘭。趙因用身體掩蓋了一瓶將要爆炸的化學物品，被炸去了一隻手，保住了工廠。

這樣想着想着，他們就變了。他們開始認真地學習，開始向所方講出了過去的一切。我消滅了紙條，靠牆坐着，憂悶地想：共產黨真厲害，不知是使了甚麼法兒，讓他們變成這個樣兒。我唯一感到一點安慰的，是妹夫和弟弟們還沒有甚麼異狀，不過這點安慰，卻抵不上我的憂慮：小瑞會不會向所方檢舉我？

一想到檢舉，我心裏除了氣惱、憂慮，更感到了左右為難。我藏在皮箱底層的東西，都是經過精選的白金、黃金、鑽石、珍珠之類的首飾，共計四百六十八件。我把它看做後半生生活的依靠，如果沒有了它，即使放了我，我也無法活下去。「自食其力」這四個字，在我腦子裏根本就不存在。把珠寶交出去嗎？我隱瞞了這麼長時間，忽然拿了出來，這就證明了我過去全是騙人。繼續隱瞞下去嗎？除了小瑞，其他人也都知道這個秘密。即使小瑞不說，其他人說不說，我更沒有把握。如果被別人揭發出來，那就更糟！

「主動交代，可以寬大處理。」這句話在我心裏浮現出來，隨後又漸漸消失了。

那時在我看來，「共產黨」三個字和「寬大」總像調和不起來似的。儘管進入管理所以來受到的待遇大大出乎意料，儘管從報上屢次看到從寬處理「五反」案件的消息，但是我還是不能相信。在「三反」、「五反」運動開始不久，有個別罪大惡極的貪污犯被判處了死刑，接着，報上揭露了許多資本家盜竊國家資財、竊取經濟情報、走私、行賄，以及偷漏國稅等等罪行，這時我不由得把這些案件拿來跟我的加以比較。我對「首惡必辦，脅從不問，立功受獎」這幾句話也另有自己想法。我認為即使那些寬大事例全是真的，也不會適用於我，因為我是「首惡」，屬於必辦之類的。

「坦白從寬」嗎？——我苦笑了一下。在我的設想中，管理所長

聽我說出了這件事，知道受了騙，立刻會勃然大怒，狠狠地責罰我，而且追究我還有甚麼別的欺騙行為。我當初對待處於自己權威下的人，就是如此。

我不能去坦白，——我對自己說，小瑞他們還不至於真的能「絕情絕義」到檢舉我的地步。我把這件事拖下來了。

過了一個星期，又輪到小瑞給我們送飯。我偷偷地注意到，他的神色十分嚴肅，連看也不看我一眼。不但如此，他還對我的皮箱狠狠地盯了一陣。

不好，——我心裏嘀咕着，他別是要有甚麼舉動吧？

過了不到兩個小時，我們剛剛開始學習，小瑞忽然匆匆地又來了。他在我們房外停了一下，然後匆匆地走開。我看得清清楚楚，他的兩眼剛才正是搜索那隻皮箱的。

我斷定他剛才一定到所長那裏去過。我沉不住氣了。「與其被揭發出來，倒不如主動交代的好。」我心裏說。

我抓住了組長老王的手，忙不迭地說：

「我有件事情要向政府坦白。我現在就告訴你……」

七、坦白從寬

「我溥儀沒有良心。政府給我如此人道待遇，我還隱瞞了這些東西，犯了監規，不，這是犯了國法，這東西本來不是我的，是人民的。我到今天才懂得，才想起了坦白交代。」

在所長的接待室裏，我站在所長面前，低着頭。在靠窗的一張桌子上，那四百六十八件首飾，發射着令人惋惜的光彩。假如我的「主動坦白」可以挽救我，假如寬大政策對我有效驗的話，那麼光彩

就讓它光彩去吧。

所長注視了我一陣，點點頭說：「坐下來吧！」從這一聲裏，我聽出了希望。

「你為了這件事，經過了很多思想鬥爭吧？」所長問。

我避開了那個紙條，說我一直為這件事心中不安。在我說的那些話裏，只有最後一句是真的：「我不敢坦白，我怕坦白了也得不到寬大處理。」

「那為甚麼呢？」所長的嘴角上漾着笑意，「是不是因為你是個皇帝？」

我怔了一下，承認了：「是的，所長。」

「也難怪你會這樣想，」所長笑起來了，「你有你的獨特歷史，自然有許多獨特想法。我可以再告訴你一次：共產黨和人民政府的政策是說到做到的，不管從前是甚麼身分，坦白的都可以從寬，改造好的還可以減刑，立功的還可以受獎。事在人為。你這些東西當初沒交出來，犯了監規，並且藏在箱底裏一年多，如今你既然自己來坦白，承認了錯誤，這說明你有了悔悟，我決定不給你處分。」

說罷，他命令門外的看守員去找保管員來。保管員到了，他命令道：「你把那堆東西點收下來，給溥儀開一個存條。」

我感到太出乎意料了。我連忙站起來：

「不，我不要存條。政府不肯沒收，我也要獻出來。」

「還是給你存起來吧。你在這裏點交。」所長站起來要走，「我早已告訴過你，對我們說來，更有價值的是經過改造的人。」

我帶着四百六十八件首飾的存條，回到了監房。同伴們正開討論會，討論着正在學習的《中國怎樣降為殖民地半殖民地》這本書裏的問題。他們看見我回來了，停下討論，給了我前所未有的待遇，

慶賀我有了進步。

「老溥，佩服你！」他們現在已經不叫我溥先生，而是一視同仁地以「老」字相呼了。剛一聽到這稱呼，我比聽叫「先生」更覺着不是滋味，不過今天被他們叫得很舒服。「老溥，從你這件舉動上，給了我啟發！」「老溥，沒看出你真有勇氣。」「老溥，我有你這例子，更相信寬大政策了。我向你表示感謝。」等等。

我這裏該補充說明一件事。自從我的衣物自洗自縫以來，我的外形比以前更加狼狽不堪了，而同伴們對我的尊敬也隨着「先生」的稱呼去了一大半，有人甚至於背後叫起我「八雜市」（哈爾濱從前一個專賣破爛的地方）來。在學習上表現出的無知，也時常引起他們的毫無顧忌的笑聲。總之，我明白了自己在他們心目中的身份。現在他們再三對我表揚，我頓時有了揚眉吐氣之感。

這天休息時，我在院子裏聽見前偽滿駐日大使老元對別人談論這件事。老元這人心眼極多，可以說眼珠一轉就夠別人想一天的。這個多心眼的人說出一段話，大大觸動了我的心事：

「老溥是個聰明人，一點不笨。他爭取了主動，坦白那些首飾，做的極對。其實，這種事瞞也瞞不住，政府很容易知道的。政府掌握着我們的材料，比我們想像的還要多。你們想想報上的那些『三反』、『五反』的案子就知道。千百萬人都給政府提供材料，連你忘了的都變成了材料，飛到政府手裏去了。」

照他這話說來，我在自傳裏扯的謊，看來也瞞不住了。

如果我說了出來，會不會像交出珠寶一樣的平安無事呢？一個是政治問題，一個是經濟問題，能一樣對待嗎？所長可沒說。可是似乎用不着說，犯了法就是犯了法，經濟上犯罪也是犯罪，「三反」、「五反」案件重的重辦、輕的輕辦，坦白的從寬，應該全是一樣的。

話是這樣說，事情不到臨頭，我還是下不了決心。跟上回不同的是，報上一出現「寬大」二字，我比以前更加想看個究竟了。

「三反」、「五反」運動接近了尾聲，結案的消息多了起來，而且盡是「寬大處理」的。老王是幹過「法官」的，我曾跟他研究過報上的那些案件。每次研究，我總在心裏跟我自己的事情聯繫起來，反復考慮，能否援用這項政策。後來所方叫我們寫日寇在東北的罪行材料時，我想的就更多了。

政府為了準備對日本戰犯的處理，開始進行有關調查，號召偽滿戰犯提供日寇在東北的罪行材料。那天所方幹部宣佈這件事的時候，有人提出一個問題：「除了日寇的，別的可不可以寫？」幹部回答：「當然可以寫，不過主要的是日寇罪行。」我聽了，不由得犯了嘀咕：他要寫甚麼別的？別的當然是中國人的，中國人最大的罪犯當然是我！我家裏的人會不會也要寫點「別的」？

偽滿戰犯對於寫日寇在東北的罪行，都很積極。我們這個組，頭一天就寫出了十多份。

組長老王收齊了寫好的材料，滿意地說：「我們的成績不錯！明天一定還可以寫出這麼多。」有人接口說：「如果讓東北老百姓寫，那不知可以寫出多少來。」老王說：「那還用說，政府一定會向東北人民調查的！你看呢，老溥？」我說：「我看是一定的，可不知道這次除了日寇，還調查別人不？」「不調查別人，可是準有人要寫到我們。老百姓恨我們這些人不下於恨日本人呢！」

吃晚飯的時候，是大李來送飯。我覺着他好像特別有氣似的，他不等我把飯菜接過來，放在地上就走了。他走開以後，我立刻想起了我離開靜園的時候，是他幫助我鑽進車廂裏去的。

第二天，我們又寫了一天材料。我知道的不多，寫的也少了。

老王收材料時，仍很滿意，因為別人寫的還是不少。他說：「你們瞧吧，以此推想，東北人民寫的會有多少！政府掌握了多少材料！幹過司法工作的就知道，有了證據就不怕你不說。從前，舊社會司法機關認為頂難的就是證據，可是在人民政府這裏，老百姓都來提供材料，情形就不同了。」我聽了這話，心裏又是一跳。

「政府掌握了材料！」這話我不是第一次聽說了。今天早晨，我們議論報上一條關於捕獲暗藏的反革命分子的消息時，我不由得又想起了這句話。報上這條消息中說，一九三五年殺害了紅軍將領方志敏的劊子手，已經在湖南石門的深山中捕獲了。這個劊子手在湖南解放後，先藏在常德縣，後來躲到石門的深山裏，繼續幹反革命活動，但是終於給公安機關偵察出來。怎麼查出來的，報上沒說。我心想，這大概又是掌握了材料，大概共產黨從一九三五年就把這個劊子手的材料記下來了。我跟老王學得了一句司法術語，這叫「備案存查」。

第三天，當我寫下了最後的一條材料，忽然聽到樓梯口上有人聲。我扭過頭來，看見有個陌生的中年人出現在崗台的附近，後面隨着所長。根據經驗，我判斷出這是上級機關來人視察。這位視察人員挨次察看了每間監房，聽着看守長報告每個監房犯人的名字，面上毫無表情。他沒穿軍衣，我卻覺得他像一位軍人，這與其說是由於他的精確適度的每個動作和他的端正的體型，毋寧說是由於他的嚴肅的面容。他大約不到五十歲。

「你在幹甚麼？」他在我們的監房外停下了，這樣問着，眼睛看着我。我沒料到他的聲調很溫和，而且他臉上浮着一絲笑容。

我站了起來，報告說我正寫日寇的罪行。他對我的回答感到興趣：「你知道些甚麼日寇罪行？」

我把剛寫好的，從前聽佟濟煦說的那段屠殺建築秘密工程工人的故事說了。

也許是我的神經過敏，也許事實就是如此，我覺得他臉上的那一絲笑容突然消失了，他的目光變得非常嚴峻。我萬沒料到這個故事引起了他這麼強烈的反應。

「我當時聽了很刺激，我原沒想到日本人這樣殘忍。」我不安地說。

「你為甚麼不向日本人抗議呢？」他逼視着我的眼睛。

我覺出他在生氣，趕緊低下了頭，輕聲說：「我⋯⋯不敢」

「你不敢，害怕，是嗎？」他不要我回答，自顧說下去，「唉，害怕，害怕就能把一個人變成這樣！」末後這句，又恢復了平靜的聲調。

我低聲說：「這都是由於我的罪過造成的，我只有向人民認罪，我萬死不足以蔽其辜！」

「也不要這樣，把一切攬到自己頭上。你只能負你自己那部分責任。應當實事求是。是你的，你推不掉，不是你的，也不算在你的賬上。」

我仍繼續說，我的罪是深重的，我感激政府對我的待遇，我已認識自己的罪惡，決心改造好。我不知道他是否在聽我的話，只見他察看我們的監房各處，並且叫一個犯人拿過漱口杯看了一看。等我說完，他搖搖頭，說道：

「應當實事求是。只要真正認罪，有了悔改表現，一定可以得到寬大。共產黨說話算數，同時重視事實。人民政府對人民負責。你應當用事實和行動而不是用嘴巴來說明自己的進步。努力吧。」

他對我寫的那堆東西看了一眼，然後向隔壁的監房走去了。

我的心沉重得厲害。我拿起寫好的那堆材料重看了一遍，似乎

今天我才感到這類事情的嚴重性。

從這以後，那雙嚴峻的目光似乎總也離不開我，那幾句話也總衝擊着我的心：「是你的，你推不掉！」「應當實事求是！」「用事實和行動而不是用嘴巴來說明自己的進步！」我覺得自己正處在一個無法抗拒的衝力面前。是的，這是一種不追究到底誓不甘休的衝力。就是由於這股衝力，一九三五年殺害方志敏的劊子手藏在深山中也沒能逃脫掉。我覺得在這股衝力面前，日寇在東北的罪行必將全部結算清楚，偽滿大小漢奸的舊賬都無法逃掉。

這天是星期日，我在院子裏晾曬洗好的衣服，忽然看見大李和小瑞。還有一位所方幹部從遠處走過來。他們三個人在花台附近立了一會兒，分手走開了。小瑞向我晾衣服的地方走來，我想跟他招呼一下，他卻看也不看我一眼，一直走了過去。我不禁狐疑起來：「這是怎麼回事？難道 —— 他們真往絕處走嗎？」

我回到屋裏，找出了一些舊報紙，專挑上面關於寬大處理「三反」、「五反」案件的消息和文章來閱讀。看了一陣，老王過來說：

「你幹甚麼？研究『五反』？」

「不研究了。」我放下報紙，下了決心，「我想起過去的一些事，以前認識不到它的性質，現在看起來正是罪惡，把這些寫到感想裏你看好不好？」

「怎麼不好？當然好啦！」他又放低聲音說：「再說政府掌握咱們很多材料，還是先說了好。」

我拿起筆來了。在這份學習感想中，有一段的大意是：帝國主義侵略中國，離不開利用封建和買辦的勢力，我的經歷就是個典型例子。以我為招牌的封建勢力在復辟的主觀幻想下，勾結日本帝國主義，而日本帝國主義則用這招牌，把東北變成了它的殖民地。我

把在天津張園、靜園的活動，我把我那一夥人與日本人的關係，以及我和土肥原見面的詳情，原原本本地寫了出來。

兩天之後，組長老王告訴我，所方看到了我寫的東西，認為我有了重大的進步，值得在本組裏表揚。

「拿出一件真正的物證，比說一萬句空話還有用。」幹過「法官」的老王說。

八、糊紙盒

一九五二年末，我們搬出了那所帶鐵欄杆的房子，住進房間寬敞的新居。這裏有新板舖，有桌子、板凳，有明亮的窗戶。我覺着所長說的「改造」，越發像是真的，加上我交代了那段歷史之後，不但沒受到懲辦，反而受到了表揚，於是我便開始認真地學習起來。我當時的想法，認為改造就是唸書；把書唸會了，把書上的意思弄明白了，就算是改造成功了。我當時並沒有想到，事情並不這麼簡單；改造並不能僅僅靠唸書，書上的意思也並不單靠唸一唸就能明白。例如對於《甚麼叫封建社會》這本書，是我早在一九五〇年底到一九五一年初唸過的，但是如果我沒有經過那一段勞動（生活和生產方面的勞動），我到現在也不會明白封建制度造了甚麼孽。甚麼叫封建社會？我在唸了那本書的兩年多之後，即一九五三年春天糊紙盒的時候，才真正找到了自己的答案。

一九五三年春，所方和哈爾濱一家鉛筆廠聯繫好，由犯人們包糊一部分裝鉛筆的紙盒。從這時起，我們每天學習四個小時，勞動四個小時。所方說這是為了調劑一下我們的生活，又說，我們這些人從來沒勞動過，幹點活兒，會對我們有好處。這句話對我的特殊

意義，是我當時完全意識不到的。

我從前不用說糊鉛筆盒，就是削鉛筆也沒動過手。我對鉛筆的有關知識至多是記得些商標圖案——維納斯牌是個缺胳臂的女人，施德樓牌是一隻公雞等等；我從來沒留心它的盒子，更不知糊一個盒子要這麼費事。我糊了不大功夫，起先感到的那點新鮮味全沒有了，心裏像也抹上漿糊似的，弄得糊裏糊塗。別人糊出了好幾個，我的一個仍拿不出手去，簡直說不上是個盒子還是甚麼別的東西。

「你這是怎麼糊的？」前偽滿軍醫院長老憲把我的作品拿在手裏端詳着，「怎麼打不開？這叫甚麼東西？」

老憲是肅親王善耆的兒子，從小跟他的幾個兄弟姊妹受日本浪人川島浪速的教育。他在日本長大，學過醫。金碧輝（日名川島芳子）是他的妹妹，做過偽哈爾濱市長的金碧東是他的兄弟，一家滿門都是親日派漢奸。在蘇聯他跟我第一次見面，曾經跪在我面前哭着說：「奴才這可看見主人了！」現在跟我住在一起，卻是最喜歡找我的碴兒。原因是他為人尖酸刻薄，又極容易跟人爭執，卻又爭不過人，而我各方面都不如別人能幹，向來沒勇氣和人爭論，所以成了他的發洩對象。

我這時心裏混合着妒嫉、失望和對於譏笑的擔心，而老憲的多事偏又引起了人們的注意，紛紛過來圍觀那個作品，發出了討厭的笑聲。我走過去，一把從老憲手中奪下來，把它扔進了廢料堆裏。

「怎麼？你這不是任意報廢麼？」老憲對我瞪起了眼。

「誰報廢？我糊的差點，不見得就不能用。」我嘰咕着，又從廢料堆裏把我的作品揀回來，把它放在成品堆裏。這樣一擺，就更顯得不像樣了。

「你放在哪裏，也是個廢品！」

聽了他這句雙關話，我氣得幾乎發抖。我一時控制不住，破例

地回敬了一句：「你有本事對付我，真是欺軟怕硬！」這句話碰了他的傷疤，他立刻紅了臉，嚷道：「我欺誰？我怕誰？你還以為你是個皇上，別人都得捧着你才對嗎？……」幸虧這時沒有人理他，組長也出來阻止，他才沒嚷下去。

可是事情並沒有就此結束。老憲可不是個善罷甘休的人。

第二天糊紙盒的時候，老憲選了我旁邊的一個位置坐下，從一開始糊起，總是用一種挑剔的眼光瞧我的活。我扭了一下身子，把後背給了他。

我這天的成績，雖說比不上別人，總算有了些進步。到了晚上，所方用我們昨天生產所得的酬勞，買了些糖果發給我們。這是我頭一次享受自己的勞動果實（雖然我的成績是最次的），我覺得我分得的糖果，比過去任何一次吃到的都要甜。這時候，老憲說話了：

「溥儀今天成績不壞吧？」

「還好，沒有廢品。」我頂撞地說。

「嘻，還是虛心些的好。」他的臉上皮笑肉不笑。

「說沒有廢品就算不虛心？」我心中直冒火，糖果也不覺着甜了。我最討厭老憲的地方，就是他專愛挑人家高興的時候找碴子。「如果再出廢品，再隨你扣帽子吧。」

我想堵他這一句就不再理他。不料他走到我那堆成品裏順手拿出了一個，當着眾人舉了起來說：

「請看！」

我抬頭一看，幾乎把嘴裏的糖果吸到肺裏去。原來我糊倒了標籤。

我氣極了，真想過去把那盒子抓過來扔到那張凹凸不平的臉上。我控制了自己，半晌只說了這麼一句話：

「你想怎麼就怎麼吧！」

「喝，好大口氣！還是臭皇帝架子。」他提高嗓門，「我對你批評，是對你好意。你不想一想。」他聽見門外看守員的腳步聲，嗓門更響了：「你還幻想將來當你的皇帝吧？」

「你簡直胡說八道！」我激怒地回答，「我比你笨，不如你會說會做，我天生的不如你。這行了吧？」

別人都離開了座位，過來勸架。我們這時住的房間很大，一共有十八個人，除我之外，有三個偽大臣，十四個偽將官。組長是老韋，也是偽將官。張景惠是三名偽大臣之一，他老得糊塗，平時不學習、不勞動，也不愛說話。這天晚上除了張景惠之外，其餘的都為了「紙盒事件」參與了議論。有人批評老憲說，既然是好意批評就不應大喊大叫地說話；有人批評我說，盒子糊壞了，就應承認，不該耍態度；蒙古族的老郭認為老憲的態度首先不好，不怪溥儀生氣；向來和老憲要好的一個偽禁衛軍團長則表示反對，說是老郭用「帶色眼鏡」看人；又有人說，這問題可以放到星期六的生活檢討會上去談，一時七嘴八舌，彼此各不相讓。正在鬧得不可開交的時候，我看見「禁衛軍團長」拉了吵得嘴角起沫的老憲衣襟一下，而且別人也都突然靜了下來。我回頭一看，原來管學習的李科員走了進來。

原先管學習的李科長，已經調走了，新來的這位又姓李，大家因為對從前那位叫慣了「學習主任」，所以現在對這位李科員也叫「學習主任」。他問組長大家吵甚麼，老韋說：

「報告主任，是由一個廢紙盒引起的……」

李科員聽完，把我糊倒標籤的紙盒拿起來看了看，說道：

「這算是甚麼大事，值得爭吵？標籤倒了，在上面再糊個正的不就行了嗎？」

　　李科員的這席話把大夥說得個個啞口無言。事情這還不算完。

　　過了幾天，負責分配紙盒材料的小瑞向我們轉達，另外幾組要發起一個勞動競賽，問我們參加不參加。我們表示了回應。小瑞又告訴了一個消息，說小固在他們那個組裏創造了一個用一道手續糊盒的「底蓋一碼成的快速糊盒法」，效率比以前提高了一倍還多。我們組裏一聽，覺得參加競賽是不能用老辦法了，得想個提高效率的新辦法才行。那時我們常從報上看到關於技術革新創造的記載，如郝建秀工作法、流水作業法等等，有人從這方面得到了啟發，提出了流水作業法，就是每人專搞一門專業，抹漿糊的專抹漿糊，粘盒幫的專粘盒幫，貼紙的專貼紙，糊標籤的專糊標籤，組成一道流水作業線。大家一致同意試試這辦法，我也很高興，因為這樣分工序的辦法，幹的活兒比較簡單，混在一起也容易遮醜。誰知道這樣幹了不久，問題就暴露出來了，在流水作業線裏，東西到了我這兒很快地積壓起來，水流不過去了。而且，這又是老憲發現的。

　　「由於個人的過失，影響了集體，這怎麼辦？」他故意表示很為難的樣子。

　　這次我一句也沒和他吵。我面對着一大疊等着糊亮光紙的半成品，像從前站在養心殿門外等着叫「起兒」的人們那樣呆着。當我聽到我下手工序的一個夥伴也說我的操作不合乎標準，廢品率必然會提高的時候，我知道無論是公正的老郭，還是李科員出來，都不會反對老憲的挑剔了。結果是，我退出了流水作業線，另外去單幹。

　　這是我和家裏人分開之後，再一次感到了孤寂的滋味，而這次被排除出整體之外，好像脫光了身子站在眾人面前，對比特別強烈，格外覺着難受。特別是老憲，那張橘皮臉上露出幸災樂禍和報復的滿足，走過我面前時還故意咳嗽一聲，氣得我的肺都要炸了。我很

想找個同情者談談，但是組裏每個人都是忙忙碌碌的，都沒有談話的興趣。碰巧這時我又患了感冒，心裏特別不痛快。

這天夜裏，我做起了噩夢，夢見那張凹凸不平的橘皮臉直逼着我，惡狠狠地對我說：「你是個廢物！你只能去當要飯花子！」接着我又夢見自己蹲在一座橋上，像童年時太監們向我描繪的「鎮橋猴」那樣。突然有個人伸出一隻手壓在我頭上，把我驚醒過來。我在朦朧中看見一個穿白衣服的人立在我面前，用手摸我的腦門，說：「你發高燒，感冒加重了，不要緊，讓我給你檢查一下吧。」

我覺得頭昏昏的，太陽穴的血管突突直跳，定了定神，才明白了是怎麼回事。原來看守員發現我在說夢話，又說又鬧，叫不醒我，就報告了看守長，看守長把軍醫溫大夫找來了。大夫看過了體溫計，護士給我注射了一針藥。我漸漸睡着了，不知他們甚麼時候離去的。

我病了半個月，經過大夫、護士每天的治療，漸漸恢復起來。在這半個月裏，我每天大部時間睡在床上，不學習，不勞動，整天想心事。我在這半個月裏想的比過去幾年想的還多。我從紙盒一直回想到西太后那張嚇得我大哭的臉。

我從前一回憶起那個模糊的印象，只覺得西太后很可怕，而現在，我覺得她可恨了。她為甚麼單單挑上我來當那皇帝呢？我本來是個無知的、純潔的孩子，從任何方面來說，我至少不會比溥傑的天分還差，可是由於做了皇帝，在那密不通風的罐子中養大，連起碼的生活知識也沒有人教給我，我今天甚麼也不懂，甚麼也不會，我的知識、能力不但比不上溥傑，恐怕也比不上一個孩子。我受到人們的嘲笑，受到像老憲這樣人的欺負，如果讓我獨自去生活，我真不知怎麼能活下去。我今天弄成這樣，不該西太后和那些王公大臣們負責嗎？

　　我從前每逢聽到別人笑我，或者由於被人指出自己無能，心裏總是充滿了怨恨，怨恨別人過於挑剔，甚至怨恨着把我關起來的人民政府，但我現在覺得這都不是應該怨恨的，事實證明我確實是可笑的、無能和無知的。從前我怨恨侄子們太不顧面子，把我的尊嚴竟全盤否定了，但我現在承認，實在沒有甚麼可以給自己作臉的事。比如有一次吃包子，我覺得很香，王看守員問我：「你喜歡韭菜？」我說沒吃過，不知道。別人都笑起來說：「你吃的不是韭菜嗎？」既然我小到嘗不出韭菜，大到迎「天照大神」代替自己的祖宗，我還有甚麼「聖明」？又如何能不讓別人笑罵呢？蒙古人老正是民國初年發動蒙古叛亂的巴布扎布的兒子，有一天他對我說，當年他全家發過誓要為擁戴我復辟而死，他母親簡直拿我當神仙那麼崇拜。他說：「真可惜，她已經死了，不然我一定要告訴她，宣統是個甚麼樣的廢物！」既然我本來不是神仙，我本來無能無知，又如何怪別人說這類話呢？

　　我只有怪西太后和那一夥人，只有怪我為甚麼生在那個圈子裏。我對紫禁城發生了新的怨恨。我想到這裏，覺得連老憲都算不上甚麼冤家了。

　　我差不多完全痊癒了，這天所長找我去談話，問了我的身體情況，追問到我和老憲爭吵的情形，問我是不是感到了甚麼刺激。我把經過簡單地說了，最後說：

　　「我當時確實很受刺激，可是我現在倒不怎麼氣了，我只恨自己實在無能。我恨北京宮裏的那些人。」

　　「很好，你已經認識到了自己的弱點，這是一個進步。無能，這不用發愁，只要你肯學，無能就會變成有能。你找到了無能的原因，這更重要。你還可以想想，從前的王公大臣那些人為甚麼那樣教育你？」

「他們光為了他們自己。」我說，「不顧我，自私而已。」

「恐怕不完全如此，」所長笑着說，「你能說陳寶琛跟你父親，是成心跟你過不去嗎？是成心害你嗎？」

我答不上來了。

「你可以慢慢想想這問題。如果明白了，那麼你這場病就生得大有價值。」

從所長那裏回來之後，我真的放不下這個問題了。到我參加病後的第一次生活檢討會時，我把過去的生活已經想了好幾遍。我沒有得到甚麼答案，怨氣卻越聚越多。

在這次生活檢討會上，有人批評了老憲，說他完全不是與人為善的態度，總是成心打擊我。接着，差不多一半以上的人都對他發表了類似的意見，甚至有人把我生病的責任也放在他身上，並據以證明他在大家的改造中起了壞作用。老憲慌張了起來，臉色發灰，結結巴巴地做了檢討。我在會上一言沒發，繼續想着我的怨恨。有人提出，我應該發表一下意見。老憲的臉更加發灰了。

「我沒甚麼意見，」我低聲說，「我只恨我自己無能！」

大家一時都怔住了。老憲大大張開了嘴巴。我忽然放大了嗓音，像喊似地說：

「我恨！我恨我從小生長的地方！我恨那個鬼制度！甚麼叫封建社會？從小把人毀壞，這就是封建社會！」

我的嗓子突然被一陣痙攣哽住，說不下去了，別人唧唧噥噥地說甚麼，我也聽不見了。……

九、檢察人員來了

　　從一九五三年末起，我們連着學習了三個月的《帝國主義論》。一九五四年三月，學習結束後，管理所遷回撫順。過了不久，檢察機關的工作團來到管理所，開始了對戰犯的調查。

　　後來才知道，政府為了這次調查日本戰犯和偽滿戰犯的罪行，做了很周密的準備，組織了龐大的力量。一大批日本戰犯調到撫順來了。幾年前政府人員就準備了大量材料。大約二百名左右的檢察工作人員集中起來，事先受到了政策和業務的專門訓練。

　　日本戰犯住在「三所」、「四所」和「七所」裏，那邊的情形不清楚，我們一所偽滿戰犯這邊三月末開過了一個大會，開始了調查。調查工作 —— 從犯人這方面說是檢舉與認罪 —— 一直進行到年底，才基本結束。

　　在大會上，工作團的負責人員講了話。他說，你們經過了這幾年的學習和反省，現在已經到了認罪的時候了，政府有必要來查清你們的罪行，你們也應該對過去有個正確的認識，交代自己的罪行，並且檢舉日本帝國主義戰犯和其他漢奸的罪行；無論是坦白交代和檢舉他人，都要老老實實，不擴大、不縮小；政府對你們最後的處理，一方面要根據罪行，一方面要根據你們的態度；政府的政策是坦白從寬、抗拒從嚴。

　　所長同時宣佈了監規：不准交換案情，不准跟別的監房傳遞字條、信件，等等。從這天起，每日休息時間各組輪流到院子裏去，想跟別組的人會面也辦不到了。

　　開過大會，各組回到各自的屋子開討論會，每個人都表示了要徹底坦白、檢舉，低頭認罪，爭取寬大。有人說：「我一直在盼這天，

只要能審判，就有期限了。」也有的人，比如老憲說了他相信寬大政策，却又神色不安，顯然是言不由衷。

看到老憲面色發灰，我並沒甚麼幸災樂禍的想法，反而被他傳染上了不安的情緒。自從在學習心得裏交代了歷史關鍵問題之後，當時我對寬大政策有了信任，現在又覺得政策還沒兌現，不知將來處理的時候，是不是仍如所長說過的，對我並不例外。如果像老憲這樣一個「軍醫院長」也值得擔心，我這「皇帝」又該如何呢？

但是，無論如何，最大的問題我都已經交代出來了。我的情形可能跟老憲不同，他也許在考慮是不是交代，而我的問題只能是如何讓檢察人員相信，我早已就是認了罪的。

為了取得檢察人員的信任，我決定詳細而系統地把自己的歷史重寫一遍，同時把自己知道的日本戰犯的罪行儘量寫出來。我在小組會上做了這樣的保證。

完全實現這個保證，却不是那麼容易。

我寫到偽滿末期，寫到蘇聯對日本宣戰那一段，想起了一件事。那時我擔心日本人在這緊張時機對我懷疑，把我踢開，總想着法兒取寵關東軍。在得到蘇軍宣戰消息後的一天夜裏，我沒經任何人的指點，把張景惠和總務廳長官武部六藏叫了來，給他們下了一道口頭「敕令」，命他們緊急動員，全力支持日本皇軍抵抗蘇軍的進攻。這件事情我該如何寫？不寫，這件事難保別人不知，寫吧，這件並非日本人授意的舉動（那時吉岡正稱病不露面），是否會引起檢察人員的懷疑，不相信我是處處受着吉岡安直擺佈的呢？如果檢察人員發生了誤會，我所交代的全部歷史就變成不可信的了。

我最後決定，不能寫的太多，壞事少寫一件不算甚麼，把這件事也算到吉岡安直的賬上去吧。

寫完了，我又考慮寫得太少也不好。於是我把能寫的儘量寫詳細。寫完了坦白材料，我又儘量地寫檢舉材料。

材料都交上去了。我等待着檢察人員的傳訊。

在等待中，我不住地猜想着審問時候的場面。檢察人員跟所方人員一樣不一樣？兇不兇？是不是要動刑？

在我腦子裏，審問犯人是不可能不厲害的。我在紫禁城和宮內府裏對待犯過失的太監、僕役，就向來離不開刑具。

我怕死，更怕受刑。不用說皮肉受苦，即使有人像我從前對待別人那樣打我一頓耳光，也不如死了的好。我曾經認為，住共產黨的監獄如果受不到野蠻的虐待是不可能的。進了管理所之後受到的待遇，是出乎意料的。這裏不打人、不罵人，人格受到尊重。三年多來，一貫如此，按說我不該再有甚麼懷疑，可是一想到審問，總還是不放心，因為我認為審問就是審問，犯人不可能跟問官一致，問官不可能相信犯人，結果自然會僵住，自然是有權威的問官要打人，這本是無可非議的。

我在這些念頭的折磨下，過了十多天寢食不安的日子。終於等到了這一天，看守員來通知我去談話。

我被領進中央甬道裏的一間屋子。這間屋子大約有兩丈見方。當中有一張大書桌，桌前有個茶几，放着茶碗茶壺和煙灰碟。一位中年人和一位青年坐在桌後。他們示意，讓我在茶几旁的椅子上坐下。

「你叫甚麼名字？」那中年人問。

「愛新覺羅 · 溥儀。」

他問了年齡、籍貫和性別。那個青年的筆尖，隨着我們的談話「嚓、嚓」地在紙上動着。「你寫的坦白材料我們看了，」那中年人說，

「想聽你當面談談。你可以抽煙。」

就這樣開始了。中年的檢察員從我幼時問起，問到我被捕。我都說完了，他對我點點頭，樣子好像還滿意。

「好吧，就談到這裏。以後趙訊問員可能有問題問你。」

總之，這種訊問的氣氛是頗出乎意料的。我心裏少了一個問題。

第二次訊問，當我發現屋裏只有趙訊問員一個人的時候，不禁有點失望。我坐在這位訊問員面前，注視着他的年輕的面龐，心中不住地想：他行嗎？他弄得清楚嗎？他能明白我說的話是真的？他正當血氣方剛之年，有沒有脾氣？如果別人瞎檢舉我，他信誰的？……

「有個問題要問你一下，」他打斷了我的思路，問起我在偽滿時頒佈敕令和詔書的手續問題。我照着事實做了回答。在談到一項敕令時，他問我在頒佈前幾天看到的，我想不起來了。

「大概是一兩天前，也許，三天，不，四天吧？」

「不用立刻回答，」他說，「你想想，幾時想起幾時說。現在談另一個問題……」

在這另一個問題上，我又記不起來，僵在那裏了。我心裏不免暗暗着急：「我又想不起來啦，好像我不肯說似的，他該火了吧？」但是他並沒發火，還是那句話：「這且放一邊，你想起來再說。」

後來，我終於對這個年輕人完全服了。

已不記得那是第幾次訊問了。他拿出一份我寫的檢舉材料，放在我面前，問我：

「你寫的這個檢舉材料上說，在日本戰犯、前偽滿總務廳次長古海忠之的策劃下，日本侵略者在一年中掠去東北糧食一千六百萬噸。這件事說的太不具體。是一年嗎？是哪一年？ 一千六百萬噸的數字

怎麼知道的？你再詳細說說。」

我怎麼能知道呢？這不過是我從同屋的兩個偽大臣談天中無意中聽來的，我自然不敢把這件事說出來，只有學一下蘇東坡的「想當然耳」，說日寇對東北財富，無不盡力搜刮，糧食是產多少要多少。說到這裏，訊問員攔住了我：

「東北年產糧食多少，你知道嗎？」

我張口結舌，半晌說不出話來。

「你這條檢舉的根據是甚麼？」

我看是混不下去了，只好說出了這條馬路情報的來源。「那麼，你相信不相信這個材料？」

「我，……沒甚麼把握。」

「哦，連你自己也不信！」訊問員睜大了眼，「那麼你為甚麼還要寫？」

我正在呐呐然，不知說甚麼是好，他卻把自來水筆的筆帽套好，收拾着桌上的紙張和書本 —— 有厚厚的偽滿的《年鑒》、《政府公報》，顯然是不再需要我的答案。這次訊問是他用這句話結束的：

「無論對人對己，都要實事求是。」

我望着這個比我年齡小十幾歲的人，沒有話說。我從心底承認了他的話。因為我就害怕着別人給我編造和誇大呀。

我走出訊問室，心底驀地冒出一個問題：「是不是每個訊問員都是像這小夥子似的認真呢？倘若有一個不是這樣，而正巧收到了誣賴我的檢舉材料，那怎麼辦呢？」

這個問題很快就得到了答案。同屋的老元後來告訴我們一件同樣的經歷。他曾按估算寫了日本從東北掠奪鋼鐵的數字，訊問員不相信，給他一支鉛筆，叫他算一算生產這些鋼鐵需要多少礦石，東

北各礦年產多少礦石……。「他帶着東北資源檔案哩！」老元最後這樣說。

因此我也明白了為甚麼趙訊問員的桌子上放着那些《年鑒》、《公報》之類的材料。不過工作團為了查證每件材料，使用了幾百名調查人員，花了一年多的時間，跑遍了各地城鄉，翻遍了數以噸計的檔案，這還是到了我在檢察員的總結意見書上簽字時才知道的。

我在年輕的訊問員那裏碰了一個釘子，由於他的實事求是的精神感到高興，又因自己的愚蠢而擔心他把我看做不老實的人。因此我趕緊寫了一個自我檢討書給他送去。

「情形不像很嚴重。」交出了檢討書，我這樣的想。

十、東北人民的災難和仇恨

關於日本侵略者在東北造下的災難，我過去從來沒聽人具體地談過，也從來沒有在這方面用過心。我多少知道一些東北人民的怨恨，但是我只想到那是東北人與日本人之間的事，與我無關。歷史過去了十來年，到今天我才如夢初醒，才感覺到真正的嚴重性。

工作團的人員給我們專門講過一次，關於日本侵略者在東北罪行的部分調查結果。我當時聽了還有點疑惑。他列舉了一些不完全的統計數字，例如慘案數字，某些慘案中的集體屠殺的數字，種植鴉片面積、吸鴉片的煙民及從鴉片販賣中獲得利潤的數字，等等，都是駭人聽聞的。那些屠殺、慘案的情節更是令人髮指。我聽的時候一面感到毛骨悚然，一面卻在想：「果真是如此嗎？如果是真的，我不知道，怎麼我的弟弟、妹夫、侄子和隨侍他們也沒有人向我說過呢？」

　　一直到後來參加了日本戰犯的學習大會，我才不再懷疑這些血淋淋的事實。

　　我們這是第一次看見日本戰犯。後來從報上才知道，撫順的日本戰犯是在中國羈押的日本戰犯的一部分。根據這次大會和後來日本戰犯的釋放、宣判以及以後陸續得到的消息，我們發現這些罪犯在學習中發生了意想不到的變化。關於這點，我後面還要說到。現在說一說這個大會。這個大會雖然有所方和工作團的人員在場，事實上是由他們自己的「學委會」組織起來的。「學委會」是在大多數日本戰犯思想有了覺悟後，自己選出來管理自己的生活和學習的組織。在這次大會上，有幾個日本戰犯講了自己的學習體會，坦白交代了許多罪行，有的人則對別人進行了檢舉。他們用事實回答了一個學習的中心問題：日本帝國主義是不是在中國犯了罪。我們全體偽滿戰犯參加大會旁聽。在那些坦白與檢舉中，給我們印象最深、使我們感到震動最大的是前偽滿總務廳次長古海忠之和一個偽滿憲兵隊長的坦白。

　　古海忠之是日本軍部跟前的紅人，他和武部六藏（總務廳長官）秉承關東軍的意旨，以偽滿政權的實際統治者的地位，策劃和執行了對全東北的掠奪和統治。他具體地談出了強佔東北農民土地的移民開拓政策，掠奪東北資源的「產業開發五年計劃」，毒害東北人民的鴉片政策，以及如何榨取東北的糧食和其他物資以準備太平洋戰爭等等的內幕。他談出了許多秘密會議的內情，談出了許多令人咋舌的數字；他所談到的那些政策的後果，每個例子都是一個慘案。例如一九四四年從各縣徵用了一萬五千多名勞工，在興安嶺王爺廟修建軍事工程，由於勞動與生活條件惡劣，在嚴寒中缺吃少穿，死掉了六千多人。又例如為了準備對蘇作戰，修改流入興凱湖的穆棱

河河道，工人由於同樣原因致死的有一千七百多人。

我記得最清楚的是他談的鴉片政策。

一九三三年初，日軍在熱河發動軍事行動之前，為了籌辦軍費，決定採用鴉片政策。當時尚未控制東北的鴉片生產情況，手中現貨不足，乃向國外販進二百多萬兩，同時用飛機在熱河廣散傳單，鼓勵種植鴉片。後來，大約是一九三六年，在偽滿七省擴大種植面積，大力生產，以後又以法律形式確定了鴉片的專賣壟斷。為了鼓勵吸毒，各地廣設「禁煙協會」、鴉片館，並設「女招待」，大肆吸引青年。一九四二年，日本「興亞院」召開了「支那鴉片需給會議」，做出了「由滿洲國和蒙疆供應大東亞共榮圈內的鴉片需要」的決議，據此又在偽滿擴大種植面積到三千公頃。據古海估計，至偽滿垮台止，偽滿共生產了鴉片約達三億兩之多。鴉片利潤在一九三八年佔偽滿財政收入的六分之一，一九四四年利潤增至三億元，為偽滿初期的一百倍，是日本侵略戰爭的軍費重要來源之一。吸毒的煙民，僅熱河一省就達三十萬人左右，全東北平均一百個居民裏就有五個中煙毒的人。

那個憲兵隊長所坦白的，都是非常具體的事例。他交代出的每件事，都是一幅血腥的圖畫。

他做過偽滿西南地區憲兵隊隊長。為了鎮壓人民，憲兵隊採取了各種恐怖的手段。殺人，往往是集體屠殺，殺後還召集羣眾去參觀屍體。有時把一些他們認為可疑的人抓了來，站成一排，從中隨便挑出一個來，當眾用刀劈死。他自己用這種辦法就殺了三十多個。抓來的人，要受到各種刑罰的折磨：棍子打，鼻孔裏倒灌冷水、辣椒水、煤油，用香火燒，紅鐵烙，倒掛起來，等等。

在許多日本戰犯的檢舉中，驚心動魄的慘劇是數不勝數的。這些慘劇的主演者實在比野獸還要殘暴。有一段故事我記得是這樣：

一個日本兵闖進一戶人家，一個年輕的母親，正坐在鍋台邊上抱着孩子餵奶，這個兵一把搶走孩子，順手扔進開水鍋裏，然後強姦了那母親，最後用棍子插進陰道，活活弄死。這類的故事當年普遍發生於東北各地和日軍的各個佔領區內。原來這就是「聖戰」的內容，這些「皇軍勇士」正是我當年祝福、遙拜、擁護的對象，正是我當年的依靠。

後來，檢察人員不斷地送來調查材料、統計材料和東北人民的控訴檢舉材料。當年東北地區的地獄景象，在我面前越來越清晰。我終於明白了在我屈從、諂媚日本關東軍的同時，在我力求保存我的「尊號」的同時，有多少善良無辜的人死於非命；同時也明白了在我恬然事敵的時候，正有無數愛國志士拋頭顱、灑熱血，向敵人進行着抗爭。

東北人民所遭受的殘害，如果不算直接在日本統治者手裏受到的那些，只算經過偽政權和漢奸們那裏間接受到的，就可以不費事地舉出很多例子和數字來。例如在種種有關糧食的法令、政策，即所謂「糧穀出荷」的規定下，東北人民每年收穫的糧食被大批掠走，特別是在偽滿後期，東北人民只能靠配給的玉米穀、豆餅、橡子麵等等摻成的「混合麵」過日子。被掠去的糧食除了充做軍用，大部運往日本。輸日數量逐年增加，據偽滿官方資料，在一九四四年一年內，即輸往日本三百萬噸。在偽滿的最後六年間，糧食輸往日本共計一千一百一十多萬噸。

在統制糧穀、棉布、金屬等等物資的法令下，人民動不動就成了「經濟犯」。例如，大米是絕對不准老百姓吃的，即使從嘔吐中被發現是吃了大米，也要算「經濟犯」而被加以治罪。僅僅一九四四到一九四五年的一年間，被當做「經濟犯」治罪的就有三十一萬

七千一百人。當然，被抓去挨了一頓痛打之後放出來的，並不在此數之內。

東北農民在糧食被強徵的同時，耕地也不斷地被侵佔着。根據「日滿拓殖條約」，日本計劃於二十年內從日本移民五百萬人到東北來。這個計劃沒有全部實現，日本就垮台了，但是在最後兩年內移入的三十九萬人，就經過偽滿政權從東北農民手中奪去了土地三千六百五十萬公頃。此外，藉口應付抗日聯軍而實行的「集家併屯」政策，又使東北人民喪失了大量土地，這尚未計算在內。

又例如，日本統治者為了榨取東北的資源，為了把東北建設成它的後方基地，通過偽滿政權，巧立了各種名目，殘酷地奴役着東北人民，實行了野蠻的奴隸勞動制度，造成了驚人的死亡。自一九三八年用我的名義頒行了「勞動統制法」後，每年強徵勞工二百五十萬人（不算從關內徵集的），強迫進行無償勞動。大都是在礦山和軍事工程中進行勞動，條件十分惡劣，造成了成批死亡。像一九四四年遼陽市的「防水作業」中，二千名青年勞工因勞動過度不到一年就被折磨死的，竟有一百七十人。吉林省蛟河縣靠山屯農民王盛才寫來一份控訴書，他說：

> 我哥哥王盛有在偽滿康德十年舊曆一月間，被拉法村公所抓去到東安省當勞工，他在那裏吃橡子麵，還不讓吃飽，夜晚睡在湖地上，還挨打受罵，共去七個月，折磨成病，回來後九個月死去。嫂子改嫁，我父親終日憂愁，不久死去了。我全家四口，只剩下我一個人，使我家破人亡。

這樣的家庭，在當時的東北是非常普遍的。不僅是農民，普通

的職工、學生，以及因檢查體格不合乎當兵條件的，即所謂「國兵漏」的青年，都要定期從事這種奴隸勞動，即所謂「勤勞奉仕」。蛟河縣拉法屯的陳承財控訴說：

> 偽滿康德十年的舊曆五月初一，偽蛟河縣公署把我和我鄉「國兵」檢查不合格的其他青年共一百九十八名，編成「勤勞奉仕隊」，集中縣城。第三日由日本兵押着我們，到東安省勃河縣小王站屯做苦工。讓我們在野地裏挖了一米寬四十米長的溝渠，一棟挨一棟的搭起草席棚子。裏邊鋪些野草，非常潮濕，讓我們住在這裏。吃的簡直不能說了，每天只有橡子麵飯團，也不給吃飽。在吃飯前還得排成隊，雙手舉飯「默禱」三分鐘。每天重勞動超過十二小時，不管天氣炎熱與寒冷，叫我們全脫光衣服進行勞動。冬天把我們凍得起疙瘩，夏天曬成膿疱直流水。就在這樣勞累苦難的環境下，為偽滿洲國修所謂「國境道」。我鄉富太河屯劉繼生家，一家只父子二人，劉繼生就是於同年七月十七日死在工地上的。父親在家聽說兒子死了，也上吊自殺了。挨打是經常的事。在同年五月初四逃跑了五名，不幸被鬼子抓回一名，當場把抓回的青年用繩子拴在馬脖子上，人騎着馬在地裏磨，一直把這個人的肚子磨破，腸子流出而死。

處境最慘的是「矯正輔導院」裏的人。在偽滿後期，日本的統治，已經殘酷到接近瘋狂的程度。為了解決勞動力不足和鎮壓人民越來越大的反抗，一九四三年頒佈了「思想矯正法」和「保安矯正法」，在全東北各地普遍設立了集中營，名為「矯正輔導院」，以所謂

「思想不良」或「社會浮浪」為名，綁架貧苦無業者或被認為有不滿情緒的人，從事最苦的勞役。有時候，連任何詢問都用不着，把行路人突然攔截起來，統統加上「浮浪者」的罪名，送進矯正輔導院。進去之後，就沒有出來的日子。那些熬到偽滿垮台的人，今天懷着刻骨的仇恨，向人民政府控訴了偽滿政權。鶴崗市翻身街的一個農民，偽滿時原在鶴崗「新開基滿洲土木」做工，一九四四年被以反滿抗日名義抓到偽警察署。同他一起的有十七個人。他們被毒打之後，被送到鶴崗矯正輔導院，強迫到東山煤礦挖煤，每天十二小時，每頓飯只有一個小高粱飯團，沒衣服穿，沒被子蓋，經常受毒打。他說：

> 我母親聽說我在輔導院押着，就到我做活的地方隔着刺網看我，被輔導警看見，當時把我母親揪着頭髮，腳踢拳打了一頓，打得我母親躺在地下爬不起來。後來又用洋鎬打我，打得我渾身是傷，昏迷不醒，七天人事不知。有一次我們因為吃飯不給菜，同押的宋開通拿我的錢向過路人買些葱，被輔導科的漢奸王科長看見，把我和宋開通叫去，在我身上搜出五元錢。他們就打我，把嘴和鼻子打得都流出血，又把我裝在麻袋裏，不蹲下就敲腦袋，裝在麻袋裏舉起來摔，摔了三下我就昏過去了。每天都死人，每隔三四天就抬出七八個死人，我一同被抓的十七個人就死了九個。我得了肺病，到現在不能做活。那時我母親也得了瘋魔，我三個弟弟那時最大的十一歲，他們每天討飯過活。

當時在鶴崗矯正輔導院用度科當用度員的尹影，在檢舉書上寫道：

　　偽滿鶴崗矯正輔導院從一九四四年成立至一九四五年八月九號，囚禁人數達一千一百九十人。被囚禁之人員大部是由佳木斯、牡丹江、富錦等地區監獄裏押送來的。其中有一人叫陳永福，是我認識的。他在街上行走，無故被警察抓來的。在矯正輔導院裏的犯人，每天做工十二小時，每人每天只給六兩粗糧，穿更生布衣。吃不飽、穿不暖，做工時間又長，坑內通風不良，空氣非常惡劣。有了病不但不給營養的東西吃，反而將糧食減到四兩至三兩半，有的人怕減糧就帶病上班挖煤。就這樣造成大批死亡。在病室裏有的死了很長時間才被發現，死後當時並不給抬走，經一二日才抬出去放在停屍場中，用小木牌寫上號碼拴在手腕上，按井字樣堆成垛。一九四五年三月二十號我親眼看見使用黃毯子捲屍體三十四具，叫患病的人兩人抬一個，送到鶴崗東山「萬人坑」埋掉，將毯子拿回，再發給別人使用。為防止「浮浪者」（被押人）的逃跑，施行恐怖鎮壓手段，經常由監房提出被押人扒去衣服吊起毒打，打得人渾身發紫，還強迫勞動。我現在還記得有一次富錦縣監獄押送來的所謂「浮浪者」劉永才，被打在小便上，提回監房即死。……

　　偽滿的軍隊、警察、法院、監獄對東北人民的鎮壓，更是充滿了血腥氣，造成的慘案更是數不勝數。據檢察人員從殘餘的偽滿官方檔案裏找到的部分材料，就統計出了被偽滿軍殺害的抗日軍民有六萬餘人，屠殺的居民八千八百餘人，燒毀的民房有三千一百餘處所。偽滿警察、特務機關所殺害的善良人民，那數目是無法

計算了。僅據三十六起有案可查的統計，在被逮捕的五百九十八名愛國人士和無辜羣眾中，只有三人經不起訴釋放，檔案中聲明判死刑者四百二十一人，未判刑即死於獄中者二百一十三人，判徒刑者二千一百七十七人，其餘二千二百八十四名則無下落。偽滿時期，東北是警察的世界，幾乎村村都有警察。一個縣的警察署，就等於是個閻王殿。這種地方製造的慘劇，在地獄裏也不過如此。肇源縣八家子有位六十一歲的農民黃永洪，當年因為給抗日聯軍送過信，被偽警察署提了去，他經歷了一場集體屠殺。他說：

> 這年陰曆二月二十六，偽警察提出我們被押的三十多人，讓拿着洋鎬到肇源西門外挖坑，天黑又回到監獄。二十七日又提出我和王亞民、高壽三、劉成發四個人，另一批又提二十人，到了西門外，把那二十人槍斃了，又提來二十二個人，又把他們槍斃了。槍斃以後，警察在他們身上倒汽油，點着了燒，在燒的時候，有一個人未死，被火一燒，就出來逃跑，又被警察用槍打死了。燒完之後，叫我們四個人將他們四十二人用土都埋了。現在肇源西門外還有那個大坑，我還能找到那個地方……

這座活地獄，在「執政」、「康德皇帝」、「王道樂土」等等幌子底下存在了十四年！所有的殘酷暴行，都是在我這個「執政」和「皇帝」的標籤下進行的。每個受難者都被迫向「御真影」叩拜，背誦「詔書」，感謝「親邦」和「皇帝」的恩賜。因此，今天每份控訴書後面都有這類的呼聲：

「要求人民政府給我們申冤報仇！我們要向日寇和漢奸討還血債！」

「給我們死去的親人報仇！懲辦日寇和漢奸！」

十一、「自作孽，不可活」

問題之嚴重，還不僅限於此。

日本戰犯的坦白、揭發和東北人民羣眾的控訴、檢舉，使我們「一所」激動起來了。尤其是那些年紀輕的人，反應分外強烈。在這種情形下，我遭到了侄子、妹夫和大李的揭發。我陷入了來自四面八方的仇恨中，其中包括了家族的仇恨。我猶如置身鏡子的包圍中，從各種角度上都可以看到自己不可入目的形象。

這是從我們一所的一次全體大會開始的。那天我們參加過日本戰犯的學習大會，工作團的人員把我們召集起來，要大家談談感想和認識。許多人從日本戰犯大會上感染到的激情猶未消失，這時紛紛起立發言，自動坦白出自己的罪行，並且檢舉了別人。人們檢舉比較集中的是前偽滿司法大臣張煥相。他在「九一八」事變前，做過東北講武堂教育長、哈爾濱特區行政長官和東北軍航空司令。「九一八」事變後，他從關內跑到撫順老家，千方百計地巴結日本人，給統治者獻計獻策，上了四十二件條陳，因此，得到了關東軍的賞識，並由軍政部囑托爬上司法大臣的位子。他有許多出名的舉動，其中一件是他在被起用之前，在家裏首先供奉日本神武天皇的神龕，每逢有日本人來找他，他必先跪在神龕前做好姿勢等着。另一件是，他曾在撫順親督民工修造神武天皇廟，修成後和他老婆每天親自打掃。在人們的檢舉聲中，他嚇得面無人色。後來人們提到他入所以來的種種對抗舉動，例如故意糟踏飯菜、破壞所內秩序、經常對看守員大喊大叫，等等，引起了全場人的憤怒。有人向他提出警告，

如果今後再不老實，還要隨時揭發他，政府也不會饒他。我很怕也被別人這樣當場檢舉，很怕別人也認為我不老實。由於這次檢舉與認罪，不准彼此透露材料，我怕別人不知道我已做了坦白，覺得有必要在大會上談談，表明我的態度。因此，我也發了言。在我講完了坦白材料之後，剛要說幾句結束話，再表明一下認罪決心的時候，不想小固忽然從人叢中站起來，向我提出了質問：

「你說了這麼多，怎麼不提那個紙條呢？」

我一下怔住了。

「紙條！小瑞的紙條！」小秀也起來了，「那些首飾珍寶你剛才說是自動交出的，怎麼不說是小瑞動員的呢？」

「對，對，」我連忙說，「我正要說這件事。這是由於小瑞的啟發……」

我匆匆忙忙補充了這件事，而小固、小秀還是怒目相視，好像猶未甘心的樣子。幸虧這個大會到此就結束了。

我回到監房裏，趕緊提筆寫了一個檢討書給所方。我想到所長知道了一定很生氣的，心裏不由得埋怨小瑞，幹甚麼把這件事告訴小固和小秀呢？小固和小秀未免太無情了，咱們到底是一家人，你們不跟老萬和老潤學，竟連大李也比不上！過了不久，我看到了他們寫的書面檢舉材料，才知道家人的變化比我估計到的還要可怕。

按照規定，每份檢舉材料都要本人看過。趙訊問員拿了那堆檢舉材料，照例地說：「你看完，同意的簽字，不同意的可以提出申辯。」

我先看過了一些偽大臣寫的。這都是偽滿政權的公開材料，我都簽了字。接着便看我的家族寫的。我看了不多頁，手心就冒汗了。

老萬的檢舉材料裏，有一條是這樣寫着的：

一九四五年八月九日，晚上我入宮見溥儀。溥儀正在寫一紙條，此時張景惠及武部六藏正在外間屋候見。溥向我出示紙條，內容大意是：令全滿軍民與日本皇軍共同作戰，擊潰來侵之敵人（蘇軍）。溥謂將依此出示張景惠等，問我有何見解。我答云：只有此一途，別無他策。

我心想這可毀了！我原把這件事算在吉岡的賬上了。

大李的檢舉，更令我吃驚。他不但把我離開天津的詳情寫了，而且把我寫自傳前跟他訂「攻守同盟」的事情也寫上了。

事情不僅僅是如此。他們對我過去的日常行為 —— 我怎麼對待日本人，又怎樣對待家裏的人 —— 揭露得非常具體。如果把這類事情個別地說出一件兩件，或者還不算甚麼，現在經他們這樣一集中起來，情形就不同了。例如老萬寫的有這麼一段：

> 在偽宮看電影時，有天皇出現即起立立正，遇有日兵攻佔鏡頭即大鼓掌。原因是放電影的是日本人。
>
> 一九四四年實行節約煤炭時，溥儀曾令緝熙樓停止昇火，為的做給吉岡看，但在自己臥室內，背着吉岡用電火取暖。
>
> 溥儀逃亡大栗子溝，把倭神與裕仁母親像放在車上客廳內，他從那裏經過必行九十度禮，並命我們也如此。

小瑞的檢舉裏有這樣一段：

> 他用的孤兒，有的才十一二歲，有的父母被日寇殺害後收容到博濟總會，前後要來使用的有二十名。工作

十七八小時，吃的高粱米鹹菜，嘗盡非刑，打手板是經常的、最輕的。站木籠、跪鐵鍊、罰勞役……平時得互相監視。孤兒長到十八九歲仍和十一二歲一般高矮。溥儀手下人曾將一名孤兒打死，而他却吃齋唸佛，甚至不打蒼蠅、蚊子。

在語氣上流露出仇恨的，是大李寫的：

溥儀這個人既殘暴又怕死，特別好疑心，而且很好用權術，十分偽善。他對傭人不當人待，非打即罵，打罵也不是因為犯了甚麼錯，完全是以他個人情緒如何而定。如有點不舒服啦，累一點啦，用的人就倒霉了。拳打腳踢是輕的。可是他見了外人的時候，那種偽善樣，就像再好也沒有的。

打人刑具，在天津時有木板子、馬鞭子，到偽滿又加上許多新花樣。……

他把大家都教成他的幫兇，如要是打某人，別人沒有動手打，或動作稍慢一些，他都認為是結黨袒護，那未動手打的人，要被打得屬害多少倍。佽子與隨侍沒有沒打過人的。一個十二三歲的周博仁（孤兒）有一次被打得兩腿爛了一尺長的口子，叫黃子正大夫治了二三個月才好。這孩子治療時，溥儀叫我送牛奶等物，還讓我對孩子說：皇上對你多好呵！你在孤兒院能吃到這麼好的東西嗎？

我把最後這批檢舉材料看完，過去那一套為自己做辯護的道理，從根本上發生了動搖。

在從前，我把自己的行為都看做是有理由的。我屈服於日本人的壓力，順從它的意志，是不得已而為之的；我對家裏人的作福作威、予取予奪、動輒打罵以至用刑，也當做我的權力。總之，對強者的屈服，對弱者的發威，這都被我看做是自然的、合理的，我相信人人處於我的境地都會那樣做。現在，我明白了除了我這樣的人，別人並非如此；我的道理是拿不出去的。

說到弱者，沒有比被剝奪權利的囚犯更「弱」的了，然而掌握着政權的共產黨人對手下的這些囚犯，並沒有打，沒有罵，沒有不當人看。說到強者，具有第一流裝備的美國軍隊可算是「強」的了，然而裝備遠遜於它的共產黨軍隊硬是不怕它，竟敢於跟它打了三年之久，一直打得它在停戰協定上簽了字。

就在剛才，我還看到了新的例子。在人民羣眾的控訴檢舉材料裏，我知道了原來有許多普普通通的人，在強暴壓力面前並不曾按着我的信條辦事。

巴顏縣有個叫李殿貴的農民，受盡了鬼子和漢奸的欺壓，他把希望放在抗日聯軍身上。一九四一年的春節，他給抗聯隊伍送去了一斗小米、四十七根麻花、一百二十個雞蛋和兩包煙捲。後來被偽警察知道了，把他抓去，成天上「大掛」、吊打、過電，並且把打得血淋淋的死難者放在他身邊恐嚇他，叫他供出抗聯的線索。這個頑強不屈的農民沒有吐露出任何關於抗聯的口供，在監獄裏受盡折磨，一直堅持到光復得救。

姜樹發，是天增屯的抗日救國會的副會長，給抗聯送過飯，帶過路，他被特務們抓去了，一連過了七堂，上「大掛」、打釘板、過電、灌涼水全經過了，沒有供出一點線索，特務拿他沒法，最後判了他兩年徒刑。

蕭振芳也是一個普通農民，幫助他叔叔蕭坤一同給抗聯送飯、帶路，做秘密的抗日工作。一九四三年四月二十一日的半夜裏，六個偽警察突然闖進他的家，沒尋找到他叔叔蕭坤，把他綁送到警察署追問。他說：「我不知道！」警察們把他打死過去，然後澆涼水，醒過來又打，這樣死而復活，活了又打死，折騰到第四次，涼水也澆不活了，就用「衛生車」拉到爛屍崗子，扔在那裏。這個頑強的人在爛屍崗又活了，被一個拉衛生車的工人救了去。他的叔父蕭坤到後來也被抓了去，至死不屈。他住的那個監獄，就是我在哈爾濱住過的那個地方。

一九四三年，金山屯的李英華還是個孩子，他曾給過路的抗聯軍隊送過雞蛋，被特務告發，捉到警察署裏。特務們先給他點煙、倒茶，請他吃餃子，說：「你是個孩子，不懂事，說了就放你。」李英華吸了煙，喝了茶，吃了餃子，然後說：「我是莊稼人，啥也不知道！」特務們便把他頭朝下掛起來打，又過電、火燒，脫光了身子撞釘板，可是從這個孩子身上甚麼也沒得到。

總之，我知道世界上的人並非骨頭都是軟的。我過去的所作所為，除了說明是欺軟怕硬和貪生怕死之外，沒有任何其他別的解釋。

我從前還有一條最根本的理由，為欺軟怕硬、貪生怕死做解釋，就是我的命最貴重，我比任何人都更有存在的價值。幾年來，經過洗衣、糊紙盒，我已懂得了自己的價值，今天我更從東北老百姓和家族的檢舉中看出了自己的價值。

我在鏡子的圍屏中看出我是有罪的人，是沒有光彩的人，是個沒有理由可以為自己做任何辯解的人。

我在最後一份材料上簽完字，走在甬道上，心中充滿了懺悔與悲傷——

「天作孽，猶可違，自作孽，不可活！」

第九章　接受改造

一、怎樣做人？

「新的一年開始了，你有甚麼想法？」

一九五五年的元旦，所長這樣問我。

我說唯有束身待罪，等候處理。所長聽了，不住搖頭，大不以為然地說：「何必如此消極？應當積極改造，爭取重新做人！」

一九五四年年底，我在檢察人員拿來的最後的檔上簽字時，也聽到這樣的話：「努力改造吧，爭取做個新人。」

這些話使我感到了安心，却沒有從根本上改變我的悲觀消極態度。我陷入了深深自卑的境地裏，相形之下，對於宣判的擔心倒在其次了。

有一天，在院子裏休息的時候，來了一位新聞記者，拿着照相機在球場上照相。「檢舉認罪」結束之後，管理所裏恢復了從前的辦法，不再是分組輪流而是全體同時休息，而且比從前多了半小時。院子裏很熱鬧，打排球的、打乒乓球的、談天說地的、唱歌的，幹甚麼的都有，都被記者收進了鏡頭。他捧着相機東照西照，後來鏡頭對着我來了。跟我站在一起看球的一個前偽滿人員發現了記者的

企圖，忽然轉身走開，並且說了一句：「我可不跟他照在一塊兒！」接着，別人也走開了。

三月間，一些解放軍高級將領到撫順來視察瀋陽軍區管轄下的戰犯管理所。所長把我和溥傑叫了去。我一看見滿屋是金晃晃的肩章，先以為是要開軍事法庭了，後來才知道是將軍們要聽聽我的學習情況。將軍們的態度都非常和藹，聽得似乎很有興趣，並且問了我的童年時代和偽滿時期的生活。最後有一位帶鬍子的首長說：「好好學習、改造吧，你將來能親自看到社會主義建設實況的！」在回去的路上，我想起說話的好像是位元帥，而溥傑告訴我說，其中怕還不止一位元帥。我心中無限感慨，曾經被我看做最不容我的共產黨人，事實上從看守員到元帥無一不是拿我當做人看的，可是同犯們連跟我站在一起都覺得不能容忍，好像我連人都不是了。

回到屋裏，我把元帥的談話告訴了同伴們。當過偽滿駐日大使的老元，是腦子最快的人，他說：「恭喜你啦，老溥！元帥說你看得見社會主義，可見你是保險了！」

別人一聽這話全活躍起來，因為像我這樣的頭號漢奸能保險，他們自然更保險了。

檢舉認罪結束後，很多人心裏都結着個疙瘩，對前途感到不安。老憲從開始檢舉認罪以來就沒笑過，現在也咧開嘴，親熱地拍着我的肩膀說：「恭喜恭喜，老溥！」

檢舉認罪結束後，不但在院中休息時不禁止交談，而且白天監房不上鎖，偶爾也有人串房門，因此這個喜訊很快地傳到了別的組，一所裏全知道了。到了休息時間，院子裏還有人在議論。我這時想起了我的侄子們和大李，從檢舉認罪以來總不愛答理我，這個消息必定也會讓他們高興，可以用這個題目找他們敘敘。我聽到了小固

唱歌的聲音——這個最活躍的小夥子，跟看守員和衞兵們已學了不少的歌曲，現在正唱着《二小放牛郎》這支歌。我順着聲音，在操場角上的一棵大樹旁找到了他和小秀。可是不等我走到跟前，他們已離開了那地方。

四月間，所方讓我們一所按照七所日本戰犯那樣選舉出了學委會。學委會是在所方指導下，由犯人們自己管理自己的學習、生活的組織。學習與生活中發生的問題，學習討論會和生活檢討會的情況，由它負責集中起來向所方反映，並且要提出它的看法和意見。學委會有委員五名，由選舉產生，經所方認定。除一名主委外，四名委員分工管學習、生活、體育和文娛。各組的學習組長和生活組長跟它的學習委員和生活委員每天聯繫一次，彙報情況。這個組織的成立，讓犯人們感到很興奮，覺得這是所方對我們的改造具有信心的證明，有些人從這上面更意識到了思想改造是自己的事。後來事實證明，這個組織對我們的改造具有重要意義。不過在它剛成立的那段時間裏，我的心情却跟別人不一樣。這五名委員中，有兩名是我的家族，他們是在檢舉時對我最不留情面、最使我感到無地自容的人：一個是老萬，擔任主委；一個是小瑞，擔任生活委員。

學委會成立不久，便通過了一項決議，要修一座運動場。我們原先用的運動場是日本戰犯修的，現在要自己平整出一塊地方，做我們一所的運動場。生活委員小瑞負責組織了這次勞動。第一次上工，我就挨了他一頓當眾申斥。在站隊點名時，我忘了是為了甚麼瑣碎事，照例拖拖拉拉，落在別人後頭。我邊繫着衣鈕，邊向隊伍這裏跑着，忽然聽見了一聲喊：「溥儀！」

「來了來了！」我答應着，跑到排尾站下。

「每次集合，你都是遲到，這麼多的人只等你一個，一點都不自

覺!」他板着臉,大聲地向我申斥,「看你這一身上下,邋裏邋遢!
釦子是怎麼扣的?」

我低頭看了一下,原來釦子都扣錯了眼兒。這時全隊的人都扭
過頭來看着我,我的手指哆嗦得連釦子都摸不准了。

我甚至擔心過,生活檢討會的記錄到了他們手裏,會給我增添
一些更不利的注解。這時我們組裏的生活檢討會,已經很少有從前
那種不是吵嚷一氣,就是彼此恭維一番的情形了,比較能做到言之
有物,至少是比以前採取了較為認真的態度。其原因,一則是有些
人去掉了思想負擔,或者是對改造有了些認識,因而出現了積極性,
另則是像過去那種隔靴搔癢的發言,到了學委會那裏首先過不了關。
我這時對生活檢討會感到的變化,是別人對我發言完全沒有了顧忌,
特別是由於新編進這組來的夥伴中,有一個是最熟悉我的大李,而
且當了生活組長。人們批評起我的缺點來,經他一介紹、分析,就
更能打中要害,說出病根。有了大李的分析、介紹,加上同組人提
出的事實材料,再經學委會裏老萬和小瑞的注解,我還像個人嗎?

我從前在遇到外界的刺激,感到十分沮喪的時候,有時自怨自
艾,把這看做是自作自受,有時則怨天尤人,怨命運,怨別人成心跟
我過不去,最早的時候,則怨共產黨,怨人民政府,怨所方。現在我
雖然也怨天尤人,但更多的是怨自作自受,對共產黨和政府,對所
方,却越來越怨不上了。在檢舉認罪期間,我看完別人給我寫的檢
舉材料,知道我一切不願人知道的全露出來了,政府方面原先不知
道的全知道了,想不到我竟是這樣的人,照理說即使不報復我,也
要放棄改造我的念頭。可是,檢察人員、所長以至元帥却仍對我說,
要學習、改造,重新做人,而且這種意思貫串在每個工作人員的思
想中,表現在每件具體事實上。

操場完工後，學委會決定再美化一下我們的院子，要栽花修樹，清除雜草，墊平窪坑，迎接五一節。大家都很高興地幹起來了。我起先參加墊大坑的工作，江看守員說我眼睛不好，恐怕掉到坑裏去，便把我的工作改為拔草。我被分配到一塊花畦邊上，幹了一會兒，蒙古人老正走到我身邊，忽然一把搶走我手裏剛拔下的東西，大叫大嚷起來：

「你拔的是甚麼？呵？」

「不是叫我拔草嗎？」

「這是草嗎？你真會拔，拔的全是花秧子！」

我又成了周圍人們視線的焦點。我蹲在那裏，抬不起頭來。我真願意那些花草全部從世界上消失掉。

「你簡直是個廢物！」老正拿着我拔的花秧子指着我，繼續叫嚷。

這時江看守員走過來了。他從老正手裏接過花秧子，看了看，扔到地上。

「你罵他有甚麼用？」他對老正說，「你應該幫助他，教給他怎麼拔，這樣他下次才不會弄錯。」

「想不到還有人認不出花和草來。」老正訕訕的。

「我原先也想不到，那用不着說。現在看到了，就要想辦法幫助。」

從前，我腦子裏這「想不到」三個字總是跟可怕的結論連着的：「想不到溥儀這樣蠢笨 —— 不堪救藥！」「想不到溥儀這樣虛偽，這樣壞 —— 不能改造！」「想不到溥儀有這樣多的人仇恨他 —— 不可存留！」現在，我在「想不到」這三個字後面聽到的卻是：「現在看到了，就要想辦法幫助！」

而且是不止一次聽到，不只從一個人口中聽到，而且說的還不

僅是要對我幫助。有一天，我的眼鏡又壞了。我經過一番猶豫，最後還是不得不去求大李。

「請你幫幫忙吧，」我低聲下氣地對他說，「我自己弄了幾次，總也弄不好，別人也不行，求你給修修。」

「你還叫我伺候你！」他瞪眼說，「我還把你伺候的不夠嗎？你還沒叫人伺候夠嗎？」說罷，他憤然躲開了我，從桌子的這面轉到另一面去了。

我呆呆地立着，恨不得一下子撞在牆上。

過了沒有兩分鐘，只見大李從桌子那面又走回來，氣哼哼地拿起了我的眼鏡說：

「好，給你修。不過可要說明，這不是為了別的，不過為了幫助你改造。要不是為了這個，我才沒功夫呢！」

後來，我在休息時間到新成立的小圖書室去想獨自散散心，在那裏碰見了溥傑。我跟他談起了心事，說到我曾因為家裏人們的態度，難過得整夜睡不着覺。他說：「你為甚麼不跟所方談談呢？」我說：「談甚麼呢？人們從前受夠了我的罪，自然應該恨我。」溥傑說：「我聽說所方也勸過他們，應該不念舊惡，好好幫助你。」我這才明白了大李為甚麼帶着氣又從桌子那邊轉回來。

我那時把幫助分做兩類：一類是行動上的，比如像大李給我修眼鏡，比如每次拆洗被褥後，別人幫助我縫起來，——否則我會弄一天，影響了集體活動；另一類是口頭上的，我把別人對我的批評，放在這類裏。所方常常說，要通過批評與自我批評，交換意見，進行互相幫助。我很少這樣「幫助」人，而且這時也很不願意接受別人的「幫助」。總之，儘管大李說他修眼鏡的目的是說明我改造，儘管所方說批評是改造思想的互助形式之一，我還是看不出任何一類的

幫助與我改造思想、重新做人的關係。不但如此，我認為修眼鏡、縫被子只能證明自己的無能，換得別人的鄙夷，在批評中也只能更顯出我的傷疤和隱痛。不幫助還好，越幫助越做不得人了。

政府人員每次談到「做人」，總是跟「改造思想」、「洗心革面」連着的，但我總想到「臉面」問題，總想到我的家族和社會上如何看待我，能否容忍我。我甚至想到，共產黨和人民政府即使要把我留在世上，到了社會上也許還是通不過；即使沒有人打我，也會有人罵我、啐我。

所方人員每次談到思想改造，總是指出：人的行為都受一定思想的支配，必須找到犯罪行為的思想根源，從思想上根本解決它，才不至於再去犯罪。但我總是想，我過去做的那些事是決不會再做了，如果新中國的人容我，我可以保證永不再犯，何須總是挖思想。

我把「做人」的關鍵問題擺在這上面：對方對我如何，而不是我自己要如何如何。

但是所長卻是這樣說的：如果改造好，人民會給以寬大。改造不好，不肯改造，人民就不答應。事實上，問題在於自己。

這個事實引起我的注意，或者說，我開始知道一點怎樣做人的問題，却是在我苦惱了多少日子之後，從一件小事上開始的。

二、問題在自己身上

星期日，我們照例洗衣服。我洗完衣服，正好是文體活動開始的時間，我沒有心情去玩，就到小圖書室，想獨自看看書。剛坐下來，就聽見外面有人說話：

「⋯⋯你們都不打網球？」

「我不會打。你找溥儀，他會打。」

「他會打可是打不了，他的衣服還不知哪輩子洗完呢！」

「近來他洗得快多了。」

「我才不信呢！」

這可是太氣人了。我明明洗完了衣服，而且洗的不比他們少，却還有人不信，好像我天生不能進步一點似的。

我找到了球拍，走進院子。我倒不是真想打球，而是要讓人看看我是不是洗完衣服了。我走到球場上，沒找到剛才說話的人，正好另外有人要打網球，我跟他玩了一場。場外聚了一些人觀看。我打得很高興，出了一身汗。

打完球，在自來水管旁洗手時，遇見了所長。星期日遇見所長不是稀有的事，他常常在星期日到所裏來。

「溥儀，你今天有了進步。」

「很久沒打了。」我有點得意。

「我說的是這個，」他指着曬衣繩上的衣服，「由於你有了進步，洗衣服花費的時間不比人多了，所以你能跟別人一樣的享受休息，享受文體活動的快樂。」

我連忙點頭，陪他在院子裏走着。

「從前，別人都休息，都參加文娛活動去了，你還忙個不了，你跟別人不能平等，心裏很委屈，現在你會洗衣服了，這才在這方面有了平等的地位，心裏痛快了。這樣看來，問題的關鍵還是在自己身上。用不着擔心別人對自己怎樣。」

他過了一會兒，又笑着說：

「第二次世界大戰，把你這個『皇帝』變成了一個囚犯。現在，你的思想上又遇到一場大戰。這場大戰是要把『皇帝』變成一個普通

勞動者。你已經認識到一些皇帝的本質了，不過，這場戰爭還沒有結束，你心裏還沒有跟別人平等。應該明白自己呵！」

所長走後，我想了許久許久。我心裏承認前一半的話：看來問題確實是在我自己身上；我對後一半話却難於承認，難道我還在端皇帝架子嗎？

可是只要承認了前一半，後一半也就慢慢明白了，因為生活回答了這個問題。正如所長所說，這是一場未結束的「戰爭」。

這一天，我們這一組清除完垃圾（這類的勞動已經比較經常了），回到屋裏，生活委員向我們提出批評：

「你們洗完手，水門不關，一直在流。這樣太不負責任了，下次可要注意。」

大李聽了，立刻問我：

「溥儀，是你最後一個洗手的吧？」

我想了一想，果然不錯。

「我大概是忘了關水門了。」

「你多咱不忘？」

「也有不忘的時候。」

有人立刻咯咯地樂起來了。其中一個是老元，他問：

「那麼說，你還有忘的時候，還有幾回沒關水門。」

我沒理他。大李却忿忿地對我說：

「你不害臊，還不知道這個習慣是哪兒來的。你這是從前的皇帝習慣，你從前從來也沒自己關過水門。連門軸兒你也沒摸過，都是別人給你開門，給你關門。你現在進出房門，只是開，從不隨手帶門。這是皇帝架子仍沒放下！」

「我想起來了，」老元說，「有時看見你開門推門板，有時用報

紙墊着門柄，是甚麼意思？」

「你這是怕髒，是不是？」大李搶着說。

「那地方人人摸，不髒嗎？」

誰知這一句話，引起了好幾位夥伴的不滿。這個說：「怎麼別人不嫌髒，單你嫌髒？」那個說：「應該你講衛生，別人活該？」這個說：「你是嫌門髒，還是嫌別人髒？」那個說：「你這是不是高人一等？心裏把別人都看低了？」……

我不得不竭力分辯說，決沒有嫌惡別人的意思，但心裏不由得挺納悶，我這是怎麼搞的呢？我到底是怎麼想的呢？為甚麼我就跟別人不同？後來又有人提起每次洗澡，我總是首先跳進池子，等別人下去，我就出來了。又有人提起在蘇聯過年，我總要先吃第一碗餃子。聽了這些從來沒注意過的瑣事，我心中不能不承認大李的分析：

「一句話，心裏還沒放下架子來。」

今天想起來，大李實在是我那時的一位嚴肅的教師。不管當時他是怎麼想的，他的話總讓我想起許多平常想不到的道理。我終於不得不承認，我遇到的苦惱大半要怪我自己。

有一天早晨漱洗的時候，大李關照大家注意，刷牙水別滴在地上，滴了就別忘了擦。因為今天各組聯合查衛生，這是競賽，有一點不乾淨都扣分。

我低頭看看腳下，我的牙粉水滴了不少。我覺得並不顯眼，未必算甚麼污點。大李過來看見了，叫我擦掉。我用鞋底蹭了蹭，就算了。

到了聯合檢查衛生的時間，各組的生活組長和學委會的生活委員小瑞逐屋進行了檢查，按照會議規定的標準，給各組評定分數。檢查到我們這間屋，發現了我沒蹭乾淨的牙粉點，認為是個污點，照章扣了分數。最後比較各組總分，我們這個組成績還不壞，可是大李

並不因此忘掉了那個污點，他帶來了一把墩布，進了屋先問我：

「你怎麼不用墩布擦呢？」

「沒想到。」

「沒想到？」他粗聲說，「你想到了甚麼呢？你除了自己，根本不想別的！你根本想不到集體！你腦袋裏只有權利，沒有義務！」

他怒氣沖沖地拿起墩布，正待要擦，又改了主意，放下墩布對我說：

「你應當自覺一點！你擦！」

我順從地執行了他的命令。

自從朝鮮和東北發現了美國的細菌彈，全國展開了愛國衛生運動以來，監獄裏每年定期地要搞幾次除四害、講衛生的大規模活動。這種活動給我留下了許多深刻的印象，其中之一，是我和大李在打蒼蠅上發生的一件事。

他從外面拿來幾個新蠅拍。蠅拍不夠分配，許多人都爭着要分一把。我沒有主動去要，但是大李先給了我一把。這是我頭一次拿這東西，似乎有點特殊的感覺，老實說，我還沒打死過一個蒼蠅哩！

那時，監獄裏的蒼蠅已經不多，如果用「新京」的標準來說，就算是已經絕跡了。我找了一陣，在窗戶框上發現了一個，那窗戶是打開了的，我用蠅拍一揮，把它趕出去了。

「你這是幹甚麼？」大李在我身後喊，「你是除四害還是放生？」

別人也許以為他是說笑話，其實我是明白他的意思的。我不禁漲紅了臉，不自然地說：「誰還放生？」但是心裏却也奇怪，我為甚麼把它趕走了呢？

「你不殺生！你怕報應，是吧？」他瞪着眼問我。我自感心虛，嘴上却強硬：

「甚麼報應？蒼蠅自己跑啦！」

「你自己想想吧！」

這天晚上開檢討會的時候，起初沒人理會這件事，後來經過大李的介紹，人們知道了我在長春時不准打蒼蠅以及指揮眾人從貓嘴裏搶耗子的故事，全樂開了。樂完了，一齊批評我的迷信思想。我心裏不得不接受，嘴裏卻不由自主地說：

「我為甚麼還迷信？我去年不是打了？」

「我想起來了！」老元忍不住笑起來，「你不說去年，我還想不起來。我記得去年你就把蠅拍推讓給別人，自己拿張報紙扇呼，蒼蠅全給你放走啦！」

在哄笑中只有大李板着臉，用十分厭惡的聲調說：

「別人放生是甚麼意思，我不敢說，你放生我可明白，這完全是自私，為了取得代價，叫佛爺保佑你。別人都可以死光，唯獨要保護你一個人。因為你把自己看得最貴重。」

「你說的太過分了。」我抗議說。

「溥儀有時倒是很自卑。」老元說。

「是呀！」我接口說，「我從哪一點看自己也不比別人高。」

「也許，有時自卑，」大李表示了同意，可是接着又說，「有時你又把自己看得比別人高，比別人重要。你這是怎麼搞的，我也不明白。」

我後來終於逐漸明白了。因為我是高高在上地活了四十年，一下子掉在地平線上的，所以總是不服氣、生氣、委屈的慌；又因為許多事實告訴我，我確實不如人，所以又泄氣、惱恨、自卑和悲哀。總之，架子被打掉了，尺規還留着。我所以能明白這個道理，是因為後來發現了不能用我的尺規去衡量的人。在明白這一點之前，在

跟大李相處的這段時間中，我只懂得了所長的話，漸漸明白了自己在與別人的關係上，是不平等的，就因為如此，我才引起別人的反感，得不到別人平等的看待或尊重，總之，問題是在自己身上。而當我親眼看到了那些不可衡量的人，並且得到了他們的恩惠，我就更明白自己是甚麼樣的人了。

三、不可衡量的人

一九五六年春節後，有一天所長給我們講完了國內建設情況，向我們宣佈了一項決定：

「你們已經學完了關於第一個五年計劃、農業合作化、手工業和私營工商業的社會主義改造這一系列的文件，你們從報上又看到了幾個大城市私營企業實現了公私合營的新聞，你們得到的關於社會主義建設的知識還僅限於是書本上的。為了讓理論學習與實際聯繫起來，你們需要看一看祖國社會上的實況，因此政府不久將要組織你們到外面去參觀，先看看撫順，然後再看看別的城市。」

這天管理所裏出現了從來沒有過的愉快氣氛，許多人都感到興奮，還有人把這件事看做是釋放的預兆。而我却與他們不同，我想這對他們也許是可能的，對我則決無可能。我不但對於釋放不敢奢望，就是對於拋頭露面的參觀，也感到惴惴不安。

這天下午，在花畦邊上，我聽到有人在議論我所擔心的一個問題。

「你們說，老百姓看見咱們，會怎麼樣？」

「我看有政府人員帶着，不會出甚麼岔子，不然政府不會讓咱們出去的。」

「我看難說，老百姓萬一激動起來呢？我可看見過，我是小職員

出身的。」這是前偽滿興農部大臣老甫說的，他從前做過張作霖軍隊裏的小糧秣官。「老百姓萬一鬧起來，政府該聽誰的呢？」

「放心吧，政府有把握，否則是不會讓我們去的。」

這時我們組新任的學習組長，前偽汪政權的外交官老初走了過來，插嘴道：「我想政府不會宣佈我們的身份，對不對？」

「你以為不宣佈，人家就不知道？」老元譏笑他，「你以為東北人不認識你就不要緊了？只要東北老百姓認出一個來，就全明白啦！想認出一個來可不難啊！」

老元的話正說到我心坎上。東北人民從前被迫向「御真影」行禮行了十來年，難道認出我來還費事嗎？

東北人民那樣恨我，政府怎麼就敢相信他們見了我會不激動呢？如果激動起來，會不會向政府要求公審我？老甫問的也對，到那時候「政府聽誰的呢？」

那時，在我心目中，老百姓是最無知的、最粗野的人。我認為儘管政府和共產黨決定了寬大和改造政策，老百姓卻是不管這一套的；他們懷着仇恨，發作起來，只會用最粗暴的手段對付仇人。政府那時是不是有辦法應付，我很懷疑。我認為最大的可能，是「犧牲」掉我，以「收民心」。

許多人都以歡欣鼓舞的心情迎接這次參觀，我卻終日惴惴不安，好像面臨着的是一場災難。我竟沒有料到，我在參觀中所看到的人，所受到的待遇，完全與我想像的相反。

我在參觀中看到了許多出乎意料的事，我將在下一節中再說，現在我要先說說那幾個最出乎意料的、不可衡量的人物。

第一個是一位普通的青年婦女。她是當年平頂山慘案的倖存者，現在是撫順露天礦托兒所的所長。我們首先參觀的是撫順露天

礦。礦方人員介紹礦史時告訴了我們這個慘案。

撫順露天礦大坑的東部，距市中心約四公里，有一座住着一千多戶人家的村鎮，地名叫平頂山。這裏的居民大部分都是窮苦的礦工。日本強盜侵佔了東北，撫順地區和東北各地一樣也出現了抗日義勇軍，平頂山一帶不斷地有抗日軍出沒活動。一九三三年中秋節的夜裏，南滿抗日義勇軍出擊日寇。襲擊撫順礦的一路抗日義勇軍在平頂山和日寇遭遇，擊斃了日寇楊伯堡採炭所長渡邊寬一和十幾名日本守備隊的隊員，燒掉了日寇的倉庫。在天亮以前，抗日義勇軍轉移到新賓一帶去了。

抗日義勇軍走後，日本強盜竟然決定用「通匪」的罪名，向手無寸鐵的平頂山居民實行報復。第二天，日本守備隊六個小隊包圍了平頂山，一百九十多名兇手和一些漢奸，端着上了刺刀的步槍，挨門挨戶把人們趕出來，全村的男女老幼，一個不留全被趕到村外的山坡上。等全村三千多人全聚齊了，日寇汽車上蒙着黑布的六挺機槍全露了出來，向人羣進行了掃射。

三千多人，大人和孩子，男人和女人，生病的老人和懷孕的婦女，全倒在血泊裏了。強盜兇手還不甘心，又重新挨個用刺刀扎了一遍，有的用皮鞋把沒斷氣的人的腸子都踢出來，有的用刺刀劃開孕婦的肚子，挑出未出生的嬰兒舉着喊：「這是小小的大刀匪！」

野獸們屠殺之後，害怕人民的報復，企圖掩屍滅跡，用汽油將六七百百棟房子全燒光，用大炮轟崩山土，壓蓋屍體，又用刺網封鎖了四周，不准外村人通過。以後還向周圍各村嚴厲宣佈，誰收留從平頂山逃出去的人，誰全家就要替死。那天白天煙塵籠罩了平頂山，夜裏火光映紅了半邊天。從此平頂山變成了一座屍骨堆積的荒山。以後，撫順周圍地區流傳着一首悲痛的歌謠：

當年平頂山人煙茂，

一場血洗遍地生野草，

揀起一塊磚頭，

拾起一根人骨，

日寇殺死我們的父母和同胞，

血海深化永難消！

　　但是日本強盜殺不絕英雄的平頂山人，也嚇不倒英雄的撫順工人。一個名叫方素榮的五歲小女孩，從血泊裏逃出來，被一個殘廢的老礦工秘密收留下。她活下來了，今天她是血的歷史見證人。

　　我們後來看完了礦場，輪到參觀礦上福利事業的時候，便到方素榮工作的托兒所去訪問。這天方所長有事到瀋陽去了，所裏的工作人員向我們談了昨天日本戰犯跟方素榮見面的情形。

　　日本戰犯來參觀托兒所，所裏的工作人員說：「對不起，我們沒讓所長接待你們，因為她是平頂山人，我們不願意讓她受到刺激。」日本戰犯差不多都知道平頂山事件，他們聽了這話，一時面面相覷，不知如何是好。後來，他們商議了一下，認為應當向這位受到日本帝國主義者災難的人表示謝罪，懇求她出來見一見他們。女工作人員很不願意，但經他們再三懇求，終於把方所長請來了。

　　日本戰犯們全體向她鞠躬表示謝罪之後，請求她把當時的經歷講一講。方素榮答應了。「我到現在還記得清清楚楚，」她說，「前前後後都是街坊，爺爺領着我，媽媽抱着我兄弟 —— 他還不會說話。鬼子兵跟漢奸吆喝着說去照相。我問爺爺，照相是甚麼，爺爺給了我一個剛做好的風車，說別問了，別問了……」

　　五歲的方素榮就是這樣隨了全村的人，同做高粱稈風車的爺

爺、守寡的媽媽和不會說話的兄弟，到刑場去的。機槍響了的時候，爺爺把她壓在身子底下，她還沒哭出聲便昏了過去。等她醒過來，四周都是血腥，塵煙迷漫在上空，遮掩了天空的星斗。……

八處槍彈和刺刀的創傷使她疼痛難忍，但是更難忍的是恐怖。爺爺已經不說話了，媽媽和兄弟也不見了。她從屍體堆裏爬出來，爬向自己的村子，那裏只有餘燼和煙塵。她連跑帶爬，爬出一道刺網，在高粱茬地邊用手蒙住臉趴在地上發抖。一個老爺爺把她抱起來，裹在破襖裏，她又昏睡過去。

老爺爺是一個老礦工，在撫順經歷了「來到千金寨，就把舖蓋賣，新的換舊的，舊的換麻袋」的生活，在礦裏被鬼子壓榨了一生，弄成殘廢，又被一腳踢出去，晚年只得靠賣煙捲混飯吃。他把方素榮悄悄地帶到單身工人住的大房子，放在一個破麻袋裏。這個大房子裏二百多人睡在一起，老爺爺佔着地頭一個角落，麻袋就放在這裏，白天紮着口，像所有的流浪漢的破爛包似的，沒人察覺，到晚上人們都睡下的時候，他偷偷打開麻袋口，餵小姑娘吃喝。但這終不是長久之計，老爺爺問出她舅舅的地址，裝出搬家的模樣，挑起麻袋和煙捲箱子，混過鬼子的封鎖口，把她送到不遠一個屯子上的舅舅家裏。舅舅不敢把她放在家裏，只好藏在野外的草堆裏，每天夜裏給她送吃喝，給她調理傷口。這樣熬到快要下雪的時候，才又把她送到更遠的一個屯子的親戚家裏，改名換姓地活下來。

從心靈到肌膚，無處不是創傷的方素榮，懷着異常的仇恨盼到了日本鬼子投降，但是撫順的日本守備隊換上了國民黨的保安團，日本豢養的漢奸換上了五子登科的劫收大員，大大小小的騎在人民頭上的貪官污吏。流浪還是流浪，創傷還是創傷，仇恨還是仇恨。舊的血債未清，新的怨仇又寫在撫順人民的心上。為了對付人民的

反抗，蔣介石軍隊在這個地區承繼了日本強盜的「三光政策」，災難重臨了方素榮的家鄉。方素榮又煎熬了四個年頭，終於等到了這一天，她的家鄉解放了，她的生命開始見到了陽光。黨和人民政府找到了她，她得到了撫養，受到了教育，參加了工作，有了家庭，有了孩子。現在她是撫順市的一名勞動模範。

今天，這個在仇恨和淚水中長大的，背後有個強大政權的人，面對着一輩對中國人犯下滔天罪行的日本戰犯，她是怎樣對待他們的呢？

「憑我的冤仇，我今天見了你們這些罪犯，一口咬死也不解恨。可是，」她是這樣說的，「我是一個共產黨員，現在對我更重要的是我們的社會主義事業，是改造世界的偉大事業，不是我個人的恩仇利害。為了這個事業，我們黨制定了各項政策，我相信它，我執行它，為了這個事業的利益，我可以永遠不提我個人的冤仇。」

她表示的是寬恕！

這是使幾百名日本戰犯頓時變成目瞪口呆的寬恕，這是使他們流下羞愧悔恨眼淚的寬恕。他們激動地哭泣着，在她面前跪倒，要求中國政府給他們懲罰，因為這種寬恕不是一般的寬恕。

一個普通的青年婦女，能有如此巨大的氣度，這實在是難以想像的。然而，我親身遇到了還有更難以想像的事。假定說，方素榮由於是個共產黨員、工作幹部，她的職務讓她必須如此（這本來就是夠難於理解的），那麼台山堡農村的普通農民，又是由於甚麼呢？

台山堡是撫順郊區一個農業社的所在地。第二天早晨，在去這個農業社的路上，我心中一直七上八下，想着檢舉材料上那些農民的控訴，想像着懷着深仇的農民將如何對待我。我肯定方素榮對戰犯所做到的事，「無知」而「粗野」的農民是決做不到的。昨天在撫

順礦區曾遇到一些工人和工人家屬，對我們沒有甚麼「粗野」的舉動，甚至於當我們走進一幢大樓，參觀工人宿舍時，還有一位老太太像待客人似地想把我讓進地板擦得鋥亮的屋子。我當時想，這是因為你不知道我們的身份，如果知道了的話，這些文明禮貌就全不會有了。昨天參觀工人養老院時，所方讓我們分頭訪問老人們。這都是當了一輩子礦工或者因工傷殘廢被日本人從礦裏踢了出來的人，他們無依無靠，流浪街頭，支持到撫順解放時，只剩了一口氣。人民政府一成立，就搶救了他們，用從前日本人的豪華旅店改做這個養老院，讓他們安渡晚年。他們每天下棋、養花、看報，按自己的興趣進行各項文娛活動。我和幾個夥伴訪問的這位老人，向我們談了他一生的遭遇，那等於一篇充滿血淚和仇恨的控訴書。聽他說的偽滿政權下礦工們的苦難，我一面感到羞恥，一面感到害怕。我生怕他把我認了出來，因此一直躲在角落裏，不敢出聲。我當時曾注意到，老人的這間小屋的牆上，沒有工人宿舍裏的那些男女老少的照片，只有一張毛主席的像。顯然，老人在世上沒有一個親人，即使有，也不會比這張相片上的人對他更親。但是毛主席的改造罪犯的政策，在他心裏能通得過嗎？至少他不會同意寬大那些漢奸吧？

在第一天的參觀中，每逢遇到人多的地方，我總是儘量低着頭。我發現並非是我一人如此，整個的參觀行列中，沒有一名犯人是敢大聲出氣的。在撫順曾督工修造日本神廟的大下巴，更是面如死灰，始終擠到行列中心，儘量藏在別人身後。我們到達台山堡的時候，簡直沒有一個人敢抬起臉來的。我們就是這樣不安地聽了農業社主任給我們講的農業社的歷史與現況，然後，又隨着他看了新式農具、養雞場、蔬菜暖房、牲口棚、倉庫等處。我們一路上看到的人不多，許多社員都在田間勞動。在參觀的幾處地方遇到的人，態度都很和

善，有的人還放下手中的活，站起來向我們打招呼。我慶倖着人們都沒把我認出來，心裏祝願能永遠如此。但是到最後，當我訪問一家社員時，我就再也無法隱藏我自己了。

我同幾個夥伴訪問的這家姓劉，一共五口人，老夫婦倆參加農業勞動，大兒子是暖窖的記賬員，二兒子讀中學，女兒在水電站工作。我們去的時候只有劉大娘一個人在家。她正在做飯，看見社幹部領着我們進來，忙着解下圍裙，把我們讓進了新洋灰頂的北房。她像對待真正的客人似的，按東北的風俗讓我們進了裏間，坐上炕頭。我坐在炕邊上，緊靠着西牆根一個躺櫃，櫃面上擺着帶有玻璃罩的馬蹄錶，擦得晶亮的茶具，對稱排列的瓷花瓶和茶葉缸。

陪我們來的一位社幹部沒有告訴劉大娘我們是甚麼人，只是對她說：「這幾位是來參觀的，看看咱們社員的生活，你給說說吧！」劉大娘不擅長詞令，但是從她斷續而零散的回憶中，我還是聽出了這個早先種着七畝地的七口之家，在偽滿過的原是像乞丐一樣的生活。「種的是稻子，吃的却是橡子麵，家裏查出一粒大米就是『經濟犯』，稻子全出了荷。聽說街上有個人，犯病吐出的東西裏有大米，叫警察抓去了。……一家人穿的邋裏邋遢。可還有不如咱家的，大姑娘披麻袋。有一年過年，孩子肚子裏沒食，凍的別提，老頭子說，咱偷着吃一回大米飯吧，得，半夜警察進屯子啦，一家人嚇得像啥似的。原來是抓差，叫去砍樹、挖圍子，說是防鬍子，甚麼鬍子，還不是怕咱們抗日聯軍！老頭子抓去了。這屯子出勞工就沒幾個能活着回來的。……」

正說着，她的兒子回來了。他的個子很小，仔細一看，才知道他的腿很短，原是個先天殘廢的人。他回答了我們不少問題，談到過去，這個青年在舊社會裏，先天的殘廢使他就像一隻狗似地活着，

如今他却做了暖窖的記賬員，像別人一樣尊嚴地工作着。我從這不到三十歲的人的眼睛裏，看到了對過去生活的仇恨和憤怒。但是，當話題一轉到今天的生活，他和母親一樣，眼神和聲調裏充滿了愉快和自信。他和母親不同的地方，是談家裏的事比較少，而談起了社裏的暖房蔬菜的生產，則是如數家珍。這個社的蔬菜，主要是供應市區需要，不分四季，全年供應；蔬菜品種大部分是解放前沒有的。當他歷數着番茄、大青椒等等品種的產量時，他母親攔過了話頭，說他們這一家從前不用說沒見過番茄，就連普通的大白菜也難得吃到。由蔬菜又談到從前吃糠咽菜的生活，劉大娘順手拉開屋角的一隻甕蓋，讓我們看看裏面的大米。這時兒子不禁笑起來，說：「大米有甚麼可看的？」她立刻反駁道：「現在沒甚麼可看的，可是你在康德那年頭看見過幾回？」

劉大娘的這句話，沉重地打在我的心上。

我剛走進這家人的房門時，還擔心着是不是會有人問起我的姓名，而現在，我覺得如果在跨出這個房門之前再不說出自己的姓名，那簡直是不可饒恕的欺騙。

我站立起來，向着劉大娘低頭說：

「您說的那個康德，就是偽滿的漢奸皇帝溥儀，就是我。我向您請罪。……」

我的話音未完，同來的幾個偽大臣和偽將官都立起來了。

「我是那個抓勞工的偽勤勞部大臣……」

「我是搞糧穀出荷的興農部大臣……」

「我是給鬼子抓國兵的偽軍管區司令……」

「……」

那老大娘呆住了。顯然這是出乎她意料的事。即使她知道來參

觀的是漢奸犯，也未必料到我們的姓名和具體的身份，即使她知道我的姓名、身份，也未必料到會向她請罪，請她發落。……

她怎樣發落？痛罵吧？痛哭吧？或者走出去，把鄰居們都叫來，把過去的死難者的家屬都找來，共同地發泄一番怒氣吧？

不。她歎息了一聲。這是把凝結起來的空氣和我的心臟融化開來的歎息：

「事情都過去了，不用再說了吧！」她擦擦眼淚，「只要你們肯學好，聽毛主席的話，做個正經人就行了！」

原來我們是默默地垂淚，聽了這句話，都放聲哭出來了。

「我知道你們是甚麼人。」半晌沒說話的兒子說，「毛主席說，大多數罪犯都能改造過來。他老人家的話是不會錯的。你們好好改造認罪，老百姓可以原諒你們！」

這兩個普普通通的農民，被我想像成「粗野的、無知的、容易激動地發泄仇恨而又根本不管甚麼改造和寬大」的農民，就是這樣地寬恕了我們！

這是如此偉大的、不可能用我的尺規加以衡量的人。

我用最卑鄙、最可恥的壞心去揣度他們，而他們却用那麼偉大、那麼高貴的善心對待我們。

他們是今天當家做主的人，強大的政府和軍隊——共產黨所領導的巨大力量全部站在他們身後，他們面前是對他們犯了滔天罪行的罪犯，而他們却給了寬恕！

他們為甚麼那樣相信黨和毛主席？他們怎麼能把黨的改造罪犯政策從心底上接受下來呢？而共產黨和人民政府為甚麼那樣相信人民，相信他們一定會接受它的政策？

這一次的參觀也給了我答案。

四、變化說明了一切

三天參觀結束歸來時的情緒，和第一天出發時正是一個強烈的對比。興奮的談論代替了抑鬱的沉默。一進監房就開始談論，吃飯時談，開小組會時談，開完會還是談，第二天也是談，談的全是參觀。從各號的議論裏可以不斷聽到的是這句話：

「變了！社會全變了，中國人全變了！」

這真是一句最有概括力的話。「變了！」這本是幾年來我們從報上，從所方的講話，以及從通信中常常接觸到的事實，但是有些飽經世故者越是間接知道得多，越是想直接地核對一下，我們組裏的老元就是這樣的人。這回，他也服了。

這天晚上，我們談到工人保健食堂的蛋糕，那是我們親自嘗過的，談到工人的伙食，那是我們親眼看到了的，說到工人宿舍的瓦斯灶，有人說可惜只看見燒水，沒看見做的是甚麼飯，這時候老元接口道：「我倒看了一下。」

大家先很驚異，他是和別人一起走的，怎麼他會看見？經他一說才明白，原來別人注意工人宿舍裏的陳設，他却走到屋子後面，看了人家的垃圾箱。他發現了那裏面有魚骨頭、雞蛋皮以及其它東西。

做過東北軍小糧秣官的「興農部大臣」老甫，平常話很少，今天他也顯得比平常活躍了，他說：「不但在偽滿，工人家裏找不出魚肉來，就是『九一八』以前也不多見。我可是小職員出身的⋯⋯」

從小被日本人培養起來的老正，坦率地說出了心裏話：「我以前看報紙、學文件，有時信，有時就懷疑，我總想，甚麼東北工業基地，還不是日本人給留下的？這回看見了工業學校附屬的工廠，把日本老皮帶式的車床擠到一邊，到處都是國產的嶄新設備，我才相

信真是中國人翻了身。這真是變了！」

變了！──這句話引起我的共鳴，我另有自己的感受。

我受到了人民的寬恕，由於過分出乎意料，這三天參觀當中老是想着：這是真的嗎？他們受了漢奸那麼多的罪，竟肯拉倒了嗎？他們相信毛主席的改造罪犯的政策，竟是到了這種程度嗎？這是甚麼原因？

方素榮和台山堡的過去和今天，也是東北人民的過去和今天。標誌着這種由悲苦到歡樂的變化的，在撫順到處都可以遇到。平頂山上的烈士碑和新生的叢林，露天礦四周殘留火區的塵煙和新建的電氣火車軌道，地下礦一百五十多公里巷道中的每根舊坑木和每段新砌的混凝土頂壁，露天礦舊址上「臭油房」的殘跡和人民政府新建的工人宿舍大樓，以及市區裏用日本高級旅館改造的工人養老院，用日本高級員司宿舍改造的托兒所，還有各礦場新建的保健食堂、太陽燈室，等等，總之，每條街道。每座建築、每台機器、每串數目字以至每塊石頭，都向我訴說着過去的血淚和今天的幸福，都告訴我這裏經歷了怎樣的天翻地覆的變化。一切都讓我思索着，劉大娘為甚麼要說「過去的讓它過去」？那個殘廢青年為甚麼會說他相信我們能改造？……

變化說明了一切。

變了！──這句話裏包含着撫順礦工過去多少血淚！

撫順，這個過去聞名於關內的千金寨（現在露天礦礦址），在大半個世紀之前，關內就有一首歌謠形容它的富饒：「都說關外好，千里沒荒草，頭上另有天，金銀挖不了。」但是從一九○一年開採以來，挖出來的「金銀」就不是礦工的，對礦工來說，是另一首歌謠裏的生活：「一到千金寨，就把舖蓋賣，新的換舊的，舊的換麻袋。」

一九〇五年帝俄在遼東失敗，這地方就成了日本人的囊中物。在整整四十年的歲月中，撫順礦工被折磨死的據估計有二十五萬至三十萬人。

從山東、河北被騙來的和東北當地破產的農民，每年成批地來到撫順礦區，大多數是住在一二百人一間的「大房子」裏，無論春夏秋冬只有一身破爛，每天十二小時以上的勞動，得到的有限的工資還得由大櫃、把頭剝幾層。礦工說：「鬼子吃咱肉，把頭啃骨頭，腿子橫着走，工人難抬頭。」

有家室的工人住在「臭油房」裏，過着少吃無穿的生活。有的孩子生下來，光着身子長到幾歲；餓死了，還是光着身子埋掉。

更多的人是結不起婚，龍鳳礦在解放前百分之七十的人是單身漢。

礦井裏談不上安全設備。爆炸、冒頂、片幫是常事。工人說：「要想吃煤飯，就得拿命換。」一九一七年，有一次大山坑發生瓦斯爆炸，日本人為了減少煤炭損失，把坑口封閉，九百一十七個礦工被活活燒死在裏面。一九二三年，老萬坑內發火，又因同樣的措施有六十九個工人死在裏面。一九二八年大山坑透水，淹死工人四百八十二名。

偽滿政權做過統計：一九一六至一九四四年，傷亡人數共計二十五萬一千九百九十九名。每次事故發生，礦工家屬從四面八方湧向井邊，哭聲震野……

礦工被炸死的、燒死的、凍死的、餓死的、病死的，除了在井裏埋在煤堆和泥沙裏的，全被扔到一個叫南花園的地方的北面山溝裏。這個山溝早被死人填滿了，因此有了一個「萬人坑」的名稱。

日本人給工人們除了皮鞭、臭油房之外，還弄了一個叫「歡樂

園」的地方，那裏有上千名妓女，有賭場，有鴉片館和嗎啡館，還有老君廟。

撫順不僅有日本人的華麗的住宅、高聳入雲的卷揚塔，還有老君廟旁成堆的乞丐、楊柏河旁和臭水溝裏的死貓和死嬰。冬天，天天有新屍體出現在楊柏橋下，——這裏是被剝奪得無路可走的失業工人過宿的地方，它的外號叫「大官旅館」。今夜在這裏睡下的人，明早也許就是一具新的「路倒」。

偽滿時期，撫順增添了一個機構：矯正輔導院。這是「反滿抗日」的礦工的集中營，進去的人在毒打之後，就在刺刀、機槍、警犬包圍下從事奴隸勞動。他們像牲畜一樣住在一起，冬天常有人凍死在炕上。

「變了！」這句話又包含着多少翻天覆地的事件！多少令人激動的歡樂！

在露天礦，有日本人在三十一年間給工人建築的三千五百平方米的臭油房的遺跡，也有解放後七年間新建的十七萬平方米的宿舍大樓。

第三天參觀龍鳳礦，我看見了工人宿舍裏面的工人家庭的住室。這家也許就是從前那百分之七十裏的一個。牆上的雙影照片上，那個中年男人拘謹地微笑着，大概他就是解放後已婚的百分之八十中的一個吧？

在這個家庭的廚房裏，我看見了瓦斯灶的藍色的火苗……

這個給人以安定、溫暖感覺的火苗，它原先是多麼令人恐怖，它曾毀滅了多少家庭，叫多少妻子哭斷肝腸呵！它今天給了人們溫暖和幸福，但人們談起那次征服瓦斯的鬥爭，人們心中的溫暖和幸福，更是無比巨大的！

　　我們走在空氣新鮮的、略覺微風迎面的龍鳳礦的巷道裏，在一望無際的日光燈照明之下，礦辦公室王主任一邊走着一邊給我們講了下面這個動人心弦的故事。

　　瓦斯，這一直是各國採煤史中的最兇惡的敵人，已不知有多少礦工的生命被它奪去。龍鳳、勝利、老虎台三礦都是超級瓦斯礦。解放初期，三個礦井仍處在瓦斯的嚴重的威脅之中，尤其是龍鳳礦，被日本鬼子和國民黨先後破壞，井下巷道大部崩坍堵塞，窩滿了濃烈的瓦斯，以致採煤都不敢用爆破和電動設備。礦區當局為迅速消除瓦斯威脅，保證生產安全，採取了各種措施，依靠有經驗的老工人對瓦斯進行了不懈的鬥爭，取得了初步的勝利，曾使採煤每噸的瓦斯噴出量由六十四 · 八立米降到三十六立米。後來，在礦區當局工人們不斷努力和鬥爭的情況下，又出現了新的奇跡。

　　一九四九年秋天，東北工業部門掀起了一個熱火朝天的新紀錄運動，原龍鳳礦的一位工程師向黨委提出一項在舊時代根本沒有人理睬、而工人們多少年來夢想過的理想，這個具有科學根據的理想是：開闢井下瓦斯巷道，根據瓦斯比空氣輕、能透過煤層上昇的原理，使煤層中的大量瓦斯自動聚在巷道裏，然後用鐵管引到地面上來，這樣既可以把瓦斯用於福利，也為解決瓦斯為害問題找出了一條道路。

　　這個建議立刻得到礦區黨委的重視，黨相信這個建議，並且給工程師以最大的鼓勵和支持。這個理想也引起了工人們，特別是老工人們和工人家屬的熱烈支持，有經驗的老工人紛紛表示要為實現這理想貢獻自己的全部力量。於是在黨委組織下，這位工程師和一批勇敢的工人們進行了偉大的試驗。工人黨員們走在戰鬥的最前面，在濃厚的瓦斯巷道裏夜以繼日地奮戰着。起初，他們遇到了不少的

困難，受到過多次濃烈瓦斯的包圍，也受到過膽怯和保守的議論冷風的吹襲，但一個個困難都被克服了，終於在一九五〇年七月一日前夕完成了試驗工程。「七一」進行試驗那天，在瓦斯出口管周圍附近，自動集聚了越來越多的工人家屬和歇班工人，也來了無數的機關幹部和上學的孩子們，人們都要親眼看着自己的夢想如何變成現實。當一根火柴在管口燃起了猛烈的藍色火苗時，歡呼聲響遍了礦區，震動了礦山。人們向工程師和勇敢的工人祝賀。後來，他們的眼睛從藍色的火焰上移開，都不約而同地集中到卷揚塔上光芒四射的紅星上了[1]。此時老工人和老大娘們個個淚流滿面，年輕的工人高呼着：「我們又勝利了！」

這個故事立刻讓我想起，我在撫順工人養老院看見的那位殘廢的老人。這是一次瓦斯爆炸中的倖免者。他逃脫了死亡，但是逃不脫因殘廢被趕出礦山的厄運。他過着乞討生活，一直到解放；他幾次幾乎變成楊柏橋下的「路倒」。老人辛苦一生，沒有結過婚，世上沒有一個親人。在他的牀頭上方，這個照例是放置親人照片的地方，老人也有一個用精緻的鏡框鑲起的照片，這也是他的房間裏唯一的一張照片：毛主席。

這個故事立刻讓我想起，上午在一個幼兒院裏，繫着雪白小圍巾的孩子揮動着小胖手唱的歌曲：「沒有共產黨，就沒有新中國……」

從這些聯想中，使我從老人和孩子那裏得到了一個統一的回答。我明白了為甚麼劉大娘要說過去的讓它過去，我明白了為甚麼她的兒子會相信我們可以改造……

我們隨着王主任在巷道裏繼續前進着。在一個拐角的地方出現

---

1 龍鳳礦每逢有重大新成就，卷揚塔上紅星即放光，全礦可見。 —— 作者

了一個燈光耀眼的小賣部——裏面有水果點心，毛巾手絹，木梳香皂——王主任在這裏停下來，指着小賣部說：「在偽滿時，從這裏起是一條長長的臭水溝。溝裏溝外到處有老鼠跑，可是誰也不敢碰它，因為那時很多工人很迷信，說它是老君爺的馬。工人們都是混過今天不知能不能混過明天的人，因此，有的為了求平安，就敬信了老君爺。那時我們是又受鬼子的氣，又受二把頭的氣，還要受老鼠的氣。現在當然誰家也沒老君爺了，把老君爺扔了，家家掛上毛主席像了。」

他指着混凝土的乾淨平整的地面繼續說：「那時到處是水，淺處也有一尺左右。工人一下井，就得光腳蹚水走。在『掌子』裏，工人渾身都不穿一點衣服，精光光的。坑下又悶又熱，再說只有一身破爛，爛掉了也沒人給你添。」

我們繼續向前走，走到電車道旁，載運着發光的煤塊的列車開過去了，穿着深藍色工作服的司機和王主任笑着打個招呼，駛過去了。王主任繼續說：

「那時候有電車走的道，沒人走的道。電車在這個地方就常撞死人。不過比起爆炸死人，那又不算甚麼了。礦工過去有句話：說自己是『四塊石頭夾一塊肉』。在井下幹了十幾個鐘頭回到井上來，就算這一天又混過來了。在井口外面，天天下工時候有一羣女人、孩子等着，要是等不到自己的人，那就是完了。連屍首都不一定找到，不是壓在石頭底下，就是叫水沙埋了。在這裏，」他停下了，指着路邊說：「我親自看見在這裏壓死了四個人。我十四歲就下井，自己也說不清跟閻王老子打了多少次交道。」

我這才知道這位精通業務的年輕主任原是礦工出身。他是個爽朗、活潑的人，他最後那句話是笑着說的。我決沒料到站在我們面前的這個愛笑的人，過去的經歷是那樣悲慘，簡直難以想像他是怎

麼熬過來的。為了生活，當年，這個十四歲的少年每天要幹十幾個
鐘頭的活，有了病，不敢躺下，因為怕被看做有傳染病隔離起來。工
人們住的大房子，冬天沒有火，大多數人沒舖沒蓋，有條麻袋算好
的，吃的也不夠，每天每人只有八個蜂窩似的窩窩頭，因此，傳染病
是極容易發生的。一九四二年，這裏發生的一場流行病，工人們到
今天提起來還是餘悸未定。可怕的不是疫病，而是日本人的毒手，
日本人曾把發生疫情的工人住宅區用層層刺網封鎖起來，不准外出
求醫，然後又逐家檢查，如果誰家有病不報告，日本鬼子就把大門
釘起來，把人封鎖在裏頭。如果有病報告了，又不管甚麼病一律填
個霍亂，送進隔離所。人一進了隔離所就不用想出來，外面有電網
圍着，洋狗看守着，每人每頓一碗粥，有的半死不活，就送到煉人爐
裏燒死，或者和死人一起扔到萬人坑裏。

「剛才你們看見的煤車上的那個工人，」王主任臉上的笑容消失
了，「他叫邢福山，他的父親就是被活埋的一個。」

我們慢慢走着，巷道裏有輕風迎面拂來，這是清新的溫暖的氣
流，但我的心被過去的事凍結住了。經過一陣短暫的沉默，王主任
繼續說：「從前這裏的空氣是混濁的，不幹活也可以把人悶出病來。
有一回我剛從井裏上來，悶得要死，有了病了，二把頭非叫我再下去
不行，我不去，他舉起皮鞭打我。我在大房子裏最小，大夥全疼我，
有人過來要和二把頭拚命，那小子一看就嚇跑了。日本鬼子和二把
頭最怕的是特殊工人 —— 這是鬼子送給被俘的八路軍戰俘的名稱，
鬼子把他們押到礦上做工，這些戰士對鬼子不買賬，誰兇他們在井
底下就揍誰，揍死了就埋在裏面。他們暴動了好多次，鬼子只好讓
步，給他們吃好一點，客氣一點。鬼子和二把頭怕普通工人受到特
殊工人的影響，總設法隔離開，可是我們也知道了他們的鬥爭，也

就摸透了鬼子和二把頭的底，所以二把頭只好扔下鞭子跑了，倒真像臭溝裏的老鼠一樣。從那天起，我就看透這些人日子長不了……」

這個當初生活在爆炸、冒頂和二把頭皮鞭下的少年，他怎麼熬過來的，我明白了，而且我的問題又一次得到了回答。在他身上有多麼強烈的自信！當初他在那樣艱難的朝不保夕的生活中，就已經看透了鬼子和二把頭的底細，而我在那時是甚麼樣子呢？是已吃膩了葷腥，丟盡了尊嚴，天天打針吃藥，內心充滿了末日的情緒。這和當初的這個少年的心情是多麼強烈的對照！在那樣的日子裏，他就把我們這類人看成了老鼠，微不足道，在今天又是怎樣呢？

我想起了試驗瓦斯勝利的那個故事，想起故事裏的老年工人和家屬們的眼淚，想起故事裏的青年工人高呼的那句話：「我們又勝利了！」這句話裏充滿了多大的自豪和自信！在他們的眼裏，社會、人類、自然，一切奧秘都是可以揭穿的，一切都是可以改造的！一個皇帝又算得了甚麼？未來是他們的！這是為甚麼方素榮、劉大娘和他的兒子所以能寬恕我的又一個原因。

一切都變了！變化是反映在任何事物上的。從平頂山上的新生的叢林到礦山上的每塊石頭，都有了變化。變化也反映在我們所看到的各種人身上：養老院裏正展開比健康、比長壽的老人是變化，工人宿舍的瓦斯灶和結婚照片是變化，年輕的王主任也是一個變化……一切變化中最根本的，是人的變化。

說明這一切變化發生的原因的，是老人牀頭的照片，是幼兒院孩子們唱的歌，是龍鳳礦卷揚塔上的那顆星……

在那顆紅星下發生了這一切——偉大的胸懷，對領袖的無限信仰，看透了一切的自信。有了這一切，才有了那個聲出如雷鳴，耀眼如閃電的寬恕。

五、會見親屬

人民可以寬恕，問題在於自己能否「做個正經人」── 我從這次參觀中明白了這個道理，並且還不只是這一個道理。從前，就是在開始參觀的那天，我還用舊的眼光看待今天的政府同羣眾的關係，認為任何政府同人民之間都沒有書上所說的那種一致、那樣互相信賴。我總以為共產黨之所以有那樣強大的軍隊和有力的政府，是由於「手段」高明和善於「籠絡人心」的結果。我所以擔心在羣眾激憤時會犧牲了我，就是由於這種看法。現在我明白了，人民所以擁護黨，相信黨，實在是由於共產黨給人民做了無數好事，這些好事是歷史上任何朝代都不可能也不肯於去做的。為礦工 ── 從前被稱做「煤黑子」的 ── 做出營養設計，為礦工的安全拿出整個黨組織的精力向瓦斯宣戰，讓「大官旅館」的命運變成下棋、賞花的晚景，讓百分之八十的單身漢從「大房子」搬進新房，讓存在了若干世紀的妓院、賭館、鴉片館從社會上消失……在過去，哪個政府能夠和肯於去做這些事呢？

從前，我有時還這樣想：也許在新社會裏只有窮人得到好處，那些有錢的人，舊社會裏有點地位的人，跟我們這類人有瓜葛的人，以及漢族之外的少數民族，恐怕都說不上滿意。參觀後不久，我親眼看到了我的親屬，我才明白了這還是過時了的舊眼光。原來滿意這個新社會的，在新社會裏找到自己前途出路的，竟包括了那麼廣泛的階層，實在是歷史上空前的。

我們跟親屬之間的通信，從一九五五年夏天就開始了。人們從家信裏知道了親屬並未因自己是罪犯而受到歧視，知道了子女們有的在上學，有的在工作，有的成了專家，有的參加了共青團，甚至還

有的加入了共產黨。許多人從家信上受到了很大鼓舞，進一步覺出了社會變化對自己的意義。但是也還有某些多疑的人仍然疑信參半，甚至於還有人全憑偏見而加以穿鑿附會、妄加曲解。前偽滿將官老張，接到兒子第一次來信。這封信頭一句是這樣寫的：「張先生：對不住，我只能這樣稱呼你，不能用別的……」老張看完信大為悲慟，幾乎得了精神病。許多人都為他不平，有人暗地裏說：「這不是新社會教育出來的青年嗎？新社會裏父親坐牢，兒子就不要他了。」我不由得想起陳寶琛說過的「共產黨無情無義」之類的話。跟溥傑同組的前偽滿將官老劉，向來對新社會甚麼都不相信。他非常想念自己的女兒，很怕她受到社會上的歧視。女兒來信告訴他，她的生活很好，入了團，得到組織的關懷，有許多好朋友，她現在夙願得償，國家已按她的昇學第一志願分配她到藝術學院。他看了信，搖晃着滿頭白髮說：「說得千真萬確，不叫我親眼看一看我還是不相信。」這些問題，從一九五六年起，都得到了解決，而在我看來，解決的還不只是一家一戶的問題，而是整個民族，整個下一代的問題。

三月十日，即參觀後的第三天，看守員通知我和溥傑，還有三妹夫、五妹夫和三個侄子，一齊到所長那裏去。我們走進了所長的接待室，在這裏出乎意料地看見了別離了十多年的七叔載濤和三妹、五妹。

看着健壯如昔的胞叔和穿着棉制服的妹妹們，我好象走進了夢境。

載濤是我的嫡親長輩中僅存的一個人。在一九五四年選舉中，他作為二百多萬滿族的代表被選入全國人民代表大會。他同時是人民政協全國委員會的委員。他告訴我，在來看我的前幾天，在全國人民代表大會第二次會議上，他看見了毛主席。周恩來總理把他介

紹給主席，說這是載濤先生，溥儀的叔叔。主席和他握過手，說：聽說溥儀學習的還不錯，你可以去看看他們……

七叔說到這裏，顫抖的語音淹沒在哽咽聲中，我的眼淚早已無法止住了。一家人都抹着淚，瑞侄竟至哭出了聲音……

從這次和家族會見中，我明白了不但是我自己得到了挽救，我們整個的滿族和滿族中的愛新覺羅氏族也得到了挽救。

七叔告訴我，解放前滿族人口登記是八萬人，而今天是這個數目的三十倍。

我是明白這個數目變化的意義的。我知道辛亥革命之後，在北洋政府和國民黨統治下的旗人是甚麼處境。那時滿族人如果不冒稱漢族，找職業都很困難。從那時起，愛新覺羅的子孫紛紛姓了金、趙、羅，我父親在天津的家，就姓了金。解放後，承認自己是少數民族的一年比一年多。憲法公佈之後，滿族全都登記了，於是才有了二百四十萬這個連滿族人自己也出乎意外的數目。

我還記得發生「東陵事件」時的悲憤心情，還記得向祖宗靈牌發過的報仇誓願。我這個自認的佛庫倫後裔和復興滿族的代表人，對自己的種族步步走向消亡的命運，我不但未曾加以扭轉，而且只能加速着這種命運的到來。只是在聲稱扶持滿族的日本人和我這個以恢復祖業為天職的集團垮台之後，滿族和愛新覺羅氏的後人才有了可靠的前途。由八萬變成二百四十萬，這就是一個證據！

這個歷史性的變化，包含有愛新覺羅的後人，包含有過去的「濤貝勒」和過去的「三格格」、「五格格」。

七叔這年是六十九歲，身體健壯，精神旺盛，幾乎使我看不出他有甚麼老態來。我甚至覺得他和我說話的習慣都沒有變。解放以後，他以將近古稀之年參加了解放軍的馬政工作，興致勃勃地在西

北高原上工作了一段時間。在談到這些活動的時候，他的臉上露出了愉快之色。他又告訴我，他正打算到外地去視察少數民族的工作，以盡他的人大代表的責任。提到這些，他臉上更發出了光彩。

在那數目降到八萬的時候，哪個滿族的老人的臉上能發出光彩來呢？

解放軍剛剛進入北京城的時候，有許多滿族的遺老是不安的，特別是愛新覺羅氏的後人，看了約法八章之後還是惴惴然，惶惶然。住在北京的這些老人，大多不曾在「滿洲國」和汪精衛政府當過「新貴」，但也有人並非能夠忘掉自己「天潢貴冑」的身份，放棄掉對我的迷信，所以在我當了囚犯之後，他們比舊時代更感到不安，加上每況愈下的滿族人口的凋落和自身景況的潦倒，他們的生活是黯淡無光的，對解放軍是不曾抱甚麼「幻想」的。最先出乎他們意料的，是聽到東北人民政府給滿族子弟專門辦了學校，後來又看見有滿族代表也走進了懷仁堂，和各界人士一同坐在全國人民政治協商會議的會場上，參加了共同綱領的討論。接着，他們中間不少人的家裏來了人民政府的幹部，向他們訪問，邀請他們做地方政協的代表，請他們為滿族也為他們自己表示意見，請他們為新社會的建設提供自己的才能。在北京，我曾祖父（道光帝）的後人以及惇親王、恭親王和醇親王這三支的子弟，溥字輩的除了七叔家的幾個弟弟比較年輕之外，其餘都已是六十以上的老人。我的堂兄溥忻（字雪齋，惇親王奕誴之孫、多羅貝勒載瀛之子），擅長繪畫、書法和古琴，這時已六十多歲，他沒想到又能從牆上摘下原已面臨絕響厄運的古琴，他不但自己每星期有一天在北海之濱，能和新朋舊友們沉醉在心愛的古老藝術的享受中，而且也從年輕的弟子身上看見了民族古樂的青春。他當選為古琴研究會的副會長、書法研究會的會長，被邀進了

一個區的政協，又是中國畫院的畫師。溥忻的胞兄弟溥倜也是一位老畫家，這時也被聘為北京中國畫院的畫師，這位年近古稀的老人又揮筆向青年一代傳授着中國畫。他的親叔伯兄弟溥修（載濂的次子），是瑞佺的胞叔，他曾做過「乾清門行走」，我在長春時曾委託他在天津看管過房產，後來雙目失明，喪失了一切活動能力，生活潦倒無依。解放後，他的經歷以及他肚子裏的活史料被新社會所重視，聘他為文史館員。這種文史館全國各地都普遍設立着，裏面有前清的舉人、秀才，也有從北洋政府到蔣介石朝代各個時期各個事件的見證人，有辛亥革命以及更早的同盟會舉事的參加者，也有最末一個封建宮廷內幕的目擊人。經過他們取得了大量的近代珍貴史料，在他們的晚年，也為新社會貢獻了自己的力量。雙目失明的修二哥對生活有了信心，心滿意足地回憶着清代史料，想好一段，口述一段，由別人代為記錄下來。

這些已經被新社會視為正常的現象，到了我的心目裏却是非常新鮮、印象強烈的新聞。而印象更強烈的，更新鮮的，是我親眼看到的妹妹們身上的變化。

半年前，我和北京的弟弟妹妹們通了信，從來信中我就感覺到了我的家族正在發生變化，但是我從未對這種變化認真思索過。在偽滿時代，除了四弟和六妹七妹外，其餘的弟弟妹妹都住在長春，大崩潰時都隨我逃到通化。我做了俘虜之後，曾擔心過這些妹妹會因漢奸家屬的身份而受到歧視。二妹的丈夫是鄭孝胥的孫子，三妹五妹的丈夫一個是「皇后」的弟弟，一個是張勳的參謀長的兒子，全是偽滿中校。四妹夫的父親是清末因殺秋瑾而出名的紹興知府。這幾個妹夫不是偽滿的軍官，就是偽政權的官吏，只有六妹夫和七妹夫是兩個規規矩矩的讀書人，不過她們會不會被漢奸頭子的哥哥牽

累上呢？我心裏也沒有底。這類的顧慮是同犯們共有的，我的顧慮比他們更大。後來在通信裏，才知道這種顧慮完全是多餘。弟弟和妹妹同別人一樣有就業機會，孩子們和別人的孩子一樣可以入學、昇學以及享受助學金的待遇，四弟和七妹還是照舊當着小學教師，六妹是個自由職業者——畫家，五妹做了縫紉工人，三妹還是個社會活動家，被街道鄰居們選做治安保衞委員。儘管她們自己做飯、照顧孩子，但是她們在信中流露出的情緒總是滿意的、愉快的。我放了心。現在，我看到了她們，聽着她們和自己的丈夫談起別後經過，使我聯想起了過去。

我還記得五妹夫老萬睜着他那雙大眼睛問五妹：「你真會騎車了？你還會縫紉？」這是在他接到她的來信後就感到十分驚訝的問題，他現在又拿出來問她了。他的驚訝是有根據的。誰料得到從小連跑也不敢跑，長大了有多少僕婦和使女伺候，沒進過廚房沒摸過剪刀的「五格格」，居然今天能騎上自行車去上班，能拿起剪刀裁製衣服，成了一名自食其力的女縫紉工人呢？

更令我們這位學委會主任驚異的，是他的妻子回答得那麼自然：「那有甚麼稀奇？這不比甚麼都不會好嗎？」

要知道，假如過去的「五格格」說這樣的話，不但親戚朋友會嘲笑她，就連她自己也認為是羞恥的。那時候她只應該會打扮、會打麻將，會按着標準行禮如儀，而現在，她拿起了剪刀，像個男子一樣騎上自行車，過自食其力的生活了。

三妹的經歷比五妹更多一些。日本投降以後，她沒有立刻回到北京，因為孩子生病，她和兩個保姆一起留在通化。財產是沒有了，她恐怕留下的細軟財物和自己的身份引人注意，就在通化擺香煙攤，賣舊衣。在這個期間，她幾乎被國民黨特務騙走，她上過商人的當，

把劃不着的火柴批發給她。她經過這些不平常的生活，到一九四九年才回到北京。解放後，街道上開會，她不斷去參加，因為在東北接觸過解放軍和人民政府，她知道些政府的政策，得到了鄰居們的信任，被推選出來做街道工作。她談起來最高興的一段工作，是宣傳新婚姻法……

這個經歷，在別人看來也許平淡無奇，在我可是不小的驚異。她過去的生活比五妹還要「嬌貴」，每天只知道玩，向我撒嬌，每逢聽說我送了別人東西，總要向我打聽，討「賞」，誰料得到，這個嬌慵懶散、只知道謝恩討賞的「三格格」竟會成了一名社會活動家？乍一聽來，真是不可思議。但這個變化是可以理解的。我理解她後來為甚麼那麼積極地宣傳新婚姻法，為甚麼她會在向鄰居們讀報時哭出來，因為我相信她說的這句話：「我從前是甚麼？是個擺設！」

從前，她雖然有着一定文化水準，名義上是個「貴」婦，而實際上生活是空虛的，貧乏的。她和三妹夫在日本住着的時候，我曾去信叫她把日常生活告訴我，她回信說：「我現在坐在屋裏，下女在旁用熨斗燙衣服，老僕在窗外澆花，小狗瞪着眼珠蹲着，看着一匣糖果……實在沒有詞兒了。」現在，生活給她打開了眼界，豐富了思想，當鄰居那樣殷切地等她讀報時，她才覺出自己有了存在的意義。

她後來談過這樣一段經歷：「在通化，有一天民兵找了我去，說老百姓在開會，要我去交代一下。我嚇壞了，我以為鬥爭會鬥漢奸是很可怕的。我說，你饒了我吧，叫我幹甚麼都行。後來見了幹部，他們說不用怕，老百姓是最講理的。我沒法，到了羣眾會上嚇得直哆嗦，我向人們講了自己的經歷。那次會上人多極了，也有人聽說看皇姑，都來了。聽我講完，人們喊喊喳喳議論開了，後來有人站起來說：『她自己沒幹過甚麼壞事，我們沒意見了。』大夥聽了都贊

成，就散會了。我這才知道，老百姓真是最講理的。」

她這最後一句話，是我剛剛才懂得的。而她在十年前就懂得了。

在會見的第二天，正巧接到了二妹來的信，信中說，她的大女兒，一個體育學院的二年級生，已經成了業餘的優秀汽車教練員，最近駕駛着摩托車完成了天津到漢口的長途訓練。她以幸福的語氣告訴我，不但這個十二年前小姐式的女兒成了運動健將，其他的幾個孩子也都成了優秀生。當我把這些告訴了三妹。五妹，她們又抹了眼淚，並且把自己的孩子的情況講了一遍。在這裏，我發現這才是愛新覺羅的命運的真正變化。

我曾根據一九三七年修訂的「玉牒」和妹妹弟弟們提供的材料，做過一個統計。愛新覺羅氏醇王這一支從載字輩算起，嬰兒夭折和不成年的死亡率，在清末時是百分之三十四，民國時代是百分之十，解放後十年則是個零。如果把愛新覺羅全家的未成年的死亡率算一下，那就更令人觸目驚心。只算我曾祖父的後代，載字與溥字輩未成年的死亡率，男孩是百分之四十強，女孩是百分之五十弱，合計是百分之四十五。在夭亡人口中不足兩歲以下的又佔百分之五十八強。這就是說道光皇帝的後人每出生十個就有四個半夭折，其中大半又是不到兩歲就死了的。

我同七叔和妹妹們會見的時候，還沒有做這個統計，但是一聽到妹妹們屈起手指講述每個孩子迥異往昔的現況時，我不由得想起了因被我祖母疼愛以至於活活餓死的伯父，十七歲時就死了的大胞妹，不到兩歲就死了的三胞弟，以及我在玉牒上看到的那一連串「未有名」字樣（來不及起名就死了）。問題還不僅僅在於死亡與成長的數字上，即使每個孩子都長大，除了提鳥籠甚麼都不會，或者除了失學、失業就看不見甚麼別的前途，那比起短命來也沒甚麼更多的

意思。在民國時代，八旗子弟的命運大部分正是如此。長一輩的每
天除了提着鳥籠溜後門，就是一清早坐着喝茶，喝到中午吃飯時，
十個八個碟兒的蘿蔔條、豆腐乾擺譜，吃完飯和家裏人發威風，此
外再也不知道有甚麼好幹；晚一輩的除了請安、服侍長輩、照長輩
的樣子去仿效之外，也很少有知道再要學些甚麼的。到後來坐吃山
空，就業無能，或者有些才能的卻又就業無門，結果還是個走投無
路。這類事情我知道的不少，現在是全變了！我從這次會見中，深
刻地感受到我們下一代的命運，與前一代是如何的不同，他們受到
的待遇，實在是我從前所不敢企望的。在北京的一個弟弟和六個妹
妹，共有二十七個孩子，除了未達學齡的以外，都在學校裏唸書，最
大的已進了大學。我七叔那邊有十六個孫兒孫女和重孫兒重孫女：
二十八歲的長孫是水電站技術員；一個孫女是軍醫大學學生；一個
孫女參加過志願軍，立過三等功，已從朝鮮復員回來，轉入大學唸
書；一個孫女是解放軍的文藝工作者；其他的除了幼兒或在校。或
就業，沒有一個遊手好閒的。過去的走馬放鷹、提籠逛街的上代人
生活，在這一代人眼中成了笑話。

　　下一代人也有例外的命運，那是生活在另外一個社會裏的溥傑
的女兒。他有兩個女兒，那時跟她們的母親住在日本，最大的十八
歲。在我們這次跟親屬會見的九個月後，溥傑的妻子從日本寄來一
個悲痛的消息，這個大女兒因為戀愛問題跟一個男朋友一起自殺了。
後來我聽到種種傳說，不管怎麼傳說，我相信那男孩子跟我的姪女
一樣都是不幸的。在不同的時代和不同的社會裏，青年們的命運就
是如此不同。

　　從這年起，管理所就不斷來人探親。值得一說的是，頑固的「懷
疑派」老劉，看見了他的學藝術的女兒，並且看見了女兒帶來的女婿。

　　女兒對他說：「你還不相信，爸爸？我在藝術學院！這就是我的朋友！」他說：「我信了。」

　　女兒說：「你明白不明白，如果不是毛主席的領導，我能進藝術學院嗎？我能有今天的幸福嗎？」他說：「這也明白了！」

　　女兒說：「明白了，你就要好好地學習，好好地改造！」

　　老劉明白了的事情，老張也明白了。他因為兒子叫他先生，幾乎發了瘋。這時他女兒來看他，帶來了兒子的一封信，他把這封信幾乎給每個人都看了：

　　「爸爸：我現在明白了，我有過『左』的情緒。團組織給我的教育，同志們給我的批評，完全是對的，我不應該對您那樣……您學習中有甚麼困難？我想您學習中一定用得上金筆，我買了一支，托姐姐帶上……」

六、日本戰犯

　　六七月間，我和幾個同伴去瀋陽，出席軍事法庭，為審判日本戰犯向法庭作證。

　　從報上知道，在中國共關押了一千多名日本戰犯，一部分在撫順，一部分在太原，都是日本帝國主義侵華戰爭時期中的犯罪分子。一九五六年的六月和七月，有四十五名分別在太原和瀋陽判了徒刑，其餘都受到了免訴處理，由中國紅十字會協助他們回了國。在瀋陽審判的是押在撫順的戰犯，兩批審判共三十六名。有的是我在偽滿時即已知名，有的是在撫順管理所的大會講壇上看見過。前偽滿洲國總務廳次長古海忠之就是其中之一。他和偽總務廳長官武部六藏是我和四名偽滿大臣作證的對方。古海是到庭的第一名被告人。他

後來被法庭判處徒刑十八年 [2]。

　　我走進這個審判侵略者的法庭的時候，忽然想起了朝鮮戰爭的勝利，想起了日內瓦談判的勝利，想起了建國以來的外交關係。如今，在中國的土地上審判日本戰犯，這更是歷史上從來沒有過的事情。

　　在志願軍和朝鮮人民軍一起打勝仗的日子，我那時只想到，我除了向中國人民認罪求恕外，別無其它出路。到這次審判日本戰犯時，出現在我心頭的已不是出路問題，而是遠遠超過了個人問題的民族自豪感！

　　不，我得到的還不只限於民族自豪感。我從這件巨大的事件中，想到了更多更多的問題。古海在宣判前的最後陳述中說了這樣的話：

　　「在東北全境，沒有一寸土地沒留下慘無人道的日本帝國主義者的暴行痕跡。帝國主義的罪行就是我的罪行。我深深認識到我是一個公然違反國際法和人道原則，對中國人民犯下了重大罪行的戰爭犯罪分子，我真心地向中國人民謝罪。對於我這樣一個令人難以容忍的犯罪分子，六年來，中國人民始終給我以人道主義待遇，同時給了我冷靜地認識自己的罪行的機會。由於這些，我才恢復了良心和理性。我知道了真正的人應該走的道路。我認為這是中國人民給我的，我不知道怎樣來感激中國人民。」

　　我到如今還記得，我在法庭上作證發言後，庭上叫他陳述意見時，他深深鞠了一個躬，流着淚說道：

　　「證人所說的完全是事實。」

　　這情景不由我不想起東京國際法庭。在那裏，日本戰犯通過他

2　古海忠之已於一九六三年二月提前釋放。

們的律師叫囂着，攻擊着證人，為着減輕罪罰，百般設法，掩蓋自己的罪行。而在這裏，不僅是古海，不僅是我的作證對方而是所有受到審判的戰犯全部認罪服刑。

關於日本戰犯，我的弟弟和妹夫們，特別是記性好的老萬，講它幾天也講不完。他們從檢舉認罪開始，便參加翻譯日本戰犯大量的認罪材料，大批日本戰犯遣送回國後，他們又協助管理所翻譯大量的日本來信。妹夫們釋放之後，這工作由溥傑和老邦幾個人擔任。從一九五六年起，我就不斷地零碎地從他們嘴裏聽到不少日本戰犯的故事。

有個日本戰犯，是前陸軍將官，在一九五四年檢察機關開始調查時，也許是由於他怕，也許是由於敵視，是從他嘴裏查不出多少東西的。甚至在大會上，受到他的部下官兵的指控時，他還沒放下自己的將官架子。但是這次在法庭上，他承認了指揮他的部隊在冀東地區和河南浚縣等地，進行過六次集體屠殺和平居民的罪行。例如，一九四二年十月，他屬下的一個聯隊，在潘家戴莊屠殺了一千二百八十多名居民、燒掉民房一千多間的罪行。他在法庭面前承認了所有這些事實。他被判處二十年徒刑之後，向記者說：「在進行判決時，我按照我過去的罪行來判斷，認為中國對我這樣悖逆人道、違反國際公法的人，當然要從嚴處斷，處以死刑。」他又說，在調查犯罪事實的時候，是非常正確而公正的，完全是用了他們在舊社會未曾見聞過的方法進行調查的。他說，儘管自己的罪惡沒有甚麼辯護餘地，可是法庭還是派了辯護人來，起訴書也是幾天前送交他的，他覺得這是對他的人格的尊重。說到犯罪，他說：「當我想到我曾經殺害過很多的中國人民，使他們的遺屬的生活遭到困難，而目前照顧我的正是被害者的親人，這時候我的心有如刀割一般。」

　　有個日本前大佐，受到了不起訴處分而被釋放。我的三妹夫曾翻過一封從日本的來信，是和這位大佐同船回國的一個戰犯寫的，信裏提到日本記者知道了這個大佐在監獄裏被他的部下（也是戰犯）追問過去的罪行時，很是惱怒，所以在船上訪問了他，希望他說點和別人不同的話，因為戰犯們對新中國的稱讚和感激，已經使某些記者早不耐煩了。他們從大佐的嘴裏並沒有得到希望得到的任何東西，記者問他：「你為甚麼還是說那些話？你現在還怕中國嗎？」他答：「我現在是坐在日本船上，對中國有甚麼怕的？我說的不過是事實罷了。」

　　三妹夫曾經擔任過病號室的組長，他遇見過一個住病號室的日本兵戰犯，他整天搗亂，不守監規，經常找護士和看守員的麻煩。到宣佈了釋放，開送別會的時候，他忽然哭了起來，當眾講出了自己的錯誤。還有個病號，雖然不像這個小兵那樣搗亂，也是根本不想認罪的。他得的是直腸癌，因病情惡化把他送到醫院裏去急救，動了兩次手術，做了人工肛門，而且醫生為他輸了自己的血，把他救活了。出院之後，他在一次大會上，當眾敘述了他過去如何殘殺和拷打中國人的罪行，又對照了中國人民在他病危中如何搶救了他。他在台上一面哭一面講，台下的人也一面哭一面聽……

　　有一天，我們平整場地、修建花壇，從院子裏的土坑裏挖出了一具白骨，頭骨上有一個彈孔。學過西醫的老元和老憲都判斷死者生前是一個少女。後來，老萬翻譯了一個日本戰犯的文章，這人是從前撫順監獄的典獄長，他描述了那時關押愛國志士時的地獄景象：那時這裏只有拷打聲、鐐銬聲、慘叫聲；那時這裏又臭又髒，冬天牆上一層冰，夏天到處是蚊蠅；那時每個囚犯每天只給一小碗高粱米，還要終日做苦役，許多人被打死、累死。他說：「現在這裏只有

唱歌聲、音樂聲、歡笑聲，如果有人走到圍牆外，決不會想到這裏是監獄；現在冬天有暖氣，夏天有紗窗，過去苦役工廠成了鍋爐房和麵包房，從前愛國志士受折磨的暗室現在成了醫務室的藥房，從前的倉庫現在修成了浴室，現在他們的人格受到尊重，他們每天可以學習，可以演奏樂器，可以繪畫，可以打球，誰會相信這裏是監獄？」他說：「現在中國正在建設給全人類帶來幸福的事業，讓我們走正當道路，不再犯罪，重新做人。」

　　在不少戰犯寫的文章中都說過，當他們被蘇聯送到中國來的時候，是恐懼的，是不服氣的，甚至是仇恨的。有的人和我的心理一樣，剛來的時候只會用自己的思想方法來推測，完全不理解為甚麼中國人民這樣對待他們。他們看到修建鍋爐房時，以為是蓋殺人房，看到修建醫務所、安裝醫療設備時，以為也像他們幹的那樣，要用俘虜做試驗。還有人把寬大和人道待遇看做是軟弱。有個憲兵，在剛從蘇聯押到中國時是被日本戰犯看做「日本好男子」的，終日大聲叫罵。所方找他談話，他側身站在所方幹部面前說：「我是蘇聯軍隊俘虜的，你們有甚麼資格來問我？」所方的人員對他說：「我們中國人民並沒有請你到中國來殺人，但是有權利來向你追究你的血債！現在沒資格說話的是你。你自己想想去吧。人到世界上來應該給人類做些有益的事，你做的甚麼呢？」他還以為要給他動刑，再給他一次逞硬的機會，可是就叫他這樣去了，再沒理他。不久，朝鮮戰場上中國人民志願軍勝利的消息接二連三地傳來了，他再也不鬧了，因為他知道了講道理的人並不是軟弱，而野蠻卻正是虛弱的表現。他變成了不聲不響，終於自己主動地講出了他的罪行。

　　日本戰犯這些故事流傳出來之前，日本戰犯的變化是幾乎人人皆知的。但我那時只顧考慮自己的問題，就像從前看報和看家信一

樣，無心認真去思索。其實從一九五四年前後起，日本戰犯們的變化就不斷地顯露出來。我不如從溥傑的殘缺的一九五五年日記裏抄些有關段落，藉以說明（方括弧中的話是我的注解）：

一月二十六日

晚間看日本戰犯演舞踊及音樂劇〔這是我們第一次看他們表演，以前是他們自演自看，他們這時已擁有一個相當規模的管弦樂隊。樂器是所方為他們籌辦的〕，都是取材我國人民解放軍如何愛護人民、反帝及國際主義精神，和反對原子戰爭的日本人民的奮鬥實例而成的。〔劇終後〕日本戰犯們不少聲淚俱下的表示反對美帝的原子能壟斷〔不少戰犯説到自己親人是死在原子彈之下的〕，並感謝我國人民政府之寬大政策。

`

白天仍是遊戲了一天（因為過「五一」節，連着兩天舉行娛樂慶祝活動），晚間看日本戰犯們的歌舞晚會，第六所的及第五所的前佐官級的戰犯，也都參加了表演，這是向來所無的事，使我深刻地感到「新社會把鬼變成人」——「白毛女」影片上的話。

五月五日

晚間看了（日本）戰犯們的演劇「原爆之子」，才演了一場，因為晚間院內太冷（這天忽然起了風），所方怕出演者及觀眾（演出者只有日本戰犯，觀眾是全體戰犯）受了涼，遂臨時中止，俟天氣好時再演（這個露天會場，是日本戰犯用了不過三四天，就建築起來的）。

五月六日

今晚看了「原爆之子」，……情節頗感動人……（這寫的是長崎受到戰爭慘禍的故事）。

五月十五日

……參加亞洲會議的日本代表二十餘人到這裏參觀，其代表團長聲淚俱下地感謝了我國政府之對於戰犯們的人道待遇。戰犯代表也致答詞，聲言其改邪歸正今後誓為保衛和平而鬥爭的決心，戰犯們有很多人都感動得落下淚。所方並允許該代表團員與所認識的戰犯們會見。

六月十一日

終日看（日本）戰犯所舉行的運動會（這個運動場也是日本戰犯自己修的），其組織性並其創意工夫，是可以供我們作參考的（在運動會上，他們的啦啦隊很出色）。

七月四日

晚間看（日本）戰犯們的歌唱、音樂、舞蹈會。

大約是片山哲來了罷，至深夜仍聽到他們在歡呼拍掌。

回想了一下，就覺出了他們的變化是很明顯的。為甚麼這些身為囚犯的人變得那樣高興，那樣生氣勃勃？為甚麼在釋放之後，坐在興安丸上，還帶着管理所送他們的那套管弦樂器，流着淚向逝去的中國的海岸吹奏？為甚麼他們最愛唱「東京 —— 北京」？為甚麼連每個被判刑的人都在反復地說着：「我感激中國人民！」「我悔恨……」？

古海這樣說，罵過人的這樣說，耍過無賴的也這樣說。從日本來的信裏，常有這樣的話：「我從中國知道了應當怎樣活着」，「我認

識了人生」，「在我踏出人生的第一步時，對於祝福我的身心健康與我握手的所長先生，你那手上的溫暖是永不會失去的」

有幾個戰犯，從日本報紙、雜誌上知道美國軍隊佔領了他們的土地之後，出現了一種叫「胖胖女郎」的婦女職業，這是和我國解放前「吉普女郎」類似的現象，他們惱怒起來，罵那些女人不要臉。有人寫信給他的妻子，問她是不是也幹了這個。這封信經過檢查，被所方管教人員留下來，拿着找到他，十分耐心地說：「你再考慮考慮，這樣給妻子寫，合適不合適？不用說你問得毫無根據，即使有根據，你也要想一想，這是誰的罪過？難道要叫一個女人負責嗎？」這個戰犯聽了一聲不響，突然他把那封信團起來扔在地上，然後抱頭大哭起來。

是的，那些感激中國人民的人，不只是感激中國人民的寬大，他們更感激中國人民給他們認識了真理，明白了許多事情的真相。就像我認識了皇帝是怎麼回事似的，他們也明白了軍國主義的真相和日本的現實。他們回國之後來信談到了少年犯罪數字的驚人，談到了胖胖女郎的命運。在管理所放映過的日本電影《基地的兒童》、《戰火中的婦女》都是現實。塞班島的婦女在刺刀逼迫下走進海水，絕望的母親用雙手把自己剛出生的嬰兒舉到水面上，這些現實剛過去，美軍的基地出現了，美國坦克軋着他們的土地，美軍的飛機染污他們的天空，美國大兵姦污他們的婦女，……

一個回到農村的人，來信沉痛地說：「村中一部分青年變了，有當強盜的，有為了婦女問題而殺人的，有的參加了自衛隊，沉溺在酒和婦女的墮落生活中。到了夜晚，如不把門窗關好就不敢安然地入睡。文化方面是腐敗的，電影也是誨淫誨盜的多，還有從前時代的戲以及劍道柔道和射擊的遊戲。兒童做着殺人的遊戲，對父母的

吩咐也是不大聽從。物資應有盡有，可是窮人是沒錢買的……」

他們在中國認識到了真理，他們回去又看到了自己的祖國蒙受災難的真相，他們一明白了這些道理，就組織起來、行動起來了。他們到處講演，講新中國，講日本軍國主義的罪惡，反對復活軍國主義，要求獨立民主與和平。他們何以如此呢？他們受到許多的限制、監視，但是他們並不畏縮，他們有很多辦法對付那些限制。反動派不准他們演出中國的舞蹈，他們就把蒙古舞、扇舞、秧歌舞、紅綢舞教給職業歌舞伎座，於是中國的紅綢舞和秧歌舞傳遍了日本全國各地。他們何以有這些辦法呢？力量是哪裏來的呢？

從妹夫們零星的但是興奮的談話中，我知道了在日本發生的許多關於歸國戰犯們的故事，這些故事歸結出一個事實：他們到處受到日本人民的歡迎，他們把真理告訴了人民，人民支 持了他們。

有許多人來信敍述他如何被他的家人、親友、同鄉，以及團體、學校邀請去講他的監獄生活，講中國的事情。他們講了中國人民對日本人民的友情，講了強大起來的中國對戰爭是甚麼態度，中國人民的希望和理想是甚麼。對他的話，有人懷疑，有人採取保留態度，有人相信。但越來越多的是相信，是肯定，是對於回去的人的信任。對於回去的人，親美的反動統治者越不喜歡，人民却是越相信他……

他們一回國便出版了一本書：《三光政策》。那些親身參與了日本軍隊在中國暴行的人寫下了他們如何在中國土地上製造無人區，如何拿中國人民做細菌武器的試驗，如何把活人解剖，……這本書第一版五萬冊，在一個星期裏便賣光了！

有幾位前軍人、退伍的將軍們，聽了他們一位回國的舊同事談了幾年來的生活和感受後，默然良久，最後說：「憑了我們的良知和

對你的了解，我們相信你所說的每一句話。不過，這些話只能是在屋裏說。」

有一個村莊，在聽了剛從中國回去的這位同鄉說完以後，凡是有甚麼問題，人們總愛說：「找 ×× 去吧。他是我們村裏懂得最多的人。」

有一個村莊，他們的剛剛回來的同鄉不大愛說話，只是改變過去在家的習慣，鄉親們很詫異這個人為甚麼如今這樣和善，這樣愛幫助別人。當知道了這是在中國發生的變化以後，他成了村中更加有威信的人。

還有一個村莊，他們拿着「武運長久」的旗子，像歡迎凱旋的將軍似地歡迎回國的人。但是這個受歡迎的人，一下了火車，就向他的鄉親們發表了一篇沉痛的演講，結果人們明白了廣島的災難原因，都流下了眼淚，「武運長久」的旗子也跌落在地上了……

有一個母親，聽她被釋放回去的兒子講述了十多年來的生活之後，便問道：「北京在哪裏？」兒子告訴了她。她於是發現了褥墊放的不對頭，不應當讓雙腳朝着這個方向，便急忙把褥墊調動過來，叫頭朝着北京 —— 那裏是真理與希望。這是一個母親的希望。

許許多多的戰犯家屬 —— 他們許多都是樸實的勞動人民，或者具有良知的人。他們從前有不少人給中國政府寫過信，要求釋放他們的丈夫或兒子，說他們都是無罪的人。後來他們有人要求到中國來看他們的親人，他們來了，聽了親人們的講述，有的聽了中國人民在法庭上控訴的錄音，他們和監獄裏的親人一齊哭了，他們承認了監獄裡的人是有罪的，明白了他們是上了軍國主義的當。

日本戰犯的變化，猶如我的家族的變化一樣，給了我極大的震動。我從這些變化中看出了一個事實：共產黨人是以理服人的。

七、「世界上的光輝」

從一九五六年下半年起，經常有些外國記者和客人來訪問我，還有些外國人寫信給我，向我要照片。一九五七年二月，我接到從法國斯梯林 —— 溫德爾寄來的一封信，請求我在照片上簽字，信裏除了附來幾張我過去的照片外，還有一篇不知要做甚麼用的文章，文章全文如下：

監牢裏的中國皇帝

世界上的光輝是無意義的，這句話是對一個關在紅色中國的撫順監牢裏，等待判決的政治犯人的一生寫照。在孩童時期，他穿的是珍貴的衣料，然而現在卻穿着破舊的棉布衣服，在監牢的園子裏獨自散步。這個人的名字是：亨利溥儀。五十年前，他的誕生伴隨着奢華的節日的煙火，但是現在牢房卻成了他的住處。亨利在兩歲時做了中國的皇帝，但以後中國的六年內戰把他從皇帝寶座上推了下來。一九三二年對於這位「天子」來說，又成為一個重要的時期：日本人把他扶起來做滿洲國的皇帝。第二次世界大戰以後，人們再也沒有聽到關於他的甚麼事，一直到現在這張引人注意的照片報導他的悲慘的命運為止……

如果他早兩年寄來，或者還能換得我一些眼淚，但是他寄來的太晚了。我在回信中回答他說：「對不起，我不能同意你的見解。我不能在照片上簽字。」

不久前，在某些外國記者的訪問中，我遇過不少奇怪的問題，

例如：「作為清朝最末一位皇帝，你不覺得悲哀嗎？」「長期不審判你，你不覺得不公平嗎？這不令你感到驚奇嗎？」等等，這裏面似乎也包含着類似的同情聲調。我回答他們說，如果說到悲哀，我過去充當清朝皇帝和偽滿皇帝，那正是我的悲哀；如果說到驚奇，我受到這樣的寬大待遇，倒是很值得驚奇的。記者先生們對我的答案，似乎頗不理解。我想那位從法國寫信來的先生，看到了我的回答必然也有同感。

在我看來，世界上的光輝是甚麼呢？這是方素榮的那顆偉大的心，是台山堡那家農民的樸素語言，是在我們愛新覺羅下一代身上反映出來的巨大變化，是撫順礦山的瓦斯灶上的火苗，是工業學校裏的那些代替了日本設備的國產機床，是養老院裏老工人的晚年，……難道這些對我都是沒有意義的嗎？

難道我被寄予做個正經人的希望和信任，這是對我沒有意義的嗎？難道這不是最寶貴的審判嗎？

我相信，這不僅是我個人的心情，而是許多犯人共同的心情，甚至於是其中一些人早有的心情。事實上，這種爭取重新做人的願望與信念，正逐漸在日益增多的心中生長着（這時我們已經開始把改造當做是自己的事了），否則的話，一九五七年的新年就不會過得那樣與前不同。

我們每次逢年過節，在文娛活動方面，除了日常的球、棋、牌和每週看兩次的電影之外，照例要組織一次晚會，由幾個具有這方面才幹的人表演一些小節目，如偽滿將官老龍的戲法，小固的快板，老佑的清唱，溥傑的《蕭何月下追韓信》，蒙古人老正和老郭的蒙古歌曲，等等。溥傑偶爾也說一次自編的相聲，大家有時也來個大合唱。觀眾就是我們一所的這幾十個人，會場就在我們一所的甬道裏或者

小俱樂部裏。甬道裏從新年的前幾天就開始張燈結采，佈置得花花綠綠。有了這些，再加上年節豐盛的伙食和糖果零食，使大家過得很滿意。可是一九五七年這一次不行了，大家覺得別的全好，唯獨這個甬道晚會有點令人不能滿足；如果能像日本戰犯似的在禮堂裏組織一次大型晚會，那才過癮。離着新年還很遠，許多人就流露出了這種願望。到了該着手籌備過年的時候，一些年輕的學委們憋不住了，向所方提出了這個意思。所方表示，倘若有信心，辦個大型的也可以，並且說如果能辦起來，可以讓新調來的三、四兩所的蔣介石集團的戰犯做觀眾，把禮堂裝得滿滿的。學委們得到了這樣的答覆，告訴了各組，於是大家興高采烈地籌備起來了。

大家之所以高興，是因為都想過個痛快的新年，而所方之所以支持，是因為這是犯人們進行自我教育的成功的方法之一。學委會是首先接受了這個思想的。他們早從日本戰犯的演出得到了啟發。日本戰犯每次晚會除了一般的歌舞之外，必有一場戲劇演出，劇本大都是根據日本報刊上的材料自己編的。記得一出名叫《原爆之子》的戲，描寫的是蒙受原子彈災禍的日本人民的慘狀，這齣戲控訴了日本軍國主義給世界人民而且也給日本人民造下的罪行，演到末尾，台上台下是一片控訴聲和哭泣聲。學委會看出了日本戰犯們通過演戲的辦法，編劇者、演劇者和觀劇者達到了互相教育、互相幫助的效果，決心也要在這次晚會上演出一齣這樣的戲。學委會的計劃得到了許多人的擁護，他們很快就把戲的大概內容和劇名都想出來了。一共是兩齣戲，一齣名叫《侵略者的失敗》，內容寫的是英軍侵略埃及、遭到埃及人民的反擊而失敗的故事，這是一齣時事活報劇；另一齣是寫一個偽滿漢奸，從當漢奸到改造的經歷，這是一齣故事劇，名叫《從黑暗走向光明》。劇作家也有了，這就是溥傑和一個前江偽

政權的穆姓官員。事情一決定，他們便馬上寫起劇本來。

　　與劇本的創作同時進行的，是其他各項節目的準備工作。「幻術家」老龍的戲法向來最受歡迎，現在他對於以前玩的「帽子取蛋」、「吞乒乓球」之類的小戲法，覺得不過癮了，聲明要表演幾個驚人的大型戲法。蒙古人老正兄弟和老郭等人在準備蒙古歌舞。我們組的學習組長老初，一個前汪偽政權的外交官，是位音樂愛好者，他帶了一批人在練習合唱。還有一些人分頭準備相聲、快板、清唱等等傳統節目。這幾天最忙的是學委會主任老萬，他忙於排節目，找演員，計劃節日會場的佈置。會場佈置由小瑞負責，他是製作紙花和燈籠的巧手，在他的指導下，一些人用各色花紙做了燈籠、紙花以及張燈結采所必需的一切飾物。全場的照明設備由大李負責，他現在成了一名出色的電工。我的固佈也夠忙的，他除了做幻術家的助手之外，還要準備說相聲，參加練唱。在各方帶動之下，人人被捲入了籌備活動。

　　以前每次甬道裏的晚會，任何一項準備工作都沒有我的份。我不會說快板，也不會變戲法，別人也不找我去佈置會場。就是幫人家拿拿圖釘、遞個紙條，人家還嫌我礙事哩。在這次籌備工作中，我原先認為不會有人找我去添麻煩，萬沒料到，我們的組長老初竟發現我唱歌發音還過得去，把我編進了歌詠隊。我懷着感激之情，十分用心地唱熟了「東方紅」、「歌唱祖國」、「全世界人民心一條」。歌曲剛練熟，又來了一件出乎意外的事，學委會主任找我來了。

　　「溥儀，第一齣戲裏有個角色，由你扮演吧！並不太難，台詞不多，而且，這是文明戲，可以即興編詞，不太受約束。這件工作很有意義，這是自我教育，這……」

　　「不用說服啦，」我攔住了他，「只要你看我行，我就幹！」

「行！」老萬高興得張開大嘴，「你行！你一定行，你的嗓音特別洪亮！你……」

「過獎過獎！你就說我演甚麼戲吧？」

「《侵略者的失敗》── 這是劇名。英國侵略埃及，天怒人怨，這是根據報上的一段新聞編的。主角老潤，演外交大臣勞埃德。你演一個左派工黨議員。」

我到溥傑那裏了解了劇情，看了劇本，抄下了我的台詞，然後便去挑選戲裝。既然是扮演洋人，當然要穿洋裝。這類東西在管理所的保管室裏是不缺少的，因為許多人的洋裝都存在這裏。

我拿出了那套在東京法庭上穿過的藏青色西服，拿了襯衣。領帶等物，回到了監房。監房裏正空無一人，我獨自打扮了起來。剛換上了一件箭牌的白府綢襯衣，老元進來了，他嚇了一跳，怔了半晌才問我：

「你這是幹甚麼？」

我一半是由於興奮，一半是由於襯衣的領子太緊，一時說不出話來。

「我要演戲，」我喘吁吁地說，「來，幫我把馬甲後面的帶子鬆一鬆。」

他給我鬆了，可是前面的釦子還是繫不上，我才知道自己比從前胖了。那雙英國惠羅公司的皮鞋也夾腳，我懊惱地問老元：

「我演一個英國工党的議員，不換皮鞋行不行？」

「得啦吧！」老元說，「英國工黨議員還擦香水哩，難道還能穿棉靴頭嗎？不要緊，你穿一會兒也許就不緊了，這馬甲可以拾掇一下，你先去唸台詞吧。你也上台演戲，真是奇聞！哈哈！……」

我走到甬道裏，還聽見他的笑聲。但我很高興。我記着老萬告

訴我的話，這個演出是自我教育，也是一種互助。我這還是第一次
被放在幫助別人的地位，過去我可總是被人幫助的。原來我也和別
人一樣，有我的才能，在互助中能處於平等的地位呢。

　　我走到俱樂部，開始背誦抄來的台詞。從這一刻起，我無時不
在背誦我的台詞。老萬說的不錯，台詞很短，大概這是台上說話的
演員台詞中最少的一個了。按照劇情，演到最後，勞埃德在議會講
台上為他的侵略失敗做辯解時，一些反對黨的議員們紛紛起立提出
質問，後來羣起而攻之，這時我在人羣中起立，隨便駁他幾句，然
後要說出這麼幾句話：「勞埃德先生，請你不用再詭辯了，事實這就
是可恥，可恥，第三個還是可恥！」最後會議沸騰着怒罵聲，紛紛要
求勞埃德下台，我喊道：「滾下去！滾下去！」這個劇沒有甚麼複雜
情節，主要是會場辯論，從一個議員提出質問開始，到外交大臣被
轟下台，用不了十五分鐘。但是我為了那幾句台詞，費了大概幾十
倍的時間。我唯恐遺忘掉或說錯，辜負了別人的期望。從前我曾為
憂愁和恐懼攪得失眠、夢囈，現在我第一次因興奮和緊張而睡不着
覺了。

　　新年到了。當我走進了新年晚會會場時，我被那節日的氣氛和
漂亮的舞台完全吸引住了，忘掉了內心的緊張。五彩繽紛的裝飾和
巧奪天工的花朵，令人讚歎不止。燈光的裝置是純粹內行的章法，
舞台的楣幅上紅地白字「慶祝新年同樂晚會」，是藝術宋體，老萬的
手筆。布幕上的「今晚演出節目表」是最吸引人的：一、合唱，二、
獨唱，三、蒙古歌舞，四、相聲，五、快板，六、戲法，七、活報劇
《侵略者的失敗》，八、話劇《從黑暗走向光明》。一切都不比日本戰
犯的晚會遜色。看到坐在中間的蔣軍戰犯的竊竊私議和讚賞的神態，
我們這夥人也不禁高興地互相遞眼色。

擴音器裏送來了老萬的開場白，然後是合唱開始。一個個節目
演下去，會場上掌聲一陣接着一陣。輪到老龍的大型戲法，會場上
的情緒進入了高潮。《大變活人》演到最後，活人小固從空箱子裏鑽
了出來，笑聲和掌聲響成了一片。後來表演者從一個小紙盤裏拉出
無限多的彩帶，最後拉出一幅彩旗，現出了「爭取改造，重新做人」
這幾個大字時，歡呼聲、掌聲和口號聲響得令人擔心天花板會震下
來。這時我走進了後台，開始化裝。

會場休息片刻後，活報劇開場了。舞台上開始了關於蘇伊士運
河戰爭失敗的辯論。老潤扮的勞埃德像極了，他的鼻子本來就大，
這個議會裏所有的英國公民，只有他一個人最像英國人。他的表情
也很出色，惱恨、憂懼、無可奈何而又外示矜持，活活是個失敗的
外交大臣。我身旁坐着老元，他也是一位議員，對外交大臣做出很
不耐煩的樣子。我們工黨左派議員共有十幾個人，在舞台上佔據着
正面，舞台側面是保守黨議席，那裏的人較少，做出灰溜溜的樣子。
戲演了十多分鐘，老元悄悄地對我說（這姿勢是劇本裏要求的）：「你
別那麼楞着，來點動作！」我欠欠身，抬頭張望了一下台下，這時發
現那些觀眾們似乎對台上注意的不是勞埃德而是我這位左派議員，
我心慌起來。在合唱時觀眾還沒有人注意我，現在我成了視線的集
中目標了。我的鎮靜尚未恢復過來，老元碰了我一下子：「你說呀，
該你說幾句駁他了！」我慌忙站了起來，面對信口開河的老潤，一時
想不起台詞來了。正在緊張中，忽然情急智生，

我用英文連聲向他喊道：「NO！NO！NO！……」我這一喊，
果然把他的話打斷了，同時我也想起了下面的台詞，連忙接下去說：
「勞埃德先生，請你不用再詭辯了，」我一手叉腰，一手指着他：「事
實這就是可恥，可恥，第三個還是可恥！」接着，我聽見了台下一片

掌聲，台上一片「滾下去！滾下去！」的喊聲，外交大臣勞埃德倉皇失措地跑下台去了。

「你演得不錯！」老元下了台，第一個稱讚了我。「雖然慌了一點，還真不錯！」後來其他人也表示很滿意，對我的即興台詞笑個不住。還有人提起當年我拒絕會見曾與梅蘭芳先生合過影的瑞典王子的事，我也不禁哈哈大笑。

騷動着的會場逐漸平靜下來，話劇《從黑暗走向光明》開場了。

這齣戲的情節把人們引進了另外一個境界裏。第一場寫的是東北舊官僚吳奇節、卜世仁二人在東北淪陷時，搖身一變為大漢奸，第二場寫他們在日寇投降時正想勾搭國民黨，被蘇軍逮捕了，第三場是被押回國後，在改造中還玩一套欺騙手法，但是終於無效，最後在政府的教育和寬大政策的感召下，認了罪，接受了改造。劇本編得並不算高明，但是戰犯們對這個富有代表性的故事非常熟悉，每個人都可以從劇中人找到自己的影子，回憶起自己的過去，因此都被吸引住了，而且越看越覺得羞恥。戲裏有一段是漢奸強迫民工修神武天皇廟，大下巴看出這是他的故事，不禁喃喃地說：「演這丟人事幹甚麼？」演到漢奸們坐在一間會議室裏，給日本人出主意掠奪東北人民的糧食，做出諂媚姿態的時候，我聽到旁邊有人唉聲歎氣，說：「太醜了！」我感到最醜的還數不上這個劇中人物，而是在那個偽機關會議室裏的一個掛着布簾的木龕，那是偽滿當時每個機關裏不可少的東西，裏面供奉着所謂「御真影」——漢奸皇帝的相片。當劇中人入場後對它鞠躬時，我覺得世界上沒有比這更醜的東西了。

這齣戲演到最後一幕，政府人員出來向吳奇節、卜世仁講解了改造罪犯的政策時，會場上的情緒達到了整個晚會的最高峰，掌聲

和口號聲超過了以往我聽到的任何一次。這與其說是由於劇情，不如說是由於幾年來生活的感受，特別是由於最近從家屬來信、家屬會見、外出參觀、日本戰犯在中國法庭上認罪等等一系列事情上直接獲得的感受，今天一齊發生了作用。在震耳的口號聲和鼓掌聲中，還有被湮沒的哭泣聲。在我前面幾排處一個矮胖的人，低垂着白頭，兩肩抽搐着，這是和溥傑同組的老劉，那個不親眼看見女兒就不相信事實的人。在我後面哭得出了聲的是那個恢復了父親身份的老張，他的胸袋上的金筆正閃閃發光。

晚會上出現的激動情緒，充分地說明了這個世界對我們存在着「光輝」，而且是越來越明亮的光輝。新年過去不久，有一批人得到了免訴處理，被釋放了。這一批共十三人，其中有我的三個侄子和大李。在熱烈的送別之後，我們又渡過了一個更歡騰的春節，我們又組織了更好的晚會（演出第二個自編的劇碼《兩個時代的春節》，這個劇描寫的是一個東北村莊在偽滿與解放後不同的景況）。春節過後，第二批四名犯人又得到了釋放，其中有我的兩個妹夫。在這時候，那位法國人却給我寫來了那封說甚麼「世界上的光輝」的信！

八、再次參觀

一九五七年下半年，我們再次出去參觀，這次參觀，我們到過瀋陽、鞍山、長春和哈爾濱四個城市，看了一個水庫工地（瀋陽大伙房），十八個工廠，六個學術單位和學校，三個醫院，兩個展覽館，一個體育宮。在哈爾濱訪問了受過日本七三一細菌部隊災害的平房區，晉謁了東北烈士館。這次參觀我們獲得了比上次更加深刻的印象。我這裏只想說說其中的幾點觀感。

我們看到的企業，除了少數是日本人遺留下來的以外，大多數是新建的。日本人遺留下來的企業在接收時幾乎全是一堆破爛，像鞍鋼和瀋陽機床廠，就都經日本人和國民黨破壞過，到了人民政府手裏重新恢復、擴建，才成為今天這樣巨大的規模。許多見過那些舊日企業規模的偽大臣，都感到非常驚奇。使我最感驚奇的，是從許多新設備上看到了用中國文字寫的牌號、規格。我雖然沒有別人那樣多的閱歷，但是從前一提到機器，在心裏永遠是跟洋文聯繫着：MADE IN USA，MADE IN GERMANY，……現在，我看到了中國自己製造的成套裝備，而且這些企業的產品，就有一部分是要出口的。在那些產品上，赫然寫着：「中華人民共和國製造」。

在鞍山鋼鐵公司裏，我站在龐大的鋼鐵建築面前，簡直無法想像它是怎樣從一堆破爛中恢復和擴建起來的。然而這是事實。日本人在離開的時候說：「把鞍山給中國人種高粱去吧！要想恢復，平心靜氣地說，要二十年！」中國人在這裏沒有種高粱，三年時間，把它恢復起來了，而且達到了一百三十五萬噸的年產量，遠遠超過了偽滿時期的最高紀錄，又過了一個五年，年產量達到了五百三十五萬噸，等於從一九一七年日本在鞍山創辦昭和制鋼所起，一直到一九四七年國民黨最後撤走止，這三十一年的累計產量。

在參觀中，我看到了無數這類的例子。每個例子都向我說明：中國人站起來了。中國人不但在戰場上可以打勝仗，而且在經濟建設上一樣能打勝仗。如果不是我親眼看到這個事實，如果十年前向我做出這樣預言，不僅勸中國人種高粱的日本人不信，連我也不信。

在過去的四十年間，我根本忘掉了自己的國籍，忘掉了自己是中國人。我曾隨着日本人一起稱頌大和民族是最優秀的民族，我曾跟鄭孝胥一起幻想由「客卿」、「外力」來開發中國的資源，我曾與溥

傑多次慨歎中國人之愚蠢與白種人之聰明。我進了管理所,還不相信新中國能在世界上站得住。在朝鮮戰場上中朝人民軍隊打了勝仗,我不是覺得揚眉吐氣而是提心吊膽,擔心美國人會扔原子彈。我不明白,在聯合國講壇上,中國共產黨人何以敢於控訴美帝國主義,而不怕把事情鬧大。我不明白在板門店的談判桌上,朝中方面的代表何以敢於對美國人說:「從戰場上得不到的東西,休想從會議桌上得到。」總之,我患了嚴重的軟骨病。

美國在朝鮮停戰協定上簽了字,日內瓦會議上顯示出新中國在國際事務上的作用,這時我不由地想起了從鴉片戰爭以來的外交史,想起了西太后「量中華之物力,結與國之歡心"」的政策,想起了蔣介石勒令人民對帝國主義兇犯忍辱吞聲以表示「泱泱大國民風」的「訓示」。中國近代一〇九年的對外史,就是從我曾祖父道光帝到國民黨蔣介石的軟骨症的病歷。從一八七一年清朝為了天津教案事件正式派遣外交使節崇厚到法國去賠禮道歉起,到李鴻章去日本馬關,我父親去德國,以至北洋政府外交官參加巴黎和會,孔祥熙參加英王加冕典禮,哪一個不是去伺候洋人顏色的呢?

在那一〇九年間,那些帶着從大炮、鴉片一直到十字架和口香糖的自以為文明、高尚的人,他們到中國來,任意地燒、殺。搶、騙,把軍隊駐紮在京城、口岸、通都大邑、要道、要塞上,無一不把中國人看做奴隸、野人和靶子。他們在中國的日曆上,留下了數不清的「國恥紀念日」。他們和道光帝、西太后、奕劻、李鴻章、袁世凱、段祺瑞、蔣介石訂了成堆的變中國人為奴隸的條約。以致在近百年的外交關係史上,出現了各種恥辱的字眼:利益均沾、機會均等、門戶開放、最惠國待遇、租借地、關稅抵押、領事裁判權、駐軍權、築路權、採礦權、內河航行權、空運權……除此而外,他們得到的

還有傷驢一條賠美金百元，殺人一命償美金八十元，強姦中國婦女而不受中國法庭審判等等特權。

現在，那種屈辱的歷史是一去不復返了。中國人揚眉吐氣地站起來了，正滿懷信心地建設自己的祖國，讓一個個發出過恥笑聲的「洋人」閉上了嘴。

在長春第一汽車製造廠，我們聽到了一個小故事。汽車廠剛開始生產時，有個小學校的孩子們要來參觀。汽車廠打算派車去接，孩子們打電話來問是不是新造的車，廠方回答說，新造的是運貨卡車，坐着不舒服，準備派去的是進口的大轎車。孩子們表示了不同的看法，說：「進口轎車不如運貨卡車舒服，我們要坐祖國造的卡車！」

祖國，她在孩子們的心裏是如何崇高呵！而在我過去的心中，却四十多年一直沒個影子。作為一個中國人，今天無論是站在世界上，還是生活在自己的社會裏，都是最尊嚴的。關於別人日常怎麼樣地生活，我在過去（除了偽滿後期一段時間以外）對這問題總懷有好奇心。我有生第一次出去滿足這種好奇心，是到我父親的北府，第二次是借探病為名去看陳寶琛。我對他們的自由自在的生活很羨慕。後來我在天津，從西餐館和外國娛樂場所觀察過那些「高等華人」，覺得他們可能比我「自由」，但是不如我「尊貴」，我不太羨慕他們，但好奇心仍在。在偽滿，只顧擔憂，不大好奇了。回國之後，起初根本沒想過這類問題，別人如何生活，與我無關，後來我感到前途明亮起來，這個問題又對我有了現實性，所以在這次參觀中，我特別留心了這個問題。結果是，勾起了我無數回憶，心中起了無限感慨。

獲得印象最深的是在哈爾濱。哈爾濱兒童公園裏的兒童鐵道，使我想起了跟螞蟻打交道的童年。我從兒童醫院的嬰兒出生統計和保健情況上，看出了這在當年清朝皇族家庭中，也是不可企望的。

我坐在哈爾濱太陽島的條椅上，遙望江中的遊艇，聽着草地上男女青年們的手風琴聲和唱歌聲，想起了我前半生的歲月。我不但沒高興地唱過，就連坐在草上曬曬太陽的興致都沒有，更不用說是隨意地走走了。那時我擔心廚子賺我的菜錢，擔心日本人要我的命⋯⋯而這裏，一切都是無憂無慮的。在我前面幾丈遠的水濱上，有個青年畫家在專心致志地寫生。我們坐在他身後，一直就沒看見他回過一次頭。他的提包和備用的畫布都堆在條椅腳下，根本沒有人替他看管，他似乎很有把握地知道，決沒有人會拿走他的東西。這樣的事，在舊社會裏簡直不可想像，而在這裏却是個事實。

這也是一個事實：公園裏的電話亭裏，有一個小木箱，上面貼着一張寫着「每次四分，自投入箱」的紙條。

據一個同伴說，太陽島上從前有個俱樂部，上一次廁所都要給小費的。但是現在，家裏人來信說，你無論在哪個飯館、旅店、澡堂等等地方，如果給服務人員小費，那就會被服務員看做是對他們的侮辱。這也是事實。

在哈爾濱最後幾天的參觀，我從兩個地方看出了世界上兩類人的不同。一個地方是日本七三一細菌部隊造過孽的平房區，另一個地方是東北烈士館。

二次大戰後，日本出版了一本《七三一細菌部隊》，作者署名秋山浩，是七三一部隊的成員，寫的是他在部隊時，從一個角落上所看到的事情。據書上說，這是一座周圍四公里的建築群，主樓比日本丸之內大廈大四倍，裏面有三千名工作人員，養着數以萬計的老鼠，擁有所謂石井式孵育器四千五百百具，用鼠血繁殖着天文數字的跳蚤，每月生產鼠疫病菌三百公斤。「工廠」裏設有可容四五百百人的供試驗用的活人監獄，囚禁的人都是戰俘和抗日愛國的志士們，

有中國人，蘇聯人，也有蒙古人民共和國的公民。這些人不被稱為人，只是被他們叫做「木頭」。每年至少有六百人被折磨死在裏面，受到的試驗令人慘不忍聞：有的被剝得淨光，在輸進冷氣的櫃子裏受凍傷試驗，舉着凍掉了肌肉只剩下骨頭的手臂哆嗦着；有的像青蛙似地放在手術台上，被那些穿着潔白的工作服的人解剖着；有的被綁在柱子上，只穿一件小褲衩，忍受着細菌彈在面前爆炸；有的被餵得很肥壯，然後接受某種病菌的感染，如果不死，就再試驗，這樣一直到死掉為止……

那個作者在七三一部隊時聽說，培養這些病菌，威力可超過任何武器，可以殺掉一億人口，這是日本軍人引以自豪的。

在蘇聯紅軍進逼哈爾濱的時候，這個部隊為了消滅罪證，將遺下的幾百名囚犯一次全都毒死，打算燒成灰埋進一個大坑裏。由於這些劊子手過於心慌，大部分人沒有燒透，坑裏埋不下，於是又把半熟的屍體從坑裏扒出來，分出骨肉，把肉燒化，把人骨用粉碎機碾碎，然後又用炸藥把主建築炸毀。

不久以後，附近的村莊裏有人走過廢墟，看到一個破陶磁罐子裏盡是跳蚤。這人受到了跳蚤叮咬，萬沒想到，劊子手遺下的鼠疫菌已進到他的體內。於是這個村莊便發生了鼠疫。人民政府馬上派出了醫療大軍進行防治搶救，可是這個一百來戶的村子還是被奪去了一百四十二條性命。

這是我訪問的一個社員，勞動模範姜淑清親眼看到的血淋淋的事實。她給我們講了這個村子在偽滿時期受過的罪之後，說：「日本小鬼子投了降，繳了槍，人民政府帶着咱過上了好日子，有了地，給自個兒收下了莊稼，大夥高高興興地都說從這可好了，人民政府領導咱們就要過好日子了，誰知道小鬼子的壞心眼子還沒有使完，走

了還留下這一手！狠毒哪！」

「人活在世上，總應該做些對人類有益的事，才活得有意義，有把握。」

這是有一次所長說的話。這句話現在從我心底發出了響聲。製造鼠疫菌的「瘟神」們和供奉「瘟神」的奴僕們，原是同一類的人，同是為了私欲，使出了一切毒辣和卑鄙的手段，不惜讓成億人走進毀滅。然而，這是枉然的，沒有「把握」的。「瘟神」的最科學的武器並不萬能，最費心機的欺詐並不能蒙住別人的眼睛。被毀滅的不是人民，而是「瘟神」自己。「瘟神」的武器和它的供奉者沒留下來，留下來的是今天正在建設幸福生活的人民，包括曾住在離「瘟神」不過幾百米地方的金星農業社這個村莊。這真是活得最有「把握」的人。由於他們是同樣地有「把握」，所以姜大娘說的是台山堡劉大娘同樣的話：

「聽毛主席的話，好好學習，好好改造吧！」

無論是在姜大娘的乾淨明亮的小屋裏，還是農業社的寬闊的辦公室裏，我都有這樣一個感覺：金星社的社員們談到過去，是簡短的、緩慢的，但是一提到現在和未來，那氣氛就完全不同了。談到今天的收成，特別是他們的蔬菜生產，那真是又仔細，又生動。為了證明他們的話，社員們還領我們去看了他們的暖窖設備，看了新買來的生產資料——排灌機、載重汽車、各種各樣的化肥，看了新建的學校、衛生所和新架設的電線。當他們談到明年的計劃指標時，更是神采飛揚。社長說得很謹慎，他向我指着一排一排新建的瓦房說：「明年大秋之後，我想可能多蓋幾間。」他說到幾間時，我們誰也不相信那僅僅是三五間或十來間。

在我們離開這個村莊的時候，社員們搬來了整筐的黃瓜、小紅蘿蔔送給我們。「留下吧，這是咱社裏剛收的，東西不值錢，可是很

新鮮。」社長不顧我們的辭謝，硬把筐子送進我們的車裏。

　　我在車視窗凝視着逐漸遠去的金星社新建的瓦房頂，回想着金星社長說到的那幾句：「我想着……。」不知為甚麼，這句非常平凡的話，聽在耳朵裏，曾給我一種不同凡響的感覺。現在我明白了。這些曾被我輕視過的認為最沒文化的人，他們用自己的雙手勤勤懇懇地勞動着，他們做的事情是平凡而又偉大的，因為他們讓大地給人類生長出糧食和蔬菜瓜果；他們的理想也是平凡而又偉大的，因為他們要讓茅屋變成瓦房，以便讓人們生活得更加美好。而那些曾被我敬畏過、看做優秀民族代表的日本軍國主義者，他們掌握着近代的科學技術，幹的却是製造瘟疫。製造死亡的勾當，他們也有理想，這理想便是奴役和消滅掉被壓迫的民族。這兩種人，究竟是誰文明誰野蠻呢？

　　平房區「細菌工廠」遺留下的瓦礫，告訴了人們甚麼叫做醜惡，東北烈士館裏每一件烈士的遺物又告訴了人們甚麼叫做善良。這裏的每件陳列品都在告訴人們：它的主人當初為了人類最美好的理想，如何流盡了最後一滴鮮血，讓生命發出了最燦爛的光輝。無論是細菌工廠的殘磚爛鐵還是東北烈士館裏的血衣、遺墨，都是一面鏡子，從這面鏡子裏照出了我們這輩參觀者過去的醜陋形象。

　　東北烈士館是一座莊嚴的羅馬式建築，當初被偽滿哈爾濱警察署佔用過十四年。在那血腥的年代裏，這裏不知有多少骨頭最硬的中國人被審問、拷打、送上刑場。陳列在這裏的烈士照片和遺物，僅僅是極小的一部分。烈士館中每件實物和每件事蹟，所指出的具體時間和地點，都可以引起一件使我羞愧的回憶。事變發生的第三天 —— 一九三一年九月二十一日，中國共產黨滿洲省委召開緊急會議，號召東北的黨員和一切愛國士兵立即武裝起來，和敵人作鬥爭。

那個決議書和哈爾濱小戎街三號省委故居的照片，把我引回到二十多年前靜園的日子。為了挽救民族於危亡，東北人民在黨的領導下，不顧蔣介石的阻攔，自己起來戰鬥了，而我在靜園裏却加緊了賣國的罪惡活動。我想起了土肥原和板垣，鄭孝胥父子和羅振玉，湯崗子和旅順……

在講解人員介紹楊靖宇將軍的事蹟的時候，我又回憶起那幾次「巡幸」到東邊道 ── 楊靖宇、李紅光等將軍的抗聯第一軍活動地區 ── 的情形。我在那裏看見過長白山的頂峰，看見過朝霧和初昇的太陽。祖國的山野美景沒動我的心，引起我注意的倒是鐵路兩側的日本憲兵、偽滿國兵和警察。日本人辦的報紙上總在報導東邊道的「土匪」已剿淨，但是那次「巡幸」到這一帶，還是如臨大敵，惶惶不安。一直到最後逃亡到通化、大栗子溝，我還聽說這裏「不太平」。抗日聯軍在這一帶一直戰鬥到日本投降。最後被消滅的不是抗聯，而是自稱勝利者的日本皇軍。抗聯當時面對着強大的關東軍和裝備優越的偽滿國兵，處境的艱苦是難以想像的，但是從陳列的當時使用過的飯鍋、水壺、自製斧頭、磨得漆皮都沒有了的縫紉機等等生活用具上，我似乎看到了這些用具的主人的聲容笑貌 ── 這是我從龍鳳礦那位青年主任的臉上看見過的，是只有充滿着堅強信心的人才可能有的聲容笑貌。在一雙用樺樹皮做的鞋子面前，我似乎聽到了那種自信、高亢的聲調，唱出了那首流傳過的歌謠：

> 樺皮鞋，是國貨，自己原料自己做。野麻搓成上鞋繩，皮子就在樹上剝。樺皮鞋，不簡單，戰士穿上能爬山；時髦小姐買不到，有錢太太沒福穿。樺皮鞋，真正好，戰士穿上滿山跑，追得鬼子喪了膽，追得汽車嘟嘟叫！

　　日本人當初叫我「裁可」一批批的法令，然後據此施行了集家併屯、統制糧穀等等政策，封鎖了山區，用盡一切辦法去斷絕抗聯軍隊與外界的經濟聯繫。它也確實做到了這一點，甚至楊靖宇將軍和一部分部隊被包圍起來了，絕糧的情況是千真萬確的事實了，但是戰鬥還是在繼續着，繼續到日本人懷疑了自己所有的情報和所有的常識。為甚麼這些人沒有糧還在打？他們吃甚麼？楊靖宇將軍不幸犧牲了，日本人為了解開這個謎，破開了將軍的肚子，他們從這個堅強不屈的人的胃裏，找到的是草根、樹葉……

　　我記起了吉岡安直發出過的歎息：「共產軍，真是可怕！」在擁有飛機、坦克的日本皇軍眼裏，草根竟然是可怕的東西。

　　在楊靖宇將軍和他的戰友們歌唱着樺皮鞋，嚼着草根，對着那張舊地圖上展望着祖國大地未來的時候，我正在害着怕，怕日本人的拋棄，怕夜間的噩夢，我正吃煩了葷腥，終日打卦唸經……

　　楊靖宇將軍遺下的地圖、圖章、血衣和他小時候寫的作文本，在我的眼前模糊起來。在我身後 —— 我的同伴和日本戰犯們中間傳過來哭泣聲，聲音越來越響。參觀到趙一曼烈士遺像面前的時候，有人從行列中擠了出來，跪在烈士像前一面痛哭一面碰頭在地。

　　「我就是那個偽警署長……」

　　這是偽勤勞部大臣於鏡濤，他原先是這個哈爾濱的警察署長，趙一曼烈士當初就押在這個警察署，就是在這間陳列室裏受的審訊，而審訊者之中正有這個於鏡濤。

　　當年的審訊者，今天成了囚犯，受到了歷史的審判。不用說，應該哭的決不僅是於鏡濤一個人。

九、勞動與樂觀

經過這次參觀，我深信新社會的大門對我是敞開着的，問題就看我自己了。

我滿懷希望地邁進了一九五八年。這時我已經有了樂觀情緒。這種情緒最早的出現，是在一九五七年秋季抬煤的時候。

每年秋季，管理所就大量地運來煤炭，一部分準備冬季取暖，一部分製成煤磚供蔬菜溫室使用。我們冬季吃的青菜都是自己暖房生產的。

從前每次搬運煤炭和製作煤磚都用不着我們，我們從這年起才開始參加這項勞動。這時我的體質與往年大不相同了。在本組裏我和老王、蒙古族老正與一個偽將官年歲較小，凡是重活大都由我們四個人做，我因此得到了鍛煉，體質有了顯著的增強，從前的毛病已全部消失。在製作煤磚的勞動中，我擔任的是比較費力氣的抬煤工作。這天因為所長和一些幹部都來參加製作煤磚，大夥幹得特別起勁。臨完工，我和老憲又多抬了三滿筐。

交工具的時候，我聽見王看守員對一個同伴說：

「我看溥儀幹活是實在的。他不挑顯眼的幹。」

我和老憲放下煤筐，到樹杈上拿衣服穿，所長笑着問我：

「溥儀，你的肩膀行不行？」

我看看肩膀，回答說：「不痛不腫，只略有點紅。」

「你現在的飯量怎樣？」

「乾飯三大碗，大餃子可以吃三十多個。」

「不失眠了？」

「躺下就睡着，甚麼病也沒有了。」

　　在場的人不論是所方人員還是夥伴們，全衝我樂起來。顯然，這是和從前完全不同的笑聲。我覺得受譏笑的日子已成為過去了。

　　我這時在其他方面，也有了進步，例如學習《政治經濟學》和《歷史唯物主義》，並不像從前那樣吃力了，在自己的衣物整潔方面，跟別人的距離也大大縮小了。不過，我最有信心的還是勞動。只要不叫我做那些像紮紙花之類的細巧活，我的成績總是第一流的。即使是理論學習成績最好的人，都不免在這方面對我表示羨慕。

　　夥伴們的羨慕和我的信心的增長，與其說是由於勞動觀點的樹立，還不如說是由於社會上新出現的勞動風氣的啟示。從一九五七年末開始，我們就從報紙、家信以及所內人員的各種新動態上覺出了一種新風氣，好像人人都在爭着參加體力勞動，把體力勞動看做是最光榮的事。數以萬計的幹部上山下鄉了，學校裏增加了勞動課，出現了各式各樣的短期義務勞動的隊伍。在所裏，我們不但看到了幹部們做煤磚，而且看到所長和科長們在廚房裏洗菜、燒火，以及在甬道裏挑送飯菜。每天清晨，我們還沒起床，院子裏就傳來了木製車輪聲和車上的鎬、鍁撞擊聲。這種聲音告訴我們，所長和幹部們已經出門到後山開荒去了。這一切都在啟示我們說：在新社會裏，勞動是衡量人的一項標準，當然，在改造中更不能例外。

　　我忘記了是誰告訴過我，許多人都錯誤地把勞動看做是上帝對人類的懲罰，只有共產黨人才正確地把勞動看做是人類自己的權利。我當時對任何神佛都已喪失了興趣，看不出勞動和上帝有甚麼關係。我們每個人都能看出，勞動對於共產黨人來說，確實是一件很自然的事。記得有一次我們清除一堆垃圾，文質彬彬的李科員從這裏走過，順手拿起一把鐵鍁就幹起來，幹得比我們既輕快又麻利，而且一點不覺得多餘。

　　一九五八年，勞動之受到重視，勞動之成為熱潮，給我們的感受就更深了。我從北京的來信中，知道了許多新鮮事。從來悶在家裏不問外事的二妹，參加了街道上的活動，興高采烈地籌備着街道托兒所，準備幫助參加勞動的母親們看管孩子。在故宮裏工作的四妹參加了德勝門外修湖的義務勞動，被評為「五好」積極分子。三妹夫和三妹都參加了區政協的學習。老潤和區政協的老頭們參加了十三陵水庫工程的勞動，這些人的年齡加起來有七百六十六歲，工地上就稱他們為「七六六黃忠隊」，他因為一件先進經驗的創造而得到了表揚。五妹夫老萬和五妹，以自豪的口吻報導大兒子的消息，這個學地質的大學生參加了關於利用冰雪問題的科學研究工作，作為向自然進軍的尖兵，正在向祖國西北一座雪峰探險攀登。幾個侄子和大李都有了工作，在市郊農場做了生產小隊長。到處是勞動，到處是歡騰，到處是向自然進軍的戰鼓聲。人人都為了改變祖國的落後面貌的偉大歷史運動，貢獻出自己的一份力量。夥伴們收到的家信中反映的氣氛全是如此。後來，大家知道了毛主席和周總理以及部長們都參加了十三陵水庫的勞動，簡直就安靜不下來了，一致向所方和學委會提出，要求組織生產勞動。

　　所方滿足了大家的要求，先試辦了一個電動機工廠，製造小型電動機。後來因為這種生產很有前途，而我們一所的人力既弱又少，又轉交給三所、四所的蔣介石集團戰犯去辦，另給我們安排其它的勞動。這次的安排，是按照各人的體質和知識等條件，並且是從培養生產技能着眼的。我們共編成五個專業組，即畜牧組、食品加工組、園藝組、蔬菜與溫室組和醫務組。我和老元、老憲、老曲（偽滿四平省長）、老羅（偽滿駐外使節）五人被編入醫務組。我們的工作是每天掃除醫務室，承擔全部雜務和一部分醫務助理工作，邊做

邊學，另外每天有兩小時的醫學課程，在醫務室溫大夫的輔導下，自己讀書和集體討論。我的四個同學都當過醫生，三人複習西醫，老羅和我學的是中醫。此外，針灸是五人的共同課。分組勞動了一段時間，我又有了新的信心。

我初到醫務組時，醫務助理業務遠不如那四位同學。我製作外科用的棉球時，做得活像從舊棉絮裏揀出來的；我量血壓時，注意了看表就忘了聽聽診器，或者顧了聽又忘了看；我學習操縱血壓電療器械時，起先老是手忙腳亂，總弄不好。只有在幹雜活、用體力時，我比他們每人都強。後來，我下定決心非學好業務不可。大夫或護士教過了我，我再找同學們請教，同學們教過了，我獨自一人又不停地練習。這樣學了一段時間，醫務助理業務慢慢地弄會了。那時每天有個日本戰犯來電療，每次完畢之後，他總是向我深深一躬到地，並且說：「謝謝大夫先生。」我不禁高興地想，固然我的白罩衣和眼鏡可能引起了誤會，但是這也說明我的操作技術得到了患者的信任。第一個學程終了，溫大夫對我們進行了測驗，結果我和別人一樣地得了個滿分。

在試製電動機的時候，我曾遇到過很堵心的事。電動機的生產分組名單，是學委會提出的。自老萬、小瑞等人釋放後，大家新選了前偽滿總務廳次長老韋、溥傑、老王和兩個偽將官為委員，老韋為主委。凡是帶技術性的工作，這個學委會都不給我做，帶危險性的也不給我做，纏線圈怕我纏壞，鑄鐵怕我出事故，結果只把一項最簡單的工作交給我，讓我跟幾個老頭搗焦炭——把大塊焦炭搗成小塊。我把這看做是對我的輕視，交涉幾次都沒結果。現在，我把醫務助理業務學得跟別人一樣了，連那個治高血壓的日本人都把我誤認成大夫，第一次測驗又得了個滿分，相信自己並不十分笨，這樣

地學下去，自信必能學得一技之長，沒有四百六十八件珍寶，自信照樣能生活。

有一天，我要求見所長。這時老所長已經調了工作，這裏成了他兼管的單位，不常來上班，接見我的是一位姓金的副所長。這位年輕的副所長精通日文，原是專管日本戰犯的，日本戰犯大批遣送回國後，他照顧了全所的工作。我對他說：

「我交出的那批首飾，政府應該正式收下來了。存條我也早丟掉了。」

我以為副所長對這件事的過程未必清楚，想從頭再說一遍，不料他立刻笑着說：「這件事我知道。怎麼，你已經有了自食其力的信心了？」

這天，我用了一整天的時間講了四百六十八件珍寶（這些東西後來進了陳列室）的每件的來歷，由一位文書人員做了記錄。完成了這件工作，我走到院子裏，渾身輕鬆地想：

「副所長的那句話，無疑的是一句寶貴的鑒定。看來，我進步的不錯吧？快到了做個正經人的那天了吧？」

十、考驗

我的自我估計，又過高了。我遇到了考驗。

全國各個生產戰線上都出現了大躍進的形勢，所方在這時向我們提出，為了讓思想跟上形勢，加緊進行學習改造，有必要進行一次思想檢查，清除思想前進途中的障礙。辦法是在學習會上每人談談幾年來思想認識上的變化，談談還有些甚麼問題弄不通。別人可以幫助分析，也可以提出問題要本人講清楚。在輪到我的時候，發生了問題。

我談了過去的思想，談了對許多問題的看法的變化，在徵求意見時，有人問我：

「像我們這樣出身的人，跟日本帝國主義的關係是深遠的，在思想感情上還可能有些藕斷絲連。你跟日本人的關係不比我們淺，別人都談到了這個問題，你怎麼一點沒談？難道你就沒有嗎？」

「我對日本人只有痛恨，沒甚麼感情可言，我跟你們不一樣。」

我的話引起了很多人的反感。有人說：「你為甚麼這樣不虛心？你是不是還以為比人高一等？」有人說：「你現在是甚麼感情？難道你比誰都進步？」有的人舉出許多過去的例子，如我去日本作的詩，我扶日本皇太后上台階等等，說明我當時比誰都感激日本人，現在卻全不承認，令人難以置信。我回答說，我過去與日本人是互相利用，根本不是有感情；我並非看不起在座的人，只是直話直說。這番解釋，並沒有人同意。後來，當我談到逃亡大栗子溝心中懼怕的情形，有人問我：

「日本人要送你去東京，先給你匯走了三億日圓準備着，你不感激日本帝國主義嗎？」

「三億日圓？」我詫異起來，「我不知道甚麼三億日圓！」

其實，這不是一件多大的問題。日本關東軍從偽滿國庫裏提走了最後的準備金，對外宣稱是給「滿洲國皇帝」運到日本去的。這筆錢我連一分錢都沒看見過，別人都知道這件事，並不當做我的罪行，不過是想了解一下我當時的思想感情而已。我如果能夠冷靜地回憶一下，或者虛心地向別人打聽一下，我會想起來的，但是我並沒有這樣做，而是非常自信、非常堅決地宣稱：「我根本不知道這回事！」

「不知道？」許多知道這回事的人都叫起來了，「這是張景惠和武部六藏經手的事，張景惠這才死，你就不認賬啦？」又有人問我：

「你在認罪時難道沒寫這事嗎？」我說沒有，他們就更驚異了：「這件事誰不知道呀！」「這可不是三百三千，這是三億呀！」

到了晚上，我這才認真地回憶了一下。這一想，我忽然想起來了。在大栗子溝時，熙洽和我說過，關東軍把偽滿銀行的黃金全弄走了，說是給我去日本準備日後生活用的。這一定就是那三億日元了。那時我正擔心生命的危險，竟沒把這回事放在心裏。第二天，我又向別人問過，確實是這回事，因此在小組會上向大家說了。

「你從前為甚麼隱瞞呢？」幾個人一齊問。

「誰隱瞞？我本來就是忘了！」

「現在還說忘了？」

「現在想起來了。」

「怎麼從前想不起來？」

「忘了就是忘了！不是也有忘事的時候嗎？」

這一句話，引起了難以應付的議論：

「時間越久越記得起，越近倒越忘，這真奇怪。」「原來明明是有顧慮，却不敢承認。」「毫無認錯的勇氣，怎麼改造？」「沒有人相信你的話。政府保險再不上你的當。」「你太喜歡狡辯了，太愛撒謊了！」「這樣不老實的人，能改造嗎？」……

我越辯論，大家越不信，我想這可麻煩了，人人都認為我在堅持錯誤，堅持說謊了，如果反映到所方去，眾口一詞，所方還能相信我說的嗎？腦子裏這樣一想，活像有了鬼似的，馬上昏了頭。我本來沒有他們所說的顧慮，現在却真的有了顧慮。「以曾子之賢，曾母之信，而三人疑之，則慈母不能信也！」想起這個故事，我失掉了所有的勇氣，於是我的舊病發作了 —— 只要能安全地逃過這個難關，甚麼原則都不要了。不是檢討一下就可以混過去嗎？好，我承認：我

從前是由於顧慮到政府懲辦，沒有敢交代，現在經大家一說，這才沒有顧慮了。

三億元的事固然是真的忘了，然而在這個問題上，卻正好把我靈魂深處的東西暴露了出來。

以後小組裏再沒有人對我的問題發生興趣了，可是我自己卻無法從腦子裏把這件事拋開。我越想越不安，覺得事情越糟。明明是忘了，卻給說成是隱瞞；我害怕政府說我不老實，偏偏又不老實，說了假話。這件事成了我的心病，我又自作自受地遇到了折磨。

在從前，我心中充滿了疑懼，把所方人員每件舉動都看成包含敵意的時候，我總被死刑的恐懼所折磨。現在，我明白了政府不但不想叫我死，而且扶植我做人，我心中充滿了希望，不想又遇到了另一種折磨。越是受到所方人員的鼓勵，這種折磨越是厲害。

有一天，看守員告訴我，所長找我去談話。我當時以為一定是問我那三億日元的事。我估計所長可能很惱火，惱我受到如此待遇，卻仍舊隱瞞罪行不說。如果是這樣，我真不知怎樣辦才好。但同時也另有一種可能，就是所長會高興，認為我承認了錯誤，做了檢討，說不定因此稱讚我幾句。如果是這樣，那就比罵我一頓還難受。我心裏這樣搗了一陣鬼，等進了所長的接待室，才知道所長談的完全是另外一件事。

然而由於這次見所長的結果，卻使我陷進了更深的苦悶中。

老所長已經許多日子不見了。這次他是陪着另一位首長來的。他們問過我的學習和勞動情況後，又問起我關於除四害的活動情形。

所長說，他聽說我在捕蠅方面有了進步，完成了任務，不知在這次開展的捕鼠運動中有甚麼成績。我說還沒有訂計劃，不過我想我們組裏每人至少可以消滅一隻。

「你呢?」坐在所長旁邊的那位首長問。我這才認出來,原來這是在哈爾濱時,問我為甚麼對日本鬼子的屠殺不提抗議的那位首長,不禁有些心慌。沒等我回答,他又問:「你現在還沒開『殺戒』嗎?」說罷,他大笑起來。笑聲衝散了我的慌亂情緒,我回答說,我早沒那些想法了,這次打算在捕鼠運動中一定消滅一隻老鼠。

「你的計劃太保守了!」他搖頭說,「現在連小學生訂的計劃都不只每人一隻。」

「我可以爭取消滅兩隻。」我認真地說。

這時所長介面說,不給我訂指標,我可以儘量去做。談到這裏,就叫我回來了。

從所長那裏回來,我心頭有了一種沉重感。這倒不是因為對平生未試過的捕鼠任務感到為難,而是我由這次談話聯想起許多事情。我想起不久前的一次消滅蚊蠅運動中,所方特意檢查過我的計劃,我想起了由於學會了洗衣服而受到了所長的鼓勵,……所方在每件事情上對我一點一滴地下功夫,無非是為了我「做人」。可是,我却又騙了一次人,我想,即使捉到一百隻老鼠,也不能抵消我的錯誤。

剛下班的江看守員見我在俱樂部裏獨自發呆,問我是不是有了捕鼠辦法,並且說他可以幫助我做個捕鼠器。老實說,我不但沒辦法捉老鼠,就連老鼠藏在哪兒全不懂。我巴不得地接受了他的幫助。在跟他學做捕鼠器的時候,我剛放下的心事又被勾起來了。

我們一邊做捕鼠器,一邊聊起天來。江看守員從捉老鼠說起了他的幼年生活。我無意間知道了他的少年時代的悲慘境遇。我完全想不到這個平素非常安靜、待人非常和氣的青年,原來在偽滿時期受了那麼大的罪。他是「集家併屯」政策的典型犧牲者。由於連續三次集家併屯,寒天住在窩舖裏,他全家感染上傷寒,弟兄八個,死得

只剩下了他一個。死掉的那七個弟弟，全是光着身子埋掉的。

我們把捕鼠器具做好，他的故事也斷了。他領着我去找鼠洞，我默默地跟着他，想着這個被偽滿政權奪去七個兄弟生命的青年，何以今天能這樣心平氣和地幫我捉老鼠？這裏所有的看守員都是這樣和氣，他們過去的境遇又是怎樣的？後來，我忍不住地問他：

「王看守員和劉看守員，都在偽滿受過罪嗎？」

「那時候誰不受罪？」他說，」王看守員給抓了三次勞工，劉看守員被逼得無路可走，投了抗日聯軍。」

我現在明白了，不用問，東北籍的所方人員在偽滿時期全是受過罪的。

我按着他的指導，果然完成了任務，而且是超額兩倍。王看守員和劉看守員聽說我捉住了老鼠，都像發現了奇跡似地來看我的「俘虜」，都稱讚我有了進步。聽着他們的稱讚，我心裏很不受用。這些在偽滿時期受夠了罪的人，把我的「進步」看得這樣重要，而我卻仍在騙着他們！

我每天照常到醫務室工作，照常打掃屋子，給病人量血壓，施行電療，學習中醫，那個矮個子日本戰犯照常每天向我鞠躬。可是我聽不清他的話了，《中醫概論》變得難解起來了，給人量血壓時常常要反覆幾次。妹妹和妹夫們來信繼續告訴了他們的新成就，屢次向我表示祝願，盼望我早日改造好，與他們共用幸福生活。這些話現在聽來好像都成了責備。

秋天來了，我們像去年一樣突擊製作煤磚，副所長和幹部們又一齊動手給溫室準備過冬燃料。我儘量多抬煤，卻儘量不想讓所長看見，怕聽到他的誇獎。這時如果聽到了誇獎是比挨罵還要難受的。

有一天，到了施行電療的時間，我忙一些別的事，晚到了一步，

已經有兩個人等在那裏了。其中一個是那個每次鞠躬的日本人。我知道他是每次先來的，就讓他先做。出乎我的意料，他却向另外那個做了個手勢，同時說了一句中國話：

「您請，我不忙。」

「按次序，你先來的。」被他推讓的那個蔣介石集團的戰犯說。

「不客氣，我不忙。我可以多坐一會兒。」他又像解釋似地加了一句：「我就要釋放了。」我這還是頭一次知道他會說這樣好的中國話。我給那個蔣介石集團的戰犯弄着器械，一邊瞟了那日本人幾眼。只見他面容嚴肅地望着對面的牆壁。過了一會兒，他的視線又移向天花板。

「這間屋子，偽滿時候是刑訊室的一間，」他用低低的聲音說，聽不出他是自言自語，還是跟人說話，「不知有多少愛國的中國人，在這裏受過刑呵！」

過了一會兒，他又指指屋頂說：

「那時候，這上面吊着鐵鍊。牆上都是血。」他環視着牆壁，目光最後停在玻璃櫃上。靜默了一會兒又說，「中國的先生們修理這間屋子的時候，我們還以為是恢復刑訊室，報復我們，後來看見穿白衣服的大夫先生，又以為是要拿我們做解剖試驗。誰知道，是給我們治病的醫務室……」

他的聲音哽咽起來。

蔣介石集團的戰犯病號療完走了，我讓這日本人電療。他恭恭敬敬地站立着說：

「我不用了。我是來看看這間屋子。我沒有見到溫大夫，請您轉告他，我沒有資格向他致謝，我是替我的母親謝謝他。謝謝您，大夫先生。」

「我不是大夫，我是溥儀。」

也不知他聽見了沒有，只見他鞠完躬，彎身退出了房門。

我覺着再也支持不下去了。無論所方如何難於理解，我也要把我的假話更正過來。正在這時，老所長到管理所來了，要找我談話。

我推開了接待室的門。書桌後是那個熟悉的頭髮花白的人。他正看着一堆材料，叫我先坐下。過了一會兒，他合上材料，抬起頭來。

「你們小組的記錄我看了。怎樣？你最近思想上有甚麼問題沒有？」

事到臨頭，我又猶豫起來了。我望望那些小組記錄材料，想起了眾口一詞的小組會，我不禁想：他聽了我一個人的話，總是不相信的，我說了真話，有甚麼好處？不過，我又怎麼好再騙人呢？

「你說說吧，這次小組會開的怎樣？」

「很好。」我說，「這是系統的總結思想，結論都是正確的。」

「嗯？」所長揚起了眉毛，「詳細說說好不好？」

我覺得自己喘氣都不自然了。

「我說的是真話，」我說，「說我有過顧慮，這結論很對，只是個別例子……」

「為甚麼不說下去？你知道，我是很想多了解一下你的思想情況的。」

我覺得再不能不說了。我一口氣把事情的經過說完，心裏怦怦地跳個不停。老所長十分注意地聽着。聽完，他問道：

「這有甚麼難說的？你是怎樣想的？」

「我怕眾口一詞……」

「只要你說的是實話，怕甚麼呢？」所長神色十分嚴肅，「難道政府就不能進行調查研究，不能做出自己的分析判斷嗎？你還不夠

明白，做人就是要有勇氣的。要有勇氣說老實話。」

我流下了眼淚。我沒料到在他的眼裏，一切都是這樣清楚。我還有甚麼說的呢？

十一、特赦

中國共產黨中央委員會的建議全國人民代表大會常務委員會：

中國共產黨中央委員會向全國人民代表大會常務委員會建議：在慶祝偉大的中華人民共和國成立十周年的時候，特赦一批確實已經改惡從善的戰爭罪犯、反革命罪犯和普通刑事罪犯。

我國的社會主義革命和社會主義建設已經取得了偉大勝利。我們的祖國欣欣向榮，生產建設蓬勃發展，人民生活日益改善。人民民主專政的政權空前鞏固和強大。全國人民的政治覺悟和組織程度空前提高。國家的政治經濟情況極為良好。黨和人民政府對反革命分子和其他罪犯實行的懲辦和寬大相結合、勞動改造和思想教育相結合的政策，已經獲得偉大的成績。在押各種罪犯中的多數已經得到不同程度的改造，有不少人確實已經改惡從善。根據這種情況，中國共產黨中央委員會認為，在慶祝偉大的中華人民共和國成立十周年的時候，對於一批確實已經改惡從善的戰爭罪犯、反革命罪犯和普通刑事罪犯，宣佈實行特赦是適宜的。採取這個措施，將更有利於化消極因素為積極因素，對於這些罪犯和其他在押罪犯的繼續改造，都有

重大的教育作用。這將使他們感到在我們偉大的社會主義
制度下，只要改惡從善，都有自己的前途。

　　中國共產黨中央委員會提請全國人民代表大會常務委
員會考慮上述建議，並且作出相應的決議。

中國共產黨中央委員會主席

毛澤東

一九五九年九月十四日

　　毛主席的建議和劉主席的特赦令所引起的歡騰景象，我至今是
難忘的。

　　廣播員的最後一句話說完，廣播器前先是一陣短暫的沉寂，然
後是一陣歡呼、口號和鼓掌所造成的爆炸聲，好像是一萬掛鞭同時
點燃，響成一片，持久不停。

　　從九月十八日清晨這一刻起，全所的人就安靜不下來了。

　　戰犯們議論紛紛。有的說黨和政府永遠是說一是一，說二是
二。有的說，這下子可有奔頭了。有的說，奔不了多久，出去的日
子就到了。有的說，總要分批特赦，有先有後。有的說，也許是全
體一齊出去。有的說，第一批裏一定有某某、某某……。然而更多
的人都明白，特赦與否是看改惡從善的表現的，因此不少人對最近
以來自己的鬆懈傾向，有些後悔。同時也有的人口頭上「謙虛」地
說自己不夠標準，暗地裏卻悄悄整理衣物，燒掉廢筆記本，扔掉了
破襪子。

　　休息的時候，院子裏人聲嘈雜。我聽見老元對老憲說：「頭一批
會有誰呢？」

　　「這次學習成績評比得獎的沒問題吧？你很可能。」

「我不行。我看你行。」

「我嗎？如果我出去，一定到北京給你們寄點北京土產來。我可真想吃北京蜜棗。」

在院子裏的另一頭傳來了大下巴的聲音：

「要放都放，要不放就都別放！」

「你是自己沒信心，」有人對他說，「怕把你剩下！」

「剩我？」大下巴又紅了眼睛，「除非剩下溥儀，要不剩他就不會剩我。」

他說的不錯，連我自己也是這樣看的。大概是第二天，副所長問我對特赦的想法，我說：「我想我只能是最後一個，如果我還能改好的話。但是我一定努力。」

特赦釋放，對一般囚犯說來，意味着和父母子女的團聚，但這却與我無太大的關係。我母親早已去世，父親歿於一九五一年，最後一個妻子也於一九五六年跟我辦了離婚手續。即使這些人仍在，他們又有誰能像這裏的人那樣了解我呢？把我從前所有認識的人都算上，有誰能像這裏似的，能把做人的道理告訴我呢？如果說，釋放就是獲得自由和「陽光」，那麼我要說，我正是在這裏獲得了真理的陽光，得到了認識世界的自由。

特赦對我說來，就是得到了做人的資格，開始了真正有意義的新生活。

在不久以前，我剛接到老萬一封信，那信中說他的學地質的兒子，一個大學的登山隊隊長，和同學們在征服了祁連山的雪峰之後到了西藏，正巧碰上了農奴主的叛亂，他和同學們立即同農奴們站在一起，進行了戰鬥。叛亂平息後，他又和同學們向新的雪峰前進了。在老萬的充滿自豪和幸福的來信中，屢次談到他的孩子是生長

在今天，幸而不是那個值得詛咒的舊時代。今天的時代，給他的孩子鋪開了無限光明的前程。如果不是這樣的時代，他不會有這樣的兒子，他自己也不會有今天，他如今被安排到一個編譯工作部門做翻譯工作，成了一名工作人員，一名社會主義事業的建設者，和每個真正的中國人一樣了。他祝願我早日能和他一同享受這種從前所不知道的幸福。他相信，這正是我日夜所嚮往的。……

特赦令頒佈的一個月後，我們一所和七所的人一同又外出參觀。我們又一次到了大伙房水庫。上次一九五七年我們來看大伙房水庫時，只看到一望無際的人羣，活動在山谷間，那時，我們從桌子上的模型上知道它將蓄水二十一·一億公方，可以防護千年一遇的洪水（一萬〇七百秒公方），同時還可灌溉八萬頃土地。我們這次參觀時，已是完工了一年的偉大傑作 —— 一座展開在我們面前的浩瀚的人造海，一條高出地面四十八米、頂寬八米、底寬三百三十米、長達一千三百六十七米的大壩。日本戰犯、偽滿總務廳次長古海忠之這次參觀回來，在俱樂部大廳裏向全體戰犯發表他的感想時，他說了這樣一段話：

「站在大伙房水庫的堤壩上四面眺望，我感覺到的是雄偉。美麗、和平，我還深深地感到這是與自然界作鬥爭的勝利，這是正在繼續戰勝自然的中國人民的自豪和喜悅。……看到這樣的水庫，使我腦海裏回憶起來，在偽滿時代當總務廳主計處長、經濟部次長、總務廳次長等職務時，站在水豐水庫堤壩上眺望的往事；那時也認為是對大自然作鬥爭，認為能做這樣世界上大工程的在亞洲只有日本人，而感到驕傲；蔑視中國人是絕對不可辦到的（那時，為了準備戰爭非做不可的工作很多，在勞力方面雖強迫徵用仍感不足，材料也沒有，這個大伙房水庫計劃就打消了）。中國工人衣服破爛不堪，

我認為自己和這些人比，完全是另一種人；我以『偉大的、聰明的、高尚的』人的姿態，傲慢地看着他們。」

「在大伙房水庫勞動着的人們，由於他們充滿了希望，有着沖天的幹勁，忘我的勞動，蓬勃的朝氣，眉宇間顯示出無比的自豪和喜悅。站在小高堤的一角眺望着的我，就是對中國人民犯下嚴重罪行的戰爭罪犯。哪一方面是對的呢？……」

一邊站的是「眉宇間顯示出無比的自豪和喜悅」的中國人民，一邊站的是犯下嚴重罪行的戰犯。我心裏嚮往的就是脫離了後一邊，丟掉這一邊的身份，站到前一邊，即「對的」那一邊來。這是我經過十年來的思索，找出的唯一道路。

十年來的經歷和學習，使我弄清了根本的是非。這十年間，抗美援朝的勝利，日本戰犯的認罪，中國在外交上的勝利和國際聲譽的空前提高，國家、社會、民族的變化，包括我的家族以及往最小處說，例如我自己體質上的變化，這一切奇跡都是在共產黨—— 十年以前我對它只有成見、敵意和恐懼—— 的領導下發生的。這十年來的事實以及一百多年的歷史，對我說明：決定歷史命運的，正是我原先最看不起的人民；我在前半生走向毀滅是必然的，我從前恃靠的帝國主義和北洋反動勢力的崩潰也是必然的。我明白了從前陳寶琛、鄭孝胥、吉岡安直以及神仙菩薩所不能告訴我的所謂命運，究竟是甚麼，這就是老老實實做一個自食其力、有益於人類的人。和人民的命運聯結在一起的命運，才是最好的命運。

「哪一方面是對的，便站到哪一方面去。」

這是需要勇氣的。特赦令給我鼓起了勇氣。而且對每個人都一樣。

我們學習、勞動更起勁了。許多人等待着下次的學習評比。食

品加工組做出的豆腐又白又嫩，畜牧組的豬餵得更上膘了，我們醫務組消除了任何差誤，甚至連大下巴也老實起來，沒跟人吵過嘴。

　　又一個多月過去了。一天晚上，副所長找我談話，談起特赦問題，問我：「這兩個月你怎麼想的？」

　　我把我前面想的說了，並且認為有幾個人改造得不壞，我舉出了畜牧組的、食品加工組的，以及上次學習評比得獎的幾個人。

　　「你現在比較容易想到別人的長處了。」副所長笑着說，「如果特赦有你，你如何想呢？」

　　「不可能的。」我笑笑說。

　　不可能的。我回到屋裏還是這樣想。「如果……有呢？」一想到這裏，我忽然緊張起來。後來想，將來會有的，還要一個相當長的時間。總之，希望是更大了。我不禁幻想起來，幻想着我和老萬、小瑞他們一樣，列身在一般人之間，做着一般人的事，我幻想着可能由勞動部門分配到一個醫療單位，當一名醫務助理員，就像報上所描寫的那樣，……但是，這是需要一個相當長的時間的，需要等到人民批准了我，承認我是他們中間的一分子。想着未來的幸福，我幾乎連覺都睡不着了。

　　第二天，得到了集合的通知，我們走進了俱樂部大廳，迎面看見了台上的巨幅大紅橫披，我的呼吸急促了。橫披上寫着的是：「撫順戰犯管理所特赦大會」。

　　台上坐着最高人民法院的代表、兩位所長和其他一些人。台下是靜悄悄的，似乎可以聽見心跳的聲音。

　　首長簡短地談了幾句話之後，最高人民法院的代表走到講台當中，拿出一張紙來，唸道：「愛新覺羅・溥儀！」

　　我心裏激烈地跳動起來。我走到台前，只聽上面唸道：

中華人民共和國最高人民法院特赦通知書

　　遵照一九五九年九月十七日中華人民共和國主席特赦令，本院對在押的偽滿洲國戰爭罪犯愛新覺羅‧溥儀進行了審查。

　　罪犯愛新覺羅‧溥儀，男性，五十四歲，滿族，北京市人。該犯關押已經滿十年，在關押期間，經過勞動改造和思想教育，已經有確實改惡從善的表現，符合特赦令第一條的規定，予以釋放。

中華人民共和國最高人民法院

一九五九年十二月四日

　　不等聽完，我已痛哭失聲。祖國，我的祖國呵，你把我造就成了人！……

新的一章

　　列車奔馳着。外面，是白雪覆蓋着的平原，光明、遼闊，正如展現在我面前的生活前程。車內，我身前身後都是普通的勞動人民。這是我平生第一次和他們坐在一起，坐在同一列客車上。我將同他們共同生活，共同建設，我將成為他們中間的一個，不，我現在就是他們中間的一個了。

　　在撫順上車不久，身旁的一件事情立刻說明我是邁進了一個甚麼樣的社會，我是列身於甚麼樣的人之間。列車員和一位乘客攙扶一個小姑娘，走進我們這個車廂找座位。在我身後有個空座，空座旁的一位乘客把自己的位子一齊讓了出來，給她們坐。那婦女讓孩子在座位上躺好，自己側身偎靠着她，神情十分焦灼。鄰座有人向她探問，孩子是不是有病？有病為甚麼還要出門？那婦女的回答是出乎人們意料的。原來她是車站附近的一個小學的教師，小姑娘是她的學生，剛才在課堂上小姑娘突然腹痛難忍，學校衛生人員懷疑是闌尾炎，主張立即送醫院。小姑娘的父母都在很遠的礦上工作，通知他們來帶孩子去看病怕來不及，直接把孩子送到能動手術的礦上醫院，也費時間，於是女教師毅然做出決定，立刻帶孩子搭這趟

客車去瀋陽。站台人員讓她先上車後補票，同時叫她放心，他們將
打電話告訴瀋陽照應她們。這個簡單的插曲叫我想起了陶淵明說的
「落地為兄弟，何必骨肉親」的胸懷，在今天也已不是少數人的胸懷。
我更想起孟子說的「老吾老以及人之老，幼吾幼以及人之幼」，這在
今天也已成為現實。我現在所邁進的社會，我現在所參加的行列，
原來比我所想像的更高更美呵！

　　十二月九日，我來到祖國的首都。這是我別離了三十五年的故
鄉。在輝煌壯麗的北京站台上，我看見了三年多不見的五妹二十多
年不見的四弟。我和他們緊緊地握着手，聽到叫喊「大哥」的聲音。
這是前半生中，妹妹弟弟們從來沒有對我叫過的稱呼。我從這一聲
稱呼中，感到了在自己家族中也開始了新的生命。

　　我告別了伴隨我們來的李科員，也告別了同行的老孟。老孟是
我們同所的蔣介石集團的八名蒙受特赦的戰犯之一（連我和前偽滿
將官郭文林，撫順管理所赦出共十人）。他和前來迎接的妻子走了。
四弟給我提起那隻黑皮箱，五妹和老萬走在我兩旁，我們一起走出
站台。在站外，我對着站台大鐘，掏出我的懷錶。離開撫順前，所
長從我獻交給政府的那堆東西裏面揀出這隻錶，叫我收下，我說這
是我從前用剝削的錢買的，我不能要。所長說現在是人民給你的，
你收下吧！這是我一九四二年從父親家裏逃入東交民巷那天，為了
擺脫張文治，在烏利文洋行想主意時買的那隻法國金錶。從那一刻
起，開始了我的可恥歷史。如今，我讓它也開始一個新生命，用北
京時間，撥正了它的指針。

　　所長發給我這隻錶的那天，對我們蒙赦的十個人說，你們回到
了家，見了鄉親和家裏的人，應該給他們道個歉，因為過去對不起
他們。他說：「我相信，家鄉的人會原諒你們，只要你們好好地做人，

勤勤懇懇地為人民服務。」我到了五妹和老萬的家裏，所長的話完證實了，同院的每個人對我都是和藹可親的。第二天早晨，我很想和這些鄰居們一起做點甚麼，我看到有人拿着笤帚去掃胡同，就參加了打掃。我一直掃到胡同口，回來的時候，找不着家門了，結果走進一個陌生的人家。這家人明白了是怎麼回事，便十分熱情地把我送了回來，並且告訴我用不着道謝，說：「咱們還是街坊，就不是街坊，新社會裏幫這點忙又算甚麼呀！」

我還見到了七叔七嬸，堂兄堂弟和妹妹、妹夫們。我從七叔這裏知道了家族最新的興旺史，知道了他在人民代表大會上關於少數民族地區視察情況的發言。我聽到了忻大哥的古琴，看到了他給我的字。他的書法造詣確實又達到了新的水平。我還欣賞了個五哥的花鳥新作。我去看了二妹，這時她已辦起了街道托兒所，據現任郵電部門工程師的二妹夫說，二妹現在忙得連頭暈的老毛病也沒有了。三妹夫婦、四妹、六妹夫婦、七妹夫婦，我也都看到了，三妹夫婦在區政協正參加學習，四妹在故宮檔案部門工作，六妹夫婦是一對畫家，七妹夫婦是教育工作者。更激動人心的則是第二代。過春節的那天，數不清的紅領巾擁滿了七叔的屋裏屋外。在已經成為青年的第二代中，我見到了立過功勳的前志願軍戰士、北京女子摩托車冠軍、登山隊隊長、醫生、護士、教師、汽車司機。更多的是正在學着各種專業的和讀着中學的學生。裏面有共產黨員，共青團員，而其餘的人無一例外都在爭取獲得這個光榮的稱號。這些成長起來的青年，又是那些帶紅領巾的弟弟妹妹們心目中的榜樣。

我還會見了許多舊時代的老朋友。商衍瀛在臥榻上和我見了面。他是文史館的館員，因為老病，說話已不清楚。他見了我，面容似乎還有點拘謹的嚴肅，掙扎着要起來。我拉着他的手說：「你是

老人而且有病，應該躺着休息。我們是新社會的人，現在的關係才是最正常的關係。等你好了，一塊為人民服務。」他臉上拘謹的神色消失了，向我點頭微笑，說：「我跟着你走。」我說：「我跟着共產黨走。」他說：「我也跟着共產黨走。」我更見到了當過太監的老朋友，知道了他們許多人的近況。他們正在民政局為他們專辦的養老院中安渡晚年。

我第一天見到的人差不多都說：「你回來了，要到各處去看看，你還沒有逛過北京呢！」我說：「我先去天安門！」

天安門廣場，我是早已從電影、報刊以及家信中熟悉了的。我從銀幕上看到過舉着各項建設成績標牌的遊行隊伍，在這裏接受毛主席的檢閱；我還看到過這裏節日的狂歡活動。我從報刊上還看到過交通民警在這裏領着幼兒院的孩子們過馬路，看到過停在這裏的「紅旗」牌和「東方」牌小轎車。我知道了人民大會堂的巨大工程，是在十個月之內完工的，知道了來自世界各地的外賓在這裏受到了甚麼樣的感動。今天，我來到了這個朝思暮想的地方。

在我面前，巍峨的天安門是祖國從苦難到幸福的歷史見證，也是舊溥儀變成新溥儀的見證。在我左面，是莊嚴壯麗的人民大會堂，祖國大家庭的重大家務在那裏做出決定，其中也有使我獲得新生的決定。在我右邊是革命博物館，在我後面矗立着革命英雄紀念碑，它們告訴人們，一個多世紀以來有多少英雄烈士進行了甚麼樣的艱巨鬥爭，才給我們爭得了今天的果實，而我也成了其中的一個分享者。

在天安門廣場上，我平生第一次滿懷自由、安全、幸福和自豪地散着步。

我和五妹、儉六弟緩步西行。走到白身藍頂的民族文化宮的時

候，五妹關心地說：「大哥累不累？這是頭一回走這麼多路吧？」我說：「不累，正因為是頭一回，特別不累。」

「頭一回」這三個字充滿了剛開始的新生活中。「頭一回」是很不方便的，但我只覺得興奮，並不因此有甚麼不安。

我頭一回到理髮店去理髮 —— 嚴格地說，這是第二次，因為三十多年前我在天津中原公司理過一次，但是這一次在理髮店遇到的事還是頭一回。我一坐上座位，就發現了在哈爾濱百貨公司裏看到過的叫不出名稱的東西。我問理髮員，旁位上嗚嗚響的是甚麼，他說：「吹風。」我問：「先吹風還是先理髮？」他一聽，怔住了：「你沒理過髮嗎？」他還以為我開玩笑哩！後來弄明白了，我們都不禁大笑起來。等到我頭上也響起了那嗚嗚之聲時，我心裏更樂。

我頭一回坐公共汽車，給儉六弟造成了一場虛驚。我排隊上車，看到人們讓老人小孩先上，我也把身旁一位婦女讓了上去，却不知這是位售票員。她看我不上，就跨上了車，車門隨着關上，車子也開走了。過了一會，儉六弟從下一站下了車跑來，我們倆離着老遠就彼此相對大笑起來。笑過後，我信心十足地對他說：「不用擔心，決出不了事！」在這樣多人的關懷下，我有甚麼可擔心的呢？就在這天上午，我從三妹家附近一個商店裏，剛找回來昨天丟在那裏的一個皮夾子。難道我這個人還會丟了嗎？

北京市民政局為了幫助我們了解北京，熟悉生活，組織了特赦後住北京的一些人，包括從前的國民黨將軍杜聿明、王耀武、宋希濂等人，進行了一系列的參觀。我們看了一些新建的工廠、擴建的各種公用事業以及城市的人民公社等單位，歷時約兩個月。最後，經同伴們的請求，游了故宮，由我臨時充當了一次解說員。

令我驚異的是，我臨離開故宮時的那副陳舊、衰敗的景象不見

了。到處都油繕得煥然一新,連門帘、窗帘以及牀幔、褥墊、桌圍等等都是新的。打聽了之後才知道,這都是故宮的自設工廠仿照原樣種新織造的。故宮的玉器、瓷器、字畫等等古文物,歷經北洋政府和國民黨政府以及包括我在內的監守自盜,殘剩下來的是很少了,但是,我在這裏發現了不少解放後又經博物院買回來或是收藏家獻出來的東西。例如,張擇端的《清明上河圖》,是經我和溥傑盜運出去的,現在又買回來了。

在御花園裏,我看到那些在陽光下嬉戲的孩子,在茶座上品茗的老人。我嗅到了古柏噴放出來的青春的香氣,感到了這裏的陽光也比從前明亮了。我相信故宮也獲得了新生。

一九六〇年三月,我被分配到中國科學院植物研究所的北京植物園,開始了每天半日勞動、半日學習的生活。這是我走上為人民服務的崗位前的準備階段。在技術員的指導下,我在溫室裏學習下種、育苗、移植等等工作。其餘的半天有時學習,有時進行這本書的寫作。

我的前半生中,不知「家」為何物。在撫順的最後幾年裏,我開始有了「家」的感覺。到了植物園不久,我覺得又有了第二個「家」。我處在自上而下互助友愛的氣氛中。有一次我從外面游逛之後回來,發現那隻錶不見了,不免十分惋惜,覺得在這麼長的路線上,無法去尋找,只好作罷。同屋的總務員老劉知道了這件事,他本來正該休息,連休息也忘了,問清了我游逛的路線,立刻就出去了。許多人都知道了這件事,休息着的人都去找錶,我被弄得很不好意思。後來老劉從四季青人民公社一個大隊的食堂前找到了它,非常高興地拿了回來。這時,我覺得我接過來的不是一隻錶,而是一顆火熱的心。

這年夏天，植物園裏建立了民兵，每天進行操練。我報名參加，別人都說我的年歲超過了標準。我說：「作為祖國大家庭的一員，我也應當站在保衞祖國的崗位上。」後來人們被我說服了，我參加了操練，當上了一名超齡的民兵。

我站在植物園的民兵排裏，心裏想着我們的隊伍有多大。這裏是幾十個人，但整個民兵隊伍却是若干若千萬。我想，我甚麼時候才可以列入那個像洪流的隊伍中，在天安門前經過呢？

這個願望很快得到了實現。我參加了支援日本人民反對「日美安全條約」鬥爭的千百萬人的隊伍。這不僅是一百萬，而是全世界參加共同鬥爭的千百萬人的一部分。我們高聲呼着口號，走過了天安門。在天安門上刻着我們的心聲：

「中華人民共和國萬歲！」「全世界人民大團結萬歲！」

從此我開始了社會活動。從這些活動中，我感覺到自己同全國人民，全世界爭取和平、民主、民族獨立和社會主義的人民連在一起了。

一九六〇年十一月二十六日，我拿到了那張寫着「愛新覺羅 · 溥儀」的選民證，我覺得把我有生以來所知道的一切珍寶加起來，也沒有它貴重。我把選票投進了那個紅色票箱，從那一刹那間起，我覺得自己是世界上最富有的人。我和我國六億五千萬同胞一起，成了這塊九百六十萬平方公里土地上的主人。從這塊土地上伸向世界各地被壓逼人民和被壓逼民族的手，是一隻巨大的可靠的手。

一九六一年三月，我結束了準備階段，走上了為人民服務的正式崗位，在全國政協文史資料研究委員會擔任專員的職務。我做了一名文史工作者。

我參加的這部分工作是處理清末和北洋政府時代的文史資料。

我在自己的工作中，經常遇到我所熟悉的名字，有時還遇到與我的往事牽連着的歷史事件。資料的作者大多是歷史事件的親歷或目擊者。對這段時期的歷史來說，我和他們都是見證人。我從豐富的資料中，從我的工作中，更清楚地看出時代的變化。那些被歷史所拋棄的人物——葉赫那拉氏（慈禧）、袁世凱、段祺瑞、張作霖等等在當時似乎都是不可一世的，被他們宰割壓榨的人民似乎是無能為力的。像胡適之流的文人們曾為他們捧場，遺老、遺少們曾把復辟幻想寄託在他們身上，而他們自己更自吹為強大，認為他們背後的列強是永遠可恃的依靠。但是，他們都是紙老虎，終於被歷史燒掉了。歷史，這就是人民。「看起來，反動派的樣子是可怕的，但是實際上並沒有甚麼了不起的力量。從長遠的觀點看問題，真正強大的力量不屬於反動派，而是屬於人民。」我的經驗使我接受了這項真理，我的工作使我更加相信了這項真理。我還要通過我的工作和我的見證人的身份，向人民宣揚這項真理。

我在工作之餘，繼續寫《我的前半生》。

為了寫作，我看了不少資料。我的工作單位給了我種種便利，供給我許多寶貴的文史資料，我在許多外界朋友的熱情幫助下看到了許多的圖書、檔案部門的寶貴資料，得到了許多專門調查的材料。有的材料是不相識的朋友給我從珍貴的原件中一字一字抄下來的，有的材料是出版界的同志給我到遠地調查核實的，有的材料是幾位老先生根據自己的親歷目擊認真回憶記錄下來的。有不少難得的資料則是檔案、圖書部門提供的。特別要提到的是國家檔案館、歷史博物館、北京圖書館和首都圖書館的同志特意為我設法尋找，以及專門滙集的。我受到這樣多的關懷和支援很感不安。其實，這在我們的國家，早已是平常的現象了。

　　在我們的國家，只要做的是有益於人民的事情，只要是宣揚真理，就會得到普遍的關心和支持，更不用說到黨和政府了。

　　我的寫作也引起了許多外國朋友的興趣。曾有許多外國記者和外國客人訪問過我，問我半前生的經歷，特別注意打聽我十年來的改造情況。一位拉丁美洲的朋友對我說：「從這件事情上，我又一次感到毛澤東思想的偉大。把你的事情快些寫成書吧！」一位亞洲的朋友說：「希望你這本書的英文版出版後，立刻送我一部，我要把它譯成我國文字，讓我國人民都看到這個奇跡。」

　　一九六二年我們對於來自國內外的困難所進行的艱巨鬥爭，取得了輝煌的成就。這一年對我來說，還有更多的喜事臨門。四月間，我被邀列席人民政協全國委員會，並旁聽了全國人民代表大學關於祖國建設的報告。五月一日，我和我的妻子李淑賢建立了我們自己的小家庭。這是一個普通的而對我卻是不平凡的真正的家庭。

　　這就是我的新的一章。我的新生就是這樣開始的。看看我的家、看看我的選民證，面對着無限廣闊的未來，我永遠不能忘記我的新生是怎樣得來的。

　　我在這裏要補充一段，關於給我新生命的偉大的改造罪犯政策的故事。用我瑞侄的話說：「這不寫到書裏是不行的。」

　　一九六〇年夏天，我和小瑞游香山公園，談起了我們每個人最初的思想的變化，哪一件事引起了思想的最初震動。

　　小瑞先談了小固和小秀。據他知道，小固在綏芬河車站上發現中國列車由中國司機駕駛，感到了第一次震動，小秀則是從沈陽車站上羣眾對一個失掉一隻手的女工的迎接，感到過去自己生活的無味。說到他自己，他說：「我難忘的事情很多。第一件是我剛幹活不久，有一回揩窗子打破了一塊玻璃。玻璃掉在地上，看守員聽聲就

跑來了，我嚇得要死，誰知他過來問我：『你傷着了沒有？』我說人沒傷，可是玻璃破了。他說，玻璃破了不要緊，下次留神別傷着人。」

「這類事我也遇到過。」我說，「可是對我說來，最初我最關心的是生死問題，是寬大政策對我有無效驗的問題。讓我最初看到生機的，從此一步步看到希望的，是交出了那箱子夾底的東西後，受到了出乎意料的寬免。說起這個，還不能不感激你的幫忙。」

「我的幫忙？」小瑞睜大了眼睛，「你還不知道那是怎麼回事嗎？難道所長沒跟你說嗎？」

「說過這件事。檢舉認罪時，因為小固質問，我在大會上交代之後，向所長做了檢討，過了年，我又向所長說，我交東西時候沒敢說收過你的紙條，是因為怕你受處分。所長說，這件事他知道，是他讓你寫那紙條來幫助，以便促使我主動交代。這是所長的苦心，但也有你的幫助啊！」

「這麼說你還不知道其中的詳細情形。你根本不知道，寫那紙條本來是不合我心意的，我的意思是搜查你，沒收東西，好好懲罰你一下。可是……這件事我得告訴你，這不寫到你的書裏是不行的！」

這件事的詳細過程，我這時才明白。原來小瑞早就向所方談出了我的箱底的秘密，要求所方搜查沒收。所長卻不這麼幹，他說：「搜查是很容易的，但這並不見得利於他的改造。等等吧，搜查不如他自動交代，要他自覺才好。」以後等了好久，小瑞又找所長談，要求搜查。所長說，每個人的思想發展速度不同。不能急。共產黨人相信，在人民掌握的政權下，大多數的罪犯是可以改造的，但每人有每人的過程。問題不在於珠寶和監規，而是要看怎樣更利於對一個人的改造。所長說：「你要知道，由於他的特殊身份，他很難立即相信政府的坦白從寬的政策。如果我們去搜查了他，這就是讓他失

去了一次體驗政策的機會。還是把主動讓給他吧！你着急搜查，不如用用腦子設法來促進他自覺。」結果，就想出了由他寫紙條給我的辦法。紙條遞出之後，多日不見動靜，小瑞又急了，對所長說：「溥儀這人至死不悟，既然毫不自覺，為甚麼不搜他？」所長說：「原來不能着急，現在更不着急。」後來的情形就是那樣，結果是我着急了，交出了那批東西。我從那時開始看到了一條新的出路。

「從那時起，我就明白了，政府是堅定地相信多數人可以改造的。」小瑞激動地說，「你自己知道，那時你還一個勁兒地對抗、欺騙，可是所方早知道了你那些事。我們幾個還在檢察人員到來之前，全都告訴了政府！可是從那時起，所方就相信你是可以改造的，就為你的學習、改造操着心了。」

我站在香山的山腰上，遙望着太陽照耀着的北京城，我心中十年來的往事又被一件件勾起。我想起老所長的花白頭髮，年輕副所長的爽朗語音，我想起了每位看守員、每位大夫、護士，每位所方人員。在我欺騙他們的時候，在我用各種可恥的方法進行對抗的時候，在我完全暴露出自己的無知、無能、愚蠢的時候，在我對自己都已感到絕望到極點、不能活下去的時候，他們，這些共產黨人，始終堅定地相信我可以改造，耐心地引導我重新做人。

「人」，這是我在開蒙讀本《三字經》上認識的第一個字，可是在我前半生中一直沒有懂得它。有了共產黨人，有了改造罪犯的政策，我今天才明白了這個莊嚴字眼的含義，才做了真正的人。